Psychologie in der Sozialen Arbeit
Herausgegeben von Franz J. Schermer

Der Vermittlung psychologischer Kenntnisse kommt im Studium der Sozialpädagogik und Sozialarbeit/Soziale Arbeit eine grundlegende Bedeutung zu. Es werden erstmals die dabei relevanten Inhalte der verschiedenen psychologischen Teildisziplinen dargestellt.

Die Auswahl der Theorien und Befunde orientiert sich systematisch an den Zielsetzungen des Fachhochschulstudiums. Wissenschaftliche Fundierung, Praxistauglichkeit und Praxisbewährung bilden die entscheidenden inhaltlichen Auswahlkriterien.

Die einzelnen Bände behandeln die Themen:
Band 1 Grundlagen der Psychologie
Band 2 Klinische Psychologie
Band 3 Sozialpsychologie
Band 4 Entwicklungspsychologie

Sie führen systematisch und voraussetzungsfrei in die verschiedenen Teildisziplinen ein. Der Studierende erhält eine klare Orientierung über Begrifflichkeiten, Theorien und deren Anwendungsmöglichkeiten. Neben dem notwendigen Grund- und Anwendungswissen erwirbt er ein Verständnis für die Rolle und Bedeutung der Psychologie im Praxisfeld der Sozialen Arbeit. Die Bände sind hervorragend zur Einarbeitung und zur Prüfungsvorbereitung geeignet.

Die **Autoren** lehren Psychologie in den Fachbereichen Sozialwesen und Sozialpädagogik verschiedener Fachhochschulen und sind in Lehre, Forschung und Praxis ausgewiesen. Der **Herausgeber** lehrte Allgemeine Psychologie und Klinische Psychologie im Studiengang Soziale Arbeit der Hochschule für angewandte Wissenschaften Würzburg-Schweinfurt (Fakultät Angewandte Sozialwissenschaften).

Franz J. Schermer
Arno Drinkmann

Grundlagen der Psychologie

4., erweiterte und überarbeitete Auflage

Verlag W. Kohlhammer

Dieses Werk einschließlich aller seiner Teile ist urheberrechtlich geschützt. Jede Verwendung außerhalb der engen Grenzen des Urheberrechts ist ohne Zustimmung des Verlags unzulässig und strafbar. Das gilt insbesondere für Vervielfältigungen, Übersetzungen, Mikroverfilmungen und für die Einspeicherung und Verarbeitung in elektronischen Systemen.

Die Wiedergabe von Warenbezeichnungen, Handelsnamen und sonstigen Kennzeichen in diesem Buch berechtigt nicht zu der Annahme, dass diese von jedermann frei benutzt werden dürfen. Vielmehr kann es sich auch dann um eingetragene Warenzeichen oder sonstige geschützte Kennzeichen handeln, wenn sie nicht eigens als solche gekennzeichnet sind.

Es konnten nicht alle Rechtsinhaber von Abbildungen ermittelt werden. Sollte dem Verlag gegenüber der Nachweis der Rechtsinhaberschaft geführt werden, wird das branchenübliche Honorar nachträglich gezahlt.

4., erweiterte und überarbeitete Auflage 2018

Alle Rechte vorbehalten
© W. Kohlhammer GmbH, Stuttgart
Gesamtherstellung: W. Kohlhammer GmbH, Stuttgart

Print:
ISBN 978-3-17-031066-7

E-Book-Formate:
pdf: ISBN 978-3-17-031067-4
epub: ISBN 978-3-17-031068-1
mobi: ISBN 978-3-17-031069-8

Für den Inhalt abgedruckter oder verlinkter Websites ist ausschließlich der jeweilige Betreiber verantwortlich. Die W. Kohlhammer GmbH hat keinen Einfluss auf die verknüpften Seiten und übernimmt hierfür keinerlei Haftung.

Inhalt

Vorwort zur ersten Auflage 9

Vorwort zur vierten Auflage 11

1 Psychologie als Erfahrungswissenschaft 13
   1.1 Gegenstandsbestimmung in Vergangenheit und Gegenwart 14
   1.2 Rezeption der Psychologie in der Sozialen Arbeit 20
      1.2.1 Psychoanalyse 22
      1.2.2 Humanistische Psychologie 27
   1.3 Methodologische Voraussetzungen und Ziele der
      empirischen Psychologie 31
      1.3.1 Alltagsurteil und Urteilen in der Wissenschaft 32
      1.3.2 Beschreiben: Begriffliche Präzision 33
      1.3.3 Erklärung erster Ordnung: Gesetze 35
      1.3.4 Erklärung zweiter Ordnung: Theorie 37
      1.3.5 Vorhersagen und Verändern 40
      1.3.6 Einwände gegen eine empirisch ausgerichtete
           Psychologie 42
   1.4 Funktionsorientierung: Allgemeine Psychologie 44

2 Wahrnehmung, Gedächtnis und Beobachtung 50
   2.1 Datensteuerung: Empfindung 51
      2.1.1 Physiologisch-anatomische Grundlagen 51
      2.1.2 Organisationsprozesse 55
           2.1.2.1 Gruppierungs- und Gestaltgesetze 55
           2.1.2.2 Konstanzphänomene 56
   2.2 Konzeptsteuerung: Erkennen 58
      2.2.1 Molares Gedächtnismodell 60
      2.2.2 Semantisches Gedächtnis 64
           2.2.2.1 Begriffe als Bausteine des semantischen
                Gedächtnisses 64
           2.2.2.2 Semantische Netze, Schemata und Skripts ... 66
      2.2.3 Vergessen und falsche Erinnerung 71
           2.2.3.1 Formen des Vergessens 72
           2.2.3.2 Formen falscher Erinnerung (false memory).. 73
           2.2.3.3 False Memory: Erklärung und praktische
                Bedeutung 76

		2.2.4 Wahrnehmung und Erwartung	79
	2.3	Verhaltens- und Handlungssteuerung	81
		2.3.1 Wahrnehmung und Aufmerksamkeit	82
		2.3.2 Wahrnehmung und Motivation	85
	2.4	Beobachtung als kontrollierte Form der Wahrnehmung	87
		2.4.1 Konstituierende Merkmale und Formen der wissenschaftlichen Beobachtung	88
		2.4.2 Beobachtungsfehler	91
		2.4.3 Systematische Beobachtung in der Praxis	95
3	**Lernen und Modifikation**		99
	3.1	Respondentes Lernen	102
		3.1.1 Empirische Befunde	103
		3.1.1.1 Standardprozedur	103
		3.1.1.2 Ausweitung	105
		3.1.1.3 Differenzierung, Blockierung und Rückbildung	107
		3.1.2 Erklärungsversuche	109
		3.1.3 Modifikation auf der Grundlage respondenten Lernens	112
		3.1.3.1 Enuresis nocturna	112
		3.1.3.2 Angst	114
	3.2	Operantes Lernen	116
		3.2.1 Grundlegende Lern- und Modifikationsprinzipien	117
		3.2.2 Positive Verstärkung	122
		3.2.2.1 Klassifikation positiver Verstärker	122
		3.2.2.2 Verstärkungspläne	126
		3.2.2.3 Wirkungskontrolle	128
		3.2.3 Negative Verstärkung	129
		3.2.3.1 Flucht	130
		3.2.3.2 Vermeidung	131
		3.2.4 Bestrafung durch Darbietung eines aversiven Reizes	132
		3.2.5 Bestrafung durch Verstärkerentzug	135
		3.2.6 Modifikation auf der Grundlage operanten Lernens	137
	3.3	Soziales Lernen	140
		3.3.1 Beobachtungslernen	141
		3.3.2 Selbstregulation	147
		3.3.3 Selbstwirksamkeit	149
		3.3.4 Intervention auf der Grundlage der sozialen Lerntheorie: Rollenspiel	151
		3.3.4.1 Indikation	152
		3.3.4.2 Methodisches Vorgehen	154
		3.3.4.3 Einordnung und Bewertung des Rollenspiels	158
4	**Emotion und Emotionsbewältigung**		161
	4.1	Emotion und Erleben: Gefühl	163

		4.1.1 Merkmale nach Ulich	163
		4.1.2 Strukturierungsversuche	165
		4.1.3 Validitätsprobleme	166
	4.2	Emotion und Physiologie: Körperliche Veränderungen	168
	4.3	Emotion und Kognition: Bewertung	171
		4.3.1 Kognition und Emotionsqualität	171
		4.3.2 Kognition und Emotionsintensität	174
		4.3.3 Validitätsprobleme: Zur Kognitions-Emotions-Debatte	176
	4.4	Emotion und Verhalten: Ausdruck	178
		4.4.1 Gesichtsausdruck (Mimik)	179
		4.4.2 Stimme (Vokalisation) und Körperbewegungen	181
		4.4.3 Validitätsprobleme des Gefühlsausdrucks	182
	4.5	Bewältigung (Coping)	184
		4.5.1 Begriffsbestimmung	184
		4.5.2 Transaktionales Bewältigungsmodell	185
		4.5.3 Rückfallprävention	191
		4.5.3.1 Problemstellung	191
		4.5.3.2 Rückfallursachen und Risikofaktoren	192
		4.5.3.3 Rückfallprävention	194
	4.6	Emotion und Bewältigung am Beispiel des Ärgers	196
		4.6.1 Regulation der Emotionskomponenten	198
		4.6.2 Regulation von Situation, Selbst und Interaktion	203
		4.6.3 Wirksamkeit von Ärgerbewältigung: Effektivitätskriterien	204

5	**Motivation und Mitarbeit**	207
	5.1 Traditionelle Sichtweisen: Druck und Zug	209
	5.1.1 Motivation als Ausdruck innerer Kräfte	209
	5.1.2 Motivation als Folge spezifischer Anreize	212
	5.2 Moderne Sichtweisen: Handlungsorientierung	216
	5.2.1 Erweitertes kognitives Motivationsmodell von Heckhausen	216
	5.2.2 Motivation und Wille (Volition)	222
	5.2.2.1 Handlungskontrolle	223
	5.2.2.2 Rubikon-Modell	225
	5.3 Mitarbeitsmotivation	227
	5.3.1 Facetten und Indikatoren der Mitarbeitsmotivation ..	229
	5.3.2 Aufsuchen professioneller Hilfe	231
	5.3.3 Entwicklung von Anreizen und Zielen	233
	5.3.4 Motivationsprobleme auf dem Weg zum Ziel	235

Literaturverzeichnis 239

Sachregister 251

Vorwort zur ersten Auflage

Theorie und Praxis der Sozialen Arbeit beschäftigen sich mit individuellen und sozialen Problemlagen. In der Auseinandersetzung mit diesem Gegenstand sind für den Sozialpädagogen fundierte psychologische Kenntnissen unverzichtbar. Dementsprechend zählen Lehrveranstaltungen zu den verschiedenen psychologischen Disziplinen an den meisten Fachhochschulen zu den Pflichtveranstaltungen des Studiums.

Mit der Reihe »Psychologie in der Sozialen Arbeit« wird erstmals der Versuch unternommen, die für das Studium der Sozialen Arbeit relevanten Erkenntnisse und Befunde der verschiedenen Teildisziplinen der empirischen Psychologie systematisch und umfassend darzustellen.

Dem Bildungsauftrag der Fachhochschule als »Universitiy of applied sciences« folgend, sind dabei andere didaktische Akzente zu setzen, als dies bei den für das traditionelle Universitätsstudium eingesetzten Lehrtexten üblich ist. Gelten dort enzyklopädische Vollständigkeit und Aktualität in theoretischer sowie experimenteller Hinsicht als wesentliche Gütekriterien, müssen sich Lehrbücher für das Fachhochschulstudium m. E. daran messen lassen, inwieweit es ihnen gelingt, die Praxisbewährung bzw. Praxistauglichkeit der mitgeteilten Theorien und Befunde aufzuzeigen. Selbstverständlich muß der Begriff »Praxis« im Rahmen einer auf wissenschaftlicher Grundlage stehenden Profession als kontrollierte, d. h. theoretisch abgeleitete und empirisch überprüfte Praxis verstanden werden.

Für die Konzeptualisierung eines Lehrbuchs ergibt sich daraus die Notwendigkeit einer an den Bedürfnissen der Zielgruppe ausgerichteten Themenauswahl im Sinne eines exemplarischen Vorgehens. Akzentuierung und Selektivität bestimmen deshalb das didaktische Konzept.

Der erste Band der Reihe ist den Grundlagen der Psychologie – also der Allgemeinen Psychologie – gewidmet. Er beginnt mit einer Gegenstandsbestimmung und der Darlegung der von diesem Fach verfolgten Aufgaben und Ziele. Letztere werden in ihrer für die empirische Psychologie verbindlichen methodologischen Einbettung aufgezeigt. Die folgenden Kapitel behandeln – entsprechend der üblichen allgemeinpsychologischen Systematik – ausgewählte und für die Praxis der Sozialen Arbeit als relevant eingeschätzte Modelle zur Beschreibung und Erklärung der grundlegenden Funktionsbereiche »Wahrnehmung«, »Lernen«, »Emotion« und »Motivation«. Eine gewisse Sonderstellung nimmt dabei das Kapitel zur Wahrnehmung ein, da es gleichzeitig als Hinführung zu den weiteren erkenntnisbezogenen (kognitiven) Funktionsbereichen des Gedächtnisses sowie der Begriffsbildung als einem Aspekt des Denkens dient. Die

Vernetztheit der als Kognition bezeichneten Aspekte des psychischen Systems soll auf diese Weise zum Ausdruck kommen. Ein eigenes Kapitel der in der allgemeinpsychologischen Grundlagenforschung etablierten Themen »Denken und Problemlösen« wurde vor allem deshalb nicht aufgenommen, weil m. E. die in diesem Forschungsbereich bislang vorliegenden Befunde in einem so komplexen Feld wie der Praxis der Sozialen Arbeit noch nicht instrumentalisierbar sind. Sie scheinen mir entweder noch zu sehr an die künstliche Situation des Labors gebunden oder aber – im Falle der Analyse komplexer Alltagssituationen – noch nicht ausreichend empirisch abgesichert.

Den für das Fachhochschulstudium konstituierenden Anwendungsbezug der dargestellten Themen versuche ich anhand ausgewählter Aspekte sozialpädagogischer Handlungskompetenzen deutlich zu machen. In diesem Sinn wird jedem Funktionsbereich eine Handlungsmodalität zugeordnet und an ihr gezeigt, wie das theoretische Wissen in die Praxis des eigenen professionellen Handelns eingeht. Als »Demonstrationsbereiche« habe ich dabei exemplarisch die Handlungsmodalitäten der »Beobachtung«, »Modifikation«, »Bewältigung« und Motivierung« herausgegriffen.

Lediglich der besseren Lesbarkeit wegen habe ich mich zu folgenden zwei Vorgehensweisen entschlossen. Soweit für englischsprachige Originalquellen deutsche Übersetzungen vorliegen, habe ich mich bemüht, aus der Übersetzung zu zitieren, wo dies nicht möglich war, wurden die übernommenen Textstellen von mir übersetzt. Der Konflikt zwischen »political correctness« beim geschlechtsbezogenen Sprachgebrauch und der leichteren Lesbarkeit des Textes wurde ebenfalls zugunsten der Lesbarkeit entschieden: Anstatt ständig weibliche und männliche Personenbeschreibungen zu benützen oder in eine sprachandrogyne Form zu verfallen und z. B. von StudentInnen zu sprechen, wird im Text nur die männliche Personenbezeichnung benutzt. Es erübrigt sich zu betonen, daß die weibliche Form immer mitgemeint ist.

Zum Schluß ein Wort des Dankes an Herrn Dr. H. Beyer vom Kohlhammer Verlag, der mit großem Wohlwollen und tatkräftiger Unterstützung diesen Band und die Reihe »Psychologie in der Sozialen Arbeit« begleitete.

Würzburg, im Sommer 1999
Franz J. Schermer

Vorwort zur vierten Auflage

Nachdem das vorliegende Lehrbuch sich über Jahre vor allem in der Lehre bewährt hat, wird es ab dieser vierten Auflage von zwei Autoren verantwortet: Neben Franz J. Schermer ist Arno Drinkmann (Katholische Universität Eichstätt-Ingolstadt, Fakultät für Soziale Arbeit) als Co-Autor hinzugekommen. Inhaltlich gibt es neben einer Überarbeitung und Aktualisierung vor allem zwei neue anwendungsbezogene Schwerpunkte: das *Rollenspiel* als Interventionsmethode auf der Grundlage der Sozialen Lerntheorie und die *Rückfallprävention* als exemplarische Anwendung innerhalb eines stresstheoretisch begründeten Modells der Belastungsbewältigung. Beide spielen in vielen Arbeitsfeldern der Sozialen Arbeit bereits eine wichtige praktische Rolle. Damit soll auch die Fruchtbarkeit einer psychologischen Fundierung für sozialarbeiterisches Handeln unterstrichen und erweitert werden. Sie gewinnt gerade innerhalb einer sich an wissenschaftlichen Evidenzen orientierenden Sozialarbeit denn auch zunehmend an Bedeutung.

Würzburg und Eichstätt, im Herbst 2017
Franz J. Schermer und Arno Drinkmann

1 Psychologie als Erfahrungswissenschaft

Psychologie gilt gemeinhin als ein interessantes Gebiet, dem wir in unserem Alltag ständig begegnen können. Konzepte wie Motivation, Stress, Beziehung etc. werden unaufhaltsam bemüht, um uns das Alltagsgeschehen plausibel zu machen. Ungleich zu anderen Bereichen, die wissenschaftlich untersucht werden, wie etwa durch Medizin oder Physik, besitzen wir zu psychischen Sachverhalten offenbar nicht die dort übliche und vielleicht auch notwendige Distanz. Körperliche Funktionen beschäftigen uns meist erst im Falle des Vorliegens von körperlicher Einschränkung, Behinderung oder Krankheit. Im Normalfall schenken wir unserem körperlichen Befinden jedoch nicht viel Aufmerksamkeit. Ähnlich verhält es sich mit den uns ständig umgebenden physikalischen Gesetzmäßigkeiten. Wir kommen im Allgemeinen ganz gut ohne genauere Kenntnisse in diesem Bereich aus und vertrauen im Bedarfsfall auf den Spezialisten. Ganz anders gestaltet sich aber der Umgang mit psychischen Sachverhalten. Hier fühlen wir uns schnell als Experten, vielleicht deshalb, weil sich unsere Lebenswirklichkeit hier sehr deutlich widerspiegelt. Wahrnehmen, Entscheiden, Empfinden, Handeln oder Planen – um nur einige psychologische Funktionen zu nennen – gehören konstitutiv zu unserem Leben und verlangen – und hierin liegt der Unterschied zu den anderen Disziplinen wie z. B. der Medizin – eine aktive und häufig bewusste Auseinandersetzung. Wie verlässlich ist aber das auf Intuition und Lebenserfahrung basierende psychologische Alltagsurteil? Seine Güte können Sie anhand folgender aus dem Fragebogen zur Prüfung »psychologischen Wissens« von Sarris (1990, S. 262–263) stammenden Aussagen leicht selbst überprüfen. In der einen oder anderen Form kann jede dieser Behauptungen im praktischen Alltag des Sozialpädagogen einmal eine Rolle spielen:

- »Die Pubertät als ein biopsychologisches menschliches Phänomen ist von universeller Natur, d. h. sie kommt zu allen Zeiten und an allen Orten gleichsam naturnotwendig vor.«
- »Die zu einem großen Teil erblich vorgegebene Intelligenz eines Menschen verändert sich nach der Geburt nur unter besonderen sozialen Umweltbedingungen.«
- »Gesichtsausdruck und Charakter weisen einige gesicherte Zusammenhänge (Korrelationen) auf.«
- »Kinder lernen im allgemeinen schneller als Erwachsene.«
- »Das Schachspielen als Sport erhöht die allgemeine Konzentrationsfähigkeit.«

- »Aufgrund von hypnotischen Einwirkungen kann in der Regel ein Mensch sogar zu kriminellen Handlungen veranlasst werden.«
- »Während beim Menschen die psychischen Schäden von sozialer Deprivation gerade beim Kleinkind aufgezeigt worden sind, konnten analoge Schäden beim Tier zumindest nicht experimentell nachgewiesen werden.«

Im Allgemeinen finden die aufgeführten Aussagen bei Laien jeweils in etwa das gleiche Ausmaß an Zustimmung wie an Ablehnung. Aber bei welchen der Aussagen handelt es sich um wissenschaftlich bestätigte Fakten? Leider ist keine Behauptung in dieser Form haltbar, wenngleich alle Feststellungen plausibel klingen. Eine der Hauptaufgaben des Faches »Psychologie« in der Ausbildung von Sozialpädagogen besteht deshalb in der Entwicklung und der Bereitstellung von Kriterien zur Beurteilung von Aussagen über psychische Phänomene. Was ist nun unter der Wissenschaft »Psychologie« zu verstehen? Worin besteht ihr Gegenstand, wie setzt sie sich mit diesem auseinander, und welche Ziele verfolgt sie dabei? Auf diese Fragen versucht dieses Kapitel eine Antwort zu geben.

1.1 Gegenstandsbestimmung in Vergangenheit und Gegenwart

Eine Befragung von Studierenden der Sozialen Arbeit zu Beginn ihres Studiums über den Gegenstand der psychologischen Wissenschaft ergab die in Abbildung 1 wiedergegebene Antwortverteilung. Interessanterweise zeigen die Antworten der Studierenden eine sehr hohe Übereinstimmung mit den in der Psychologiegeschichte entwickelten Definitionsvorschlägen.

Wir wollen deshalb den Gegenstandsbereich der Psychologie anhand der im Verlauf der Geschichte dieses Fachs gegebenen inhaltlichen Bestimmungsversuchen präzisieren (siehe hierzu z. B. Lück, 2015; Lück & Guski-Leinwand, 2014; Pongratz, 1984; Schönpflug, 2013). Psychologie wurde dabei als Wissenschaft von der Seele, dem Bewusstsein, dem Erleben, dem Unbewussten und dem Verhalten definiert.

Über 2000 Jahre galt Psychologie als die *Wissenschaft von der Seele*, beginnend mit den Seelenlehren der Antike, deren Rezeption im Mittelalter und der Untersuchung der verschiedenen Facetten des Seelenlebens in der Neuzeit. Von besonderer Bedeutung waren dabei die Positionen von Platon (427–347) und Aristoteles (384–323), welche (fast) alle nachfolgenden Überlegungen in der einen oder anderen Form beeinflussten und bis in die Gegenwart wirkten.

Für Platon, den Schüler des Sokrates, ist es ein Teil der Seele, der den Menschen mit der Welt der Ideen und des Geistes, d.h. der Welt des Wahren, Guten und Schönen, verbindet. Nur mit seiner Hilfe lässt sich Wahrheit erschließen. Die irdische – durch unsere Sinneserfahrungen wahrnehmbare – Wirklichkeit

1.1 Gegenstandsbestimmung in Vergangenheit und Gegenwart

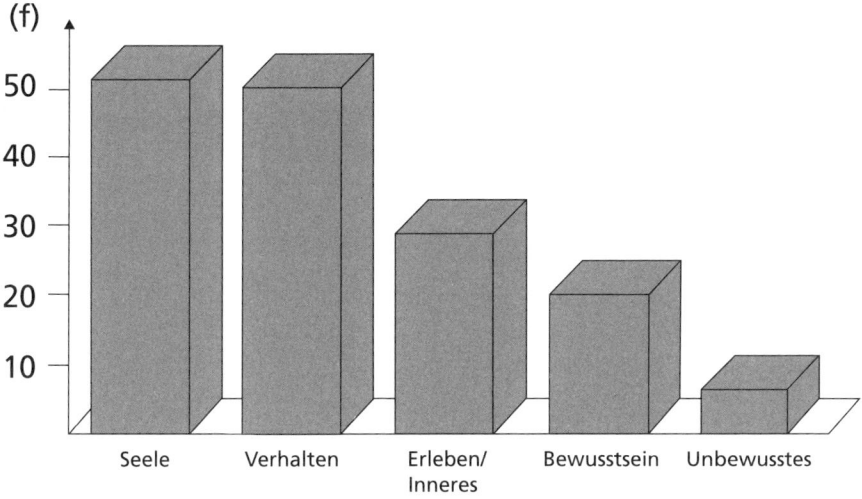

Abb. 1: Gegenstandsbestimmung von »Psychologie« durch Studienanfänger (n = 158)

gilt Platon lediglich als ein schlechtes Abbild der Welt des Geistes. Die aus ihr gewonnenen Einsichten sind deshalb trügerisch, nicht verlässlich oder gar irreführend. Im Gegensatz zur Seinswirklichkeit der Ideen ist sie eine Scheinwirklichkeit. Der dieser Scheinwirklichkeit verhaftete Körper wird damit zum Kerker der Seele. Gültiges Wissen und Verständnis gewinnt der Mensch deshalb nicht über seine Sinneseindrücke, sondern nur durch die Bewusstmachung von Bildern aus dem Sein der Ideen. Da der denkende Teil der Seele schon vor seiner irdischen Verwirklichung im Reich der Ideen gelebt hat, stellt er ein mögliches Bindeglied zum Wahren, Schönen und Guten her. Neben dem denkenden Teil unterscheidet Platon noch einen begehrenden und einen mutartigen Seelenteil und veranschaulicht seine Vorstellung in dem Bild des Wagenlenkers, der ein aus einem gehorsamen und einem widerspenstigen Pferd bestehendes Gespann führen muss. Der Wagenlenker steht dabei für den denkenden, das gehorsame Pferd für den mutartigen und das widerspenstige Pferd für den begehrenden Seelenaspekt. In dem Ausmaß, in dem es dem Wagenlenker gelingt, den Bezug zur Ideenwelt herzustellen, bzw. zu halten, wird seine Fahrt erfolgreich sein, d. h., er kann Bedürfnisse und Triebe zügeln.

Platons Seelenbegriff ist *metaphysisch* fundiert, er weist über die sinnesmäßig erfahrbare Wirklichkeit hinaus und wird in enger Verbindung zur Erkenntnisfähigkeit des Menschen thematisiert. Die vorgenommene Polarisierung von Geist und Trieb, d. h. von erkenntnisbezogenen (kognitiven) und triebbezogenen (emotionalen) Aspekten findet sich z. B. noch im 20. Jahrhundert in der von der psychoanalytischen Instanzenlehre postulierten konflikthaften Beziehung zwischen Es und Ich bzw. Über-Ich (▶ Kap. 1.2.1).

Der heutigen Auffassung vom Gegenstandsbereich der Psychologie kam Aristoteles (384–322 v. Chr.), der Erzieher Alexanders des Großen, bereits recht nahe. Von ihm stammt die erste aus der Sicht des Naturforschers formulierte systematische Schrift zur Psychologie, die den Titel »De anima« (lateinisch: Von der Seele) trägt. Darin definiert er die Seele als das Prinzip des Lebendigen. Aristoteles geht deshalb in seiner Untersuchung von der Frage nach dem Unterschied zwischen Beseeltem und Unbeseeltem aus und sieht diesen in den Eigenschaften der Wahrnehmung und Bewegung, welche nur im Bereich des Lebendigen, d. h. Beseelten, anzutreffen sind. Die Seele wird dabei nicht als eine einheitliche Größe verstanden, sondern in verschiedene Bereiche differenziert, denen jeweils spezifische Funktionen entsprechen. In ihrer einfachsten Form, der *vegetativen* Seele oder Vitalseele, welche auch den Pflanzen zukommt, verfügt die Seele über die Eigenschaften der Ernährung, des Wachstums und der Fortpflanzung. Auf der nächsten Stufe, der *animalischen* Seele, kommen die Merkmale der Wahrnehmung, des Fühlens, der Bewegung und des Begehrens hinzu. Diese Form entspricht dem Bereich des Lebens in der Tierwelt. Nur der Mensch besitzt schließlich die *rationale* (denkende) Seele. Sie wird durch die Funktionen des Erkennens, des Denkens und des Wollens charakterisiert. Körper und Seele stehen für Aristoteles in einem Ergänzungsverhältnis. Die Seele ermöglicht und reguliert die genannten Funktionen und ist dabei auf den Körper – ihr Werkzeug – bezogen und angewiesen. Mit der Benennung und Unterscheidung verschiedener psychischer Grundfunktionen im erkenntnis-, emotions- und körperbezogenen Bereich eröffnete Aristoteles den naturwissenschaftlich-empirischen Zugang zur Psychologie.

Während die Untersuchung psychischer Funktionen noch heute zum zentralen Gegenstand der Psychologie zählt, wird der Begriff »Seele« heute nicht mehr verwendet. Ursache hierfür waren vor allem Entdeckungen aus dem Bereich der Medizin, speziell der Anatomie und Physiologie, die seit Ende des vorletzten Jahrhunderts den Nachweis erbrachten, dass die der Seele zugesprochene Steuerungsinstanz in den Funktionen des zentralen Nervensystems und des Gehirns zu sehen ist. Damit wurde die Verwendung des Seelebegriffs überflüssig. Neben diesem physiologischen Argument führen Schönpflug und Schönpflug (1997) noch ein erkenntnistheoretisches Argument an. Der Nachweis der Existenz einer Seele entzieht sich den Untersuchungsmöglichkeiten einer Erfahrungswissenschaft, wie das Beispiel des Seeleverständnisses von Platon deutlich zeigt. Dieser Fragestellung kann deshalb nur in einem anderen Rahmen, wie zum Beispiel auf theologischer oder philosophischer Ebene, nachgegangen werden. Da die Psychologie als Wissenschaft empirisch ausgerichtet ist, d. h. sich auf Erfahrungstatsachen bezieht, ergibt sich aus dem Verzicht auf den Seelenbegriff für sie kein Nachteil.

Mit der Gründung des ersten psychologischen Laboratoriums im Jahre 1879 in Leipzig durch Wilhelm Wundt (1832–1920) wird häufig der Beginn der Psychologie als eigenständige Disziplin datiert. Sie wird nun als *Wissenschaft vom Bewusstsein* verstanden. In etwa zur gleichen Zeit gab es aber auch Institutsgründungen an der Harvard Universität in den Vereinigten Staaten und der Universität Sorbonne in Frankreich. Damit einher geht nun die Festlegung des Faches auf einen eigenständigen, nur ihm zukommenden Gegenstandsbereich. In Abhebung von ihrer philosophischen »Vorgeschichte« versteht man unter

Psychologie nun eine Erfahrungswissenschaft und zieht damit einen endgültigen Trennstrich zur bisherigen Bestimmung als Wissenschaft von der Seele. Erfahrungswissenschaften haben Sachverhalte zum Gegenstand, deren Existenz in der Wirklichkeit – bei Einhaltung bestimmter methodischer Regeln – überprüft und nachgewiesen werden kann. Da sich aber auch andere Wissenschaften mit Erfahrungstatsachen beschäftigen, stand Wundt vor der Aufgabe, eine nur der Psychologie zukommende Perspektive zu entwickeln. Diese sah er im Gegenstand des individuellen Bewusstseins, d. h. der *unmittelbaren Erfahrung* eines Subjekts, gegeben. So verstandene Psychologie beschäftigt sich mit »einfachen« Phänomenen wie Wahrnehmungen, Gedanken, Gefühlen etc., aber auch »komplexen« wie z. B. Handlungen und Selbstbewusstheit, welche den Strom unserer Erfahrung kennzeichnen. Der Bewusstseinsbegriff berücksichtigt also sowohl Inhalte (z. B. Gedanken, Wahrnehmungen) als auch den Zustand der Bewusstheit. Damit war eine Abgrenzung zu den Naturwissenschaften erreicht, die sich als Erfahrungswissenschaften mit der mittelbaren Erfahrung auseinandersetzen, und der Psychologie ein eigenständiger Weg gebahnt. Als Bausteine unserer Erfahrung betrachtete Wundt die Empfindungen, welche durch Reizung der Sinnesorgane entstehen und komplexere psychische Phänomene durch das Prinzip der Assoziation ermöglichen. Inhaltlich dominieren deshalb bei der bewusstseinspsychologischen Betrachtung die erkenntnisbezogenen psychischen Funktionen wie Wahrnehmung und Gedächtnis, also die kognitiven Aspekte.

Eine weitere wichtige inhaltliche Bestimmung des Gegenstandsbereiches der Psychologie wurde in Deutschland mit dem Begriff des *Erlebens* versucht. Anders als in den angelsächsischen Ländern, in denen die Begriffe Erleben und Bewusstsein synonym verwendet werden, gilt in dieser Perspektive das Erleben als eine eigenständige Kategorie. Diese Strömung geht vor allem auf Wilhelm Dilthey (1833–1911) zurück und wurde später als »geisteswissenschaftliche« bzw. »verstehende Psychologie« bezeichnet. Mit dem Erlebensbegriff werden hier konstitutiv drei Aspekte verbunden, nämlich Zeitlichkeit, Ganzheitlichkeit und Unmittelbarkeit. *Zeitlichkeit* bezieht sich auf den Sachverhalt, dass das Erleben ständig im Flusse ist, d. h. auf der Zeitachse kontinuierlich anhält, seine Inhalte bewahrt und modifiziert. Die Beurteilung des Zeitaspektes erfolgt dabei nicht aus physikalischer Sicht, sondern aus der Perspektive der erlebenden Person. Für sie kann eine Stunde »wie im Flug vergehen«, aber auch »zur Ewigkeit werden«! Für den Menschen manifestiert sich Zeit als individuelle oder gesellschaftliche Geschichtlichkeit. In der Biographie, d. h. der individuell ausgefüllten Zeit, erhält das Erleben seine lebensgeschichtliche Bedeutung. Das Moment der *Ganzheitlichkeit* hat vor allem Christian v. Ehrenfels (1859–1932) untersucht. Er konnte an räumlich-zeitlichen Strukturen, wie z. B. einer Melodie, nachweisen, dass das Ganze (die Melodie) mehr ist als die Summe seiner Teile (die einzelnen Töne). Neben dieser Übersummativität genannten Eigenschaft sah er in dem Merkmal der Transponierbarkeit ein weiteres wichtiges Prinzip der Ganzheit. So bleibt das Wesentliche einer Melodie auch dann erhalten, wenn sie in eine andere Tonlage gesetzt wird. Im Bereich des Erlebens kommt Ganzheitlichkeit durch Bedeutungs- und Sinnstiftung zustande. Das wichtigste psychologische Bestimmungsstück des Erlebens stellt die *Unmittelbarkeit* dar.

Mit Pongratz (1984, S. 252) können an diesem Merkmal drei Bedeutungsvarianten unterschieden werden. Zum einen ist Unmittelbarkeit im Sinne von Ursprünglichkeit und Natürlichkeit zu verstehen. Am Erleben wird damit das Moment des Unwillkürlichen und Unbearbeiteten hervorgehoben. Zum anderen ist mit Unmittelbarkeit der Selbstbezug des Erlebens gemeint. Es handelt sich immer um von der Person selbst Erlebtes und selbst Erfahrenes, das nur ihr unmittelbar zugänglich ist. Schließlich zielt Unmittelbarkeit auf den psychologischen Inhalt ab und betont den emotionalen Aspekt des Erlebens. Damit wird eine in der Bewusstseinspsychologie bestehende inhaltliche Lücke geschlossen.

Das Verständnis von Psychologie als der *Wissenschaft vom Unbewussten* entwickelte sich in der psychotherapeutischen Alltagsarbeit ebenfalls um die vorletzte Jahrhundertwende und fand in den verschiedenen tiefenpsychologischen Richtungen seinen Niederschlag. Anders als die anderen Bestimmungsversuche, die allesamt an den universitären Lehrstühlen – also im akademischen Lehr- und Forschungsbetrieb – erarbeitet wurden, entstand dieser Zugang im unmittelbaren Umgang mit Patienten, die an neurotischen Beschwerden wie Angst oder Hysterie litten. Da die damalige psychosoziale Versorgung im klinischen Bereich ausschließlich in den Händen von Ärzten lag, wird verständlich, dass lange Zeit alle Befürworter dieser Definition psychotherapeutisch tätige Mediziner waren. Pongratz (1973) charakterisiert den von ihnen eingeführten Gegenstandsbereich folgendermaßen: »*Es gibt psychische Zustände und Vorgänge, die dem registrierenden Ich (Bewusstsein) verborgen (latent, unbewusst) sind*« (S. 243). Unbewusstes steht somit in Kontrast zum Bewusstsein. Es ist diesem vorgelagert, andererseits aber mit ihm auch funktional verbunden. In den Bereich des Unbewussten werden die für das menschliche Verhalten und Handeln entscheidenden Verursachungsmomente gelegt. Die Interpretation des Unbewussten erfährt in den verschiedenen Strömungen der Tiefenpsychologie eine unterschiedliche Ausgestaltung (Pongratz, 1983). Während Sigmund Freud (1856–1939) in der Psychoanalyse das Unbewusste primär unter dem Aspekt des individuell Verdrängten untersucht (▶ Kap. 1.2.1), interessiert sich Carl Gustav Jung (1875–1961) für das nicht aus dem persönlichen Erfahrungsbereich stammende, sondern als angeboren betrachtete kollektive Unbewusste. Alfred Adler (1880–1937) spricht in seiner Individualpsychologie schließlich dem Unbewussten nur noch eine randständige Bedeutung bei der Verwirklichung des von ihm als zentral angesehenen Machtstrebens zu.

Alle bislang genannten Bestimmungsversuche sind sich darüber einig, den Gegenstand der Psychologie in die Innenwelt des Menschen zu verlagern. Seele, Bewusstsein, Erleben und Unbewusstes sind als innerorganismische Sachverhalte und Phänomene gedacht, die nur der betroffenen Person selbst zugänglich sind. Wir können weder die Gedanken anderer lesen, noch ihre Gefühle unmittelbar erleben, noch kennen wir ihre Wünsche und Absichten. Wollen wir über die genannten Aspekte etwas in Erfahrung bringen, sind wir im Regelfall auf die Mitteilung der betroffenen Person angewiesen. Gesetzt nun aber den Fall, sie teilt uns ihre Gedanken, Gefühle, Wünsche und Absichten mit: Woher wissen wir, dass eine solche Mitteilung der Wirklichkeit entspricht? Dabei geht es nicht nur um die Frage, ob die Person tatsächlich die Wahrheit sagt, bzw. sagen will, sondern z. B. auch darum, ob sie überhaupt dazu in der Lage ist. Dieses Dilemma führte in den zwanziger Jahren des letzten Jahrhunderts zu einer neuen Betrachtungsweise. Psychologie wurde nun als eine Naturwissenschaft aufgefasst und als die *Wissenschaft vom Verhalten* definiert. Unter Verhalten verstand man anfangs alles, was einer externen Wahrnehmung zugänglich ist, also durch unsere verschiedenen Sinnesorgane unmittelbar erfasst werden kann. Damit sollte alles Subjektive, nicht unmittelbar Nachprüfbare aus der Psychologie verbannt werden. J. B. Watson (1878–1956), der Hauptverfechter einer derartigen Position, stellte in diesem Sinne fest: »Es ist möglich, eine Psychologie zu schreiben ... und ... niemals die Begriffe Bewusstsein, seelischer Zustand, Geist, Inhalt, Wille, Phantasie und dgl. zu benutzen« (1914, S. 9). Natürlich wurden innerorganismische Phänomene, wie z. B. Gedanken und Gefühle, nicht geleugnet, aber als Gegenstand der Psychologie wurden sie nur betrachtet, wenn es gelang, sie »objektiv« zu studieren. Die bislang eingesetzte Selbstbeobachtung war dabei als Methode nicht zugelassen. Um Gefühle zu analysieren, bezog man sich deshalb auf das Ausdrucksverhalten, oder physiologische Parameter, und Gedanken versuchte man durch die Aufzeichnung von Kehlkopfbewegungen nachzuweisen. Das Studium von Verhaltensweisen und Aktivitäten erwies sich – trotz der diese Position kennzeichnenden Einschränkung des Gegenstandsbereichs – als äußerst fruchtbar. Es ergänzt die auf den Innenaspekt abhebenden Betrachtungsweisen um den ebenfalls relevanten Außenaspekt psychischer Phänomene. Zentraler Forschungsinhalt war dabei die Psychologie des Lernens, welche bis in die ausgehenden sechziger Jahre den vorrangigen Untersuchungsbereich darstellte. Von Anfang an war die verhaltenspsychologische Position mit dem Bemühen verbunden, psychologische Erkenntnisse für das Alltagsleben nutzbar zu machen. Im Unterschied zur zuvor genannten Tiefenpsychologie gingen nun die Anregungen von den psychologischen Instituten aus.

Diese kurzen Ausführungen zeigen, dass der unter die Disziplin »Psychologie« subsumierte Gegenstandsbereich im Laufe der Zeit einem kontinuierlichen Wandel unterworfen war. Die Dimensionen des Bewusstseins, Erlebens, Unbewussten und Verhaltens standen dabei für jeweils unterschiedliche Facetten dieses Gegenstandsbereiches. Obwohl die genannten Strömungen jeweils nur eine der Facetten untersuchten, gehören sie alle zum inhaltlichen Gegenstand der Psychologie. Mit den Begriffen »Bewusstsein«, »Unbewusstes« und »Erleben« wurde dabei der Innenaspekt psychischer Sachverhalte, mit dem Begriff »Verhalten« dagegen deren Außenaspekt angesprochen. In der gegenwärtigen psychologischen Fachsprache werden die skizzierten Leitbegriffe nur noch zum Teil in der referierten Bedeutung benutzt. Heute besteht weitgehende Übereinstimmung darin, Psychologie inhaltlich als die *Wissenschaft vom Erleben und Verhalten* zu definieren. Unter Verhalten versteht man dabei jede objektivierbare Form psychischer Aktivität, unter Erleben alle in der Person liegenden Aspekte, also sowohl gefühlsbezogene (emotionale), motivationale als auch erkenntnisbezogene (kognitive) Phänomene. Der Bewusstseinsbegriff als auch sein Komplementärbegriff »Unbewusstes« kennzeichnen in der heutigen Psychologie vor allem das Ausmaß an Deutlichkeit und Klarheit, mit dem psychische Sachverhalte dem Individuum zugänglich sind. Die Zustände des Bewussten und Unbewussten kann man dabei als Endpunkte einer bipolaren Dimension verstehen. So können die meisten Formen des Erlebens und Verhaltens auf der Dimension »bewusst-unbewusst« unterschiedlich ausgeprägt sein. Routiniert und automatisiert ablaufende Prozesse sind dabei eher am Pol »unbewusst« zu lokalisieren, Konzentration und Aufmerksamkeit verlangende psychische Prozesse dagegen eher am Pol »bewusst«. Zimbardo (1995) fasst die aufgeführten Aspekte in folgender Definition zusammen: »Gegenstand der Psychologie sind Verhalten, Erleben und Bewusstsein des Menschen ... und deren innere (im Individuum angesiedelte) und äußere (in der Umwelt lokalisierte) Bedingungen und Ursachen« (S. 4).

Neben dieser Festlegung des spezifischen Inhaltsbereiches gehört zur Definition einer akademischen Disziplin auch die Festlegung der in der Auseinandersetzung mit ihrem Inhaltsbereich einzuhaltenden methodischen Regeln. In diesem Sinne schreibt Bürgy (1995): »Nicht der Gegenstand wissenschaftlichen Interesses bestimmt die jeweilige Einzelwissenschaft, sondern die Wechselwirkung zwischen Gegenstand und wissenschaftlichem Zugang« (S. 30). Für die empirische Psychologie sind dabei die verschiedenen Methoden der empirischen Sozialforschung, die im Rahmen des Studiums der Sozialen Arbeit in fast allen Studienordnungen als eigenes Fach aufgeführt sind, grundlegend. Wie andere Sozialwissenschaften gelangt auch die Psychologie über die empirischen Forschungsmethoden der Datenerhebung (z. B. Befragen, Testen, Urteilen und Beobachten) sowie der Datenauswertung (deskriptive und inferenzbezogene Statistik) zu ihren Befunden (vgl. z. B. Blanz, 2015; Bortz & Döring, 1995; Sedlmeier & Renkewitz, 2008). Bevor im übernächsten Abschnitt einige allgemeine methodologische bzw. wissenschaftstheoretische Grundprinzipien erfahrungswissenschaftlichen Vorgehens und die damit verfolgten Ziele skizziert werden, soll noch ein Blick auf die bisherige Psychologierezeption im Bereich der Sozialen Arbeit erfolgen.

1.2 Rezeption der Psychologie in der Sozialen Arbeit

Entsprechend ihrer Orientierung an (sozialen) Problemlagen wurden Theorie und Praxis der Sozialen Arbeit vor allem von solchen psychologischen Strömungen angeregt, die eine therapeutische Ausrichtung vertraten. Besondere Bedeutung hatten dabei die Tiefenpsychologie und die Humanistische Psychologie. Die Ursachen hierfür sind zum einen in wissenschaftshistorischen Gründen und zum anderen in der Favorisierung eines bestimmten Menschenbildes zu sehen. Bis in die 60er Jahre stellte die Tiefenpsychologie – insbesondere in ihrer psychoanalytischen Variante – das einzige für die Praxis tragfähige Modell abweichenden Verhaltens dar. Im Alltag der Sozialen Arbeit war sie deshalb lange Zeit unverzichtbar und konkurrenzlos. Nur sie bot damals das notwendige Handlungs- und Methodenwissen im Umgang mit individuellen und sozialen

Problemlagen, dessen die Soziale Arbeit bedarf. Die Präferenz für die Ideen der Humanistischen Psychologie hat unseres Erachtens darüber hinaus noch einen weiteren Grund. Die von Carl Rogers (1902–1987) entwickelte »Gesprächspsychotherapie« stellte zwar eine der ersten Richtungen dar, welche die Dominanz tiefenpsychologischer Fundierung der praktischen (Sozial-)Arbeit in Frage stellte, an ihr imponierte unseres Erachtens aber vor allem das mit den Zielen der Sozialen Arbeit sehr verträgliche Menschenbild.

Befunde aus der empirischen Psychologie werden erst in jüngerer Zeit berücksichtigt, ein Sachverhalt, der vor allem darin begründet liegt, dass die in der akademischen Psychologie untersuchten Fragestellungen und gewonnenen Befunde lange Zeit der praktischen Anwendungsmöglichkeit entbehren. Aufzuzeigen, dass sich diese Situation mittlerweile geändert hat und es sich lohnt, Erkenntnisse der empirischen Psychologie in der Sozialen Arbeit zu berücksichtigen, ist unter anderem ein Anliegen dieses Lehrbuches. Bevor aber auf die empirische Perspektive eingegangen wird, sollen einige wesentliche Grundgedanken von tiefenpsychologischer und humanistischer Psychologie exemplarisch an den Modellen von Freud und Rogers verdeutlicht werden.

Beide Positionen unterscheiden sich wenigstens in dreierlei Hinsicht von der später dargestellten Sichtweise. Zum einen nehmen sie eine *molare Haltung* ein und analysieren psychisches Geschehen eher ziel- und persönlichkeitsbezogen. Man interessiert sich hier z. B. nicht für die grundlegenden und invarianten Aspekte des Wahrnehmungsgeschehens an und für sich, sondern der Wahrnehmung werden bestimmte Aufgaben für die im jeweiligen Modell definierte optimale Persönlichkeitsentfaltung zugesprochen bzw. unterstellt. Zum anderen werden die dabei angestrebten Ziele als die wesentlichen Triebfedern für das Erleben und Verhalten inhaltlich fixiert, d. h., diese Ansätze führen jedes menschliche Erleben und Verhalten auf die *gleichen inhaltlichen Grundlagen* zurück. Dabei halten die einzelnen Positionen unterschiedliche Inhalte und Ziele für bedeutungsvoll (z. B. betont die Psychoanalyse die Bedeutung der Sexualität, der humanistische Ansatz stellt dagegen die Selbstverwirklichung in den Mittelpunkt). Das hat in positivem Sinn zur Folge, dass der vertretene anthropologische Standpunkt klar expliziert wird. Da es sich dabei aber um empirisch nicht ableit- und legitimierbare Fragen der Wert- und Normorientierung handelt, ist der von diesen Ansätzen postulierte allgemeine Verbindlichkeitsanspruch problematisch. So bleibt dem Individuum nur die Möglichkeit, sich im Rahmen der jeweiligen Wert- und Normorientierung zu interpretieren. Schließlich kennzeichnet der weitgehende *Verzicht auf eine experimentelle Fundierung* der jeweils postulierten Zusammenhänge diese Betrachtungsweisen. Die wesentlichen Methoden der Erkenntnisgewinnung stellen hier Interpretation und Deutung dar.

1.2.1 Psychoanalyse

Obwohl außerhalb der Universitätspsychologie und ohne direkte Berücksichtigung von deren Erkenntnissen entstanden und weiterentwickelt, hat die tiefenpsychologische Betrachtung in einigen Bereichen der akademischen Psychologie wie der Persönlichkeitspsychologie und Klinischen Psychologie starke Beachtung gefunden. Während sie in der Öffentlichkeit zumeist mit der Psychologie schlechthin gleichgesetzt wird, ist ihr Beitrag im akademischen Feld jedoch lediglich einer unter vielen. So urteilt Wertheimer (1971): »Aber die Psychologie als akademische Disziplin ist von Freudianischem Gedankengut ... verhältnismäßig wenig beeinflusst« (S. 181). Die Praxis der Sozialen Arbeit hat sich von der psychoanalytischen Lehre häufig inspirieren lassen (vgl. z. B. Günter & Bruns, 2010; Müller, 1991, Kapitel 3.3). Mit Elhardt (2011) kann man an der psychoanalytischen Theorie u. a. einen dynamischen, topographischen, strukturellen, genetischen und energetisch-ökonomischen Aspekt unterscheiden.

Für ein Verständnis der Psychoanalyse ist der *dynamische* Aspekt grundlegend. Er postuliert die Bedeutung von angeborenen Trieben, welche psychische Energie bereitstellen und auf diese Weise die treibende Kraft für menschliches Verhalten und Handeln darstellen. Freud hat seine Überlegungen zu den triebbezogenen Grundlagen mehrfach geändert. So nahm er ursprünglich neben dem *Sexualtrieb (Eros)* noch die Existenz eines Selbsterhaltungstriebes an, später führte er den auf Destruktion ausgerichteten *Todestrieb (Thanatos)* als eigenständigen Trieb in seine Lehre ein. Zentrale Bedeutung behält aber immer der Sexualtrieb, dessen Libido genannte Energie wesentlich die Entwicklung des Menschen beeinflussen soll. Einen Trieb kennzeichnen nach Freud vor allem die Aspekte des Dranghaften und des konstant Wiederkehrenden, d. h., Triebe drängen nach Befriedigung und versiegen nicht in ihrer energetischen Substanz.

Unter dem *topographischen* Aspekt versteht man die Annahme unbewusster, bewusster und vorbewusster psychischer Vorgänge und Qualitäten. Wir haben die Begriffe »bewusst« und »unbewusst« bereits kennengelernt. Das *Unbewusste* gilt demnach als ein System, zu dem wir keinen direkten Zugang haben. Es ist für Freud der wichtigste Bereich der psychischen Wirklichkeit, d. h., die wesentlichen psychischen Vorgänge sind seiner Überzeugung nach unbewusst. Unter *Bewusstsein* ist das der Person im jeweiligen Augenblick gegenwärtige Erleben zu verstehen. Bewusstsein und Unbewusstes unterliegen jeweils anderen Regulationsmechanismen. Während das Bewusstsein raum-zeitlich ausgerichtet und realitätsbezogen orientiert ist, geht es dem Unbewussten nur um die Befriedigung von Bedürfnissen, d. h., es zielt auf Maximierung des Lustgewinns. Mit dem Begriff »*vorbewusst*« kennzeichnet Freud schließlich solche Inhalte, die im aktuellen Bewusstsein der Person nicht enthalten sind, grundsätzlich aber durch Aufmerksamkeitszuwendung jederzeit bewusst gemacht werden können.

Im *strukturellen* Modell, der sog. Instanzenlehre, differenzierte Freud (1923) drei Bereiche der Persönlichkeit nämlich Es, Ich und Über-Ich. Diese Differenzierung schien ihm nötig, um der Komplexität und Dynamik der im Unbewussten angenommenen Inhalte gerecht zu werden. Die strukturelle Annahme kann deshalb als eine Weiterführung des topographischen Aspektes gesehen werden. Das *Es* ist im Unbewussten angesiedelt und umfasst die psychische Repräsentanz der Triebe. Im Unterschied zu Ich und Über-Ich bildet es sich nicht erst im Laufe der Entwicklung, sondern ist von Geburt an vorhanden. Die Regulation des Es folgt dem sog. Primärprozess, der – ohne Rücksicht auf moralische, ethische oder soziale Forderungen – nach unmittelbarer Triebbefriedigung drängt und in seiner Flexibilität auch ein Ersatzobjekt zur Befriedigung akzeptiert. Er ist nach Freud nicht an die in der Realität herrschenden Gesetzmäßigkeiten und Zusammenhänge der raumzeitlichen Orientierung gebunden, sondern kann völlig a-logisch verlaufen. Als Beleg für primärprozesshafte Steuerung sieht die Psychoanalyse u. a. das Traumgeschehen an, in dem uns der Realität widersprechende Erfahrungen häufig begegnen. So können wir im Traum fliegen oder uns gleichzeitig an weit voneinander entfernten Orten aufhalten. Der Begriff »*Über-Ich*« steht für die Gebote und Verbote, Werte und Moralvorstellungen der Person. Das Über-Ich beinhaltet sowohl das Gewissen als auch die Idealvorstellung von sich selbst (Ich-Ideal). Dem *Ich* kommt die schwierige Aufgabe zu, zwischen den Ansprüchen des Es, des Über-Ich und der Realität zu vermitteln. Es ist nach dem Sekundärprozess strukturiert, der sich erst im Laufe der Entwicklung herausbildet. Im Unterschied zum Primärprozess ist der Sekundärprozess auf Befriedigungsaufschub ausgerichtet und gehorcht den Regeln der Logik. Das Ich folgt damit dem Realitätsprinzip, d. h., es sucht nach vernünftigen von der Umwelt und dem Über-Ich gebilligten Lösungen. Die aus dem Es stammenden Triebwünsche werden von ihm dabei nur in dem Maße zugelassen, als sie von den normativen Vorstellungen akzeptiert werden und in der Wirklichkeit umgesetzt werden können. Während also Es und Über-Ich zueinander antagonistisch stehen, kommt dem Ich die Aufgabe der Kompromissbildung zwischen beiden zu.

Der *genetische* Aspekt beinhaltet die Vorstellungen zur Persönlichkeitsentwicklung, die an die unterschiedlichen Stadien der Entwicklung des Sexualtriebes gebunden ist und deshalb auch als psychosexuelle Entwicklung bezeichnet wird. In Abhängigkeit von dem jeweils mit Triebbefriedigung assoziierten Körperbereich formulierte Freud verschiedene Phasen der Libidoentwicklung. In der das erste Lebensjahr bestimmenden *oralen Phase* soll die Befriedigung vor allem durch Mundkontakt (z. B. Saugen an Finger oder Spielzeug) erfolgen. Es schließt sich im zweiten Lebensjahr die *anale Phase* an. Sie ist für die Psychoanalyse durch Ausscheidung und Zurückhaltung der Exkremente bestimmt. Ab dem Alter von drei Jahren sollen die Sexualorgane selbst im Mittelpunkt der Triebbefriedigung stehen, weshalb Freud nun von der *phallischen Phase* spricht. Mit etwa sechs Jahren beginnt eine Zeit, die durch eine bis zur Pubertät reichende Beruhigung des Sexualinteresses gekennzeichnet ist, die sog. *Latenzphase*. Wesentlich für die spätere Entwicklung ist nach Freud das Ausmaß an Befriedigung, das der Libido auf dem geschilderten Weg zuteil wird. Als ungünstig gilt ihm dabei sowohl ein mit Verwöhnung verbundenes »Zuviel« als auch ein mit Frustration verbundenes »Zuwenig« an Libidobefriedigung. In beiden Fällen soll es zu einem zu langen Verweilen in der jeweiligen Phase, der sog. Fixierung, kommen.

Im *energetisch-dynamischen* Modell der Psychoanalyse geht es um die Überlegungen zur Verarbeitung psychischer Energien. In Anlehnung an die physikalische Vorstellung von der Erhaltung der Energie geht Freud davon aus, dass auch im psychischen Energiehaushalt Triebenergie nicht verlorengehen kann. Die von den Trieben ausgehende Energie muss deshalb innerhalb des psychischen Systems verarbeitet werden. Können die Triebansprüche des Es in der Wirklichkeit nicht unmittelbar befriedigt werden, weil sich z. B. entweder die Realität oder das Über-Ich ihrer Realisierung entgegenstellen, müssen die mit ihnen verbundenen Triebenergien zurückgedrängt werden. Auf einen solchen – von Freud *äußere Versagung* genannten – Fall kann das Individuum auf zweierlei Art reagieren (▶ Abb. 2). Entweder es verändert die Umweltbedingungen (sog. alloplastisches Handeln) oder sich selbst (sog. autoplastisches Handeln). So kann in letzterem Fall der Triebwunsch z. B. in der Phantasie befriedigt werden. Hält die äußere Versagung jedoch länger an, verstärkt sich der Triebstau. Dies kann dazu führen, dass sich die libidinöse Energie den früheren Befriedigungsformen, wie sie für die orale, anale oder genitale Stufe typisch sind, zuwendet (sog. Regression). Wird den dabei ausgelösten Triebwünschen wegen ihrer Auslösung von Scham und Selbstabwertung vom Ich jedoch der Zutritt in das Bewusstsein verwehrt, sieht Freud den Zustand der *inneren Versagung* gegeben. Innere Versagung zieht die Verdrängung der Triebwünsche in das Es nach sich. Sie sind nun aus dem Bewusstsein verbannt, ihre Energie drängt aber weiterhin nach Befriedigung. Die verdrängten Triebimpulse entwickeln im Es ein »Eigenleben«. Sie heften sich – nun dem Primärprozess unterworfen – an andere Inhalte und Objekte und verschaffen sich auf diesem »verschleierten« Weg auf weniger anstößige Weise Zugang zum Bewusstsein und damit zur Befriedigung. Ergebnis dieses misslungenen Kompromisses stellt das neurotische bzw. symptomatische Verhalten dar, das nun als Ersatzbefriedigung der verdrängten Impulse interpretiert wird. Symptome verweisen damit in diesem Ansatz auf unbewusste Konflikte und müssen vom Analytiker in ihrem Symbolgehalt verstehbar gemacht werden.

Das Beispiel der Phobie des »kleinen Hans«, einer sehr bekannt gewordenen Studie von Freud (1909), soll dies verdeutlichen. Der fünfjährige Hans litt unter einer sehr starken Angst vor Pferden. Er fürchtete vor allem, von einem Pferd gebissen zu werden, und traute sich deshalb nicht auf die Straße, wenn er erwartete, dabei einem Pferd begegnen zu können. In der psychoanalytischen Interpretation dieser Phobie geht Freud davon aus, dass das Pferd den Vater des Jungen symbolisiere, zu dem der kleine Hans eine ambivalente Haltung haben sollte. Einerseits sei er dem Vater liebevoll zugetan gewesen, andererseits habe er ihm gegenüber auch Anzeichen von Eifersucht und Feindseligkeit gezeigt. Letztere führt Freud darauf zurück, dass der Junge mit dem Vater um die Gunst der Mutter rivalisierte (Ödipuskonflikt). Freud nimmt an, dass die Feindseligkeit dem Vater gegenüber von Hans verdrängt wurde und in der Angst vor dem Pferd ins Gegenteil gewandt wieder zum Ausdruck kam. Die Verdrängung soll stattgefunden haben, weil Hans fürchtete, für seine unerlaubten Wünsche bestraft (kastriert) zu werden.

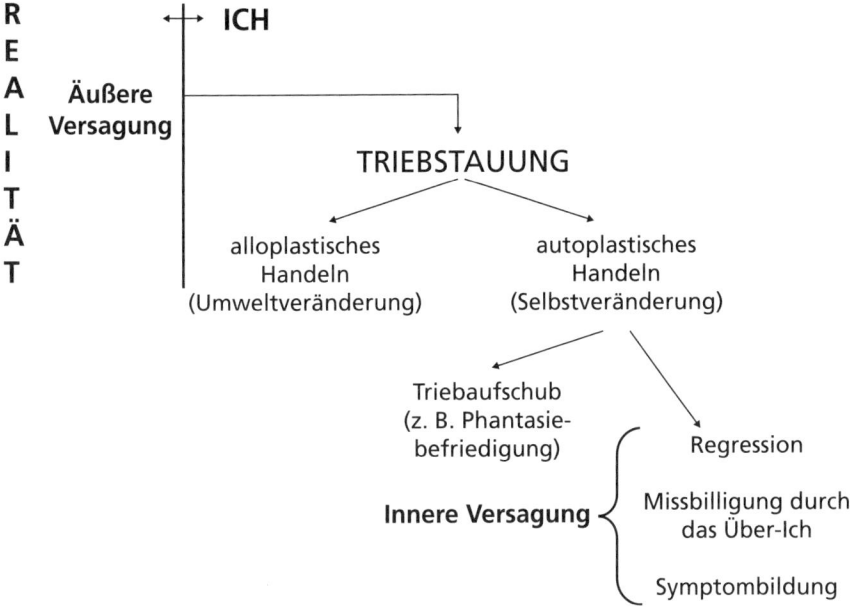

Abb. 2: Energetisch-dynamischer Aspekt der Psychoanalyse (mod. nach Mertens, 1990, S. 137)

An der Tiefenpsychologie Freuds wurde in verschiedener Hinsicht Kritik geübt (vgl. z. B. Selg, 2002). Die theoriebezogenen Einwände setzen sowohl an wissenschaftstheoretischen (formalen) als auch an inhaltlichen Aspekten an.

Aus *wissenschaftstheoretischer* Sicht besteht ein Hauptproblem des psychoanalytischen Ansatzes in der Unschärfe der verwendeten Begrifflichkeiten (vgl. z. B. Perrez, 1972). Freud bedient sich in der Darstellung seiner Annahmen häufig des Analogisierens und des metaphorischen Denkens. Die zentralen Begriffe des Modells werden dabei vage und vieldeutig verwendet, so dass es häufig dem Leser überlassen bleibt, in welcher Weise er sie versteht. Da die Aussagen jedoch plausibel und einleuchtend erscheinen, wird die begriffliche Ungenauigkeit in aller Regel nicht sofort wahrgenommen. Die begriffliche Unschärfe hat wenigstens zwei negative Folgen. Zum einen führt sie dazu, dass psychoanalytische Annahmen nicht, bzw. nur sehr schwer, überprüft werden können. So bleibt unklar, was die Konzepte »Es«, »Libido«, »Fixierung« etc. genau bedeuten und an welchem Verhalten sie sich eindeutig erkennen lassen. Zum anderen können keine präzisen und gültigen Voraussagen über zukünftiges Verhalten und Handeln gemacht werden. Zwar gelingt es im psychoanalytischen Rahmen meist, bereits stattgefundenes Handeln verständlich zu machen (vorausgesetzt man akzeptiert die entwickelte Interpretation; vgl. die Deutung der Phobie des »kleinen Hans«), zukünftige Handlungsweisen können aber kaum vorhergesagt werden. Die Güte und Relevanz wissenschaftlicher Modellvorstellungen wird aber gerade von ihrer Vorhersagekraft abgeleitet. Schließlich sind viele der psychoanalytischen Annahmen grundsätzlich nicht widerlegbar, d. h., das Modell ist gegenüber Falsifizierung immun (▶ Kap. 1.3). Erwartet man beispielsweise in einem konkreten Fall das Auftreten bestimmter Verhaltensweisen (sexueller oder aggressiver Art), so bestätigt auch deren Nichtauftreten das analytische Modell, wenn man nun den Mechanismus der Verdrängung unterstellt. Da jedes Ergebnis von der Theorie »verständlich« gemacht werden kann, besitzt sie keinen prognostischen Erklärungswert. Die heute für Erfahrungswissenschaften relevanten wissenschaftstheoretischen Kriterien (▶ Kap. 1.3) sind in der Psychoanalyse nicht oder nur deutlich eingeschränkt erfüllt.

Aus *inhaltlicher* Sicht ist die Bedeutung, die Freud der Sexualität zuspricht, zu relativieren. Die von ihm in den Fallanalysen interpretierten sexuellen Bezüge müssen im Kontext der damaligen gesellschaftlichen Verhältnisse gesehen werden. Sie stammen aus einer Zeit, die zumindest nach außen hin als a-sexuell und sexualfeindlich eingeschätzt werden muss. Zwischenzeitlich ist diese Haltung von einer deutlichen Liberalisierung und Enttabuisierung abgelöst worden. Heute erscheint es deshalb als sehr unwahrscheinlich, dass abgewehrte sexuelle Impulse die Grundlage der Dynamik unseres Verhaltens darstellen sollen.

Neben derartigen theoretischen Überlegungen werden gegen die Psychoanalyse auch *methodische* Argumente geltend gemacht, welche die Art der Datenerhebung und Datenverarbeitung, derer sich Freud bedient, betreffen. Grundlage der psychoanalytischen Lehre bilden die Falldaten der von Freud behandelten Patienten. Die psychoanalytischen Annahmen stellen Überlegungen dar, die aus der Deutung der vorgetragenen Problemkonstellationen entstanden sind. Diese Deutungen wurden in weiten Teilen aus Erinnerungen der Patienten an ihre Kindheit abgeleitet. Erinnerungsfehler, Verzerrungen der Informationsverarbeitung oder einfaches Vergessen (▶ Kap. 2) wurden dabei nicht systematisch berücksichtigt. Darüber hinaus fehlt eine Überprüfung der angenommenen Zusammenhänge an externen Daten. Die Psychoanalyse ist somit nicht auf beobachtbare Daten gegründet, sie verlässt sich auf die Erinnerung des Erwachsenen und unterzieht die abgeleiteten Deutungen keiner weiteren systematischen empirischen Überprüfung. Obwohl sie eine Theorie zur psychosexuellen Entwicklung vorgelegt hat, führte sie keine Beobachtungen an Kindern durch.

Fragt man nach der Bedeutung der Psychoanalyse für das Studium und die Praxis der Sozialen Arbeit, so kommt man auch bei einer systeminhärenten Betrachtung zu einer recht pessimistischen Einschätzung. Sollen die in der Freud'schen Lehre angesprochenen Deutungen nicht leerformelmäßig benutzt werden, müssen sie im Rahmen der Lehranalyse quasi am eigenen Leib erfahren werden. Eine derartige Ausbildung ist im Rahmen eines Studiums – und zwar nicht nur desjenigen der Sozialpädagogik – nicht leistbar. Sie erfolgt deshalb seit jeher über private Einrichtungen und Institute. Weitere Einschränkungen der Bedeutung resultieren aus der aufwendigen Beratungsarbeit und den Indikationsvoraussetzungen. Psychoanalytisches Vorgehen verlangt in seiner klinischen Variante eine sehr lange, u. U. über mehrere Monate oder gar Jahre reichende kontinuierliche Einzelbetreuung des Klienten. Unter den derzeitigen Bedingungen der psychosozialen Versorgung ist ein solcher Einsatz für den Einzelfall vom Sozialpädagogen nicht zu leisten. Schließlich ist die Psychoanalyse ein Ansatz, der sich vor allem an die Mittelschicht wendet und damit einen nicht unbeträchtlichen Teil der sozialpädagogischen Klientel unberücksichtigt lässt.

1.2.2 Humanistische Psychologie

Dem Pessimismus des psychoanalytischen Menschenbildes, das Erleben und Verhalten des Menschen als das Produkt seiner zu zügelnden Triebe betrachtet, setzt die »Humanistische Psychologie« eine positive Alternative gegenüber. In ihren anthropologischen Grundannahmen (vgl. Völker, 1980) postulieren ihre Vertreter, dass der Mensch nach *Autonomie*, d.h. nach Unabhängigkeit von äußerer Kontrolle strebe und von Natur aus *zum Positiven angelegt* sei. So schreibt Carl Rogers:
»Der innerste Kern der menschlichen Natur, die am tiefsten liegenden Schichten seiner Persönlichkeit, die Grundlage seiner tierischen Natur ist von Natur aus positiv – von Grund auf sozial, vorwärtsgerichtet, rational und realistisch« (1976, S. 99–100). Der Mensch wird in diesem Modell aber nicht nur als gut betrachtet, sondern auch als fähig, sich selbst zu verstehen und so zu verwirklichen, dass für ihn ein größeres Wohlbefinden entsteht. Dieses Streben nach zunehmender Selbstverwirklichung soll durch die ihm als innewohnend gedachte Tendenz zur *Selbstaktualisierung* zustande kommen. Weitere wesentliche Bestimmungsstücke des Menschenbildes der Humanistischen Psychologie sind Ziel- und Sinnorientierung sowie ganzheitliche Betrachtung. Menschliches Handeln gilt als *sinn- und zielgerichtet*, d.h., es kann nach dieser Perspektive weder aus dem situativen Kontext noch aus inneren Trieben hinreichend verstanden werden. Es ist in Bezug zu Wertvorstellungen wie Freiheit, Würde, Gerechtigkeit etc. zu sehen. Einzelne Verhaltensweisen müssen deshalb immer auf dem Hintergrund dieser übergeordneten Sinn- und Zielgerichtetheit interpretiert werden. In seiner *ganzheitlichen Betrachtung* sieht dieser Ansatz den »menschlichen Organismus als Gestalt, als organisches, bedeutungsvolles Ganzes und betont die Ganzheitlichkeit von Gefühl und Vernunft, von Leib und Seele« (Völker, 1980, S. 19–20). Die große Akzeptanz, die die Humanistische Psychologie im Bereich der psychosozialen Praxis fand, geht sicherlich zu einem nicht unerheblichen Teil auf diese Annahmen zum Menschenbild zurück (vgl. z.B. Bastine, 1990, S. 64). Betrachten wir das im sozialpädagogischen Feld einflussreiche Modell von Carl Rogers nun etwas genauer. Es soll in seinem persönlichkeits-, störungs- und interventionsbezogenen Teil skizziert werden.

Den Ausgangspunkt der *Persönlichkeitstheorie* von Rogers bildet eine Betrachtung, welche von der subjektiven Wahrnehmung des Individuums ihren Ausgang nimmt und deshalb als *phänomenologisch-individualistisch* bezeichnet werden kann. Die von der Person wahrgenommene Wirklichkeit ist durch die von ihr gemachten Erfahrungen bestimmt, d.h., jede Person lebt in ihrer eigenen, mit niemandem sonst vollständig geteilten Welt. Ihre Wirklichkeit unterliegt einer ständigen Veränderung, die von den neuen Erfahrungen der Person gestaltet wird. Die Realität oder Wirklichkeit bestimmt sich für ein einzelnes Individuum damit nicht durch die vorliegenden »objektiven« Verhältnisse, sondern ausschließlich durch deren subjektive Wahrnehmung. Zwischen den Möglichkeiten der Wahrnehmung und dem tatsächlich Wahrgenommenen ist demnach zu unterscheiden. Den zentralen Begriff der Persönlichkeitstheorie von Rogers stellt derjenige des »*Selbst*« bzw. »*Selbstkonzepts*« dar. Darunter versteht man in diesem Zusammenhang die im Verlaufe des Lebens entstandenen Einstellungen und Haltungen der Person sich selbst, der Umwelt und den Wechselwirkungen zwischen beiden Bereichen gegenüber. Nach Rogers (1959) beziehen sich die Konzepte »Selbst«, »Selbst-Konzept« und »Selbst-Struktur« »auf die organisierte, konsistente und begriffliche Gestalt, die sich aus den Wahrnehmungen der Charakteristika des ›Ich‹ oder ›Mich‹ und den Wahrnehmungen der Beziehungen des ›Ich‹ oder ›Mich‹ zu anderen Personen und zu verschiedenen Aspekten des Lebens sowie aus den zu diesen Wahrnehmungen gehörenden Werten zusammensetzt. Es handelt sich um eine Gestalt, die dem Bewusstsein zugänglich ist, obwohl sie nicht notwendigerweise im Bewusstsein ist« (S. 200). Die durch das Selbstkonzept bestimmte Wahrnehmung der Person übt für Rogers einen bedeutenden Einfluss auf das von ihr gezeigte Verhalten aus, da Personen bestrebt sein sollen, sich in Übereinstimmung mit der eigenen Selbstwahrnehmung zu verhalten. Dem Selbstkonzept kommt daneben die wichtige Aufgabe zu, neue Wahrnehmungen zu filtern.

Unter motivationaler Hinsicht sieht Rogers die menschliche Persönlichkeit vor allem von zwei Bedürfnissen bestimmt. Der *organismische Bewertungsprozess* beurteilt eine Situation im Hinblick auf ihre Ermöglichung von Spannungsreduktion, Wachstum, Weiterentwicklung und Selbstverwirklichung. Er gilt Rogers als angeboren und soll in diese Richtung gehende Erfahrungen positiv, ihr widersprechende dagegen negativ beurteilen. Im organismischen Bewertungsprozess geht es also um die Beurteilung des Ausmaßes an Selbsterhaltung und Selbstaktualisierung in einer konkreten Situation. Ein zweites grundlegendes menschliches Bedürfnis ist für Rogers dasjenige nach *positiver Zuwendung*. Es bildet sich im Entwicklungsverlauf als Folge der positiven (Gefühls-)Erfahrungen mit anderen Personen. Das Individuum will von anderen anerkannt, geliebt und geachtet werden. In einer konkreten Situation kann ein Konflikt zwischen organismischem Bewertungsprozess und Bedürfnis nach Zuwendung entstehen, den Sieland (1996, S. 125–126) an folgendem Beispiel veranschaulicht: Ein vierjähriges Mädchen wird von seinem dreijährigen Bruder geärgert. Es wird wütend und schubst den Bruder weg. Dieses Verhalten ist für es sehr befriedigend und mit Anspannungsreduktion verbunden. Es wird im organismischen Bewertungsprozess deshalb positiv beurteilt. Das Mädchen will aber auch die Zuwendung der Eltern gewinnen und gerät nun – im Falle, dass diese sein Verhalten dem Bruder gegenüber missbilligen – in einen Konflikt: Das Verhalten des Wegschubsens steht dem Bedürfnis nach elterlicher Zuwendung im Weg. Im Modell des Selbstkonzepts bedeutet dieser Konflikt eine Abweichung von Real- und Idealselbst.

Unter dem *Realselbst* versteht Rogers dabei die derzeit bestehende tatsächliche Situationseinschätzung (im Beispiel die Genugtuung dem Bruder gegenüber), unter *Idealselbst* dagegen die Wunsch- oder Zielvorstellung der Person (im Beispiel: von den Eltern geliebt zu werden). Ein derartiger Konflikt kann auf unterschiedliche Art gelöst und im Bewusstsein des Kindes symbolisiert werden. Das Mädchen kann die organismische Bewertung unzensiert und *unverzerrt* in das Idealselbst übertragen, und sich zugestehen, dass es Spaß macht, den Bruder zu schubsen. Es kann diese Erfahrung aber auch *ignorieren*, weil sie dem Idealselbst widerspricht und feststellen, dass es nicht seine Absicht war, den Bruder zu schubsen, sondern nur mit ihm zu spielen. Als dritte Möglichkeit sieht Rogers noch die *Verzerrung* dieser Erfahrung. Hier gesteht sich das Mädchen zwar zu, den Bruder geschubst zu haben, verleugnet aber die damit verbundene positive Gefühlslage. Es kann z. B. den Schluss ziehen, das Schubsen habe ihm keinen Spaß gemacht.

Diese Überlegungen führen zur *Störungslehre* des klientenzentrierten Ansatzes, in der zwischen einem normalen (flexiblen) und einem gestörten (rigiden) Selbstkonzept unterschieden wird (▶ Abb. 3). Ob gemachte Erfahrungen zu einer Störung führen, hängt davon ab, in welchem Ausmaß von der Person die genannten Verarbeitungsformen »unverzerrte Übernahme«, »Ignorierung« und »Verzerrung« eingesetzt werden. Kennzeichnend für das normale Selbstkonzept ist die Möglichkeit, Erfahrungen angstfrei aufzunehmen und in die bestehende Struktur des Selbstkonzepts ungetrübt zu integrieren. Zwischen Erfahrungsbildung und Selbstkonzept besteht hierbei ein Verhältnis der Übereinstimmung und *Kongruenz*, d. h., reale (tatsächliche) und ideale (gewünschte) Sichtweise des Selbst entsprechen einander weitgehend. Im Falle des Vorliegens einer Störung nimmt die Person sich und ihre Umwelt in weiten Teilen jedoch nicht kongruent, sondern getrübt wahr. Sie ignoriert oder verzerrt in ihrer bewussten Verarbeitung solche Erfahrungen, die ihre Selbststruktur gefährden. Da jedoch die unmittelbaren organismischen Bewertungen der mit dem Ideal-Selbst diskrepanten und inkongruenten Erfahrungen davon unberührt sind, entsteht ein Widerspruch, *Inkongruenz* genannt. Während geringere und partielle Ausmaße von Inkongruenz für die Person keine Bedrohung darstellen, kann eine Ausweitung von Inkongruenz zu psychischer Fehlanpassung führen. Schuld, Angst, Depression, verminderte Selbstachtung und weitere Einschränkungen gelten als die möglichen Folgen.

Auf der Ebene der *Intervention* entwickelte Rogers das gesprächstherapeutische Vorgehen, das sich zum Ziel setzt, die unter ihrer Fehlanpassung leidende Person wieder der »fully functioning person« anzunähern. Es geht dabei in erster Linie um die Reaktivierung der eingeschränkten bzw. blockierten Selbstaktualisierungstendenz und nicht um die Verminderung akuter Beschwerden und Belastungen, wie z. B. Rückgang konkreter phobischer oder zwanghafter Verhaltensweisen. Dies soll mit einer Gesprächsführung angeregt werden, die durch drei Basismerkmale seitens des Beraters bestimmt ist, nämlich Echtheit, positive Wertschätzung und einfühlendes Verstehen. Mit *Echtheit* ist gemeint, dass der Berater dem Klienten in Übereinstimmung von Verhalten und Überzeugung, selbstaufrichtig und ohne Fassade begegnen soll. Echtheit des Beraters ermöglicht es dem Klienten, Vertrauen zu entwickeln und in die Beziehung einzubringen. Die Verwirklichung von *positiver Wertschätzung* verlangt vom Berater eine Haltung der Achtung und des Respekts gegenüber dem Klienten. Verhaltensbezogen besteht dieser Aspekt vor allem darin, dem Klienten die Po-

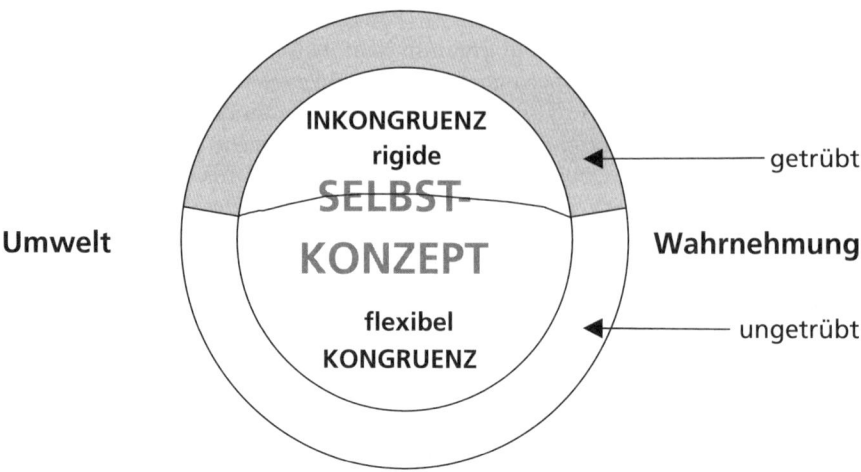

Abb. 3: Störungslehre im Ansatz von Rogers (mod. nach Revenstorf, 1993, S. 17)

sition des Beraters nicht aufzudrängen. Positive Wertschätzung bewirkt für den Klienten eine angstfreie, nicht-bedrohliche Atmosphäre und damit die Möglichkeit, sich mit den eigenen Erfahrungen und Gefühlen auseinanderzusetzen. *Einfühlendes Verstehen* verlangt schließlich, die Welt und den Klienten aus dessen Sicht wahrzunehmen. Der Berater versucht dies durch die Rückmeldung des (vermuteten) Gefühlsgehaltes des Gesagten zu erreichen. Er prüft deshalb die inhaltliche Aussage des Klienten auf ihren emotionalen Gehalt und verbalisiert die vermuteten Gefühlsaspekte. Auf diese Weise gibt er dem Klienten Anstöße zur Auseinandersetzung mit seinen Erfahrungen und Gefühlen sowie deren Bedeutung für das Selbstkonzept. Der Klient kann so bisher unerkannte Zusammenhänge und Bezüge seines Selbstkonzeptes entdecken und einer Verarbeitung zuführen. Rogers verwendet für diesen Sachverhalt den Begriff »*Selbstexploration*«. Die Zunahme von Selbstexploration im Gesprächs- und Beratungsverlauf stellt im gesprächspsychotherapeutischen Vorgehen ein wesentliches Kriterium für die Beurteilung des Erfolges dar.

Eine Bewertung des humanistischen Ansatzes von Rogers ergibt – wie auch bereits für die Psychoanalyse festgestellt – eine mangelnde Präzisierung und unzureichende Überprüfbarkeit seiner grundlegenden Begrifflichkeiten (z. B. »Selbst«, »Erfahrung« etc.) und damit das Problem, klare Beziehungen zu Verhaltensdaten herzustellen. So lässt sich die Existenz der in allen humanistischen Ansätzen als wichtig erachteten Tendenz zur Selbstverwirklichung empirisch weder beweisen noch widerlegen (vgl. Sieland, 1996; Zimbardo, 1995). Wie die Psychoanalyse ist auch die Gesprächspsychotherapie das Werk einer einzelnen Forscherpersönlichkeit und damit ein in sich geschlossenes System. Befunde aus dem Bereich der psychologischen Grundlagenforschung, z. B. im Hinblick auf die in diesem Modell so wichtige Funktion der Wahrnehmung (▶ Kap. 2), wurden dabei jedoch so viel wie nicht berücksichtigt. Positiv ist die überprüfbare Definition der Beratermerkmale (Echtheit etc.) hervorzuheben. So konnte deren Bedeutung für die Selbstexploration empirisch belegt werden. Wie Grawe, Caspar und Ambühl (1990) nachweisen, ist dies vor allem bei Personen mit guten sozialen Fertigkeiten und einer hohen Beziehungsfähigkeit der Fall. Problematisch erscheint es allerdings, den Erfolg einer Beratung ausschließlich an dem systemimmanenten Kriterium der Selbstexploration zu messen und nicht an dem vom Klienten vorgetragenen Problem selbst. Bei einer sich als klientenzentriert bezeichnenden Vorgehensweise muss die Vernachlässigung des eigentlichen Anliegens zumindest als Erfolgskriterium verwundern.

Die bereitwillige Aufnahme des Modells von Rogers in das sozialpädagogische Methodenspektrum hat eine Ursache sicherlich in der hohen Affinität beider Richtungen hinsichtlich der Bedeutungseinschätzung von Änderungsmedium und Zielperspektive. Ein Ansatz, der die Beziehung zum wesentlichen Veränderungsvehikel deklariert und für Emanzipation im weitesten Sinne eintritt, kommt der Sozialen Arbeit in grundlegenden Aspekten entgegen. Seine Voraussetzungsfreiheit von anderen Wissensbeständen macht ihn darüber hinaus für das Studium der Sozialen Arbeit interessant. Dessen ungeachtet darf aber nicht übersehen werden, dass die professionelle Einübung der Basisvariablen die in einem Studium gegebenen Möglichkeiten bei weitem überfordert. So erstreckt sich die von der Gesellschaft zur wissenschaftlichen Gesprächspsychotherapie (GwG) angebotene Berateausbildung über mehr als ein Jahr. Als »Konzept sozialpädagogischen Handelns« geben Geissler und Hege (2007) folgende Einschätzung: »Die Integration der klientenzentrierten Methode als individuelle psychologische Hilfe sollte jedoch nicht überschätzt werden« (S. 77). Sie begründen diese Beurteilung vor allem mit der Vernachlässigung von relevanten Umweltvariablen und dem Sachgehalt des vom Klienten vorgetragenen Anliegens. Da viele Probleme in der sozialpädagogischen Praxis die Suche nach konkreten Lösungen verlangen und diese im Modell von Rogers unberücksichtigt bleibt, sprechen auch Biermann-Ratjen, Eckert und Schwartz (1996) dem Modell von Rogers als grundlegende Methode der Sozialen Arbeit nur eine begrenzte Bedeutung zu. Dem sich auf diesen Ansatz einlassenden Sozialpädagogen kann es aber sehr wohl für die Definition der eigenen Beraterrolle nützlich sein (zur Weiterentwicklung und Kritik des Therapiekonzeptes von Rogers siehe z. B. Sachse, 2005).

1.3 Methodologische Voraussetzungen und Ziele der empirischen Psychologie

In diesem Abschnitt werden einige wissenschaftstheoretische und methodologische Überlegungen behandelt, die für ein Verständnis der Psychologie als empirischer Wissenschaft notwendig sind. Es geht dabei um die Art und Weise des Umganges mit den im ersten Abschnitt genannten Inhalten.

1.3.1 Alltagsurteil und Urteilen in der Wissenschaft

Ulich und Bösel (2005, S. 44–45) wählen das folgende Beispiel, um auf Unterschiede und Gemeinsamkeiten der Psychologie des Alltagslebens und der wissenschaftlichen Psychologie hinzuweisen:
Eine Mutter stellt auf einem Spielplatz fest, dass sich ihr Kind fürchtet, eine Rutsche hinunterzurutschen. Einer Nachbarin erklärt sie, das Kind sei hierfür noch zu klein, aber in etwa einem Jahr werde es ihm nichts mehr ausmachen, die Rutsche zu benützen. Um dem Kind langsam die Furcht zu nehmen, habe sie in Zukunft vor, auch andere Spielplätze aufzusuchen, auf denen sich niedrigere Rutschen befinden.

Im Grunde geht diese Mutter in durchaus ähnlicher Weise vor wie ein wissenschaftlich ausgebildeter Psychologe. Sie beschreibt und klassifiziert das ihr problematisch erscheinende Verhalten als ein bestimmtes Gefühl (Furcht) und versucht, dieses Gefühl mit dem Alter des Kindes zu erklären. Mit der Äußerung, das Kind werde in einem Jahr keine Furcht vor der Rutsche mehr zeigen, nimmt die Mutter eine Prognose vor. Schließlich kann der Vorsatz, auch andere Spielplätze aufzusuchen, um das Kind an niedrigere Rutschen zu gewöhnen, als Versuch der Beeinflussung angesehen werden. Wir werden Beschreibung, Erklärung, Vorhersage und Beeinflussung als die wesentlichen Ziele und Aufgaben der empirischen Psychologie kennenlernen.

Trotz dieser deutlichen Parallelität von Alltagspsychologie und wissenschaftlicher Psychologie hinsichtlich der jeweils verfolgten Ziele, zeigen sich jedoch auch grundsätzliche Unterschiede in den dabei eingesetzten Vorgehensweisen. Alltägliches und wissenschaftliches Handeln differieren vor allem in methodischer Hinsicht. Nach Schröder (1976, S. 40–43) kennzeichnen das von ihm »vorkritisch« genannte Alltagsurteil folgende Merkmale.

Zuerst ist festzustellen, dass das Alltagsurteil *kein prinzipiell falsches Urteil* darstellt. Vorwissenschaftliches und wissenschaftliches Urteil unterscheiden sich nicht zwingend auf der Ebene »richtig« versus »falsch«. Die Mutter im obigen Beispiel kann also durchaus mit ihrer Annahme, das Kind sei für einen unbefangenen Umgang mit der Rutsche noch zu jung, recht haben. Und es kommt natürlich auch vor, dass sich ein mit wissenschaftlichen Kriterien entwickeltes Urteil, zum Beispiel eine Prognose über das zukünftige Verhalten eines frühzeitig entlassenen Straftäters, später als falsch erweist.

Im Alltag hat das vorkritische Urteil die wichtige Funktion, *lebenserleichternd* zu wirken. Die mit ihm gewonnenen Erkenntnisse helfen nämlich, das eigene Verhalten auf die momentanen Gegebenheiten abzustimmen und Konflikte zu vermeiden. So nimmt sich die Mutter vor, Spielplätze mit kleineren Rutschen aufzusuchen und das Kind langsam an den Umgang mit Rutschen zu gewöhnen. Die lebenserleichternde Wirkung des Alltagsurteils besteht für sie vor allem darin, dass sie Orientierungs- und Handlungssicherheit gewinnt.

Fragen wir danach, wie das Urteil der Mutter zustande kommt, so fällt auf, dass *kein systematischer Bezug zu Theorien* oder begrifflichen Systemen hergestellt werden musste. Die Mutter hatte es nicht nötig, sich in einer Bibliothek über die verschiedenen Facetten des Begriffs »Furcht« kundig zu machen. Ihre

Beurteilung ergibt sich ganz unwillkürlich im Gesprächsverlauf mit der Nachbarin. Die Einschätzung erfolgt also nicht aufgrund einer theoretischen Analyse, sondern das Verstehen und Deuten ergibt sich spontan auf der Ebene der *Intuition*. Unter Intuition versteht man die Fähigkeit, ohne eine bewusst-planmäßige Reflexion und Analyse, zu Erkenntnissen zu gelangen. Dabei wird der Erkenntnisweg weder begründet noch hinsichtlich seiner Ursachen hinterfragt. Im Alltag ist ein intuitives Erfassen von Zusammenhängen sehr nützlich, da der Verhaltens- und Handlungsfluss dadurch aufrechterhalten bleibt.

Als letztes Kennzeichen der Alltagsbeurteilung nennt Schröder die mit ihm verbundene *Überzeugungsgewissheit*. Zwar ist das vorkritische Urteil nicht grundsätzlich falsch, da es aber weder systematisch abgeleitet noch kritisch überprüft ist, besitzt es doch nur eine gewisse (ungeklärte) Wahrscheinlichkeit. Die mit ihm einhergehende hohe subjektive Überzeugungsgewissheit muss deshalb erstaunen. Wir sind uns im Alltag bei der Beurteilung anderer Menschen ziemlich sicher und zeigen in der Regel keine Zweifel an der Gültigkeit unserer Schlussfolgerungen. Infolge dieser Sicherheit sucht die Mutter in unserem Beispiel auch nach keinen anderen Erklärungen und bleibt bei ihrer Einschätzung, das Verhalten ihres Kindes sei furchtbedingt.

Zur alltagsbezogenen, vorkritischen Beurteilung ist zusammenfassend also festzustellen, dass sie »nicht abgesichert verläuft, … intuitiv gesteuert wird und von einer ausgeprägten Überzeugungsgewißheit begleitet ist« (Schröder, 1976, S. 42–43). Damit sind die wesentlichen Unterschiede zwischen alltagsbezogenem und wissenschaftlich begründetem Urteilen und Entscheiden genannt.

Ein wissenschaftliches Urteil muss einen Zusammenhang zu bewährten Modellen und Theorien erkennen lassen, d. h. unter gezieltem Einsatz intellektueller Fähigkeiten gefällt werden. Es verlangt eine kritische Überprüfung, um seine Gültigkeit abschätzen zu können. An die Stelle der im Alltag üblichen Gewissheit tritt dabei eine Einschätzung der Wahrscheinlichkeit. Wissenschaftlich gefällte Urteile sind deshalb immer in gewisser Weise vorläufig und nie endgültig. Während für das Alltagsurteil der subjektive Standpunkt des Urteilenden ausschlaggebend ist, bemüht sich das wissenschaftlich begründete Vorgehen um Transparenz und Nachvollziehbarkeit. Das grundlegendste Prinzip erfahrungswissenschaftlichen Vorgehens ist deshalb die *Nachprüfbarkeit* durch andere Forscher. Im Unterschied zur subjektiven Privatheit des Alltagsurteils stellt Wissenschaft eine intersubjektive, »öffentliche« Angelegenheit dar. Unter *Intersubjektivität* versteht man in der Wissenschaftstheorie »eine weitgehende Unabhängigkeit untersuchter und mitgeteilter Sachverhalte vom Untersucher und Berichter« (Bartenwerfer & Raatz, 1979, S. 47).

1.3.2 Beschreiben: Begriffliche Präzision

Da auch im wissenschaftlichen Bereich Sachverhalte zumeist sprachlich mitgeteilt werden, bedeutet Nachprüfbarkeit auf einer ersten Ebene die klare Präzisierung der verwendeten Begrifflichkeiten. Erst sie ermöglicht eine genaue und eindeutige Mitteilung. In diesem Sinne schreiben Groeben und Westmeyer

(1981): »Wissenschaft als soziales Geschehen zielt auf *Kommunikation* und setzt deshalb *Verständlichkeit* und *Intersubjektivität* ihrer wesentlich verbal gegebenen Inhalte voraus« (S. 35).

Die grundlegendste Form der Präzisierung erfolgt durch die Angabe der Bedeutung eines Begriffs im Rahmen einer *Definition*. Eine Definition besteht aus zwei Teilen, dem Definiendum und dem Definiens. Das Definiendum bezeichnet das, was definiert werden soll, das Definiens gibt an, wie es definiert wird. Das Definiendum ist dabei neu, das Definiens bereits bekannt. Als Beispiel diene die Definition des Begriffs »Schimmel« als weißes Pferd. Das Definiendum »Schimmel« wird durch die beiden bekannten Begriffe »weiß« und »Pferd« (Definiens) bestimmt.

Die Brauchbarkeit und Nützlichkeit eines Begriffes beurteilt man über die Aspekte der *Präzision* und *Konsistenz*. Ein Begriff gilt dann als präzise, wenn ein Beobachter Ereignisse eindeutig danach unterscheiden kann, ob sie unter diesen Begriff fallen oder nicht. Ein Begriff gilt als konsistent, wenn verschiedene Personen in übereinstimmender Weise diese Unterscheidung vornehmen. Wenn es einem Sozialpädagogen also gelingen sollte, in allen möglichen Fällen die unter einen bestimmten Begriff von »Selbstsicherheit« fallenden Indikatoren eindeutig festzustellen, wäre der Begriff »Selbstsicherheit« präzise. Wenn alle Sozialpädagogen in diesen Situationen zu dem gleichen Urteil kämen, wäre dieser Begriff auch konsistent.

Wie kann nun der Begriff »Selbstsicherheit«, bzw. ein durch ihn präzisierter psychischer Sachverhalt definiert werden? Selbstsicherheit ist, wie viele psychologische Begriffe, ein *hypothetisches Konstrukt*, d. h. ein nicht unmittelbar beobachtbares sondern nur über Indikatoren erschließbares Phänomen. Eine wichtige Form des Erfassens derartiger Konstrukte stellt im erfahrungswissenschaftlichen Bereich die sog. *operationale Definition* dar. »Eine *operationale Definition* standardisiert einen Begriff durch die Angabe der Operationen, die zur Erfassung des durch den Begriff bezeichneten Sachverhaltes notwendig sind, oder durch Angabe der messbaren Ereignisse, die das Vorliegen dieses Sachverhaltes anzeigen (Indikatoren)« (Bortz & Döring, 1995, S. 63). Wesentlich für die operationale Definition ist damit die Messvorschrift für den zu klärenden Begriff. So kann man »Selbstsicherheit« durch das Ergebnis in einem Selbstsicherheitsfragebogen definieren. Die praktische Frage nach dem Ausmaß der Selbstsicherheit bei einem bestimmten Klienten lässt sich dann über sein Fragebogenergebnis beantworten.

Die in einer operationalen Definition verlangte Messung muss jedoch nicht in einem Testverfahren bestehen, sondern kann auch durch eine standardisierte Verhaltensbeobachtung erfolgen. Für die Arbeit des Sozialpädagogen ist diese Form der Operationalisierung eines Begriffes oder Sachverhaltes häufig der nützlichere Weg. Allgemein ist es dabei wichtig, solche Indikatoren für den zu definierenden Begriff auszuwählen, die für ihn von grundsätzlicher Bedeutung sind. Bortz und Döring (1995, S. 63) empfehlen für die Operationalisierung eines Begriffes durch Indikatoren auf der Verhaltensebene unter anderem die Beachtung von deren Häufigkeit (Wie oft treten die Verhaltensweisen auf?), Reaktionsdauer (Wie lange halten sie an?), Reaktionszeit (Wie viel Zeit vergeht bis zum Reaktionsbeginn?) und Reaktionsstärke (Wie intensiv erfolgt die Reaktion?). Als Beispiele für die Operationalisierung des Begriffs »Selbstsicherheit« finden sich in der Literatur u. a. die Verhaltensindikatoren »Blickkontakt«, »Forderungen stellen«, »zugewandte Körperhaltung«, »deutliches und lautes Sprechen«. Die von Bortz und Döring gegebenen Hinweise lassen sich hier leicht umsetzen. So kann die Häufigkeit des Blickkontaktes zum Beispiel in Strichlisten festgehalten werden.

Wissenschaftlich fundiertes Arbeiten beginnt also mit der präzisen Definition eines bestimmten Gegenstandes oder Sachverhaltes und kommt auf diese Weise seiner ersten Zielsetzung, der *Beschreibung*, nach. Die Beschreibung bildet aber nur die Voraussetzung für das zweite von Erfahrungswissenschaften verfolgte Ziel, die *Erklärung* bestimmter Sachverhalte.

1.3.3 Erklärung erster Ordnung: Gesetze

Die Suche nach gesetzmäßigen Zusammenhängen in einem Gegenstandsbereich stellt die grundlegende Aufgabe jeder Erfahrungswissenschaft dar, welcher alle anderen Zielsetzungen untergeordnet sind. Dabei muss man auch für den Bereich der Psychologie von der Annahme ausgehen, dass menschliches Verhalten und Erleben bestimmten Regelhaftigkeiten unterliegt, die durch Gesetze oder gesetzesartige Aussagen erklärt werden können. Der Gegenstandsbereich einer Erfahrungswissenschaft gehorcht in dieser Betrachtung also seinen eigenen Regeln, die unabhängig vom Wollen des Beobachters wirksam werden. Die empirische Psychologie bemüht sich deshalb um Aussagen, die Zusammenhänge und Relationen innerhalb des Bereiches menschlichen Verhaltens und Erlebens aufzeigen und damit die bestehenden Regelhaftigkeiten aufklären. Sie versucht dies in einem Prozess »fortwährenden planvollen Hin- und Herwechselns zwischen Einfällen, dem diskursiven oder intuitiven Auf- oder Ausbau von Gedanken oder Gedankensystemen (Hypothesen, Theorien) einerseits und Bewährungskontrollen an der Erfahrung andererseits« (Bartenwerfer & Raatz, 1979, S. 28). Wie dieses Zitat zeigt, sind im empirischen Bereich Intuition, Kreativität und Einfallsreichtum keineswegs verbannt. Sie spielen eine wichtige Rolle in der sog. »Methodik I«, die sich mit der *Bildung von Hypothesen* (Annahmen) und Theorien über mögliche Zusammenhänge beschäftigt. Erfahrungswissenschaftliche Annahmen müssen darüber hinaus an der Erfahrung hinsichtlich ihrer Richtigkeit geprüft werden. Diese Aufgabe leistet die sog. »Methodik II«, bei der es um die *Geltungsbegründung* geht. In den Erfahrungswissenschaften nennt man eine Annahme dann Hypothese, wenn sie

a) *allgemeingültig* formuliert ist,
b) einen *Konditionalsatz* (»Wenn-Dann-Satz« bzw. »Je-Desto-Satz«) darstellt und
c) *potentiell nicht zutreffend* sein kann.

1 Psychologie als Erfahrungswissenschaft

Am besten lässt sich das an einem Beispiel zeigen (nach Bortz & Döring, 1995, S. 7). Der Satz »Frauen sind kreativer als Männer« erfüllt alle drei Kriterien. Er ist allgemeingültig und nicht nur auf einen Einzelfall bezogen. Als All-Satz formuliert lautet er: »Alle Frauen sind kreativer als Männer«. Sein Inhalt kann in Form des Konditionalsatzes »Wenn eine Person eine Frau ist, dann ist sie kreativer als eine Person, die ein Mann ist« ausgedrückt werden. Schließlich kann sich die Annahme als falsch erweisen, wenn sich nämlich bei der empirischen Prüfung an einem Einzelfall zeigen sollte, dass es Männer gibt, die kreativer sind als Frauen. In diesem Fall kann die Hypothese nicht mehr aufrechterhalten werden. Dagegen stellt die Behauptung »Es gibt Kinder, die niemals weinen« keine wissenschaftliche Hypothese dar. Sie ist nicht allgemeingültig formuliert, sondern stellt einen Existenz-Satz (Es-gibt-Satz) dar. Darüber hinaus kann ein Existenz-Satz praktisch nicht widerlegt werden. So ist es für unser Beispiel nicht möglich, alle Kinder der Welt zu beobachten.

Wenn sich der in einer Hypothese formulierte »Wenn-Dann«-Zusammenhang in der empirischen Überprüfung immer wieder bestätigt (bewährt), spricht man von einem *Gesetz* oder regelhaftem Zusammenhang. Gesetze bilden die Grundlage für erfahrungswissenschaftliche Erklärungen. Laucken, Schick und Höge (1996, S. 18–19) veranschaulichen dies an folgender Episode:

Zwei Kinder spielen im Sandkasten. Während Kind A mit einer Form Kuchen bäckt, beugt sich das neben ihm sitzende Kind B plötzlich vor und zerstört mit seiner Hand den von Kind A gerade geformten Kuchen. Daraufhin greift Kind A nach einer Sandschaufel und schlägt Kind B damit auf den Kopf.

Warum schlägt Kind A? Eine Erklärung könnte lauten: Es gibt ein allgemein gültiges Gesetz »Aggression tritt als Folge einer Frustration auf und richtet sich gegen die Person, welche die Frustration auslöst«. Legt man für Aggression und Frustration eine operationale Definition zugrunde und betrachtet das Schlagen mit der Schaufel als einen Ausdruck (einen Indikator) von Aggression und das Zerstören des Kuchens durch Kind B als einen Indikator für Frustration bei Kind A, dann »erklärt« beides zusammen, warum Kind A auf Kind B mit der Schaufel einschlägt. Eine derartige Erklärung ordnet ein zu erklärendes und beobachtetes Ereignis (hier ein Verhalten), das sog. Explanandum, in ein Aussagengefüge mit folgender Struktur:

a) Es gibt ein Gesetz »Wenn a (hier: Frustration), dann b (hier: Aggression)«.
b) Das Ereignis B (hier: Schlagen mit der Schaufel) ist ein Indikator für b (hier: Aggression).
c) Es hat ein Ereignis A (hier: Zerstören des Kuchens durch Kind B) stattgefunden.
d) Das Ereignis A ist ein Indikator/Beispiel für a (hier: Frustration).

Erklären bedeutet also, ein konkretes Verhalten/Handeln oder Geschehen einem bekannten Gesetz unterzuordnen. Wie unmittelbar einsichtig ist, steht und fällt die Güte dieser Erklärung mit der Richtigkeit des herangezogenen Gesetzes. Ist z. B. die Annahme des Zusammenhanges von Aggression und Frustration unzutreffend, dann ist die für unsere Episode gegebene Erklärung natürlich falsch. Erklärungen sind damit nur dort möglich, wo Kenntnisse und Wissensbestände über bestehende gesetzmäßige Zusammenhänge vorliegen. In Erfahrungswissenschaften liefern nur die durch eine Überprüfung an der Erfahrung bestätigten Hypothesen dieses Wissen. Da bei Erklärungen das, was wir zu erklären suchen, bereits stattgefunden hat, kann man sie als »rückwärtsgewandte Nutzungen von Gesetzen« (Laucken et al., 1996, S. 18) betrachten. Einige Psychologen – so der Lernpsychologe B. F. Skinner (1904–1990) – geben sich mit dieser Art des Erklärens, der sog. *Erklärung erster Ordnung*, zufrieden. Sie sehen die Aufgabe und das Ziel erfahrungswissenschaftlicher Psychologie in der »Entdeckung« von Wenn-Dann-Relationen und in der Klärung des Gültigkeitsbereiches dieser Gesetze.

1.3.4 Erklärung zweiter Ordnung: Theorie

Andere Psychologen – und dabei handelt es sich wohl um die Mehrheit – fragen auch danach, *warum* die beobachtbaren Wenn-Dann-Beziehungen bestehen. Diese Gruppe fordert eine Erklärung des aufgefundenen Gesetzes, eine sog. *Erklärung zweiter Ordnung*. Im Unterschied zur Erklärung erster Ordnung können Erklärungen zweiter Ordnung nicht mehr unmittelbar aus der Beobachtung von Sachverhalten abgeleitet werden, sondern verlangen die Zuhilfenahme gedanklicher Konstruktionen und Überlegungen, wie sie im Rahmen der *Theoriebildung* geleistet wird. Unter einer *Theorie* versteht man zumeist ein System von Aussagen (sog. »statement view« von Theorien; zu anderen Konzeptionen siehe z. B. Groeben & Westmeyer, 1981, S. 59–66), das drei verschiedene Ebenen oder Aspekte berücksichtigt.

- Aussagen über die beobachteten Wenn-Dann-Beziehungen erfolgen in der Beobachtungssprache einer Theorie. Es handelt sich dabei um Beobachtungs- und Beschreibungsbegriffe, die z. B. im Rahmen von operationalen Definitionen Verwendung finden (in unserem Beispiel: Frustration und Aggression und ihre Indikatoren). Das in der »Wenn-Komponente« eines Gesetzes zum Ausdruck kommende Bedingungsereignis wird dabei als *unabhängige Variable*, das in der »Dann-Komponente« formulierte Folgeereignis als *abhängige Variable* bezeichnet. Unter einer Variable (Veränderliche) versteht man ein in mindestens zwei Ausprägungsgraden auftretendes Merkmal. Unabhängige und abhängige Variablen bilden also den beobachtbaren Teil einer Theorie.
- Aussagen über postulierte (angenommene) Aspekte werden in der theoretischen Sprache einer Theorie formuliert. Die dabei eingesetzten theoretischen Begriffe beziehen sich auf erschlossene und nicht auf beobachtete Aspekte, die sog. *intervenierenden Variablen*. Sie vermitteln (intervenieren) zwischen den abhängigen und unabhängigen Variablen. Da sie für die Erklärung des anstehenden Sachverhaltes als wesentlich erachtet werden, nennt man sie auch Erklärungs- oder theoretische Begriffe. Um das in unserem Beispiel vermutete »Frustrations-Aggressions-Gesetz« theoretisch zu erklären, muss also auf Größen geschlossen werden, die zwischen Frustration und Aggression

vermitteln könnten. So ließe sich etwa in einer Theorie vermuten, durch Frustration komme es zu einem unangenehm erlebten Spannungszustand (theoretischer Begriff), der durch aggressives Verhalten reduziert werde. Die intervenierenden Variablen »Spannungszustand« und »Spannungsreduktion« könnte man dann heranziehen, um das Frustrations-Aggressions-Gesetz zu erklären.
- Für die Verbindung von Beobachtungsebene (Erklärung erster Ordnung: Wenn-Dann-Beziehung) und theoretischer Ebene (Erklärung zweiter Ordnung: Weil-Beziehung) muss die Theorie schließlich spezifische *Zuordnungsanweisungen* und Regeln bereitstellen. So müsste in unserem Beispiel angegeben werden, wie Frustration und Spannung bzw. Aggression und Spannungsreduktion sowie die beiden intervenierenden Variablen untereinander zusammenhängen.

Wissenschaftliches Arbeiten beschränkt sich natürlich nicht auf die Formulierung und Prüfung einzelner Hypothesen und Theorien, sondern ist bemüht, komplexere Zusammenhänge im Gegenstandsbereich zu erforschen. Hypothesen und Theorien werden deshalb im allgemeinen zunehmend differenziert und auf größere Annahmenbereiche ausgedehnt, bzw. aufgrund mangelnder empirischer Bestätigung auch wieder eingeengt oder gar ganz verworfen. Häufig liegen in einem Bereich mehrere Ansätze vor, die untereinander konkurrieren und über Prüfungen an der Erfahrung in ihrem jeweiligen Geltungsbereich präzisiert werden müssen. Das erwähnte »Frustrations-Aggressions-Gesetz« hat z. B. im Verlauf seiner Geschichte eine immer stärkere Einengung erfahren. Der ursprünglich behauptete Geltungsanspruch (Jede Frustration führt immer zu Aggression) konnte in dieser Form empirisch nicht bestätigt werden. Die durch die Überprüfung an der Erfahrung bewirkte Einengung des Gültigkeitsbereichs hatte die Anregung vielfältiger alternativer Erklärungsversuche zur Folge. So findet man in dem dtv-Wörterbuch zur Klinischen Psychologie von Benesch (1981, S. 52–60) einen Überblick zu 37(!) unterschiedlichen Theorien der Aggressivität.

Da psychologische Erkenntnisse immer im Rahmen eines bestimmten theoretischen Modells gewonnen werden, ist es für den Sozialpädagogen sehr wichtig, Kriterien zu besitzen, die eine Bewertung theoretischer Ansätze erlauben. Von den von Wottawa (1988) in diesem Zusammenhang aufgeführten Gesichtspunkten sind für den Sozialpädagogen vor allem Widerspruchsfreiheit, Überprüfbarkeit und Prognosewert wichtig. *Logische Widerspruchsfreiheit* stellt für die meisten in der Psychologie bekannten Theorien kein Problem dar, vorausgesetzt die verwendeten Begrifflichkeiten sind hinreichend präzise definiert. Anders verhält es sich mit der *Prüfbarkeit* anhand von Beobachtungsdaten. Hier wird eine kritische Überprüfung des Sozialpädagogen häufig zu der Feststellung gelangen, dass für vorgetragene Annahmen keine empirischen Belege vorliegen. Derartige Behauptungen können im Rahmen der Forschungs-Methodik I durchaus sinnvoll sein, vor allem, wenn ihnen Versuche zur empirischen Überprüfung folgen. Für die Praxisanwendung sind sie aber noch nicht abgesichert und deshalb (noch) ungeeignet. Bei der Anwendung psychologischer Befunde sollte der Sozialpädagoge deshalb grundsätzlich darauf achten, wenn immer möglich solche Erkenntnisse heranzuziehen, für die empirische Bestätigungen nachgewiesen werden können. Da wir davon ausgehen, dass psychologische Sachverhalte regelhaft strukturiert sind, stellt die Bestätigung einer Annahme durch die Erfahrung den besten Schutz vor intellektueller Willkür, Dogmatismus und ideologischer Einseitigkeit dar. Zugegebenermaßen bedeutet die Ausrichtung am empirisch Bewährten in der Praxis nicht selten den Verzicht, auf plausibel klingende Konzepte zurückzugreifen. Einen weiteren wichtigen Anhaltspunkt für die Bewertung liefert der *Prognosewert* einer Theorie. »Von sehr hoher praktischer Relevanz ist der *Prognosewert* einer Theorie, also das Ausmaß, in dem man aus der Theorie Vorhersagen erstellen kann, die sich dann auch in der Praxis bewähren« (Wottawa, 1988, S. 40).

Exkurs: Erfahrungswissenschaft und Wahrheit

Als Erfahrungswissenschaft beschäftigt sich die Psychologie, wie wir gesehen haben, mit einem bestimmten Ausschnitt der Wirklichkeit, nämlich dem Verhalten und Erleben der Person im weitesten Sinn. Sie hat es dabei mit Sachverhalten zu tun, die beobachtbar und feststellbar sind. Diese in der Wirklichkeit vorfindbaren Sachverhalte sind weder wahr noch falsch, sondern lediglich existent. Der Begriff der Wahrheit bezieht sich deshalb nicht auf Sachverhalte selbst, sondern auf Aussagen über Sachverhalte. Ein Tisch (als Gegenstand) kann somit nicht wahr oder falsch sein, ebenso wenig die Tatsache (der Sachverhalt), dass der Tisch im Zimmer steht. »Der Tisch ist so, wie er ist, und ein Sachverhalt verhält sich eben so, oder es liegt ein anderer Sachverhalt vor. ›Wahr‹ (oder ›falsch‹) kann nur eine Aussage über eine Tatsache sein, also z. B.: ›der Tisch steht im Zimmer‹« (Kriz, Lück & Heidbrink, 1987, S. 60). Steht er tatsächlich im Zimmer, ist die Aussage wahr, steht er dagegen nicht im Zimmer, ist sie falsch. Da mittels Theorien die Zusammenhänge zwischen Sachverhalten durch Aussagen erklärt werden sollen, könnte man nun geneigt sein anzunehmen, das entscheidende Kriterium für die Beurteilung einer Theorie sei die mit ihr verbundene Wahrheit. Natürlich wäre es wünschenswert, die »Wahrheit« einer Theorie genau angeben zu können. Jedoch ist das auch im Falle des wiederholten Eintreffens aller aus der Theorie abgeleiteten Prognosen nicht möglich. Und zwar deswegen, weil die in Theorien und Hypothesen behaupteten Allsätze immer nur an den aus einer Untersuchungsstichprobe stammenden Beobachtungsresultaten geprüft werden können. Der in einer Hypothese formulierte Allsatz wird also lediglich durch einen singulären Satz, nämlich das raum-zeitlich begrenzte Untersuchungsbeispiel, überprüft. Grundsätzlich kann es also immer sein, dass zukünftige Überprüfungen einer Theorie deren Unrichtigkeit aufzeigen. In diesem Sinn sind erfahrungswissenschaftliche Befunde immer vorläufig und nie endgültig.

Erfahrungswissenschaften sind zwar auf der Suche nach Wahrheit, aber sie wissen nie genau, bis zu welchem Ausmaß sie sich der Wahrheit bereits genähert haben. Der Wissenschaftstheoretiker Popper (1966) schlägt in dem von ihm entwickelten *Kritischen Rationalismus* deshalb als Grundhaltung vor, wissenschaftliche Hypothesen so zu formulieren, dass sie sich bei der Überprüfung als falsch erweisen können (*Falsifikationsprinzip*). Wir haben in Abschnitt 1.3.3 diese Forderung bereits genannt und wollen sie nun begründen. Wenn auch der Wahrheitsgehalt einer Theorie empirisch nicht positiv geklärt werden kann, (da mit einer Widerlegung in zukünftigen Untersuchungen immer wieder gerechnet werden muss) und somit eine Verifikation grundsätzlich nicht möglich ist, so ist es andererseits durchaus möglich, eine Theorie zu widerlegen, d. h. sie zu falsifizieren. Man nähert sich damit dem Wahrheitsproblem auf negative Weise. Treten die von der Theorie prognostizierten Effekte nicht ein, handelt es sich offensichtlich um eine nicht zutreffende (d. h. unwahre) Theorie.

Eine wichtige Größe stellt in diesem Modell der *Falsifikationsbereich* einer Theorie dar. Es handelt sich dabei um die Menge möglicher Untersuchungsergebnisse, die mit der Theorie nicht übereinstimmen. Je größer diese Menge, desto präziser die Theorie. Die Aussage: »Wenn der Hahn kräht auf dem Mist, ändert sich das Wetter oder bleibt, wie es ist« hat keinen Falsifikationsbereich (ist immer zutreffend) und damit wertlos. Anders verhält es sich mit der Aussage: »Wenn der Hahn kräht auf dem Mist, dann ändert sich das Wetter.« Hier liegt ein Falsifikationsbereich vor. Bleibt das Wetter nämlich gleich, ist die Aussage falsch und damit unwahr. Dass die Weite des Falsifikationsbereiches über die Güte einer Theorie mitentscheidet, zeigt folgende Aussage: »Wenn der Hahn kräht auf dem Mist, ändert sich das Wetter für genau 5 Minuten.« Poppers Theorie setzt sich damit für ein »Lernen aus dem Irrtum« (Berkson & Wettersten, 1982) ein und wendet sich so gegen jede Form des Dogmatismus.

1.3.5 Vorhersagen und Verändern

Neben der Beschreibung und der Erklärung gelten als weitere grundlegende Ziele der empirischen Psychologie die Vorhersage und die Veränderung. Vor allem unter dem für die Soziale Arbeit relevanten Anwendungsaspekt sind diese Ziele sehr bedeutungsvoll, da psychologische Erkenntnisse hier instrumentellen Charakter besitzen, d. h. für die Lösung konkreter Fragestellungen herangezogen werden.

Vorhersagen kann man als die vorwärts gerichtete Verwendung von Erklärungswissen verstehen (vgl. Laucken et al., 1996). Aus dem in Abschnitt 1.3.3 aufgeführten »Frustrations-Aggressions-Gesetz« könnte z. B. die Vorhersage abgeleitet werden, dass Kind A sich Kind B gegenüber in irgendeiner Weise aggressiv verhalten wird, wenn Kind B ihm die Sandkuchen zerstört. Welche besondere Form aggressiven Verhaltens dabei eingesetzt werden wird, lässt sich jedoch meist nicht vorhersagen. Vorhersagen erfolgen also normalerweise auf der Ebene der Konstrukte (im Beispiel: Aggression) und nicht auf der Ebene möglicher Indikatoren (z. B. Schlagen). Ob eine bestimmte Vorhersage tatsächlich eintrifft, hängt zuerst einmal davon ab, dass ein für die Vorhersage relevantes Gesetz bzw. theoretisches Modell herangezogen wird. Da im psychologischen Bereich zu fast allen Fragestellungen unterschiedliche und häufig miteinander konkurrierende Modelle vorliegen, stellt die Auswahl eines geeigneten theoretischen Modells für den Sozialpädagogen keine leichte Aufgabe dar. Die Orientierung am empirischen Bewährungsgrad des zugrundegelegten Gesetzes oder der zugrundegelegten Theorie kann ihm diese Entscheidung jedoch deutlich erleichtern (siehe vorherigen Abschnitt). Bewährte Erklärungsmuster führen zu genaueren Vorhersagen und genaue Vorhersagen bestätigen wiederum den empirischen Gehalt des in der Erklärung herangezogenen Gesetzes. Wissenschaftliche Erklärungen stehen und fallen deshalb mit der Gültigkeit der ihnen zugrundeliegenden Gesetze und Theorien. Ist ein Gesetz empirisch nicht bestätigt, dann ist – wie wir gesehen haben – die mit ihm gegebene Erklärung unrichtig. Auf die Prognose bezogen heißt das, dass das vorhergesagte Ereignis nicht auf die angenommenen Ursachen zurückgeht. Da das in unserem Beispiel herangezogene »Frustrations-Aggressions-Gesetz« nicht als empirisch bewährt gelten kann – es wurde in der angeführten Form sehr häufig falsifiziert (vgl. Selg, Mees & Berg, 1997) – kann eine aus diesem »Gesetz« abgeleitete Prognose nicht als wissenschaftlich abgesichert gelten. Gleichwohl können die prognostizierten Effekte in einer bestimmten Situation einmal eintreten. Mit hoher Wahrscheinlichkeit gehen sie dann aber nicht auf die in der Erklärung angenommenen Zusammenhänge (Gesetze) zurück. Beschränkt man sich ausschließlich auf den Aspekt der Vorhersage, ist eine derartige »Prognose« ohne negative Konsequenzen, außer dass man sich ohne hinreichenden Grund sicher fühlt. Anders verhält es sich aber, wenn in einem konkreten Fall neben der Vorhersage auch Aspekte der Veränderung eine Rolle spielen. Da in diesem Fall von einer nicht bestätigten Gesetzesbasis ausgegangen wird, würde die Modifikation auch an den »falschen« Ursachen ansetzen. Für den Klienten kann es nun zu gravierenderen negativen und im Grunde ungerechtfertigten Folgen kommen.

Die meisten sozialpädagogisch relevanten Problemlagen verlangen konkrete Situations- und Verhaltensänderungen (z. B. Abbau von Hilflosigkeit bei der Bewältigung von Lebenskrisen; Verbesserung des Umgangs mit finanziellen Mitteln; Optimierung des Arbeitsklimas; Lösung von Partnerkonflikten etc.). Mit der Aufgabe der *Veränderung* oder *Modifikation* ist der Sozialpädagoge deshalb in fast allen Arbeitsfeldern (z. B. Heim, Amt, Klinik, Beratungsstelle, Schule etc.) konfrontiert. Nolting und Paulus (2015, S. 218) unterscheiden bei veränderungsbezogenen Aufgaben drei verschiedene Facetten, nämlich Korrektur, Förderung und Prävention. *Korrektur* impliziert einen gestörten oder problematischen Ausgangszustand. Die Intervention bemüht sich hier um das Aufheben eines negativen und als belastend erlebten Zustandes oder Anliegens. Korrigierende Aktivitäten finden vor allem im Rahmen therapeutischer und rehabilitativer Arbeit statt (vgl. Jungnitsch, 2009). Demgegenüber geht es bei der *Förderung* um die Optimierung eines als normal eingestuften Ausgangszustandes. Förderung hat deshalb vornehmlich im Bereich von Erziehung, Unterricht und Ausbildung ihren Platz. Veränderung als *Prävention* hat die Verhinderung des zukünftigen Eintretens eines negativen Zustandes zum Inhalt. Die damit verbundene Veränderungsstrategie setzt die Kenntnis spezifischer Risikofaktoren voraus, welche durch alternatives Verhalten rechtzeitig ausgeschlossen bzw. vermindert werden sollen. Vor allem im Gesundheitsbereich spielen präventive Änderungsstrategien eine sehr wichtige Rolle (vgl. Waller, 2006).

Die Aufgabe der Veränderung impliziert zu allererst das Nachdenken über zu verfolgende *Ziele* und deren *Legitimation*. Gerade der Sozialpädagoge sieht sich hier mit Ziel-Erwartungen aus unterschiedlichsten Perspektiven konfrontiert. In seinem »doppelten Mandat« hat er zumeist sowohl gesellschaftliche als auch individuelle Ansprüche aufeinander abzustimmen. Als Erfahrungswissenschaft kann die Psychologie dem Sozialpädagogen bei der Entscheidung über anzustrebende Ziele nur in begrenztem Rahmen Hilfestellung geben. Da es sich bei Zielentscheidungen immer um Wertentscheidungen handelt, ist der Sozialpädagoge hier vor allem auf die normativ ausgerichteten Disziplinen (z. B. Pädagogik, Ethik, Rechtswissenschaft) angewiesen. Die bei der Zielfestlegung notwendigen Entscheidungen sollen in jedem Fall offen dargelegt und im Diskurs mit den Betroffenen entwickelt werden. Dies stellt den besten Schutz vor Manipulation und Missbrauch dar. *Manipulation* liegt unseres Erachtens dann vor, wenn folgende drei Merkmale gleichzeitig gegeben sind: Die Beeinflussung erfolgt erstens gegen den Willen des Beeinflussten, die dabei verfolgten Ziele und Absichten werden zweitens nicht korrekt angegeben, verschleiert oder ganz verschwiegen. Diese Ziele und Absichten dienen drittens nicht dem Wohl und Vorteil des Beeinflussten, sondern dem Vorteil und Nutzen des Beeinflussers. Dieser letzte Punkt bildet den Kern manipulativer Vorgehensweisen. Das Verschweigen und Verschleiern der Ziele ist demnach nötig, um von dem ethisch nicht zu rechtfertigenden tatsächlichen Ziel – dem Missbrauch des Beeinflussten – abzulenken. Aus diesem Grund halten wir weder die Beeinflussung wider den Willen des Betroffenen noch das Verschweigen der eigentlichen Absichten allein für ausreichend, um von Manipulation zu sprechen. Gerade im Kleinkindalter stellen Beeinflussungen wider den Willen des Kindes eine häufig notwendige Erziehungssituation dar, z. B. wenn eine Mutter ihrem Kind verbietet, mit dem Schraubenzieher an der Steckdose zu spielen. Beispiele für Erziehungssituationen, in denen aus pädagogischen Gründen (z. B. mit dem Ziel der Beruhigung des Betroffenen) die eigentlichen Ziele nicht genannt werden, lassen sich ebenfalls leicht finden.

Während die Setzung und die Bewertung von Zielen also nicht zu den unmittelbaren Aufgaben einer erfahrungswissenschaftlichen Psychologie zählen können, ist die Bereitstellung von Wegen und Mitteln zur Zielerreichung dagegen ihr zentrales Anliegen im Anwendungsfeld der Sozialen Arbeit.

1.3.6 Einwände gegen eine empirisch ausgerichtete Psychologie

Die wissenschaftstheoretisch-methodologischen Überlegungen möchten wir mit der Diskussion einiger Argumente abschließen, die gelegentlich gegen ein erfahrungswissenschaftliches Vorgehen in der Psychologie angeführt werden. Nach

Laucken et al. (1996, S. 135–139) stammen diese Einwände aus zwei verschiedenen Bereichen. Zum einen wird behauptet, der Gegenstand der Psychologie könne nicht mit den Mitteln erfahrungswissenschaftlicher Methodik erfasst werden. So seien psychische Phänomene, wie zum Beispiel Angst, Depression oder Glück, grundsätzlich *nicht messbar*. Darüber hinaus könne man die einzelnen psychischen Erscheinungsweisen (z. B. Freude) wegen ihrer immer gegebenen ganzheitlichen Vernetzung mit allen anderen psychischen Erscheinungsweisen *nicht isoliert* betrachten. Zum anderen werden anthropologische Gründe angeführt. So entziehe sich der Mensch aufgrund seiner Sonderstellung einem erfahrungswissenschaftlichen Zugriff. Seine *Einzigartigkeit* und seine Möglichkeit zu *Freiheit* und *Spontaneität* stünden diesem Zugang entgegen.

Wie sind diese Einwände zu bewerten? Hierzu soll zuerst der Messbegriff geklärt werden. In der empirischen Psychologie versteht man unter Messen, »beobachteten Verhaltensweisen, Äußerungen, Sachverhalten usw. in der Weise Zahlen zuzuordnen, dass Beziehungen zwischen den Beobachtungen durch die Zahlen abgebildet werden« (Zimbardo, 1995, S. 22). Wenn Studierende z. B. vor einem wichtigen Examen angeben, dass sie sehr starke, mittlere oder niedrige Prüfungsangst empfinden, dann kann man den Sachverhalt der Prüfungsangst durch eine eindeutige Zahlenzuordnung einer Messung zuführen. Dazu ist es nötig, den drei Ausprägungsgraden eindeutige Zahlen zuzuordnen (z. B. sehr starke = 3; mittlere = 2; niedrige = 1). »Messen haftet also nichts Mysteriöses an. Reduziert auf Prinzipielle gleicht es *sprachlicher Erfassung*« (Laucken et al., 1996, S. 137). Eine Ablehnung dieser Form des Messens ist – bleibt man konsequent – mit einer Ablehnung des Sprechens über einen Sachverhalt gleichzusetzen.

Bei der im erfahrungswissenschaftlichen Bereich üblichen Isolation bestimmter Bedingungen – dem weiteren methodischen Einwand – werden in der Tat aus der Gesamtheit möglicher Untersuchungsphänomene lediglich einzelne herausgegriffen und systematisch analysiert. Dieses Vorgehen ist jedoch kein Spezifikum der erfahrungswissenschaftlichen Methodik, sondern ein grundlegendes Merkmal jedweder Beurteilung. In der gleichen Art geht die Mutter in dem Alltagsbeispiel vor, wenn sie die Weigerung des Kindes, die Spielplatzrutsche zu benutzen, als furchtbedingt ansieht (▶ Kap. 1.3.1). Auch dieses Kind erlebt auf dem Spielplatz die ganze Breite psychischer Erscheinungsweisen, jedoch steht für die Mutter vornehmlich seine Angst im Zentrum des Bewusstseins. Das Herausgreifen einzelner Merkmale stellt also »ein Spezifikum jedweden Redens über Menschen« (Laucken et al., 1996, S. 138) dar. Die Berücksichtigung von Ganzheitlichkeit im Sinne von Vollständigkeit entpuppt sich somit als Illusion. Während im Bereich der Grundlagenforschung vor allem Wissbegierde und Interesse darüber entscheiden, welcher »Ausschnitt« des psychischen Systems betrachtet wird, bestimmt im Bereich der Praxis der Sozialen Arbeit das Anliegen des Klienten diese Selektion. Bei der Analyse dieses Anliegens ist es natürlich wichtig, die wesentlichen Momente seiner Verursachung zu berücksichtigen. Wendet man auf diesen Sachverhalt den Begriff der Ganzheitlichkeit an, so bedeute er, für die zu behandelnde Fragestellung alle relevanten Inhalte zu beachten. Für den sozialpädagogischen Kontext heißt das, die ganze Breite der Bezugswissenschaften zu nutzen.

Die zweite Gruppe von Argumenten führt neben der Einzigartigkeit eines jeden Menschen auch seine Möglichkeit zu Freiheit und Spontaneität als Gründe gegen eine erfahrungswissenschaftliche Vorgehensweise an. Aus der Tatsache, dass jedes Individuum einzigartig ist, wird dabei abgeleitet, seine psychische Wirklichkeit könne nicht mit allgemeinen Gesetzen erklärt werden. Diesem Argument ist entgegenzuhalten, dass die Einzigartigkeit des Individuums nicht in Widerspruch zur Annahme steht, in seiner Einzigartigkeit unterliege das individuelle psychische System dennoch einer allgemeinen Regelhaftigkeit. Wird diese Annahme nicht getroffen, gibt es auch keine Möglichkeit mehr, die Einzigartigkeit eines Individuums zu beschreiben. Allgemeine, d. h., über den Einzelfall hinausgehende Begriffe sind dann nämlich nicht mehr anwendbar, eine Kommunikation somit unmöglich. Einzigartigkeit kann deshalb nur bedeuten, dass (grundsätzlich) bei allen Menschen vorkommende psychische Erscheinungsweisen bei einer bestimmten Person in einer individuellen (einzigartigen) Konstellation auftreten. Diese individuelle Konstellation lässt sich im Rahmen allgemeiner Modelle individuell beschreiben. Auch der auf Freiheit und Spontaneität des Menschen basierende Einwand richtet sich im Grunde nicht spezifisch gegen das empirische Vorgehen. Sollte Freiheit bedeuten, dass das Verhalten und Erleben des Menschen in einer bestimmten Situation ausschließlich spontan und willkürlich erfolgt, d. h. grundsätzlich in keinem begründbaren Zusammenhang zu seiner bisherigen und seiner angestrebten weiteren Entwicklung steht, dann ist es nämlich sowohl um ein erfahrungswissenschaftliches Vorgehen als auch um eine sinnvolle Orientierung im Alltag schlecht bestellt. In diesem Sinne (Willens-)Freiheit zu verstehen, heißt also nicht nur auf Psychologie zu verzichten, sondern auch für das Alltagsgeschehen Handlungsunfähigkeit zu unterstellen. Freiheit kann also nicht mit Willkürlichkeit und Beliebigkeit gleichgesetzt werden. Gleichwohl kann das Individuum in den meisten Situationen unterschiedliche Entscheidungen treffen und – je nach den von ihm verfolgten Zielen und Absichten – verschiedene Verhaltens- und Erlebensweisen zeigen. Daraus ergibt sich unter anderem die Konsequenz, Verhaltensweisen im Einzelfall lediglich mit einer bestimmten Wahrscheinlichkeit vorhersagen zu können. Damit ist aber keine grundsätzliche Absage an eine empirische Vorgehensweise verbunden. Wie diese Ausführungen zeigen, ist eine empirische Betrachtung mit Vorstellungen über die Einzigartigkeit und Freiheit des Menschen durchaus vereinbar. Werden die Begriffe »Freiheit« und »Einzigartigkeit« aber in der angeführten Weise verstanden, handelt es sich um Argumente, die sich nicht nur gegen eine empirisch ausgerichtete Psychologie richten, sondern gegen jede Form der Auseinandersetzung mit menschlichem Erleben und Verhalten.

1.4 Funktionsorientierung: Allgemeine Psychologie

Den inhaltlichen Gegenstandsbereich der Psychologie haben wir durch das Erleben und das Verhalten des Menschen bestimmt. An dem sich auf dieses Erleben und Verhalten beziehenden psychischen Geschehen einer Person sind immer mehrere voneinander unterscheidbare und in gegenseitiger Wechselwirkung stehende Grundkomponenten oder Funktionsbereiche beteiligt, deren strukturelle und funktionale Untersuchung die Allgemeine Psychologie zum Gegenstand hat. Diese Grundkomponenten und Funktionen bestimmen die Art und Weise des Umgangs mit den Inhalten des Erlebens oder Verhaltens.

Die *Allgemeine Psychologie* beschäftigt sich mit den psychischen Erscheinungsweisen des normalen Menschen und sucht die allgemeingültigen Gesetze ausfindig zu machen, welche ihnen zugrunde liegen. Dabei untersucht sie die einzelnen Aspekte des psychischen Systems zunächst einmal unabhängig voneinander und nimmt somit eine funktionsorientierte Betrachtung ein. Die von ihr gestellte Frage lautet: »Wie funktioniert der Mensch«? Da sich die Allgemeine Psychologie mit den psychischen Vorgängen des normalen Menschen beschäftigt und nach den für alle Menschen geltenden psychologischen Regelhaftigkeiten sucht, stellt sie die grundlegendste psychologische Disziplin dar. Auf ihre Erkenntnisse greifen alle anderen psychologischen Teildisziplinen (z. B. Entwicklungspsychologie, Sozialpsychologie, Klinische Psychologie) unter der für sie typischen Perspektive zurück. Die Funktionsanalyse der Allgemeinen Psychologie berücksichtigt folgende Grundkomponenten des psychischen Geschehens (vgl. z. B. Becker-Carus, 2004; Müsseler & Prinz, 2008; Pollmann, 2008; Spada, 2006).

- Wahrnehmung
- Gedächtnis
- Denken und Problemlösen
- Motivation und Emotion
- Lernen

Diese Funktionen können quasi als die »Bausteine« des Erlebens und Verhaltens aufgefasst werden. Nach Rohracher (1988) haben die aufgeführten psychischen Prozesse zwei unterschiedliche Aufgaben: Motivationale und emotionale Aspekte des psychischen Geschehens setzen die von der Person verfolgten Ziele. Vermittels Wahrnehmung, Gedächtnis, Lernen und Denken versucht das Individuum demgegenüber, die von ihm angestrebten Ziele zu verwirklichen. Die Grundprozesse lassen sich auch in *kognitive* (Wahrnehmung, Gedächtnis und Denken), motivationale (Emotion, Motivation) sowie *verhaltens- bzw. handlungsbezogene* (automatisiertes und zielgerichtetes Lernen) Funktionen einteilen.

Die Zentrierung auf einzelne Funktionsbereiche des psychischen Geschehens ist notwendig, um die in diesem Funktionsbereich geltenden Bedingungen kennenzulernen. In diesem Sinne stellt man in der Allgemeinen Psychologie beispielsweise Fragen folgender Art: Wie kommt eine Wahrnehmung zustande? Gibt es typische Wahrnehmungsfehler oder Wahrnehmungstäuschungen? Wie ist das Gedächtnis aufgebaut? Werden Informationen im Gedächtnis gleich oder ungleich behandelt? Welche Formen des Lernens können unterschieden werden? Worin sind die Voraussetzungen für Lernprozesse zu sehen? Werden bestimmte Verhaltensweisen bevorzugt gelernt? Wie diese Fragen nochmals verdeutlichen sollen, geht es um ein allgemeines Grundwissen über psychologische Sachverhalte. Die individuelle Ausprägung der auf diese Weise differenzierten Funktionsaspekte bei verschiedenen Personen steht demgegenüber im Hintergrund. Natürlich unterscheiden sich die Menschen in den aufgeführten Bereichen. So lernen manche sehr schnell, andere dagegen langsam. Manche besitzen ein sehr schlechtes, andere ein hervorragendes Gedächtnis etc. Aber bei allen Personen »gehorchen« die Funktionsbereiche Lernen und Gedächtnis den gleichen bzw. weitgehend gleichen Regeln und Gesetzen. Ein analoges Vorgehen findet man in allen Erfahrungswissenschaften. So untersucht man in der Medizin die Struktur, Tätigkeit und Aufgabe der einzelnen Organe (z. B. des Herzens) und bestimmt aus den dabei gewonnenen Erkenntnissen in einem konkreten Einzelfall beispielsweise den Gesundheitszustand dieses Organs.

Die funktionsorientierte Analyse zeichnet sich demnach durch folgende Charakteristika aus: Sie ist ihrem Wesen nach *molekular* auf einzelne Aspekte des Erlebens und Verhaltens, nämlich die verschiedenen Funktionsaspekte, ausgerichtet. In der Betrachtung dieser Funktionen nimmt sie eine *funktionale* Perspektive ein, d. h., sie bemüht sich um die »Entdeckung« von Wenn-Dann-Beziehungen (allgemeine Gesetzmäßigkeiten). Methodisch fühlt sie sich deshalb dem *experimentellen Vorgehen* verpflichtet. In einem Experiment werden die interessierenden Aspekte der Funktionen unter standardisierten Bedingungen der Merkmalsisolation und Merkmalsvariation untersucht. Die dabei gewonnenen Ergebnisse erlauben aus theoretischer Sicht einen Rückschluss auf zugrundeliegende Ursachen. Bezüglich der von den Funktionen bearbeiteten Bewusstseinsinhalte und Verhaltensweisen (z. B. Was wird wahrgenommen? Welches spezifische Verhalten wird gelernt? Welche konkrete Information speichert das Gedächtnis?) besteht *Norm- und Wertneutralität*. Eine Unterscheidung in »richtige«, »normale« oder »gesunde« Ziele und Inhalte erfolgt nicht. Der Sozialpädagoge muss also, die von ihm ständig geforderten normativen Entscheidungen durch Rückgriff auf andere Disziplinen (z. B. Philosophie/Ethik, Pädagogik, Rechtswissenschaft) legitimieren.

Die für die einzelnen Funktionsbereiche (Wahrnehmung, Gedächtnis, Emotion etc.) geltenden Gesetzmäßigkeiten (Wenn-Dann-Beziehungen) kommen in einer konkreten Situation immer simultan zur Anwendung und können deshalb in gegenseitige Konkurrenz treten. Die dabei entstehenden wechselseitigen Beziehungen relativieren gelegentlich den linear-kausalen Zusammenhang der einzelnen Regelhaftigkeiten. Dies führt häufig dazu, dass hinsichtlich eines Einzelfalles nur noch eine unbestimmte Wahrscheinlichkeitsaussage möglich ist. Im unmittelbaren psychischen Geschehen eines Menschen stehen die verschiedenen Funktionen also nicht beziehungslos nebeneinander, sondern sind entsprechend der momentan verfolgten Verhaltens- und Handlungsziele in gegenseitiger Wechselwirkung organisiert. In diesem Sinn schreiben Ulich und Bösel (2005): »Die Gesamtheit der psychischen Vorgänge und Zustände, Erlebnis- und Verhaltensweisen hat man sich als ein geordnetes, zusammengesetztes Ganzes vorzustellen, das gegebenenfalls von einer bestimmten Dynamik in Richtung eines Ziels bewegt wird« (S. 207).

1.4 Funktionsorientierung: Allgemeine Psychologie

Auf der Grundlage eines Modells der Informationsverarbeitung hat Schönpflug (1980) den gegenseitigen Bezug der Funktionen in einem Schema verdeutlicht, das in Abbildung 4 in modifizierter Form wiedergegeben ist. Wie die Abbildung zeigt, erhält die Person über ihr Sinnessystem von der sie umgebenden sozialen und physikalischen Wirklichkeit, ihrer Umwelt, als auch von ihrem eigenen Körper – ihrer physischen Innenwelt – Informationen. Wahrnehmungsprozesse ermöglichen dem Menschen somit die *Aufnahme (Input)* von Informationen unterschiedlichster Art, welche er zu seiner Orientierung benötigt. Darüber hinaus kann die Person aus einem *Speicher* – ihrem Gedächtnis – bereits abgelegte Inhalte abrufen bzw. neue Informationen darin aufbewahren. Auf diese Weise erleichtert das Gedächtnis sowohl die Möglichkeit routinierten Erlebens und Verhaltens (z. B. durch Bereitstellung von Wissen, Fertigkeiten und Erfahrung) als auch diejenige der Anpassung an neue Verhältnisse. Auf der *Output*-Seite erfolgt ein konkretes Verhalten, das auf die situativen Bedingungen einwirkt und diese damit auch verändern kann. Verhalten im engeren Sinn äußert sich in den verschiedenen Arten von beobachtbaren Bewegungen und entspricht – wie wir gesehen haben – dem Außenaspekt psychischen Geschehens, den wir auch bei anderen Personen unmittelbar erfassen können. Zum Verhalten zählt man zumeist auch das Sprechen und den Ausdruck (Mimik, Gestik etc.). Über Lernprozesse verändern sich die Verhaltens- und Handlungsmöglichkeiten des Individuums, d. h., seine Output-Möglichkeiten werden vielfältiger. Informationsaufnahme (Input) und Verhalten (Output) stehen in gegenseitiger Rückkopplung, so dass eine Anpassung an veränderte innerpsychische bzw. äußere Bedingungen möglich ist.

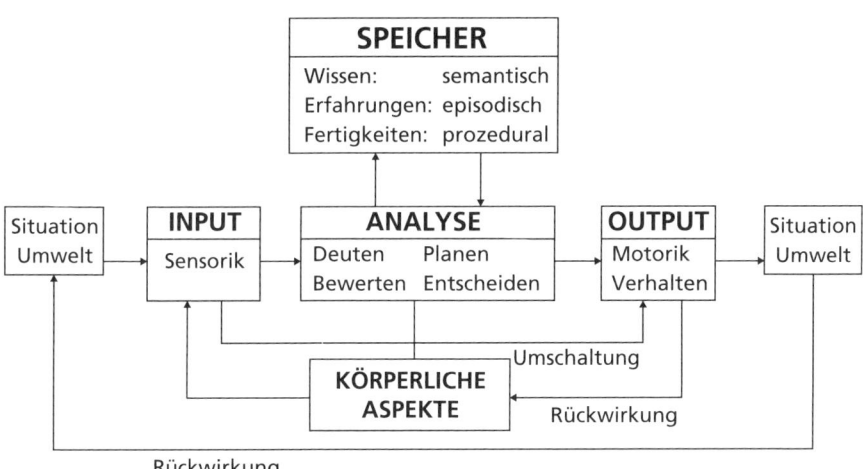

Abb. 4: Funktionsorientierte Betrachtung der Allgemeinen Psychologie (mod. nach Schönpflug, 1980, S. 32)

Zwischen der Aufnahme von Information und der Äußerung eines Verhaltens erfolgt die *Analyse* der Information durch deutungs-, bewertungs-, planungs-

und entscheidungsbezogene Aktivitäten. Die Erforschung dieses Aspektes stellt einen Schwerpunkt der sog. Kognitiven Psychologie dar. Die im Wahrnehmungsprozess zugeführten Informationen werden über die Sinnesorgane mit bereits gespeicherten Informationen verglichen und bewertet, damit sich dem Individuum ihre Bedeutung erschließt. Neben diesem »erfassenden Denken« (Nolting & Paulus, 2015, S. 50) spielt hier auch vorausschauendes und »planendes Denken« eine Rolle, z. B. wenn es um konkrete Formen des Handelns, der Problemlösung und der Entscheidungsfindung geht. Außer derartigen erkenntnis- und urteilsbezogenen Aspekten spielen bei der Informationsanalyse aber auch emotionale (Gefühle, körperliche Zustände) sowie motivationale (z. B. Anreize und Zielperspektiven) Faktoren eine entscheidende Rolle.

Die in Abbildung 4 veranschaulichte Interaktion der psychischen Funktionsbereiche dient vor allem didaktischen Zwecken. Es handelt sich deshalb um eine idealtypische und stark vereinfachende Sichtweise. Alle aufgeführten Aspekte werden primär bei ziel- und zweckgerichtetem Handeln bewusst durchlaufen. Das Zusammenspiel der Funktionsbereiche erfolgt im alltäglichen Geschehen jedoch mit einer großen Variabilität. Es ist weder so zu verstehen, dass in jeder Situation alle Funktionsbereiche beteiligt sein müssen, noch, dass die Grundkomponenten immer in der gleichen Art miteinander vernetzt sind. Bei reflektorisch ablaufenden Verhaltensweisen können z. B. kognitive Aspekte stark in den Hintergrund treten, ebenso bei den in der Alltagssprache als »Kurzschlusshandlungen« bezeichneten Verhaltensweisen.

Die Kenntnis der invarianten Aspekte des psychischen Systems, d. h., die Kenntnis von Struktur und Aufgabe der verschiedenen psychologischen Grundprozesse ist für die praktische Arbeit des Sozialpädagogen in zweierlei Hinsicht bedeutungsvoll. Zum einen stellt sie den Rahmen dar, innerhalb dessen sich die psychologischen Anteile des von einem Klienten vorgebrachten Anliegens, dem Anlass für die sozialpädagogische Arbeit, bewegen. So können bei jedem Anliegen die psychischen Grundfunktionen wie Wahrnehmungsprozesse (Wie sieht bzw. definiert der Klient sein Anliegen/Problem?), Motivationsaspekte (Welche Ziele strebt er an?), Lernprozesse (Wie kam es zu dem Anliegen/Problem und was hält es aufrecht?) etc. differenziert werden. Der Sozialpädagoge benötigt das Wissen über psychologische Grundprozesse also, um das Anliegen des Klienten in seiner psychologischen Verursachung und Aufrechterhaltung erklären zu können.

Daneben unterliegt das methodische Handeln des Sozialpädagogen den gleichen Gesetzmäßigkeiten, d. h., sein professionelles Tun ist ebenfalls durch die Grundfunktionen gesteuert. Allgemeinpsychologische Befunde sind demnach sowohl für die Erklärung des zu analysierenden Gegenstandes (das Anliegen/Problem des Klienten) als auch für die Art der Durchführung dieser Analyse (das methodische Vorgehen des Sozialpädagogen) nutzbar. Der Methodenbegriff wird in der Sozialen Arbeit in unterschiedlichem Sinn verwendet. In unserem Zusammenhang geht es dabei nicht um die in der Sozialen Arbeit übliche adressatenspezifische Unterscheidung von Einzelhilfe, Gruppenarbeit und Gemeinwesenarbeit, sondern um die Frage nach den Kompetenzen beruflichen Handelns. Steht die berufliche Qualifikation im Vordergrund, unterscheidet man bekanntlich zwischen *instrumenteller* (technisches Können und Wissen), *reflexiver* (reflexive Selbst-, Partner- und Situationswahrnehmung) sowie *sozialer Kompetenz* (vgl. z. B. Buchkremer, 1995; Geissler & Hege, 2007; Stimmer, 2012). Diesen Qualifikationen sind als wesentliche Handlungskompetenzen das Diagnostizieren, Intervenieren und Evaluieren nachgeordnet. Versucht man die unterschiedenen allgemeinpsychologischen Funktionsbereiche den Dimensionen der sozialpädagogischen Handlungskompetenz zuzuordnen und aus jedem Funktionsbereich eine Strategie für methodisch kontrolliertes Vorgehen abzuleiten, kann folgende Einteilung vorgenommen werden:

Wahrnehmung und *Gedächtnis* ermöglichen als kognitive Funktionen das Diagnostizieren eines Anliegens sowie die Überprüfung der in einem Änderungsgeschehen jeweils erreichten Ist-Lage (Evaluation). Im professionellen Handeln dienen die Strategien der *Beobachtung* und *Beurteilung* diesem Zweck.

Lernen als Hauptursache für Veränderung im Erleben und Verhalten bildet die Basis für vielfältige methodische Vorgehensweisen. Bei der Handlungskompetenz des Intervenierens handelt es sich unter anderem um die Voraussetzungen zur Erreichung von Veränderungen. Aus den Prinzipien der Lernpsychologie kann der Sozialpädagoge anliegen- bzw. problemorientiert die Interaktion mit dem Klienten strukturieren und auf diesem Weg Veränderungsprozesse initiieren und stabilisieren. Lernen ist aus psychologischer Sicht deshalb die Grundlage für die wichtige sozialpädagogische Strategie der *Intervention* und *Modifikation*.

Bei vielen Anliegen stehen besonders belastend erlebte *Emotionen*, also Gefühle wie Angst, Ärger, Trauer oder Depression im Vordergrund. Ohne einen therapeutischen Anspruch zu vertreten, geht es auch – oder gerade – in der Sozialen Arbeit darum, dem Klienten zu helfen, angemessene *Formen der Bewältigung* zu entwickeln. Die aus der bewältigungsorientierten Emotions- und Stressforschung stammenden Konzepte können für das professionelle Handeln des Sozialpädagogen genutzt werden.

Eine wesentliche Vorbedingung für kooperatives Verhalten stellt die Einigung auf anzustrebende Ziele dar. In seinem doppelten Mandat – dem Klienten als auch der Gesellschaft verpflichtet – trifft der Sozialpädagoge nicht selten auf eine an Veränderung uninteressierte Klientel. Kenntnisse aus dem Funktionsbereich *Motivation* ermöglichen es ihm, jene Bedingungen gezielt und kontrolliert zu fördern, welche die *Mitarbeitsbereitschaft* des Klienten erhöhen.

2 Wahrnehmung, Gedächtnis und Beobachtung

In jedem Moment – den Zustand des Schlafes ausgenommen – erleben wir die vielfältigsten Arten von Wahrnehmungseindrücken. Wir sehen, hören, riechen etc., was um uns herum vor sich geht, und haben so Anteil an der uns umgebenden physikalischen und sozialen Wirklichkeit. Häufig richten wir – zumeist unwillkürlich – unser unmittelbares Verhalten nach diesen Wahrnehmungseindrücken aus. So bleiben wir bei »Rot« an der Verkehrsampel stehen, verlassen nach dem Klingelzeichen den Hörsaal, laufen bei der Wahrnehmung eines verbrannten Geruches in die Küche und nehmen den (überlaufenden) Kochtopf von der Herdplatte.

Die grundlegenden Komponenten der Wahrnehmung bestehen, wie diese Beispiele zeigen, in einem Wahrnehmungsobjekt (*Wahrnehmungsgegenstand*), einem Wahrnehmungssubjekt (*der wahrnehmenden Person*) sowie der Repräsentation des Wahrnehmungsgegenstandes in der Person (*Wahrnehmungsbild*). Dabei kann zwischen Wahrnehmung als Ergebnis, d. h. der Abbildung eines Wahrnehmungsgegenstandes im Bewusstsein des Wahrnehmungssubjekts, und Wahrnehmung als Prozess, d. h. der Art und Weise, wie dieses Abbild zustande kommt, unterschieden werden (vgl. Schönpflug & Schönpflug, 1997, S. 103). Im Alltag gehen wir im allgemeinen davon aus, dass unsere Wahrnehmungseindrücke ein verlässliches Abbild der Wirklichkeit darstellen und vertrauen am meisten dem, was wir mit eigenen Augen gesehen und mit eigenen Ohren gehört haben. Wir werden in diesem Kapitel jedoch sehen, dass dieses Vertrauen nicht immer gerechtfertigt ist. Auch aus unserem Alltag kennen wir ja Situationen, in denen beispielsweise zwei Personen trotz Beachtung des gleichen Wahrnehmungsgegenstandes zu deutlich unterschiedlichen Beurteilungen gelangen. Wahrnehmung ist also nicht als ein passiver Prozess aufzufassen, der zu einem getreuen Abbild der Wirklichkeit führt, sondern Wahrnehmung ist als ein aktiver Vorgang zu verstehen, der durch die wahrnehmende Person mitgestaltet wird (vgl. z. B. Carbon, 2015). Wahrnehmung ist – sobald es um das Erkennen eines Wahrnehmungsobjektes geht – immer mit weiteren kognitiven Funktionen vernetzt. Deshalb behandelt dieses Kapitel ausführlich grundlegende Befunde der Gedächtnispsychologie und präsentiert Modellvorstellungen zur Aufmerksamkeit. Das Wahrnehmungsgeschehen wird nachfolgend unter drei Perspektiven dargestellt werden, welche subjektiv mit der Empfindung, dem Erkennen und dem Handeln einhergehen bzw. kovariieren.

Als *datengesteuerter Prozess* ist Wahrnehmung durch die Merkmale des Wahrnehmungsgegenstandes und deren Verarbeitung durch die wahrnehmende Person zu verstehen. Der Schwerpunkt der Betrachtung liegt hier auf dem Zusammenhang von Wahrnehmung und Realität. Die Informationsverarbeitung erfolgt dabei auf der Grundlage des anatomisch-physiologischen Systems des Individuums, also seiner körperlichen Voraussetzungen zur Informationsverarbeitung. Daneben spielen bereits auf dieser Ebene genuin psychologische Aspekte eine Rolle und zwar in Form der sog. Organisationsgesetze des Wahrnehmungsgeschehens. Sowohl die körperlichen als auch die psychischen Prozesse dieser Ebene verlaufen weitgehend unbewusst und invariant, d. h., sie gelten für alle Personen in vergleichbarer Form und sind nur in sehr begrenztem Umfang beeinflussbar. Das Ergebnis dieses Prozesses stellt die Empfindung dar, worunter man eine noch nicht mit Bedeutung versehene Wahrnehmung versteht. Da der Erwachsene die ihn umgebende Wirklichkeit automatisch bedeutungsgeladen wahrnimmt, sind für ihn – anders als für Kleinkinder – reine Empfindungen nur noch dort möglich, wo er nicht auf Wissensbestände zurückgreifen kann, z. B. bei der Betrachtung eines vollkommen abstrakt gehaltenen Bildes.

Als *konzeptgesteuerter Prozess* ist Wahrnehmung mit anderen kognitiven Grundprozessen vernetzt zu sehen. Der Schwerpunkt dieser Betrachtung liegt in dem Erkennen der Bedeutung des Wahrgenommenen. Der Wahrnehmungsgegenstand wird deshalb zu existierenden Wissensbeständen der Person in Beziehung gesetzt, wobei vornehmlich Erwartungen und Gedächtnisinhalte aktiviert werden müssen. Die hier interessierenden Zusammenhänge verlaufen innerhalb der gleichen Person (intraindividuell) vergleichsweise stabil und invariant, unterscheiden sich aber unter Umständen deutlich bei verschiedenen Personen (interindividuell).

Als *handlungsgesteuerter Prozess* steht Wahrnehmung schließlich im Dienst von Orientierung und Erreichung der vom Individuum angestrebten Ziele. Eine Analyse des Wahrnehmungsgeschehens auf dieser Ebene muss deshalb Phänomene wie Aufmerksamkeit und Motivation berücksichtigen. Bei einer derartigen Betrachtung wird z. B. verständlich, warum zu einem bestimmten Zeitpunkt von einer Person aus der Vielfalt des »Wahrnehmungsangebotes« nur ein bestimmter Teil genutzt wird.

2.1 Datensteuerung: Empfindung

2.1.1 Physiologisch-anatomische Grundlagen

Im Unterschied zu anderen Funktionsbereichen geht es bei der Wahrnehmung immer um Signale aus der physikalischen Wirklichkeit, d. h. der den Menschen umgebenden Welt und seinem eigenen Körper. Um Informationen aus diesen Bereichen aufnehmen – also wahrnehmen – zu können, bedarf es bestimmter körperlicher Voraussetzungen. Die anatomisch-physiologische Grundlage für Wahrnehmungserfahrungen stellen dabei die verschiedenen Sinnessysteme dar. Sie bilden den Rahmen, innerhalb dessen Signale aus der Umwelt und dem Körper aufgenommen und verarbeitet werden können. Die physikalische Welt ist jeweils nur in dem Ausmaß wahrnehmbar, in dem unsere Sinne eine Aufnahme physikalisch-chemischer Reize gestatten. Für die Wahrnehmung einer Vielzahl tatsächlich bestehender Wirklichkeitsaspekte ist das menschliche Sinnessystem nicht ausgerüstet. So können wir z. B. aus dem von 10^6 bis 10^{-14} reichenden Gesamtspektrum elektromagnetischer Wellen nur den Bereich von 400–800 Millimikron als Licht bzw. Farbe sehen. Der ebenfalls elektromagnetische Wellenbereich der Infrarot-, Ultraviolett- oder Röntgenstrahlung bleibt demgegenüber für den menschlichen Organismus unsichtbar. Damit eine Wahrnehmung zustande kommt, müssen mehrere Bedingungen erfüllt sein: Es bedarf eines vom Wahrnehmungsobjekt ausgehenden physikalischen Reizes. Der Organismus muss in der Lage sein, die physikalische Energie dieses Reizes aufzunehmen und an das Gehirn weiterzuleiten. Dort muss schließlich die Erregung als Empfindung bewusstgemacht werden können.

Tab. 1: Übersicht zu den Wahrnehmungssystemen des Menschen

Sinnessystem	Adäquater Reiz	Sinnesorgan	Rezeptor	Empfindung
Visuell	Elektromagn. Schwingungen (400–800nm)	Auge	Zapfen, Stäbchen der Retina	Form, Farbe, Bewegung, Raum
Auditiv	Longitudinale Schwingungen (16Hz–20kHz)	Innenohr	Haarzellen des Cortischen Organs	Ton, Geräusch
Olfaktorisch	Gasförmige, wasser-/fettlösliche Stoffe	Nase	Stütz- und Riechzellen im Riechepithel	Geruch (faulig, würzig, fruchtig, blumig, etc.)
Gustatorisch	Wasserlösl. Stoffe	Mundhöhle	Geschmacksknospen	Geschmack (süß, sauer, salzig, bitter)
Haptisch/ taktil	Mechanische Deformierung; nicht eindeutig Temperatur Temperatur mechanische Deformierung	Haut	Pacinische Körperchen, freie Nervenendigungen, Ruffinische Körperchen Krause'sche Endkolben Meissnersche Tastkörperchen	Druck, Schmerz, Wärme, Kälte, Berührung
Kinästhetisch	Mechanische Deformation	Innenohr	Haarzellen des Vestibularapparates	Gleichgewicht, Bewegung und
Propriozeptiv	Dehnung	Muskeln, Sehnen, Gelenke	Spindelfasern und Enden	Lage des Körpers

Eine Übersicht zu den Sinnessystemen des Menschen gibt Tabelle 1. Wie aus ihr hervorgeht, liegen in den *Sinnesorganen* die zur Reizaufnahme und Reiztransformation fähigen Rezeptoren. Von ihnen wird die an das jeweilige Sinnesorgan gelangende physikalische Reizenergie (z. B. elektromagnetische Wellen bestimmter Länge als adäquater Reiz für das Sehen) in Signale umgewandelt, die das Nervensystem weiterleiten kann (z. B. elektrochemische Impulse). Unabhängig von der Art der Reizung reagiert jedes Sinnessystem immer mit der nur ihm zukommenden Qualität. So führt jede Form der Reizung des Auges zu einer Sehempfindung. Bei einem für dieses Sinnesorgan »inadäquaten Reiz«, wie z. B. einem starken mechanischen Druck, »sehen« wir deshalb Sternchen.

Je nachdem ob Licht, Druck/Berührung oder chemische Reizenergie aufgenommen und transformiert wird, unterscheidet man zwischen Photo-, Mechano- oder Chemorezeptoren. Je nachdem ob Rezeptoren Informationen aus dem eigenen Körper oder aus der den Körper umgebenden Umwelt verarbeiten, spricht man von Enterozeptoren (synonym: Propriozeptoren) oder Exterozeptoren. Die in den Rezeptoren umgewandelte Energie kommt über spezifische Leitungsbahnen und Umschaltstellen in die verschiedenen Repräsentationsbereiche des Zentralnervensystems. Jedes Sinnessystem besitzt im Gehirn ein bestimmtes Projektionsfeld, an dem die von den Rezeptoren ausgehenden Impulse ankommen.

Mit den Fragen des Zusammenhanges von physikalischer Stimulation der Sinnesorgane und den dadurch bewirkten Empfindungen der wahrnehmenden Person hat sich vor allem die *Psychophysik* beschäftigt. Als eine ihrer Hauptbefunde gilt der Nachweis von Schwellenwerten, die erreicht werden müssen, um zuverlässig eine Empfindung hervorzurufen (*absolute Reizschwelle*) oder einen Empfindungsunterschied zu bemerken (*Unterschiedsschwelle*). Die absolute Schwelle definiert den niedrigsten Betrag an physikalischer Energie, der nötig ist, um eine bestimmte Sinnesempfindung auszulösen (z. B. elektromagnetische Schwingungen von 400 nm Wellenlänge im visuellen System; ▶ Tab. 1). Die Unterschiedsschwelle gibt an, wie hoch eine Reizdifferenz sein muss, um zu zwei gerade unterscheidbaren Empfindungsstärken zu führen. Untersuchungen des Physiologen Ernst Heinrich Weber (1795–1878) haben ergeben, dass der gerade merkliche Unterschied zwischen zwei Reizen in einem annähernd konstanten Verhältnis zur Größe des Bezugsreizes steht. Das bedeutet, dass bei sehr intensiven (starken) Reizen ein sehr großer Reizzuwachs nötig ist, um eine intensivere Empfindung (einen Unterschied zwischen den beiden Reizen) zu bewirken. Für die verschiedenen Sinnessysteme wurden im Rahmen der psychophysikalischen Forschungen Konstanten errechnet, die es erlauben, den notwendigen Reizzuwachs sinnessystemspezifisch zu errechnen. So ist beispielsweise bei einem Ausgangsgewicht von 100 g ein Zuwachs von etwa 3 g für eine stärkere Gewichtsempfindung ausreichend. Bei einem Ausgangsgewicht von 1000 g bedarf es jedoch ungefähr 30 g zusätzlichen Gewichtes. Das Verhältnis zwischen Ausgangsgewicht und notwendiger Gewichtszugabe bleibt aber in etwa gleich und beträgt in diesem Sinnesbereich ungefähr 2,5–3 %.

Auf jeder der drei physiologisch unterscheidbaren Stufen (Reizaufnahme in den Rezeptoren, Energieleitung und Umschaltung sowie zentralnervöse Repräsentation) kann es zu Störungen und – damit einhergehend – zu Beeinträchtigungen der Empfindungs- bzw. Wahrnehmungsmöglichkeiten kommen. So gehen Störungen des Farbensehens wie die Rot-Grün-Blindheit auf das Fehlen von Farbrezeptoren für die entsprechenden Spektralbereiche zurück. Unterbrechungen des Sehnervs (also der optischen Leitungsbahnen) führen je nach Ort und Umfang der Unterbrechung zu Störungen der Tiefen-(Raum-)Wahrnehmung oder (partieller) Erblindung, da die Repräsentationsstellen im Gehirn nur noch teilweise oder aber gar nicht erreicht werden. Selbst wenn die Impulse in der betreffenden Gehirnregion ankommen, kann das Wahrnehmungserleben noch beeinträchtigt sein. Sind die Zellsysteme des Sulcus calcarinus im Okzipital-Lappen des Gehirns zerstört, ist die betreffende Person blind (Rindenblindheit). Fallen dagegen Zellsysteme im angrenzenden Gebiet des Cortex aus, kommt es zur »Seelenblindheit«. Die Person ist nun nicht mehr in der Lage, das gesehene Wahrnehmungsobjekt zu erkennen. Sie weiß z. B. nicht, dass sie einen Hund sieht, und erkennt ihn erst über die Stimulierung eines anderen Sinnessystems (z. B. auditiv durch das Bellen). Bei der Wahrnehmung der Wirklichkeit gehen von ihren Gegenständen in der Regel gleichzeitig Signale an mehrere Sinnesorgane. So sehen wir andere Personen, hören sie sprechen, fühlen ihren Händedruck etc. Die verschiedenen Sinnessysteme arbeiten dabei zusammen und ergänzen sich gegenseitig zu einem einheitlichen Eindruck. Das dadurch entstehende stimmige Bild muss aber nicht notwendigerweise mit der Wirklichkeit übereinstimmen. So haben wir im Kino nicht das Gefühl, der Ton komme von den Lautsprechern, sondern wir nehmen die gehörten Stimmen als Folge der Lippenbewegungen wahr.

Ein detailliertes Wissen über die anatomisch-physiologischen Grundlagen des Wahrnehmungsgeschehens ist für den Sozialpädagogen in vielen Anwendungsbereichen von untergeordneter Bedeutung. Gründliche sinnesphysiologische Kenntnisse (siehe im Überblick z. B. Schmidt, 1997) sind für ihn jedoch dann von Relevanz, wenn er mit Personen arbeitet, die durch sensorische Mängel beeinträchtigt sind, also z. B. in der Arbeit mit Blinden, Gehörlosen etc. Die Darstellung des in solchen Fällen benötigten Detailwissens übersteigt jedoch die Möglichkeiten dieses Lehrbuches.

Mit Rohracher (1988) lässt sich der durch die datengesteuerte Funktion der Wahrnehmung hergestellte Zusammenhang von physikalischer und subjektiver (phänomenaler) Wirklichkeit durch folgende vier Tatsachen zusammenfassen:

> » 1. Wir nehmen die Wirklichkeit nicht so wahr, wie sie ist (wir nehmen nicht Atome, Moleküle oder Schwingungen wahr, sondern Farben, Dinge, Geräusche, Gerüche usw.).
> 2. Nur ein sehr kleiner Teil der Wirklichkeit wird auf diese Weise wahrnehmbar (für sehr viele Vorgänge der objektiven Wirklichkeit fehlen uns Sinnesorgane, wir bemerken daher von ihnen gar nichts).
> 3. Von den Vorgängen, für die wir Sinnesorgane besitzen, werden nur jene bewusst, die einen bestimmten Stärkegrad erreichen (die Tatsache der ›Reizschwelle‹).
> 4. Diejenigen Vorgänge, die uns bewußt werden, werden uns in ihren Verschiedenheiten nur ungenau bewußt (Unterschiede zwischen Farben, Tönen, Entfernungen, Gewichten usw. müssen eine bestimmte Größe erreichen, damit wir sie bemerken)« (S. 109–110).

2.1.2 Organisationsprozesse

Wie wir gesehen haben, führen die von den Sinnesorganen aufgenommenen Signale aus der physikalischen (realen, objektiven) Welt zur Aktivierung einer Vielzahl von Rezeptoren, die ihre Impulse jeweils unabhängig voneinander weiterleiten. So sind auf unserer Netzhaut immer Millionen von Rezeptoren aktiviert, um das gerade Gesehene »aufzunehmen«. Damit wir die Wirklichkeit nicht kaleidoskopartig und unverbunden erleben, müssen die einzelnen Informationen der Rezeptoren wieder zusammengefügt und strukturiert werden. Daneben ist es auch wichtig, die Dinge der Umgebung annähernd gleich wahrzunehmen, auch wenn sich die physikalischen Bedingungen verändern.

2.1.2.1 Gruppierungs- und Gestaltgesetze

Die Aufgabe des Zusammenfügens der einzelnen Eindrücke innerhalb der – und wahrscheinlich auch zwischen den – verschiedenen Sinnessysteme(n) übernehmen die sog. *Gruppierungs- und Gestaltgesetze* der Wahrnehmung. Sie sind dafür verantwortlich, dass unsere Sinneseindrücke als zusammenhängend und gestalthaft erlebt werden.

Die erste Beschreibung derartiger Gesetze des Wahrnehmungsgeschehens erfolgte Anfang des 20. Jahrhunderts durch die sogenannte »Gestaltpsychologie«, der u. a. Max Wertheimer, Kurt Koffka, Wolfgang Köhler und Kurt Lewin angehörten. Ihre Studien berücksichtigten hauptsächlich das visuelle Sinnessystem. Da es sich dabei um das wahrscheinlich wichtigste und komplexeste System handelt, aus dem schätzungsweise 90 % unserer Informationen über die Umwelt stammen, sollen einige Organisationsprinzipien und Gestaltgesetze am Beispiel dieses Systems beschrieben werden.

Die Organisation des visuellen Wahrnehmungsfeldes beginnt mit einer *Gliederung in unterschiedliche Bereiche*. Aufgrund der Analyse des abrupten Wechsels in Farbe, Kontur und Textur werden einzelne Eindrücke zu größeren Regionen zusammengefasst. Eine erste Aufgabe in der Wahrnehmungsorganisation stellt das Auffinden derartiger Wechsel und Grenzen in Farbe, Form und Oberflächengestaltung dar.

Ist das Wahrnehmungsfeld in verschiedene Bereiche (Regionen) gegliedert, differenzieren sich diese in eine *Figur-Grund-Aufteilung*. Dabei ist ein Teil – die sog. *Figur* – besser lokalisierbar, deutlicher abgehoben und stärker strukturiert, als der eher unbestimmt verlaufende und durchgängig wirkende (Hinter-) *Grund*. Die Figur erscheint dabei räumlich vor dem Grund. Bei bestimmten Reizvorlagen kann die Figur-Grund-Aufteilung wechseln und führt dann zu jeweils anderen Wahrnehmungseindrücken (sog. Kippfiguren, ▶ Abb. 5 A, Gesichter bzw. Vase).

Ein weiteres Gestaltgesetz stellt die Tendenz zur *Geschlossenheit* dar. Sie führt dazu, dass wir unvollständige oder unvollständig erscheinende Reizvorlagen als vollständig wahrnehmen, indem wir fehlende Teile ergänzen (▶ Abb. 5 B, die Wahrnehmung eines Quadrates).

2 Wahrnehmung, Gedächtnis und Beobachtung

Abb. 5: Gestaltgesetze im visuellen Bereich

Das Gestaltgesetz der *Gruppierung* lässt Elemente entsprechend ihrer räumlichen Nähe (▶ Abb. 5 C), figuralen Ähnlichkeit (▶ Abb. 5 D) oder ihrer gemeinsamen Bewegung in die gleiche Richtung (bzw. ihres gemeinsamen Verhaltens) als zusammengehörig erscheinen.

Mit dem Prinzip der *Prägnanz* bzw. der *guten Gestalt* kommt der den einzelnen Gestaltgesetzen übergeordnete Gedanke zum Ausdruck: »Das Wahrnehmungsergebnis wird immer so gut (einfach, stabil, konsistent) sein, wie es die Reizgegebenheiten erlauben« (Kebeck, 1994, S. 151). Einfachheit, Regelmäßigkeit, Symmetrie oder Vollständigkeit sind z. B. Kennzeichen »guter Gestalten«. Derartige Reizkonfigurationen werden leichter wahrgenommen, besser erinnert und lassen sich vom Wahrnehmenden leichter beschreiben.

2.1.2.2 Konstanzphänomene

Ein weiteres grundlegendes Organisationsprinzip des Wahrnehmungsgeschehens ist in den verschiedenen Konstanzphänomenen zu sehen. »Allgemein fasst man unter dem Begriff der Konstanzphänomene die Erscheinungen zusammen, bei denen es trotz sich verändernder Abbildungsverhältnisse auf der Retina zu keinem qualitativ veränderten Wahrnehmungserlebnis kommt« (Kebeck, 1994, S. 124). Unser Gehirn nimmt in diesen Fällen also offensichtlich Korrekturen der sich ständig ändernden Reizbedingungen vor. So nehmen wir die Größe eines Gegenstandes entsprechend seiner realen (physikalischen) Größe wahr und nicht entsprechend der Größe des Netzhautabbildes. Führen wir z. B. einen Gegenstand nahe an das Auge, vergrößert sich zwar die Abbildung des Gegenstandes auf unserer Netzhaut drastisch, aber unser Wahrnehmungseindruck über die Größe dieses Gegenstandes bleibt konstant (*Größenkonstanz*). Die Größenkonstanz kommt dadurch zustande, dass die Größe aus der tatsächlichen Größe des Netzhautabbildes und der dabei bestehenden Entfernung zum Gegenstand »errechnet« wird. Kann die bestehende Distanz nicht erkannt werden, kommt es zu Größentäuschungen, von denen z. B. bei der Produktion von Filmen in den Trickstudios Gebrauch gemacht wird.

Auch bei der *Formkonstanz* spielt die Relation von Netzhautbild und räumlicher Lage (insbesondere Dreh- und Neigungswinkel) des Gegenstandes eine wichtige Rolle. Wir nehmen eine Tür auch dann als rechtwinklig wahr, wenn sie unterschiedlich weit geöffnet ist, obwohl in diesem Fall auf der Netzhaut statt eines Rechtecks ein Trapez abgebildet ist. Fehlen dem Wahrnehmenden jedoch die notwendigen räumlichen Hinweisreize, nähert sich sein Wahrnehmungseindruck mehr dem tatsächlichen Netzhautbild. Weitere Konstanzphänomene betreffen z. B. die Helligkeit und Farbe eines Gegenstandes.

Wahrnehmungskonstanzen garantieren uns also eine Stabilität der Umweltbedingungen. Wir nehmen die Welt als invariant und konstant wahr, auch unter sich ändernden physikalischen Bedingungen. Die psychologische Bedeutung der Konstanzphänomene kann in der durch sie erleichterten Anpassungsfähigkeit des Individuums gesehen werden. Sähen wir z. B. ein Stück Kreide nicht in jedem Fall als weiß und ein Stück Kohle nicht in jedem Fall als schwarz (*Helligkeitskonstanz*), wäre unsere Orientierung deutlich erschwert. Wir könnten mit dem Auge zwischen beiden Gegenständen nicht mehr sicher differenzieren.

Zur Erklärung der Konstanzphänomene existieren eine Reihe z. T. konkurrierender Theorien (vgl. z. B. Kebeck, 1994). Sogenannte Reiztheorien versuchen die Wahrnehmungskonstanzen ausschließlich aus den Merkmalen des visuellen Reizfeldes zu erklären, während Verrechnungstheorien eine unbewusste, aber aktive Rekonstruktion der physikalischen Verhältnisse im wahrnehmenden Subjekt postulieren. Erfahrungstheorien gehen schließlich davon aus, Konstanzphänomene seien das Ergebnis kognitiver Prozesse (z. B. individuelle Erfahrungen). Die vorliegenden experimentellen Befunde widersprechen jedoch meist der erfahrungstheoretischen Interpretation.

Als datengesteuerter oder datenabhängiger Prozess ist Wahrnehmung durch die von den verschiedenen Sinnessystemen ausgehenden Impulse und die spontan auftretenden Organisationsprozesse charakterisiert. Letztere erfolgen ohne bewusste Steuerung sehr schnell und sehr zuverlässig. Man spricht in diesem Zusammenhang auch von einer »bottom-up«-Steuerung, weil die von den Sinnesorganen (»bottom«) aufgenommenen Daten den Ausgangspunkt bilden und zum Gehirn (»up«) transportiert werden. Bottom-up-Prozesse stellen aber nur eine Seite des Wahrnehmungsgeschehens dar. Sie zeigen, wie Wahrnehmung grundsätzlich zustande kommt, und gehen dabei von einem relativ »statischen« Bild der wahrnehmenden Person aus, die eher als ein passiv aufnehmender Organismus interpretiert wird.

Im nachfolgenden Abschnitt werden wir die Bedeutung der »top-down«-Prozesse darstellen und Wahrnehmung als einen konzeptgesteuerten Prozess interpretieren. Die aktive Rolle des Wahrnehmenden wird dabei deutlich werden und Wahrnehmung zu anderen psychischen Funktionsbereichen in Beziehung gesetzt werden.

2.2 Konzeptsteuerung: Erkennen

Die über die Sinnesorgane aufgenommene Information aus der Umwelt wird vom Wahrnehmenden nicht nur als sinnesspezifische Qualität (z. B. als Form, Farbe, Geräusch, Geschmack etc.) verarbeitet, sondern gleichzeitig mit der dieser bestimmten Information zukommenden *Bedeutung* versehen. So sind unsere Wahrnehmungseindrücke im Alltag fast immer bedeutungshaltig, d. h., wir kennen das, was wir sehen, hören, schmecken etc. Einen bestimmten Gegenstand oder Eindruck nehmen wir z. B. als Tisch, Auto, Person, Landschaft etc. wahr. Nur in sehr seltenen Fällen erfahren wir im Alltag ein Wahrnehmen ohne Erkennen. Wenn Sie nachfolgende Abbildung 6 betrachten, sehen Sie ein graphisches Muster von Strichen, das Sie vielleicht als ornamentale Darstellung interpretieren oder auf einer weiteren Stufe der Interpretation als Schriftzeichen deuten. Das was Sie sehen, bleibt aber – vorausgesetzt Sie sind der arabischen Schrift nicht mächtig – bedeutungslos. Ist Ihnen aber die hier verwendete arabische Schrift bekannt, haben Sie keine Mühe, in der »Abbildung« das Wort Sozialpädagogik zu »erkennen«.

Abb. 6: Demonstration zur Konzeptsteuerung

Mit Prinz (1983) können wir wahrnehmungsbezogenes (perzeptives) Erkennen als den Vorgang definieren, »durch den ein Beobachter einen Gegenstand, der ihm perzeptiv zugänglich ist und dem er seine Aufmerksamkeit zuwendet, als Exemplar einer bestimmten Klasse von Gegenständen identifiziert bzw. einer bestimmten Kategorie subsumiert« (S. 90). Wahrnehmungsbedingtes Erkennen ordnet also den Wahrnehmungsgegenstand einem bestimmten Begriff zu. Um diese Zuordnung oder Klassifikation vornehmen zu können, vergleicht das Individuum das Wahrnehmungsbild mit gespeicherter Information. Wahrnehmung wird nun mit anderen psychischen Grundfunktionen – insbesondere dem Gedächtnis – vernetzt.

Die Wechselwirkung zwischen Wahrnehmung und Gedächtnis lässt sich im Überblick charakterisieren (vgl. Schönpflug & Schönpflug, 1997, S. 108; zur Gedächtnispsychologie siehe Schermer, 2014):

- Unsere Sinne nehmen einen bestimmten Ausschnitt der Realität auf und bilden ihn bedeutungsfrei ab (Empfindung; Wahrnehmungsbild; in dem obigen Schriftbeispiel also ein Strichmuster).
- Das Wahrnehmungsbild wird mit Wissensbeständen, die in unserem Gedächtnis gespeichert sind, verglichen. Es geht hierbei um die Frage der Bedeutungserschließung (Worum handelt es sich? Was ist das?).
- Findet sich für das Wahrnehmungsbild ein passender Wissensbestand, wird der wahrgenommene Realitätsbereich »erkannt«, d. h. angemessen gedeutet und verstanden (Der Wahrnehmende muss zum Erkennen unseres Beispielwortes also die arabischen Schriftzeichen in seinem Gedächtnis abgespeichert haben).
- Bei mangelnder Übereinstimmung kann die Bedeutung erschlossen werden (z. B. Es handelt sich um Schriftzeichen) oder sie bleibt ganz verborgen (z. B. Es handelt sich um ein ornamentales Muster).
- Der erkannte Inhalt wird als bedeutungshaltiges Ereignis erneut abgespeichert (z. B. als die Information: In diesem Lehrbuch steht auf Seite 58 das Wort »Sozialpädagogik« in arabischer Schrift.)

Zum besseren Verständnis des Zusammenhanges von Wahrnehmung und Gedächtnis werden nachfolgend ausgewählte Befunde der Gedächtnispsychologie dargestellt.

Die Aufgaben des Gedächtnisses bestehen in dem Einprägen ([En-]kodieren oder Verschlüsseln), Behalten und Abrufen von Information (vgl. Schermer, 2014). Bei der *Einprägung* geht es um die Darstellung und Repräsentation der wahrgenommenen Gegenstände und Vorgänge in unserem Bewusstsein, d. h. um die innere Konstruktion der Wirklichkeit. Es erfolgt hierbei eine Umwandlung bzw. Verschlüsselung der Information. Als Beispiele für Formen der Informationsverschlüsselung sind uns aus dem Alltag das Morse-Alphabet oder – etwas aktueller – der ASCII-Code aus dem Computerbereich vertraut. Das *Behalten* oder Aufbewahren einer Information muss als die wesentliche Aufgabe des Gedächtnisses betrachtet werden. In dem hier interessierenden Zusammenhang von Wahrnehmung und Gedächtnis geht es primär um den *Abruf* bereits bekannter Informationen, welche mit dem Wahrnehmungsinhalt verglichen werden und ein Erkennen des Wahrnehmungsobjektes erlauben. Im Unterschied zur Wahrnehmung handelt es sich bei dem Gedächtnis um ein sog. hypothetisches Konstrukt, d. h., man kann es nicht unmittelbar beobachten, sondern muss seine Funktionsweise beispielsweise über die Beobachtung von Behaltenseffekten erschließen.

2.2.1 Molares Gedächtnismodell

Eine einflussreiche Modellvorstellung des Gedächtnisses, das sog. molare Gedächtnismodell (Mehrspeichermodell), geht auf Atkinson und Shiffrin (1968) zurück. In ihrem Ansatz wird das Gedächtnis als aus wenigstens drei aufeinander bezogenen Speichern – dem sensorischen Register, dem Kurzzeit- und dem Langzeitspeicher – bestehend interpretiert (▶ Abb. 7). Dem Modell zufolge unterscheiden sich die drei Speicherbereiche hinsichtlich der Menge verarbeitbarer Informationen (Kapazität), der Dauer ihrer Verfügbarkeit (Haltezeit) sowie in der Art und Weise, in der die gespeicherte Information verschlüsselt ist (Kodierung).

Im *sensorischen Register* werden die von den Sinnesorganen aufgenommenen Stimuli sehr kurzfristig (weniger als eine Sekunde), umfassend (fast vollständig) und sinnesmodalitätsbezogen (originalgetreu: visuell, akustisch etc.) festgehalten.

Nur ein sehr geringer Teil der Information des sensorischen Registers gelangt in den *Kurzzeitspeicher* und wird hier in eine neue Form übertragen (kodiert). Die sensorisch aufgenommene Information wird nun in akustisch-artikulatorischer Form bearbeitet, d. h., sie wird nach Merkmalen der Lautwahrnehmung und Lauterstellung, also sprachbezogen, verschlüsselt. Der Kurzzeitspeicher hat bei einmaliger Darbietung für ungefähr »sieben plus/minus zwei« Informationseinheiten (z. B. Zahlen, Wörter, größere Sinneinheiten) Platz. Seine Haltezeit ist auf etwa 15 Sekunden begrenzt, es sei denn, eine Information kann durch ständige sprachliche Wiederholung »präsent« gehalten werden (z. B. beim wiederholten Nachsprechen einer von der Telefonauskunft mitgeteilten Nummer bis zum Wählen; sog. erhaltende Wiederholung).

Der *Langzeitspeicher* ist durch eine (fast) unbegrenzte Kapazität und Haltezeit definiert. Die in ihm festgehaltenen Informationen sind sehr umfangreich und stehen dem Individuum langfristig zur Verfügung. Für die Bearbeitung (Kodierung) der Inhalte des Langzeitgedächtnisses stehen Paivio (1971, 1978) zufolge zwei Möglichkeiten zur Verfügung, nämlich ein imaginales (anschaulich-bildhaftes) und ein verbales (sprachlich-symbolisches) System. Dabei verarbeitet das imaginale System nichtsprachliche Informationen in bildhafter Form, d. h., es werden in dieser Kodierungsart Wahrnehmungseindrücke in Form von Vorstellungen festgehalten. Unter einer Vorstellung versteht man ein »im Bewusstsein auftretendes, in der Regel absichtsvoll herbeigerufenes, mehr oder weniger vollständiges ›Bild‹ eines früher wahrgenommenen, jedoch momentan nicht wahrnehmbaren Umweltgegenstandes oder Ereignisses« (Fröhlich, 1997, S. 436). Da der behaltene Inhalt in der gleichen Sinnesmodalität und in ähnlichem Maßstab wie das »Original« festgehalten wird, spricht man von einer *analogen Kodierung*. Bei dieser Repräsentationsform besteht eine gewisse Ähnlichkeit zwischen äußerer Erscheinung (physikalische Wirklichkeit) und innerer Repräsentation (phänomenale Wirklichkeit) des Wahrnehmungsgegenstandes. Es wäre jedoch falsch davon auszugehen, die Vorstellung sei eine Kopie der Wahrnehmung. Sie enthält zwar die wesentliche Information des Wahrnehmungsobjektes, lässt aber breiten Raum für eine »Eigengestaltung«, z. B. durch

2.2 Konzeptsteuerung: Erkennen

Abb. 7: Das Molare Gedächtnismodell

Weglassen unwichtiger Details etc. Das verbale System bezieht sich auf sprachliche Informationen, also auf solche, die von der sensorischen Qualität der repräsentierten Inhalte unabhängig und nur symbolisch durch die jeweils herrschende Sprachkonvention festgelegt sind. Der Wahrnehmungseindruck wird von diesem System sprachlich-abstrakt verarbeitet. Derartige Repräsentationen werden *diskret* genannt, weil sich die Informationsverarbeitung nur auf einen Aspekt bezieht. Da auch die Verbindung so repräsentierter Inhalte Schritt für Schritt erfolgt, arbeitet das verbale System langsamer als das bildhafte. Beide Systeme können auf unterschiedlichen Ebenen aktiviert werden. Im einfachsten Fall (*repräsentationale Ebene*) arbeitet jedes für sich. Auf der *referentiellen Ebene* kommt es zu einer Verbindung beider Systeme, insofern die Aktivierung des einen durch das andere erfolgt (wir sehen z. B. eine Person und uns fällt ihr Name ein). Paivio unterscheidet noch eine *assoziative Ebene*, auf der innerhalb der jeweiligen Kodierungsart Verbindungen zu anderen Elementen auftreten.

Mittlerweile hat das von Atkinson und Shiffrin begründete Mehrspeichermodell grundlegende Erweiterungen und Modifikationen erfahren, welche vor allem die Konzeptualisierung des Kurzzeitgedächtnisses und des Langzeitgedächtnisses betreffen.

Baddeley und Hitch (1974) interpretieren das Kurzzeitgedächtnis als *Arbeitsgedächtnis* (»working memory«) und differenzieren dieses in drei Teilsysteme, eine Leitzentrale und zwei ihr zugeordnete modalitätsspezifische Hilfssysteme, phonologische Schleife und bildhaft-räumlicher Notizblock genannt (▶ Abb. 8; vgl. ausführlich Baddeley, 1997).

Die Hauptaufgabe der Leitzentrale soll in der Lenkung von Aufmerksamkeit sowie Kontrolle, Koordination und Integration von insbesondere aus den zwei Hilfssystemen stammenden Informationen bestehen. Da dieses System mit begrenzten Ressourcen arbeitet, ist es nur so lange effektiv, wie die Anforderungen mit den noch zur Verfügung stehenden Verarbeitungsressourcen gelöst werden

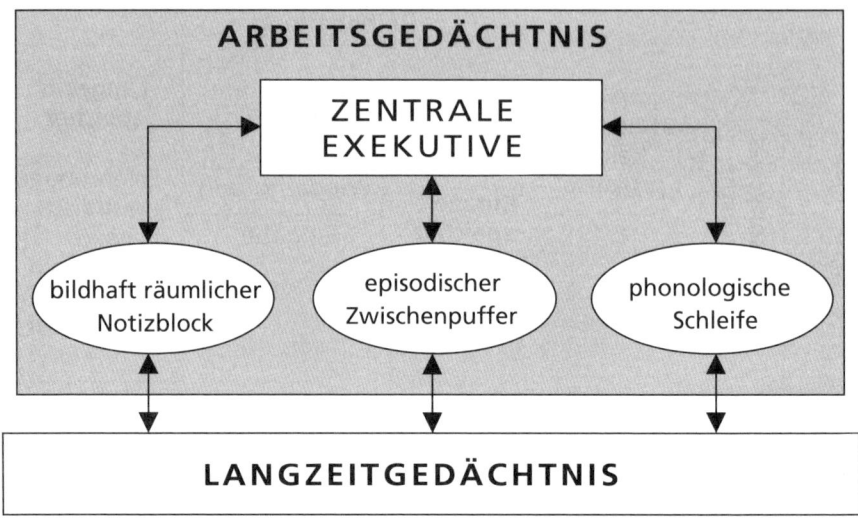

Abb. 8: Das Modell des Arbeitsgedächtnisses (mod. nach Baddeley, 2000, S. 421)

können. Die phonologische bzw. artikulatorische Schleife besteht aus einem phonologischen Speicher, der sprachbezogene Informationen aufnimmt, und einem artikulatorischen Kontrollprozess, der durch subvokale Wiederholung ein Verbleiben der Information garantiert. Dem bildhaft-räumlichen Notizblock kommt in dem Ansatz die Aufgabe zu, räumliche und visuelle Informationen, die über die Wahrnehmungsprozesse oder das Langzeitgedächtnis zugeführt werden, zu verarbeiten und festzuhalten. Der bildhaft räumliche Notizblock soll u. a. eine aktuelle Orientierung im räumlich-visuellen Bereich ermöglichen. Im Gegensatz zur phonologischen Schleife bedarf die Bereithaltung von Information im Notizblock keiner kontinuierlichen Wiederholung. Mittlerweile nimmt Baddeley (2000) weiterhin an, dass der bildhaft-räumliche Notizblock und die phonologische Schleife auch mit einem episodischen Zwischenpuffer vernetzt sind, um ihre sprachlichen und bildhaften Inhalte mit dem episodischen Langzeitspeicher in Beziehung setzen zu können.

Das Modell des Arbeitsgedächtnisses kann einige empirische Befunde zur Kapazität des Kurzzeitgedächtnisses, die mit den ursprünglichen Annahmen von Atkinson und Shiffrin nicht vereinbar sind, gut erklären. So wird mit der Differenzierung der zwei Hilfssysteme verständlich, dass man durchaus simultan eine sprachliche und eine bildhafte Kurzzeitgedächtnisaufgabe bearbeiten kann.

Auch das Langzeitgedächtnis wird – wie die nachfolgende Abbildung 9 zeigt – zwischenzeitlich entsprechend der in ihm bereitgestellten Informationen in verschiedene Bereiche differenziert. Auf der allgemeinsten Stufe lässt es sich in einen deklarativen und einen nondeklarativen bzw. prozeduralen Teil gliedern.

Das *deklarative Langzeitgedächtnis* (synonym: explizites Gedächtnis) umfasst dabei Inhalte, die uns bewusst zugänglich sind und beinhaltet sowohl all-

2.2 Konzeptsteuerung: Erkennen

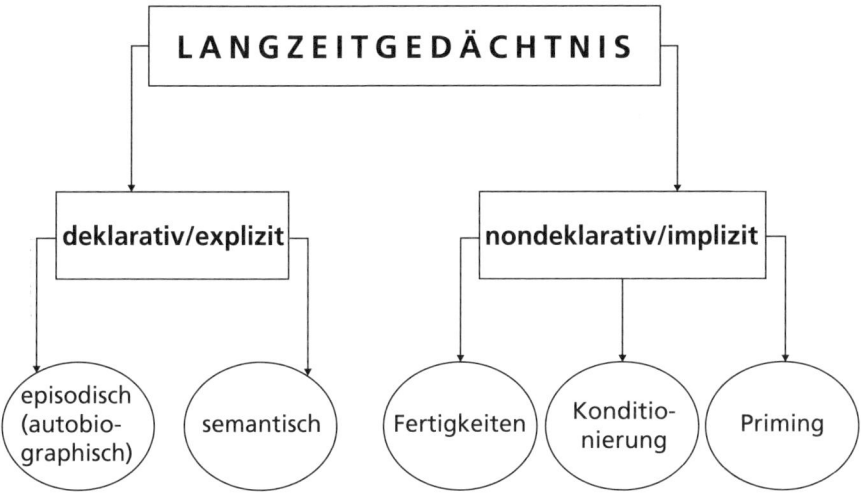

Abb. 9: Bereiche des Langzeitgedächtnisses

gemein-abstrakte als auch erlebte Fakten. Es geht hier um Wissen, das wir mitteilen können (sog. »Wissen, dass«).

Das *nondeklarative* bzw. *prozedurale Langzeitgedächtnis* (synonym: implizites Gedächtnis) wird demgegenüber »dann sichtbar, wenn vorausgehende Erfahrung die Leistung bei einer Aufgabe erleichtert, die nicht die bewusste absichtliche Erinnerung dieser Erfahrung verlangt« (Schacter, 1987, S. 501). Es wird hierbei ohne absichtliche Abrufleistung auf gespeicherte Inhalte zurückgegriffen. Im nondeklarativen Gedächtnis sind Fertigkeiten und Gewohnheiten, d. h. das Wissen über die Ausführung von automatisierten Handlungsabläufen (z. B. Radfahren, Schreibmaschineschreiben, Schwimmen; sog. »Wissen, wie«), klassische und operante Konditionierungseffekte (▶ Kap. 3) sowie sog. Priming-Effekte gespeichert. Unter Priming versteht man die Verbesserung der Informationsverarbeitung eines Reizes infolge seiner kurz vorher erfolgten Darbietung. Insbesondere im Bereich der Werbung werden derartige Effekte gezielt eingesetzt. Prozedurale Gedächtnisinhalte entziehen sich weitgehend dem kognitiven Zugriff und können deshalb sprachlich meist nicht angemessen mitgeteilt werden. Im Alltag ist uns dieser Zusammenhang bei der Vermittlung motorischer Fertigkeiten unmittelbar bewusst: Will jemand von uns lernen, wie man mit dem Fahrrad fährt, unternehmen wir keine ausführlichen sprachlichen Erklärungsversuche, sondern machen es einfach vor, d. h., wir zeigen ihm, wie es gemacht wird.

Von Tulving (1972) stammt die Differenzierung des deklarativen Langzeitgedächtnisses in einen episodischen und einen semantischen Bereich.

Das *episodische Gedächtnis* enthält Informationen, die in Raum und Zeit eingeordnet werden können. Soweit es dabei um persönliche Erfahrungen mit chronologisch-autobiographischem Charakter (z. B. Im vergangenen Semester habe ich meine Vorprüfung in Sozialpädagogik abgelegt; heute früh habe ich im Park einen Hund gesehen) geht, spricht man vom episodisch-autobiographischen Gedächtnis (vgl. z. B. Markowitsch & Welzer, 2005; Kühnel & Markowitsch, 2009). Der Kontext der gespeicherten Inhalte, d. h. ihre raum-zeitliche Einordnung, spielt im episodischen Gedächtnis eine zentrale Rolle.

Demgegenüber kommt das *semantische Gedächtnis* ohne Kontextbezug aus. Seine Inhalte erlauben die Beantwortung der allgemeinen Frage: »Was ist, bzw. was bedeutet das?« Es geht hier also um das wissensbezogene – im Unterschied zum erfahrungsbezogenen – Gedächtnis. Tulving (1972) selbst gibt folgende Definition: »Semantisches Gedächtnis ist das Gedächtnis, das für den Gebrauch der Sprache notwendig ist. Es ist ein geistiges Wörterbuch, das organisierte Wissen, das eine Person besitzt über Wörter und andere sprachliche Symbole, ihre Bedeutung und Referenten, über Beziehungen zwischen ihnen und über Regeln, Formeln und Algorithmen für die Handhabung dieser Symbole, Begriffe und Beziehungen« (S. 386). Wie diese Definition zeigt, ist das semantische Gedächtnis für die Funktion des Erkennens der Bedeutung eines Wahrnehmungsobjektes grundlegend. Nur wenn die Bedeutung eines Gegenstandes im semantischen Gedächtnis allgemein verankert ist, kann er erkannt werden. Wenn wir z. B. einen Hund sehen, müssen wir über den allgemeinen Begriff »Hund« verfügen, um dieses Wahrnehmungsobjekt zu erkennen. Von den drei unterschiedenen Bereichen des Langzeitgedächtnisses ist für die Fähigkeit des Erkennens der Bedeutung eines Wahrnehmungsgegenstandes – wie oben ausgeführt – vor allem das semantische Gedächtnis wichtig. Wir werden uns deshalb in den nächsten Abschnitten mit einigen Modellvorstellungen bezüglich Inhalt, Struktur und Organisation dieses Teils des Langzeitgedächtnisses ausführlicher beschäftigen.

2.2.2 Semantisches Gedächtnis

2.2.2.1 Begriffe als Bausteine des semantischen Gedächtnisses

Die elementaren Bausteine des semantischen Gedächtnisses stellen, wie aus der Definition von Tulving hervorgeht, unsere Begriffe dar. Mit ihrer Hilfe sind wir in der Lage, die Wahrnehmungsobjekte zu interpretieren, zu ordnen und in einem »Wissen über die Welt« zu erfassen. Schönpflug und Schönpflug (1997) schreiben hierzu: »Personen, Gegenstände und Ereignisse lassen sich nach ihrer Ähnlichkeit in Klassen ordnen. Ihrer Individualität entkleidet, tritt das ihnen Gemeinsame in einer neuen kognitiven Einheit in Erscheinung, dem Begriff« (S. 158). Mithilfe von Begriffen werden also Erfahrungen – wie zum Beispiel Wahrnehmungseindrücke – aufgrund gemeinsamer Merkmale oder Eigenschaften in Kategorien geordnet bzw. zu Klassen zusammengefasst. Einzelne Wahrnehmungsobjekte können auf diese Weise zugeordnet, d. h. erkannt werden. Neben der Erkennensleistung ist als wesentliche Funktion der Begriffsbildung die Reduktion der im Wahrnehmungsprozess aufgenommenen Information in zusammenhängende Einheiten zu nennen.

Nach Hoffmann (1983, S. 52–55) kennzeichnen die grundlegende kognitive Fähigkeit der Begriffsbildung folgende Merkmale:

- Die *hierarchische Struktur* von Begriffssystemen ermöglicht es, allgemeinere (weitere) bzw. speziellere (engere) Begriffe zu bilden, d. h. die Zusammensetzung von Objektklassen je nach situativer Erfordernis zu wechseln. Allgemeinere Begriffe umfassen dabei die spezifischen: So sind beispielsweise im Oberbegriff »Verhaltensstörung« sowohl die Begriffe »Hyperaktivität« als auch »Autoaggression« enthalten.
- Unter *Kreuzklassifikation* versteht Hoffmann (1983) »die Tatsache, dass ein und dasselbe Objekt in Abhängigkeit von der jeweiligen Verhaltenseinstellung sehr verschiedenen Begriffen zugeordnet werden kann« (S. 54). Das Merkmal der Kreuzklassifikation spielt vor allem bei sog. Eigenschaftsbegriffen eine wichtige Rolle. Je nach Einstellung des Wahrnehmenden kann z. B. das gleiche Verhalten (z. B. Blickkontakt und lautes Sprechen) als der Eigenschaft (dem Begriff) »Selbstsicherheit« oder aber »Arroganz« zugehörig gedeutet werden.
- Mit der Tatsache, dass einige Objekte als charakteristischere Vertreter eines Begriffs gelten als andere, ist als letztes wesentliches Merkmal der Begriffsbildung die *Typikalität* angesprochen. So ist der Hammer ein typisches, eine Wasserwaage dagegen ein untypisches Werkzeug. Die Zugehörigkeit zu wahrnehmungsgebundenen (sog. natürlichen) Begriffen ist somit graduell abgestuft. »Die Objekte gehören den einzelnen Begriffen mehr oder weniger an. Sie sind, wie man auch sagt, Begriffsbeispiele jeweils unterschiedlicher Typikalität« (Hoffmann, 1993, S. 124).

Zur gedächtnismäßigen Repräsentation von Begriffen existieren verschiedene Annahmen. Das einfachste Modell, die *Mengenrepräsentation*, nimmt an, dass ein Begriff durch alle seine Verwirklichungsformen im Gedächtnis abgebildet ist. Ein Begriff wird hier als Menge seiner erlebten Beispiele definiert. Der Begriff »Hund« würde dann durch alle möglichen bzw. bekannten Hunderassen repräsentiert. Die Gesamtmenge der zu dem Begriff gehörenden (Wahrnehmungs-)Objekte stellt also das Repräsentationskriterium dar. Neben der Notwendigkeit eines sehr großen und damit wahrscheinlich unökonomischen Speicherplatzbedarfes bleibt als weiterer Nachteil bei dieser Annahme unklar, wie bislang noch nicht bekannte Begriffsvertreter erkannt werden können.

Die *Prototypenannahme* (Rosch, 1978) postuliert, dass die gedächtnismäßige Repräsentation eines Begriffes nur den für ihn typischen Vertreter (Prototyp) berücksichtigt. Es werden diesem Modell zufolge keine einzelnen Objekte, sondern nur besonders typische Vertreter eines Begriffs gespeichert. Den genannten Merkmalen der Begriffsbildung entspricht dieser Ansatz in vielen Punkten. So kommt die hierarchische Struktur in der Unterscheidung von drei Repräsentationsebenen zum Ausdruck: Sogenannte Primärbegriffe entsprechen dem Prototyp (z. B. Hammer), eine Stufe über ihm liegt der abstraktere Oberbegriff (z. B. Werkzeug) und eine Ebene unter ihm der spezifischere Unterbegriff (z. B. Vorschlaghammer). Auch das Merkmal der Kreuzklassifikation kann im Protoypenmodell berücksichtigt werden, da das gleiche Objekt verschiedenen Prototypen ähnlich sein kann. Der Prototypenansatz verbleibt jedoch ausschließlich auf der beschreibenden Ebene und kann nicht erklären, wie Prototypen und Begriffsebenen zustandekommen. Die auftretenden Schwierigkeiten des Ansatzes bei der Vorhersage des jeweils gewählten Abstraktionsgrades zur Bestimmung des Primärbegriffs dürften darin nicht unwesentlich begründet sein. So fand Rosch vor allem bei biologischen Begriffen erwartungswidrige Zuordnungen. Die Versuchspersonen verwendeten z. B. nicht Barsch, Adler und Eiche als Primärbegriff, sondern Fisch, Vogel und Baum.

Werden nach dem Prototypenmodell typische Begriffsvertreter als Einheit gespeichert, nimmt die Position der *Merkmalsrepräsentation* lediglich eine Speicherung der typischen Merkmalsstruktur an. Für den Begriff »Baum« könnte eine derartige Repräsentation folgende Merkmale enthalten: Stamm, Krone, Wurzel, Äste, Blätter/Nadeln etc. Fasst man Begriffe als Merkmalsmengen auf, ist es bedeutsam, relevante von unrelevanten Merkmalen zu unterscheiden. Smith, Shoben und Rips (1974) differenzieren deshalb zwischen definierenden und charakteristischen Merkmalen. Definierende (zwingende) Merkmale sind für die Begriffskennzeichnung notwendig und hinreichend und gelten für alle Vertreter einer Kategorie. Sie erlauben eine eindeutige begriffliche Zuordnung (z. B. für den Begriff »Vogel« das Merkmal »hat Federn«). Bei den charakteristischen Merkmalen handelt es sich dagegen um für einen Begriff typische, aber unwesentliche und damit nicht zwingende Eigenschaften (z. B. ein Vogel kann fliegen).

2.2.2.2 Semantische Netze, Schemata und Skripts

Begriffe stehen nicht unverbunden nebeneinander, sondern weisen gegenseitige Bezüge auf, d. h., es bestehen zwischen ihnen unterschiedliche Beziehungen. Es ist dabei wahrscheinlich, dass die in der Wahrnehmung erfassten Beziehungen zwischen bestimmten Objekten auf die Art der Speicherstrukturen im Gedächtnis einen Einfluss haben. Deshalb assoziiert man auf das Wort »Himmel« eher das Wort »Wolken« als z. B. das Wort »Tannenbaum«. Zur Repräsentation von begrifflichen Beziehungen wurden in der Kognitiven Psychologie unterschiedliche Modelle entworfen, die sich vor allem hinsichtlich des Komplexitätsgrades der analysierten Wissenseinheiten unterscheiden. Wir wollen auf zwei Modellvorstellungen, die Netzwerktheorien und die Schema-Modelle, ausführlicher eingehen.

Netzwerkmodelle
Netzwerktheorien gehen von der Vorstellung aus, dass die Beziehungen zwischen Begriffen bzw. Wissenselementen im Gedächtnis netzartig miteinander verbunden sind. In einer der ersten Modellvorstellungen (Collins & Quillian, 1969) bilden die Begriffe die Knoten des Netzes, während die Kanten (Fäden) für die zwischen ihnen bestehenden Beziehungen oder Assoziationen, die sogenannten Relationen, stehen. Bei Collins und Quillian (1969) war das Netzwerk

nur durch zwei Kantenarten bestimmt. Begriffsbeziehungen konnten nur durch Eigenschaftsbeziehungen (sog. hat-Relation: z. B. ein Hund hat ein Fell) und zwischenbegriffliche Charakterisierungen (sog. ist-Relation: z. B. ein Hund ist ein Tier) abgebildet werden. Spätere Ansätze erweiterten die interpretierbaren Beziehungen z. B. durch die Möglichkeit der Begriffsnegierung (ist-kein-Relation) oder die Prädikatsrelation, in welcher zwei oder mehr Begriffe durch ein Verb miteinander verbunden sind (z. B. der Patient vermeidet den Hund). Je nach der begrifflichen Nähe ist die Häufigkeit und Stärke der Verbindungen zwischen den Begriffen unterschiedlich. Verwandte Begriffe liegen nah bei einander und sind durch viele sowie breite Netzkanten miteinander verbunden. Abbildung 10 veranschaulicht einen Ausschnitt des semantischen Netzes eines Klienten mit Hundephobie.

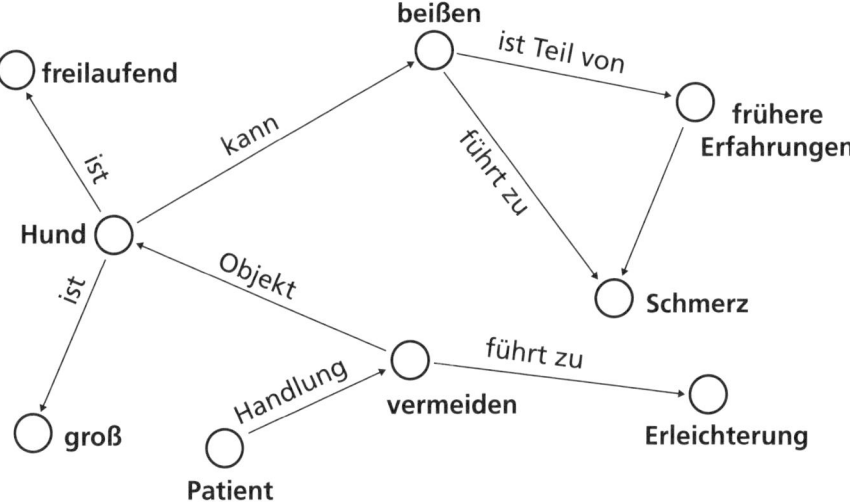

Abb. 10: Netzwerkdarstellung der Wissensstruktur »Angst vor Hunden« (mod. nach Caspar & Grawe 1996, S. 67)

Später entwickelte Netzwerkmodelle (z. B. Anderson, 1976) führen eine neue Kodierungsform ein und ergänzen damit die duale Kodierungstheorie Paivios. Sie gehen davon aus, dass Begriffsbeziehungen und Wissensbestände zwar in abstrakter und bedeutungshaltiger jedoch nicht-sprachlicher Form kodiert werden. Man spricht in diesem Fall von einer *propositionalen Kodierung*. Hier werden kleine, selbständig als wahr bzw. falsch beurteilbare Aussagen – sog. Propositionen – als Kodierungseinheiten berücksichtigt. Die Notwendigkeit einer solchen bedeutungshaltigen aber sprachfreien Kodierung wird u. a. durch Beobachtungen an Patienten mit bestimmten Hirnverletzungen nahegelegt. Diese Personen können z. B. einen Wahrnehmungsgegenstand erkennen, verfügen also über die Bedeutung des wahrgenommenen Inhaltes, sie sind aber nicht in der Lage, ihn sprachlich zu benennen. Propositionen beziehen sich nur auf die

»hinter« den Worten stehenden Bedeutungen und dürfen deshalb nicht mit Wörtern bzw. sprachlichen Begriffen gleichgesetzt werden.

Eine Proposition besteht wenigstens aus zwei Teilen, dem Prädikat – *Relation* genannt – und den damit verbundenen *Argumenten*. Relationen stellen die Verbindungen zwischen den Elementen (Argumenten) der Bedeutungseinheit dar und werden in einem Satz gewöhnlich durch die Verben oder Adjektive gebildet, während sich die Argumente aus den Substantiven zusammensetzen. Ein Beispiel (nach Best, 1986, S. 196–198) soll das verdeutlichen: Der Satz »Joey küsste das schöne Mädchen, das er jüngst getroffen hatte« kann in folgende drei voneinander unabhängige und jeweils für sich als wahr oder falsch beurteilbare Bedeutungseinheiten (Propositionen) zerlegt werden:

a) Joey küsste das Mädchen.
b) Das Mädchen war hübsch.
c) Joey traf jüngst das Mädchen.

In diesem Satz gehören zu den Relationen »küssen« und »treffen« die drei Argumente: der Handlungsträger »Joey« (Agent), ein Objekt (das »Mädchen«) und der Zeitpunkt der Handlung (»Vergangenheit«). Die Relation »hübsch« wird dagegen nur durch zwei Argumente präzisiert, nämlich »Mädchen« (Objekt) und »Zeitpunkt« (Vergangenheit).

Semantische Netzwerktheorien sind mit dem Problem behaftet, keine Begründungen für die zu unterscheidenden Relationen zu liefern. Deshalb wird von verschiedenen Ansätzen eine unterschiedliche Anzahl von Relationen berücksichtigt. Daneben muss kritisch angemerkt werden, dass semantische Netzwerktheorien keine Erklärung für die Entwicklung und Herausbildung der Struktur des Netzwerks bereitstellen (vgl. Hoffmann, 1993, S. 136), d. h., sie verbleiben auch hier auf einer lediglich beschreibenden Ebene und können die abgebildeten Zusammenhänge nicht erklären. Netzwerkmodelle berücksichtigen schließlich nur den Inhalt eines Begriffes, d. h. das, was er zum Ausdruck bringt. Man spricht hier von der Intension eines Begriffs und meint damit die Menge der Merkmale, welche die Begriffsvertreter besitzen müssen, um unter diesen Begriff zu fallen (z. B. Ein Dackel ist ein Hund, der …). Der Umfang eines Begriffs – seine Extension –, d. h., die Menge der Objekte, die unter ihn fallen, bleibt demgegenüber unberücksichtigt (z. B. Wie sieht ein Dackel aus?). Letzteres leistet aber gerade die Wahrnehmung, zumindest bei anschaulichen Begriffen.

Propositionen klären also die (abstrakte) Bedeutung eines Sachverhaltes, Wahrnehmungen geben diesem Sachverhalt sein »individuelles Gesicht«. Die Proposition »Kind A schlägt Kind B« (vgl. das Beispiel S. 36) ist auf beliebige Kinder und Arten des Schlagens anwendbar. Außer, dass es sich um zwei Kinder und die Verhaltensweise des Schlagens handelt, weiß man nichts. Die Wahrnehmung einer entsprechenden Verhaltensepisode konkretisiert die in der Proposition ausgedrückte Bedeutung und macht sie unverwechselbar: Die Kinder und das Verhalten erhalten eine präzisierte und individuelle Gestalt: Wir sehen, wie sie gekleidet sind, welche Haarfarbe sie haben etc.

Schemata und Skripts
Während mit Hilfe von Propositionen kleinere Informations- und Wissenseinheiten des Wahrnehmungsfeldes gut erfasst werden können, erweisen sie sich für das Verständnis größerer Informationsmengen – wie sie im Fall alltäglicher Wahrnehmung üblich sind – als weniger geeignet. Für die bei komplexeren Eindrücken notwendigen Erkennensleistungen hat sich das Schema-Konzept als angemessener herausgestellt.

Unter einem kognitiven *Schema* versteht man ein komplexeres Gefüge von Wissensbeständen, das für das Verständnis eines spezifischen Wirklichkeits- und Handlungsbereichs notwendig ist. Man kann sich ein Schema als einen größeren thematisch abgrenzbaren Teil eines Netzwerkes vorstellen, in dem die für das Verständnis eines Wirklichkeitsbereiches notwendigen Zusammenhänge gespeichert sind. Schemata können sich auf Objekte, Sachverhalte, Handlungs- und Ereignisfolgen beziehen und weisen dementsprechend einen unterschiedlichen Komplexitäts- und Abstraktionsgrad auf. Sie entwickeln sich über individuelle Lernerfahrungen. Die erfahrungsbedingte – und nicht notwendigerweise logische – Struktur eines Wirklichkeitsbereiches wird durch die variablen Merkmale, die sog. *Leerstellen* (»slots«), des Schemas bestimmt. Derartige variable Merkmale sind z. B. bei einem Auto die Motorart, die Farbe und der Typ. In einem Auto-Schema könnten diese Leerstellen z. B. mit folgenden Werten besetzt sein: Diesel-, Benzinmotor ...; rot, schwarz ...; Pkw, Lkw .... Genauso wie Begriffe sind auch Schemata Oberbegriffen (Obermengen) zugewiesen, deren Merkmale sich auf die untergeordneten Konzepte übertragen. Darüber hinaus weisen Schemata noch die »Hierarchie der Teile« auf, womit zum Ausdruck kommen soll, dass die Teile eines Schemas wiederum eigene Schemadefinitionen besitzen.

Nach Alba und Hasher (1983) sind für alle Schematheorien vier aufeinander aufbauende Prinzipien charakteristisch, nämlich Selektion, Abstraktion, Interpretation und Integration. *Selektion* meint, dass die wahrnehmungsbezogene Information eines Ereignisses nicht vollständig, sondern nur hinsichtlich seiner untypischen Teile gespeichert wird. Die typischen wiederkehrenden Aspekte eines Ereignisses brauchen nicht gespeichert zu werden, da sie aus dem Schema abgeleitet werden können. Mit *Abstraktion* ist die allgemeine, bedeutungsbezogene Informationsspeicherung z. B. in Form einer propositionalen Repräsentation gemeint. Sensorische Inhalte – wie der genaue Wortlaut eines gesprochenen Satzes – gehen dabei verloren. Sowohl Selektion als auch Abstraktion verlangen die Rekonstruktion der Information bei einem Abruf aus dem Gedächtnis und machen schemarepräsentierte Informationen besonders anfällig für falsche Erinnerungen (▶ Kap. 2.2.3.2). Bei der *Interpretation* kommt es zu einem Abgleich der aktuellen Information mit bereits gespeicherten Inhalten des Langzeitgedächtnisses. Aufgrund dieses Prozesses sind wir in der Lage, eine Situation oder ein Ereignis schnell einzuschätzen und angemessen darauf zu reagieren. Wenn wir z. B. bei einem Restaurantbesuch sehen, wie ein Gast eine servierte Speise nicht annimmt und der Ober diese in die Küche zurückreicht, interpretieren wir quasi automatisch, dass eine Beschwerde vorliegt. Das vierte Prinzip, die *Integration*, soll schließlich dafür verantwortlich sein, dass die aktuellen und bereits gespeicherten Informationsaspekte zu einem sinnvollen Ganzen zusammengefügt werden, ein Gedanke, der uns schon bei der Behandlung der Gestaltgesetze begegnete. In der gedächtnismäßigen Repräsentation werden auf dieser Stufe die verschiedenen Wahrnehmungsaspekte, die Interpretationen sowie die bestehenden Wissensbestände zu einem Ganzen verschmolzen.

Besondere Bedeutung hat innerhalb der Schema-Ansätze die *Skript-Theorie* erlangt, die Schank und Abelson (1977) entwickelten. Diese Autoren interpretieren unsere Erfahrungen im Alltag analog zu Filmszenen, deren Inhalt, Ablauf und Struktur in einem Drehbuch festgehalten ist. Ihr Modell berücksichtigt primär unser Handlungswissen, bezieht sich also auf Wissensaspekte des prozeduralen Gedächtnisses. Das zentrale Konstrukt ihres Ansatzes definieren sie folgendermaßen:

> »Ein Skript ist eine Struktur, die angemessene Abfolgen von Ereignissen in einem bestimmten Kontext beschreibt. Ein Skript besteht aus Leerstellen und Bedingungen darüber, was diese Leerstellen füllen kann. Die Struktur stellt ein miteinander verbundenes Ganzes dar, und was in einer Leerstelle enthalten ist, beeinflusst, was in einer anderen sein kann« (Schank & Abelson, 1977, S. 41).

Ein Skript bezieht sich auf alltägliche, häufig wiederkehrende, in ihrem situativen Kontext und Ablauf relativ stereotypisierte Aktivitäten und Ereignisse. So kann man sich das Wissen über die unterschiedlichsten Verhaltensweisen, wie z. B. das Aufsuchen eines Arztes, den Besuch einer Vorlesung, die Vorbereitung einer Party, die professionelle Durchführung eines Gespräches etc., in Form eines Skripts im Gedächtnis gespeichert vorstellen. Im Zusammenhang mit der Wahrnehmung ermöglicht ein Skript das Verständnis von komplexeren, häufig auftretenden Ereignisabfolgen. Darüber hinaus haben Skripts auch eine handlungsleitende Funktion, da sie die sinnvolle Aufeinanderfolge von Aktivitäten bestimmen. Schließlich ermöglicht ein Skript auch das Erschließen notwendiger, aber nicht explizit wahrgenommener oder mitgeteilter Verhaltensweisen. Im Unterschied zur propositionalen Darstellung sind Schemata hierarchisch strukturiert, d. h., die in ihnen abgebildeten Wissensbestände sind – soweit sie Handlungen betreffen – sequentiell angeordnet. Der Ablauf und die Reihenfolge der Verhaltensweisen sind also in dem Skript festgelegt.

Zur Veranschaulichung der Struktur eines Skripts ist in Abbildung 11 das von Schank und Abelson intensiv erforschte »Restaurant-Skript« wiedergegeben. Dieses Handlungsschema hat das Verhalten beim Aufsuchen eines Restaurants zum Inhalt und besteht – wie aus der Abbildung hervorgeht – aus den Szenen (Leerstellen), »Eintreffen«, »Bestellung«, »Essen« und »Aufbruch«, die wiederum hierarchisch weiterdifferenziert werden. Die Szene »Eintreffen« enthält das Betreten des Restaurants, Auswählen eines Tisches und Platz nehmen. Die zu einer Szene gehörenden Verhaltensweisen lassen sich wiederum in weitere Elemente zerlegen und leiten so zu immer spezifischeren Schemata, wie zum Beispiel zu einem Speisekarten-Schema, das Angaben zu Vorspeisen, Hauptgerichten und Nachspeisen sowie deren Preis erwartet. Skripts bilden sich über konkrete Erfahrungen und sind deshalb bei verschiedenen Personen unterschiedlich stark ausdifferenziert. Im »Restaurant-Schema« des Besuchers eines »Fast-food«-Lokals sind die Leerstellen des Skripts anders gefüllt als bei einem

Gourmet, der vorzugsweise in Drei-Sterne-Lokalen speist. So mag für das Fast-Food-Lokal die Leerstelle »Bestellung« durch den Hinweis »vom Auto aus« gefüllt sein, während der Gast eines Drei-Sterne-Lokals das Auto höchstens zur Anreise benützt.

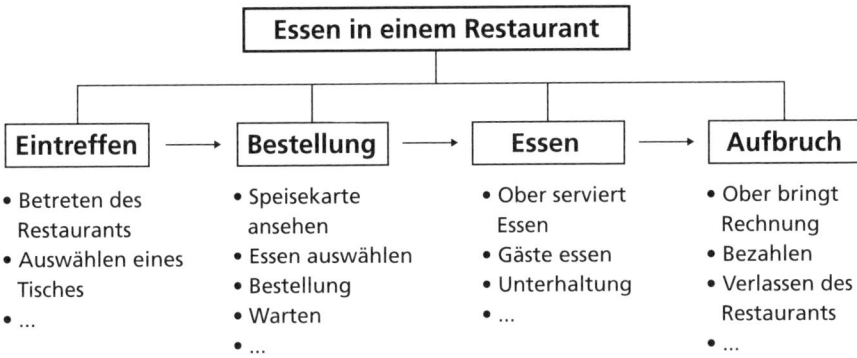

Abb. 11: »Restaurant-Skript«

Die Bedeutung von Wissensstrukturen (Schemata) für die (soziale) Wahrnehmung wird von Thomas (1991, S. 170–171) in folgenden vier Punkten zusammengefasst:

1. Wissensstrukturen bestimmen, welche Reizinformation aufgenommen wird. Sie lenken unsere Aufmerksamkeit auf bestimmte Aspekte der Wirklichkeit (▶ Kap. 2.3.1).
2. Wissensstrukturen ermöglichen die Interpretation (Deutung) der Reizinformation. Sie bilden die Grundlage für das Erkennen des Wahrnehmungsgegenstandes. Bei der Wahrnehmung sozialer Aspekte dienen unsere Wissensstrukturen als Beurteilungsgrundlage.
3. Über Schemata ist es uns möglich, zukünftige Reizinformationen und das Verhalten anderer Personen zu antizipieren (vgl. Restaurant-Skript).
4. Da die in Schemata festgehaltenen Inhalte im Allgemeinen strukturiert und geordnet sind, wird das Abrufen und Erinnern von Informationen erleichtert.

2.2.3 Vergessen und falsche Erinnerung

Die Ausfälle des Gedächtnisses sind vielfältig (vgl. Schacter, 1999). Grundsätzlich kann uns das Gedächtnis aber auf zweierlei Arten im Stich lassen. Entweder, indem wir über einen einmal gespeicherten Inhalt partiell oder vollständig nicht mehr verfügen können, oder indem wir einen nicht gelernten bzw. nicht erlebten Inhalt als erlernt oder erlebt erachten. Der Ausfall des Gedächtnisses reicht demnach vom Vergessen bis zur falschen Erinnerung (siehe hierzu ausführlich: Schacter, 2005; Schermer, 2014).

2.2.3.1 Formen des Vergessens

Vergessen setzt voraus, dass ein Inhalt einmal bekannt war und zur Verfügung stand, d. h. vorher gelernt und damit im Langzeitgedächtnis festgehalten wurde. Man spricht dabei von einer Gedächtnisspur (synonym: Engramm), die der gelernte Inhalt hinterlässt, und meint die durch den Lernvorgang hervorgerufene Veränderung im anatomisch-physiologischen Substrat des Organismus. Damit wird der Unterschied zwischen Vergessen und Nichteinprägung (bzw. Nichtwissen) deutlich, da bei Letzterem ja keine Speicherung eines Inhaltes erfolgt und somit auch nichts vergessen werden kann. Psychologische Modellvorstellungen zum Vergessen zentrieren sich vor allem um folgende drei Aspekte:

- Zerfall der Gedächtnisspur (Spurenzerfall),
- Interferenz, d. h. Beeinflussung (Störung) neuer und alter Gedächnisinhalte sowie
- Nichtabrufbarkeit von gespeicherten Inhalten.

Im Rahmen der *Spurenzerfallstheorie*, die vor allem zur Erklärung kurzzeitigen Vergessens entwickelt wurde, gilt die seit der Einprägung verstrichene Zeit als bestimmender Faktor für das Vergessen. Die Stärke einer Gedächtnisspur zerfällt dieser Annahme zufolge kontinuierlich mit der Zeit, bis sich die Spur schließlich vollständig aufgelöst hat, vorausgesetzt zwischenzeitlich wurde kein Versuch unternommen, den Inhalt z. B. durch Wiederholung zu festigen. Die Annahme des Spurenzerfalls konnte experimentell für das sensorische Register und das Kurzzeitgedächtnis belegt werden. Vergessen wird hier als ein passiver Prozess aufgefasst. Die Vorstellung, dass eine Gedächtnisspur einfach verblasst, ähnlich wie ein am Strand mit dem Finger in den Sand geschriebenes Wort von den Wellen wieder gelöscht wird, klingt plausibel und deckt sich mit mancher Alltagstheorie des Laien. So einsichtig diese Hypothese erscheint, so schwierig ist ihre experimentelle Überprüfung bezüglich der Inhalte des Langzeitgedächtnisses, setzt die Spurenzerfallstheorie doch voraus, dass in der seit der Einprägung verstrichenen Zeit überhaupt nichts geschieht.

Von allen Modellvorstellungen des Vergessens hat die *Interferenzannahme* die größte Beachtung gefunden und intensivste experimentelle Erforschung erfahren. Im Gegensatz zur Spurenzerfallsannahme wird Vergessen dabei als ein aktiver Prozess verstanden, der durch die einer Einprägung vorausgehenden oder nachfolgenden Erfahrungen zustande kommen soll. Demnach ist hier nicht die Zeit an und für sich, sondern das, was in ihr geschieht, für das Vergessen verantwortlich. Auf der Faktenebene nehmen Interferenztheoretiker im Wesentlichen auf zwei empirisch gesicherte Phänomene Bezug: die proaktive und die retroaktive Interferenz oder Hemmung. Bei der proaktiven Hemmung liegt der einen Lernvorgang beeinträchtigende Lernprozess vor dessen Ausführung, während er bei der retroaktiven Hemmung erst auf ihn folgt. Aus dem Schulalltag sind diese Formen des Vergessens bekannt: So hemmen oftmals bereits gelernte (alte) Vokabeln einer Sprache (z. B. Englischvokabeln) den Erwerb neuer Vokabeln einer anderen Sprache (z. B. Französisch). Umgekehrt kommt es aber auch vor, dass neu gelernte Vokabeln (z. B. im Spanischunterricht) ältere bereits gelernte (z. B. Latein) hemmen. Pro- und retroaktive Hemmungen sind insbesondere in der experimentellen Gedächtnisforschung intensiv untersucht und belegt worden, weshalb die Interferenztheorie empirisch als gut gesichert angesehen werden kann.

Baddeley und Hitch (1977) haben in einer einfachen Studie die Bedeutung von Spurenzerfall und Interferenz als Vergessensformen zu klären versucht. Sie forderten Rugby-Spieler, die im vergangenen Jahr häufig ihr Team gewechselt hatten, auf, die Namen ihrer Mannschaftskollegen zu nennen. Dabei mussten die Spieler Schritt für Schritt weiter in die Vergangenheit gehen: Zuerst wurden sie nach den Kollegen des letzten Spiels befragt, danach nach denen des vorletzten, des drittletzten Spiels usw. Die Autoren fanden heraus, dass das Vergessen vor allem auf Interferenzeffekte und nicht so sehr auf die Zeitvariable zurückging: Die Erinnerungsleistung wurde nämlich vor allem durch die Anzahl der dazwischenliegenden Spiele und nicht so sehr durch die verstrichene Zeit bestimmt.

Probleme des Informationsabrufs kennen wir aus dem Alltag: Manchmal liegt uns ein gesuchter Inhalt wie ein Name oder ein Ort auf der Zunge, ohne dass wir ihn jedoch benennen können. Bei diesem Tip-of-the-tongue-Phänomen ist uns bewusst, dass wir den Inhalt abgespeichert haben, aber – ähnlich einem unter falscher Signatur in der Bibliothek abgelegten Buch – im Moment keinen Zugriff darauf finden. Sehr häufig können derartige Formen des Vergessens aufgehoben werden, wenn die situativen Bedingungen der Einprägungsphase in der Abrufsituation hergestellt werden. Suchen wir nach einem Schlüssel, finden wir ihn mit erhöhter Wahrscheinlichkeit, wenn wir die Situation aufsuchen, in der wir ihn das letzte Mal bewusst benutzt haben. Tulving und Thomson (1973) erklären dieses Phänomen mit dem Prinzip der Enkodierungsspezifität, demzufolge die Herstellung des Kontexts der Einprägung den Informationsabruf erleichtert. Die zum Zeitpunkt der Einprägung bestehenden Assoziationen können somit als Abrufreize genutzt werden.

2.2.3.2 Formen falscher Erinnerung (false memory)

Während uns bei den oben genannten Formen des Vergessens Informationen über tatsächlich stattgefundene Ereignisse nicht mehr zur Verfügung stehen, haben wir bei der falschen Erinnerung den subjektiven Eindruck, ein nichtstattgefundenes Ereignis erlebt zu haben. Brainerd und Reyna geben folgende Definition: »In der allgemeinsten Bedeutung bezieht sich »falsche Erinnerung« auf Umstände, in denen wir positive, definitive Erinnerungen an Ereignisse haben ... welche wir nicht wirklich erlebt haben« (2005, S. 5). Das Phänomen der falschen Erinnerung wurde im Rahmen unterschiedlicher experimenteller Paradigmen untersucht (siehe im Überblick Reyna & Brainerd, 2005).

Mit Kühnel und Markowitsch (2009) lassen sich folgende drei Formen falscher Erinnerungen unterscheiden: Konfabulationen, Intrusionen sowie falsche Rekognitionen. *Konfabulationen* beziehen sich auf umfangreiche in sich geschlossene Inhalte bzw. Ereignisse, die spontan ohne spezifischen äußeren Auslöser oder provoziert durch Befragung, Fehlinformation oder Suggestion auftreten. Während spontane Konfabulationen vornehmlich im klinischen Bereich z. B. als Folge von körperlichen Krankheiten bei Patienten untersucht werden, finden sich provozierte Konfabulationen auch im nichtklinischen Alltag. Bei den *Intrusionen* handelt es sich dagegen nur um »Einschübe beziehungsweise einzelne Abschnitte eines Erlebens« (Kühnel & Markowitsch, 2009, S. 104), die beim freien Bericht auftreten. Es sind hier also nicht »ganze Geschichten«, sondern nur Teilaspekte eines Ereignisses betroffen. Werden einer Person z. B. Bilder vorgelegt, die sie wiedererkennen soll, liegt eine *falsche Rekognition* vor, wenn diese Person ein Bild fälschlicherweise als bekannt einschätzt.

Wie diese Definitionen zeigen, sind Intrusionen und falsche Rekognitionen an spezifische Formen der Gedächtnisprüfung gebunden. Intrusionen treten bei der freien Wiedergabe, falsche Rekognitionen beim Wiedererkennen auf. Nachfolgend beschränken wir uns auf die Behandlung von falscher Erinnerung in Form der falschen Rekognition im Zusammenhang mit schemakonsistenten Ereignissen und in Form der provozierten Konfabulation im Zusammenhang mit autobiographischen (episodischen) Alltagserfahrungen.

Schemakonsistente und autobiographische Erinnerungen
In Abschnitt 2.2.2.2 haben wir dargestellt, dass über Schemata größere Informationsmengen sowie strukturelle Gesichtspunkte im Gedächtnis repräsentiert werden können, die es ermöglichen, Informationen nicht nur reproduktiv, sondern auch rekonstruktiv zu erinnern. Als einen besonderen Vorteil schemabezogener Speicherung haben wir kennengelernt, dass bezüglich der Leerstellen eines Schemas spezifische aufgrund bisheriger Erfahrungen gefestigte Erwartungen ausgebildet werden können. Dieser Sachverhalt scheint schemabezogene Informationen für die Produktion von falschen Erinnerungen geradezu zu prädestinieren.

Von Lampinen, Copeland und Neuschatz (2001) stammt hierzu eine interessante Studie. Die Autoren überprüften das Auftreten von falschen Erinnerungen bei der Aktualisierung von Gedächtnisinformationen zu einem »Raum-Schema«. Betrachtet man unterschiedliche Räume wie das Behandlungszimmer eines Arztes, ein Klassenzimmer, einen Fitness-Raum in einem Wellness-Studio oder das Dienstzimmer eines Professors, so sind in den Leerstellen des Raum-Schemas bei diesen Beispielen jeweils unterschiedliche Personen, unterschiedliche Handlungssequenzen sowie unterschiedliche Objekte vertreten. Lampinen et al. (2001) interessierten sich dafür, ob der Aufenthalt in einem Raum dazu führt, dass schemakonsistente Informationen (z. B. das Vorhandensein einer Wandtafel in einem Klassenzimmer) fälschlicherweise als vorhanden und schemainkonsistente Informationen (z. B. das Vorhandensein eines Overheadprojektors im Behandlungszimmer eines Arztes) als nicht vorhanden erinnert werden.

Ihre Studie bezog sich auf den für Studierende vertrauten Raum eines Arbeitszimmers für fortgeschrittene Studierende im Psychologischen Institut. In diesem Raum befanden sich 10 schemakonsistente Zielobjekte (z. B. Notebook, Computerdiskette, Heftmaschine, Lehrbuch), welche für einen derartigen Raum als typisch angesehen werden können, sowie 10 schemainkonsistente untypische

Objekte (z. B. Mundharmonika, Zahnbürste, Spielzeugauto, Zigarrenschachtel). Die Versuchspersonen wurden in diesen Raum gebeten, von einem Studenten dort begrüßt, aufgefordert, Platz zu nehmen, und dann für eine Minute im Raum allein gelassen. Danach wurde ihre Gedächtnisleistung mittels eines Wiedererkennungstests geprüft. Die Rate der falschen Erinnerungen für schemakonsistente Objekte war dabei erwartungsgemäß sehr hoch und betrug 51 %. Demgegenüber lag die Rate schemainkonsistenter, d. h. untypischer falscher Erinnerungen nur bei 6 %. In einer Folgestudie stellten Lampinen et al. (2001) fest, dass sich die Rate der schemakonsistenten falschen Erinnerungen bei einer 48 Stunden später erfolgenden Gedächtnisprüfung fast verdoppelte, während sich diejenige der schemainkonsistenten nicht veränderte.

Diese und weitere mit komplexeren Schemata durchgeführten Untersuchungen belegen die hohe Wahrscheinlichkeit des Auftretens schemakonsistenter falscher Erinnerungen bei schemarepräsentierten Informationen.

Das Standardexperiment zum Nachweis einer falschen Erinnerung aus dem Bereich des autobiographischen Gedächtnisses stammt von Loftus und Pickrell (1995) und ist unter der Bezeichnung »lost-in-the-mall« (verloren im Einkaufszentrum) sehr bekannt geworden. Die Autoren baten in dieser Studie ihre Versuchspersonen, Kindheitsereignisse zu erinnern, die den Autoren von den Eltern, einem älteren Geschwister oder einem anderen nahen Verwandten der Versuchsperson berichtet worden waren. Für jede Versuchsperson fassten Loftus und Pickrell schriftlich drei Ereignisse kurz zusammen, welche sich tatsächlich in deren Kindheit ereignet hatten, und fügten darüber hinaus ein Ereignis hinzu, das im Leben der Versuchspersonen nicht stattgefunden hatte. Die Versuchspersonen ließen sie aber in dem Glauben, alle vier Episoden hätten stattgefunden und wären von den Verwandten genannt worden. Das unwahre erfundene Ereignis bezog sich auf das Verlorengegangensein in einem Einkaufszentrum im Alter von fünf Jahren und enthielt die Elemente:

- Verlorengehen über eine längere Zeit,
- Weinen,
- Hilfestellung und Unterstützung durch eine ältere Frau sowie
- Wiedervereinigung mit der Familie.

Nachdem die Versuchspersonen die vier Episoden gelesen hatten, sollten sie angeben, was sie von den genannten Ereignissen erinnerten bzw. ob sie sich an das Ereignis erinnern könnten. In zwei anschließenden Befragungen teilten die Autorinnen den Versuchspersonen mit, es gehe nun darum zu prüfen, an wie viele Einzelheiten sie sich erinnern könnten sowie um den Vergleich ihrer Erinnerungen mit denjenigen ihrer Verwandten. Die Ergebnisse der Studie waren überraschend: Unmittelbar nach dem Lesen erinnerten sich 68 % der Versuchspersonen an die tatsächlich stattgefundenen Ereignisse, und 29 % gaben an, sich an das nicht stattgefundene Ereignis zu erinnern. In den beiden Interviews veränderten sich diese Prozentzahlen nur unwesentlich, d. h., die falschen Erinnerungen reduzierten sich auf 25 %. Somit erinnerte sich ein Viertel der Versuchspersonen an ein Ereignis, das sie gar nicht erlebt hatten!

2.2.3.3 False Memory: Erklärung und praktische Bedeutung

Mit der »Fuzzy-Trace-Theorie« (Theorie der unscharfen Spur) versuchen Brainerd & Reyna (2005) die Entstehung aller Formen falscher Erinnerung zu erklären. Sie gehen von dem in der Gedächtnispsychologie häufig vertretenen Standpunkt aus, dass Erinnerungen entweder in Form bewussten Erinnerns (»recollection«) oder in Form von Vertrautheit (»familiarity«) stattfinden können.

Beim bewussten Erinnern besitzen wir ein klares, deutliches und lebhaftes Bewusstsein darüber, dass sich bestimmte Dinge ereignet haben, bei der Erinnerung aufgrund von Vertrautheit ist dagegen nur ein vages, globales und allgemeines Gefühl vorherrschend, dass sich etwas ereignet hat oder haben könnte. Brainerd und Reyna nehmen bei diesen beiden Erinnerungsformen den Rückgriff auf unterschiedliche Gedächtnisspuren an. Beim bewussten Erinnern soll die erinnerte Situation »Wort für Wort« über spezifische sensorische Oberflächen- und Kontextmerkmale (sog. »verbatim traces«) abgerufen werden, während bei Vertrautheit nur das Wesentliche, d. h. bedeutungsbezogene und relationale Information (sog. »gist traces«) Berücksichtigung finden soll.

Der Unterschied von bewusster Erinnerung und Vertrautheit lässt sich am besten durch ein Alltagsbeispiel verdeutlichen. Eine bewusste Erinnerung könnte folgendermaßen lauten: »Gestern bin ich um 16.15 Uhr im Aufzug dem Dekan begegnet. Er trug einen braunen Cordanzug und einen schwarzen Rollkragenpulli. In der Hand hielt er das Protokoll der Senatssitzung. Er fragte mich mit heiserer Stimme: ›Haben Sie noch eine Vorlesung heute?‹ Im Aufzug roch es nach Zigarrenrauch.« Bei einer Erinnerung aufgrund von Vertrautheit spielen statt der vielfältigen sensorischen Merkmale Schlussfolgerungen eine wichtige Rolle, oder wie Schacter (2005) formuliert: »Man weiß, dass etwas geschehen ist, ohne dass man Einzelheiten abrufen kann« (S. 75). Auf das obige Beispiel übertragen könnte eine derartige Erinnerung lauten: »Gestern bin ich – wie jeden Mittwoch – dem Dekan im Aufzug begegnet. Er fährt immer zu dieser Zeit in den dritten Stock.«

Im Zentrum der Fuzzy-Trace-Theorie stehen folgende fünf Annahmen:

- *Parallele Speicherung*: Das Modell nimmt an, dass die Verarbeitung und Speicherung bezüglich der Oberflächen- und Kontextmerkmale (»verbatim traces«) und bezüglich der bedeutungsbezogenen Informationen (»gist traces«) gleichzeitig erfolgt. Aus dieser Annahme ergibt sich die Möglichkeit, die Bedeutung eines Reizes auch dann noch zu erfassen, wenn seine Oberflächenmerkmale nur unvollständig verarbeitet werden können.
- *Getrennter Abruf*: Oberflächen- bzw. Kontextmerkmale und bedeutungshaltige Information können auch getrennt voneinander abgerufen werden. Mithilfe dieser Annahme kann das Modell erklären, dass die gleiche Erinnerung sowohl korrekte als auch falsche Anteile enthalten kann.
- *Entgegengesetzte Beurteilung*: Während bei einer korrekten Erinnerung das Abrufen aus beiden Spurenarten die gleiche Wirkung nach sich zieht, soll im

Fall der falschen Erinnerung eine entgegengesetzte Wirkung bestehen. Durch den Rückgriff auf Oberflächen- und Kontextmerkmale werden nämlich falsche Erinnerungen unterdrückt, durch den Rückgriff auf bedeutungshaltige Informationen dagegen unterstützt.

- *Unterschiedlicher Zeitverlauf des Spurenzerfalls*: Oberflächen- und Kontextmerkmale sollen schneller vergessen werden als Informationen, die sich nur auf das Wesentliche eines Ereignisses beziehen. Die empirisch belegte Zunahme falscher Erinnerungen bei fortschreitendem Zeitverlauf kann mit dieser Annahme erklärt werden. Je mehr Zeit seit der Einprägung verstrichen ist, desto stärker muss man beim Informationsabruf auf bedeutungsbezogene Aspekte zurückgreifen.
- *Entwicklungsbezogene Variabilität:* In Übereinstimmung mit Befunden der Gedächtnisentwicklung geht das Modell von einer entwicklungsabhängigen bzw. -bezogenen Verfügbarkeit und Variabilität von Speicherung, Abruf und Erinnerung der oberflächen- und bedeutungsbezogenen Informationen aus. Als allgemeinen Entwicklungstrend kann man die Verbesserung des Gedächtnisses hinsichtlich Oberflächen- und Kontextmerkmalen sowie hinsichtlich bedeutungsbezogener Speicherung zwischen früher Kindheit und Adoleszenz ansehen. Differenzierende Verläufe sind experimentell zwischen frühem und spätem Erwachsenenalter nachweisbar. Während sich das Erinnern aufgrund bedeutungshaltiger Information hier nicht gravierend verändert, geht das Erinnern aufgrund von Oberflächen- und Kontextmerkmalen deutlich zurück.

Die Ergebnisse der Erforschung des Phänomens der falschen Erinnerung besitzen eine hohe ökologische Validität und haben für zwei Praxisfelder besondere Bedeutung gewonnen, nämlich die Forensische Psychologie und die Psychotherapie.

Unter forensischer Sicht tangiert das Problem der falschen Erinnerung unter anderem die Validität von Augenzeugenaussagen. Zu diesem Bereich liegen mittlerweile eine Vielzahl empirischer Studien und daraus abgeleiteter Praxisempfehlungen vor (siehe im Überblick Brainerd & Reyna 2005, Kapitel 6 und 7).

Insbesondere bei der Befragung von Kindern sind diese Erkenntnisse auch im sozialpädagogischen Arbeitsfeld von hoher Relevanz. Die ersten Empfehlungen zur praktischen Umsetzung gedächtnispsychologischer Erkenntnisse bei der Befragung von Augenzeugen haben Geiselman, Fisher, MacKinnon und Holland (1985) mit dem »Kognitiven Interview« vorgelegt (siehe auch Geiselman, 1999). Speziell für die Befragung von Kindern bei Missbrauchsfällen wurde von Lamb am National Institute of Child Health and Human Development ein sehr differenziertes Vorgehen entwickelt (sog. NICHD Protocol), das mit insgesamt 17 operationalisierten Schritten die Befragung strukturiert (siehe z.B. Dion & Cyr, 2008).

Aus psychotherapeutischer Sicht führte die »False-memory«-Forschung zu einer Neubewertung einer bis Mitte der neunziger Jahre des vergangenen Jahrhunderts insbesondere in den USA häufig anzutreffenden Form der Erklärung bestimmter psychischer Störungen und der daraus abgeleiteten klinischen Praxis. Dabei ging es um die Annahme, ein breites Spektrum klinischer Störungsbilder – zum Beispiel Essstörungen, multiple Persönlichkeit, Depression oder Angst (vgl. Blume 1993) – sei auf verdrängte sexuelle Missbrauchserfahrungen aus der Kindheit zurückzuführen. Das Vorliegen eines sexuellen Missbrauchs in der Kindheit wurde jedoch nicht durch objektivierende Daten belegt, sondern ausnahmslos aufgrund der aktuellen Verhaltensprobleme erschlossen und immer nach Therapiebeginn erstmals geäußert. Da die Klienten zu Therapiebeginn über keine Missbrauchserfahrungen berichten konnten, wurde die Wirkung eines Verdrängungsmechanismus postuliert und versucht, über verschiedenste Interventionstechniken die als verdrängt und als ursächlich angesehenen Missbrauchserfahrungen dem Bewusstsein wieder zugänglich zu machen. Dabei legten die Therapeuten ihren Überlegungen keine klaren theoretischen Modellvorstellungen zugrunde. In der therapeutischen Praxis kam eine Vielzahl von Techniken zur Anwendung. Sie reichten von Hypnose über angeleitete – d. h. vom Therapeuten gelenkte – Vorstellung, Gedächtnisarbeit mittels der Durchführung gezielter Hausaufgaben (z. B. die Formulierung einer Anklageschrift gegen den vermeintlichen Missbraucher) und Trauminterpretation (berichtete Trauminhalte wurden mit Missbrauch in Verbindung gebracht) bis zur hypnotisch induzierten Altersregression (gelegentlich bis in den pränatalen Bereich reichend). Für alle aufgeführten Interventionen ist empirisch nachgewiesen, dass sie für die Produktion falscher Erinnerungen hochgradig anfällig sind bzw. im Falle bestimmter Altersregressionen keine prüfbaren Erinnerungen produzieren können. So konfrontieren Elisabeth Loftus und Katherine Ketcham (1995) in ihrem Buch »Die therapierte Erinnerung: Vom Mythos der Verdrängung bei Anklagen wegen sexuellen Missbrauchs« derartige Vorgehensweisen der klinischen Praxis mit den Befunden der experimentellen Gedächtnispsychologie. Für eine Vielzahl als verdrängt angesehener »Erinnerungen« können sie nachweisen, dass es sich um »false memories« handelt. Falsche Erinnerungen werden jedoch nicht nur durch die aufgeführten und weitere Interventionstechniken begünstigt, sondern Brainerd und Reyna (2005) zufolge auch durch die allgemeinen Merkmale und Rahmenbedingungen der therapeutischen und beraterischen Praxis gefördert.

Das Syndrom der faschen Erinnerung in Form verdrängter Missbrauchserfahrungen (»false/repressed memory syndrome«) spielt in der heutigen Psychotherapiepraxis nur noch eine sehr untergeordnete Rolle. So berichtet Schacter (2005, S. 208), dass die 1992 zum Schutz von Opfern (Patienten und Beschuldigte) gegründete »False Memory Syndrome Foundation« im Jahre 1999 ihre Beratungsabteilung wegen mangelnder Nachfrage schließen konnte. Dies dürfte nicht zuletzt darauf zurückgegangen sein, dass aufgrund der Befunde zur falschen Erinnerung von einflussreichen akademischen Gesellschaften wie der American Psychological Association, der American Medical Association oder dem British Royal College of Psychiatrists entsprechende Empfehlungen ausgesprochen wurden. Nicht unbedeutend dürfte auch die Tatsache gewesen sein, dass Patienten erfolgreich gegen ihre Therapeuten klagten.

2.2.4 Wahrnehmung und Erwartung

Bislang sind wir davon ausgegangen, dass die wahrnehmende Person in der physikalischen Welt Informationen über ein Wahrnehmungsobjekt über ihr Sinnessystem aufnimmt und diese Information in einem zweiten Schritt durch Rückgriff auf Wissensbestände interpretiert und deutet. Im folgenden Abschnitt betrachten wir den Wahrnehmungsprozess unter einer weiteren Perspektive. Es interessiert nun die Bedeutung von kognitiven Aktivitäten in Form von *Erwartungen*, die bereits *vor* der Informationsaufnahme wirksam sind. Mit dieser Fragestellung beschäftigt sich die von Bruner und Postman (1948) entwickelte *Hypothesentheorie der Wahrnehmung*, die Lilli und Frey (1993) folgendermaßen charakterisieren: »Die zentrale Idee dieser Theorie kommt in der Annahme zum Ausdruck, dass jeder Wahrnehmungsvorgang mit einer ›Hypothese‹ (perceptuel set oder cognitive predisposition) beginnt: Wir haben ›Wahrnehmungs-Erwartungs-Hypothesen‹ aus früheren Kognitionen und Perzeptionen, die uns sagen, nach welchen Objekten wir Ausschau halten sollen; bis zu einem gewissen Grad sagen sie uns auch, wie wahrscheinlich es ist, dass bestimmte Objekte auftreten« (S. 51). Postman (1951) kennzeichnet den Leitbegriff dieses Modells mit den Worten: »Unter Hypothesen verstehen wir im allgemeinsten Sinn Erwartungen oder Prädispositionen des Organismus, die dazu dienen, die aus der Umwelt stammende Reizinformation auszuwählen, zu organisieren und umzugestalten« (S. 249).

Am Beginn des Wahrnehmungsvorgangs steht also eine Interpretation der Situation. Diese Interpretation bildet die Grundlage für die Ausbildung von Erwartungen. Wahrnehmung selbst wird als ein Prozess verstanden, der durch folgende drei Stufen charakterisiert ist:

Am Anfang steht die *Entwicklung von Hypothesen*, die darüber Auskunft geben, was das Individuum in dieser Situation erwartet. Wenn ein Student am Ende des Semesters eine bestimmte Vorlesung besucht, hat er z. B. klare Erwartungen hinsichtlich des Raumes, in dem die Veranstaltung stattfindet, der Lehrperson, des unterrichteten Fachgebietes etc.

Es folgt die *Informationsaufnahme*, d. h., der datengesteuerte Aspekt der Wahrnehmung ist nun wirksam (▶ Kap. 2.1). Der Student im obigen Beispiel befindet sich nun in dem Vorlesungsraum, sieht die Lehrperson, hört Inhalte zum Stoffgebiet.

Im letzten Schritt werden *Hypothese und Reizinput auf ihre Stimmigkeit überprüft*, also miteinander verglichen. Wurde die Hypothese durch die Informationsaufnahme bestätigt, ist der Wahrnehmungsprozess abgeschlossen, die Hypothese wird weiter gefestigt. Unser Student ist in diesem Fall in der von ihm beabsichtigten Lehrveranstaltung. Raum, Personen und Lehrinhalte sind erwartungskonform. Hat er sich aber z. B. in der Zeit, im Raum oder Fach geirrt, werden seine Erwartungen nicht erfüllt. Hypothese und Reizinformation sind widersprüchlich, so dass die Hypothese ergänzt, erweitert oder ganz fallengelassen werden muss. In diesem Fall beginnt der Wahrnehmungsprozess wieder mit der ersten Stufe, wobei nun die jetzt stärkste(n) Hypothese(n) wirksam werden.

Das Modell geht davon aus, dass das Individuum über ein Reservoir an Hypothesen verfügt, die entsprechend ihrer Stärke – also ihrer situativen Wahrscheinlichkeit – ausgewählt werden. Dabei gelten nach Bruner (1951, S. 126) folgende Beziehungen (siehe auch Lilli & Frey, 1993, S. 56):

- Je stärker eine Hypothese ist, desto höher ist die Wahrscheinlichkeit für ihre Auswahl. In einer konkreten Situation kommt jeweils die stärkste Hypothese zum Zug.
- Mit zunehmender Hypothesenstärke verringert sich die Menge der zu ihrer Bestätigung notwendigen Stimulusinformation. Bei starken Hypothesen wendet das Individuum demnach wenig Energie für eine weitere Informationssuche auf. Es sieht seine Erwartung bereits durch einen »flüchtigen« Blick auf die Reizsituation bestätigt.
- Mit zunehmender Hypothesenstärke bedarf es zur Widerlegung der Hypothese einer zunehmenden Menge widersprechender Reizinformationen. Starke Hypothesen sind sehr änderungsresistent. Eine sehr starke Hypothese kann durch eine kurzfristige Wahrnehmung kaum beeinträchtigt werden, weshalb die wiederholte Wahrnehmung widersprechender Informationen für die Änderung besonders starker Hypothesen günstiger erscheint.

Für die Stärke einer Hypothese sind nach Bruner (1951, S. 126–127) folgende fünf Determinanten verantwortlich:

a) *Häufigkeit bisheriger Bestätigungen*: Hat sich in der Vergangenheit eine Hypothese immer wieder bestätigt, gilt sie als stark. So ist in unserem Beispiel die Hypothese des Studenten über die Vorlesungssituation zu Semesterende stärker als zu Semesterbeginn, wenn er die Hypothese während des Semesters häufig bestätigt fand.
b) *Anzahl konkurrierender Hypothesen:* Je mehr Alternativhypothesen in einer Situation wirksam sind, desto schwächer sind die einzelnen Hypothesen. Mit dieser Annahme sind vor allem mehrdeutige und unklare Reizsituationen angesprochen.
c) *emotional-motivationale Unterstützung*: Die Hypothesenstärke nimmt mit der emotional-motivationalen Unterstützung zu. Je höher die Unterstützung, desto weniger Reizinformation ist zur Hypothesenbestätigung nötig. Mit Hilfe dieser Annahme kann z. B. verstanden werden, warum ängstliche Personen das von ihnen gefürchtete Objekt häufig viel früher wahrnehmen als nicht-ängstliche.
d) *kognitive Verankerung*: Eine Hypothese ist umso stärker, je fester sie in einem kognitiven System verankert ist. Begründungen, Argumente, Einstellungen, Vorurteile etc. festigen somit eine Hypothese.
e) *soziale Einflüsse*: Hier geht es um den versteckt (implizit) oder offen (explizit) bestehenden Konsens von Mitgliedern sozialer Gruppen. Vor allem im Bereich der Wahrnehmung sozialen Verhaltens (z. B. bezüglich der Aspekte Interaktion, Kommunikation und Personwahrnehmung) übt der soziale

Konsens wegen schwer objektivierbarer Kriterien im Alltag einen entscheidenden Einfluss auf die Wahrnehmung aus.

Die Hypothesentheorie der Wahrnehmung stellt ein Gebäude aufeinander bezogener Annahmen dar, aus denen sich überprüfbare Aussagen zum Wahrnehmungsprozess ableiten lassen. Mit dem Konzept der Hypothese (bzw. Hypothesenstärke) wird die Erwartung bestimmter Reizinformationen zu einem relevanten Aspekt des Wahrnehmungsgeschehens. Anders als bei den im vorigen Abschnitt behandelten kognitiven Faktoren (Begriffe, Begriffsrelationen, Schemata etc.), die zwar eine notwendige Voraussetzung für Erkennensleistungen darstellen, ansonsten aber primär im Funktionsbereich des Gedächtnisses bedeutungsvoll sind, wird in der Hypothesentheorie die Erwartung in unmittelbarem Zusammenhang mit der Wahrnehmung gesehen. Der Geltungsbereich dieses Ansatzes liegt hauptsächlich in mehrdeutigen bzw. unklaren Reizsituationen, wie sie vor allem in der sozialen Wirklichkeit anzutreffen sind.

2.3 Verhaltens- und Handlungssteuerung

In diesem Abschnitt wollen wir vor allem der Frage nachgehen, welche Faktoren über die Auswahl des von der Person tatsächlich wahrgenommenen Wirklichkeitsausschnittes entscheiden.

Von der zu einem bestimmten Zeitpunkt möglichen Gesamtmenge von Wahrnehmungserfahrungen wird von dem Individuum nur ein sehr geringer Anteil genutzt. Ganz allgemein formuliert ist die Selektion und Akzentuierung bestimmter Wahrnehmungsinformationen im Alltag von den zu einem bestimmten Zeitpunkt verfolgten Zielen der Person abhängig. Werden diese Ziele automatisiert und ohne deutlich bewusst-absichtliche Steuerung verfolgt, spricht man von Verhalten. Erlebt das Individuum sein Verhalten dagegen als zweckhaft, d. h. als ein absichtlich eingesetztes Mittel, einem Ziel näher zu kommen, spricht man von einer Handlung. Handlungen sind gekennzeichnet durch den bewussten, zielgerichteten und kontrollierten Einsatz von Verhaltensweisen (vgl. Dörner, 1996; Wühr, 2015). Die Person ist sich dabei des instrumentellen Charakters ihres Verhaltens bewusst.

In diesem Sinn definiert Fröhlich (1997) Handlung als »auf die Erreichung eines Zieles gerichtete, relativ abgehobene, zeitlich und logisch strukturierte koordinierte Bewegungsabfolgen, welche bewusst kontrolliert ausgeführt werden« (S. 203). Wie dieses Zitat zeigt, liegt der Schwerpunkt der Handlungssteuerung in der Person, weshalb man von einer internen Steuerung spricht. Für den traditionellen Verhaltensbegriff (▶ Kap. 3) gilt demgegenüber eher eine Steuerung durch die Umwelt (z. B. durch die auf das Verhalten folgenden Bedingungen).

2.3.1 Wahrnehmung und Aufmerksamkeit

Wie wir gesehen haben, ist die Wahrnehmung der Vielfalt uns umgebender Reizinformationen durch zwei Bedingungen grundsätzlich eingeschränkt. Zum einen sind wir nur für Bereiche empfänglich, welche unsere Sinnesorgane aufnehmen können. Zum anderen bestehen auch innerhalb dieser Bereiche durch die absoluten Reizschwellen festgelegte Wahrnehmungsgrenzen. Diese datengesteuerten Einschränkungen können nicht umgangen werden und gelten für jeden Menschen.

Anders verhält es sich mit den nun zu besprechenden Eingrenzungen des Wahrnehmungsfeldes. Es geht dabei um eine Informationsauswahl von grundsätzlich wahrnehmbaren Inhalten. Wenn wir in eine unterhaltende Lektüre vertieft sind, kann es durchaus vorkommen, dass wir das Läuten des Telefons »überhören«. Die zu Beginn der Vorlesung laut knatternde Klimaanlage fällt uns unter Umständen bei einem spannenden Vortrag nach kurzer Zeit nicht mehr auf. Neben der Ablenkung von bestimmten vorhandenen Reizinformationen kennen wir auch Hinwendungen zu interessanten bzw. relevanten Informationen. Werdende Eltern nehmen beim Spaziergang »plötzlich« wahr, dass sich viele andere Paare in der gleichen Situation befinden. Ihr Eindruck, früher seien weniger Schwangere zu sehen gewesen, ist höchstwahrscheinlich falsch. Nicht die objektive Situation dürfte sich geändert haben, sondern das Interesse der werdenden Eltern. Der gerade noch mit seinem Beifahrer heftig diskutierende Autofahrer zentriert bei Eintreten einer kritischen Verkehrssituation (z. B. wenn ein Kind auf die Fahrbahn läuft) seine Wahrnehmung voll und ausschließlich auf die nun relevanten Verkehrsaspekte. Allen diesen Beispielen ist gemeinsam, dass die Personen sich durch den mehr oder weniger gezielten Einsatz ihrer Aufmerksamkeit nur noch auf spezifische Reizaspekte der Situation beziehen. Ein grundlegendes Merkmal der Aufmerksamkeit ist somit in der *Informationsselektion* zu sehen. Mit Hussy (1986) geht es dabei um folgende Leitfrage: »*Wie* werden *welche* Informationen zu *welchem* Zeitpunkt der Verarbeitung selektiert?« (S. 174–175). Zur Beantwortung dieses Problems wurden mehrere theoretische Modelle entwickelt.

Die sog. *Filtermodelle* gehen davon aus, dass die Selektion durch einen Filter zustande kommt, der analog der Verengung eines Flaschenhalses an einer bestimmten Stelle der Informationsübertragung wirksam ist. Reduktion und Selektion ist in diesen Ansätzen eine Folge der im Übertragungsweg auftretenden Begrenzung der Übertragungskapazität. Diese Begrenzung hat zur Folge, dass viele eintreffende Informationen nicht verarbeitet werden. Die verschiedenen Modelle innerhalb des Flaschenhalsparadigmas unterscheiden sich primär hinsichtlich der Lokalisation des Filters. Broadbent (1958) platziert ihn – ähnlich wie die Theoretiker zum Mehrspeichermodell des Gedächtnisses (▶ Kap. 2.2.1) – unmittelbar in Anschluss an das sensorische Register (gleich nach der Reizaufnahme in den Sinnesorganen). Er nimmt an, dass es erst nach Wirksamwerden des Filters zu einer bedeutungshaltigen Verarbeitung der Information kommt. Dagegen verlagert Treisman (1960) den Filter auf einen späteren Zeitpunkt. Sie nimmt an, dass die Selektion erst eintritt, nachdem die Reizinformation einer ersten Analyse und Verarbeitung unterzogen wurde, argumentiert also für eine späte Selektion. Für eine eher später einsetzende Filterung spricht der sog. »Cocktailparty-Effekt«: Obwohl man während einer Unterhaltung mit einem Gast gewöhnlich alle anderen akustischen Wahrnehmungsinformationen ausblendet und sich ganz auf dieses Gespräch konzentriert, nimmt man sehr deutlich wahr, wenn in einer anderen Gesprächssituation der eigene Name genannt wird. Offensichtlich werden auch nicht im unmittelbaren Aufmerksamkeitsbereich liegende Reizinformationen auf ihre Bedeutung geprüft (d. h. analysiert und verarbeitet). Bei den Filtertheorien steht demnach die Fokussierung der Aufmerksamkeit auf eine einzige Wahrnehmungsaufgabe und damit ihre Selektionsfunktion im Vordergrund.

Die Befürworter sog. *Kapazitätstheorien* der Aufmerksamkeit betonen demgegenüber die Möglichkeit der Aufmerksamkeitsverteilung auf mehrere gleichzeitig ablaufende Aufgaben und stellen damit das Phänomen der geteilten Aufmerksamkeit in den Mittelpunkt ihres Interesses. Sie gehen dabei von einer begrenzten Kapazität der Aufmerksamkeit aus, welche auf die anstehenden Anforderungen verteilt werden kann. Je komplexer ein Reizinput, desto mehr Verarbeitungskapazität muss aufgebracht werden, um ihn zu analysieren. Bei steigender Komplexität werden die Verarbeitungsressourcen zunehmend erschöpft, bis bestimmte Reizinformationen schließlich gar nicht mehr beachtet werden können. Welche eingehenden Informationen mit Aufmerksamkeit bedacht werden, wird im Kapazitäts-Modell von Kahneman (1973) durch eine Verteilungsinstanz festgelegt. Folgende vier Einflussbereiche spielen in diesem Ansatz bei der Kapazitäts- oder Ressourcenverteilung eine Rolle:

a) *Dispositionen* bestimmen, dass wir uns z. B. lauten plötzlichen Geräuschen oder anderen unerwarteten Ereignissen zuwenden;
b) *momentane Absichten* lenken die Aufmerksamkeit auf gerade handlungsrelevante Aspekte;
c) die *Beurteilung der kognitiven Anforderungen* der zu lösenden Aufgabe(n) bringt den Aufmerksamkeitsaufwand in Zusammenhang mit der Aufgabenschwierigkeit: der Aufwand steigt mit zunehmender Schwierigkeit. Natürlich sind die für eine Aufgabenlösung beanspruchten Ressourcen vom Ausmaß der Geübtheit abhängig;
d) *Auswirkungen äußerer Stressoren* können zu sachunangemessener Ressourcenverteilung führen (z. B. infolge der Beachtung irrelevanter Reize).

In den traditionellen Theorien zur Aufmerksamkeit erscheint Selektivität demnach als eine defizitäre Informationsverarbeitung, da die aus der Umwelt stammenden Informationen nicht alle berücksichtigt werden können. Dem Filter- und dem Kapazitätsmodell sind nach Neumann (1992) zwei Annahmen, von ihm Homogenitäts- und Dualitätsannahme genannt, gemeinsam. Die Homogenitätsannahme besagt, dass es sich bei der Aufmerksamkeit um eine relativ einheitliche, abgrenzbare Größe innerhalb des kognitiven Systems handelt. Der Dualitätsannahme zufolge können kognitive Prozesse danach unterschieden werden, ob sie mit oder ohne Aufmerksamkeitszuwendung erfolgen. Neumann hält beide Annahmen der traditionellen Aufmerksamkeitstheorien für ungerechtfertigt, bzw. übergeneralisierend.

Er sieht – wie auch andere Autoren (z. B. Hoffmann, 1993; Prinz, 1983) – Aufmerksamkeit in ihrem Bezug zur Handlungsregulation. Selektivität der Reizverarbeitung muss dann als eine notwendige Voraussetzung für die Verwirklichung von Verhaltens- und Handlungsabsichten gesehen werden. In diesem Bezugsrahmen geht es nicht mehr um die vollständige Beachtung aller Reizeinwirkungen, sondern nur noch um die Berücksichtigung jener Informationen, die für die Umsetzung und Ausführung von Verhaltens- und Handlungsabsichten nötig sind. Hoffmann (1993) veranschaulicht diese Perspektive mit folgendem Bild: »Unsere Sinne sind, so kann man vermuten, darauf ausgerichtet, für alle möglichen Verhaltensanforderungen die notwendigen Informationen bereitzustellen, in der gleichen Weise etwa, wie ein Warenhaus für alle möglichen Kundenwünsche Waren bereit hält. Welcher Teil davon in jedem Moment verwertet wird, bestimmen der jeweils in Gang befindliche Verhaltensakt und/oder die bestehenden Verhaltensabsichten, so wie auch im Warenhaus jeder Kunde immer nur einen Bruchteil des Angebots beansprucht« (S. 86).

Neumann (1992, S. 92–96) schlägt in seinem alternativen Fünf-Komponenten-Konzept vor, Aufmerksamkeit als eine komplexe Größe aufzufassen, bei der folgende Aspekte eine Rolle spielen:

- *Verhaltenshemmung:* Physisch nicht miteinander vereinbare Handlungs- oder Verhaltensweisen kann eine Person nicht gleichzeitig ausführen. Bevor sie eine neue Handlung beginnt, muss sie das vorhergehende mit ihr unvereinbare Verhalten beenden. Aufmerksamkeit hat hier die Funktion, eine Störung unterschiedlicher Handlungs- und Verhaltensweisen zu verhindern. Über Verhaltenshemmung vermindert Aufmerksamkeit demnach das Entstehen von Durcheinander und Verhaltens-Chaos.
- *Regulation des psychophysiologischen Erregungsniveaus:* Diese Komponente der Aufmerksamkeit bezieht sich auf den Wachheits- und Anspannungsgrad der Person. Es geht hier um die Intensität der Aufmerksamkeit und die damit verbundene Aktivierung des Organismus.
- *Informationsselektion zur Handlungssteuerung:* Will man z. B. von einem Baum einen Apfel pflücken, muss man alle anderen Äpfel »übersehen« und seine Bewegungen ausschließlich auf den zu pflückenden Apfel ausrichten. Selektivität ist bei dieser handlungsorientierten Betrachtung der Wahrnehmung demnach kein Übertragungs- oder Ressourcendefizit, betrifft also nicht die kognitive »hardware« des Systems, sondern ist eine notwendige Voraussetzung für zielgerichtetes Verhalten.
- *Handlungsplanung:* Durch die Koordination des Verhaltens und Handelns durch einen Handlungsplan wird es dem Individuum möglich, gleichzeitig mehrere sich jedoch physisch nicht ausschließende (vgl. Verhaltenshemmung) Dinge zu tun, d. h. sein Wahrnehmungsfeld auf unterschiedliche Stimulusaspekte auszudehnen. Im allgemeinen ist hierzu aber ein ausgedehntes Training nötig. So lernten Versuchspersonen nach entsprechend aufwendiger Übung, einen Text nachzusprechen und gleichzeitig Klavier zu spielen oder

einen Text zu lesen und gleichzeitig nach Diktat zu schreiben. Dieser Aspekt der Aufmerksamkeit ermöglicht dem Individuum u. a. die Ausführung von Doppeltätigkeiten.
- *Hemmung beim Einsatz von Fertigkeiten:* Der Aufmerksamkeit kommt in diesem Bereich die Aufgabe zu, für die Ausführung einer Handlung nur eine Fertigkeit zuzulassen und alternative Möglichkeiten zu hemmen. So kann man auf sehr unterschiedliche Art einen Apfel von dem Baum pflücken. Um ihn aber überhaupt zu pflücken, muss das Individuum aus der großen Menge möglicher »Pflückbewegungen« (Fertigkeiten) eine einzige auswählen und ausführen.

Die Interpretation von Aufmerksamkeit unter dem Aspekt der Handlungsregulation steht erst an ihren Anfängen und stellt eher eine interessante Hypothese als ein empirisch schon hinreichend bestätigtes Modell dar. Sie erweitert die Betrachtung um einen integrativen Aspekt und kann dazu beitragen, psychische Funktionen in einer stärkeren gegenseitigen Vernetztheit zu untersuchen.

Die referierten Modelle zur Tatsache der Enge unserer Aufmerksamkeit berücksichtigen in ihrer Erklärung verschiedene psychische Funktionsbereiche und sind deshalb nicht notwendigerweise miteinander unvereinbar. Während traditionelle Ansätze die Informationseinschränkung eher statisch im Sinne einer Auswirkung der konstant bleibenden kognitiven Struktur interpretieren (Das kognitive System der Person *kann* nur eine bestimmte Informationsmenge berücksichtigen), steht in der Analyse von Neumann eher ein dynamischer Aspekt im Mittelpunkt (die handelnde Person *will* nur einen Aspekt berücksichtigen).

2.3.2 Wahrnehmung und Motivation

Dem Funktionsbereich der Motivation ist in diesem Band ein eigenes Kapitel gewidmet, das ausführlich die für die Soziale Arbeit relevanten Modellvorstellungen behandelt. Deshalb soll dieser Abschnitt nur ganz kurz auf einige Befunde zum Zusammenhang von Wahrnehmung und Motivation eingehen. Die Bedeutung motivationaler Faktoren für die Wahrnehmung wurde erstmals in den vierziger Jahren im Rahmen des sog. »New Look« der Wahrnehmungsforschung untersucht. Die Vertreter dieses Konzeptes postulierten anfangs einen direkten und unmittelbaren Einfluss von Bedürfnissen, Gefühlen, Werthaltungen etc. auf die Wahrnehmung. Die Ergebnisse ihrer Untersuchungen führten unter anderem zu der Annahme, dass die genannten Faktoren zu einer Selektion, Akzentuierung, Fixierung sowie Organisation der Wahrnehmungsinhalte führen (Bruner & Postman, 1948).

Mit *Selektion* ist hier eine bedürfnisabhängige Beeinflussung der Reizschwellen gemeint. So zeigte sich in Untersuchungen, dass körperliche Bedürfnisse den Wahrnehmungsprozess bestimmen: Hungrige Versuchspersonen erkannten unter zeitlich nur sehr kurz (tachistoskopisch) dargebotenen Wörtern solche schneller, die einen Bezug zu Nahrungsmittel und Essen hatten. In einer anderen Studie (McGinnies, 1949) wurden 11 neutrale Wörter (z. B. »Apfel«, »Kind«) und 7 sog. Tabu-Wörter (z. B. »Hure«, »Penis«) visuell präsentiert. Die Darbietungszeit setzte mit 0,01 Sekunden an und wurde schrittweise bis zu Worterkennung ausgedehnt. Für die Erkennung der als unangenehm und bedrohlich eingestuften Tabu-Wörter benötigten die Versuchspersonen tatsächlich signifikant mehr Zeit. Darüber hinaus unterliefen ihnen bei diesen Wörtern auch mehr Fehler als bei den neutralen. McGinnies interpretierte das Ergebnis als experimentellen Beleg für die Existenz des aus der Psychoanalyse entlehnten Konzepts der Wahrnehmungsabwehr (»perceptual defense«). Durch sie soll eine Erhöhung der Wahrnehmungsschwellen bei bedrohlich eingestuften Wahrnehmungsreizen erfolgen. Während dieses Experiment den Einfluss der Motivation auf die Wahrnehmung untersuchte, kann man auch nach der umgekehrten Wirkung fragen: Ist es möglich, mit der Darbietung unter der absoluten Schwelle liegender (subliminaler) Reize einen Einfluss auf Motivation und Verhalten zu nehmen? Berichte über die angeblich kauffördernde Wirkung von derartig eingeblendeten Reklamehinweisen während einer Filmdarbietung ließen die Öffentlichkeit aufhorchen. Wie zu erwarten, hielt die spektakuläre Annahme einer »geheimen Verführung« der wissenschaftlichen Überprüfung jedoch nicht stand.

Akzentuierung bedeutet im Rahmen des New-Look-Modells die Tendenz, Wahrnehmungsobjekte in Abhängigkeit der momentanen Bedürfnislage in ihrer Größe oder Intensität zu überschätzen. So unterschieden sich in einem vielzitierten Experiment von Bruner und Goodman (1947) Kinder, die aus ungünstigen ökonomischen Verhältnissen stammten von Kindern reicher Eltern bei der Größeneinschätzung von Geldmünzen. Die armen Kinder nahmen die Münzen als wesentlich größer wahr. Der Einfluss individueller Wertschätzung eines Objektes auf dessen Wahrnehmung schien damit belegt.

Mit *Fixierung* bezeichnet man die Bevorzugung von jeweils immer der gleichen Wahrnehmungsdeutung bei mehrdeutigen Reizvorlagen. Belohnt der Versuchsleiter bei der Deutung eines Kipp-Figurenmusters z. B. systematisch die Wahrnehmung einer der beiden Interpretationsalternativen, »sieht« die Versuchsperson schließlich nur noch diese Alternative.

Motivationalen Faktoren kommt demnach im Modell des New Look die entscheidende Rolle bei der *Organisation* des Wahrnehmungsgeschehens zu. Sie werden dabei als zentrale Steuerungsinstanz gesehen, welche den Wahrnehmungsprozess reguliert und kontrolliert.

Die Begeisterung für diesen Ansatz flammte in den siebziger (New Look 2, Erdelyi, 1974) und neunziger (New Look 3, Greenwald, 1992) Jahren des letzten Jahrhunderts nochmals auf und wich dann einer eher zurückhaltenderen Einschätzung. Zwar imponierte die Fülle der gewonnenen interessanten Ergebnisse, problematisch war aber deren Interpretation. Für viele der erhaltenen Befunde kommen nämlich auch andere Erklärungen in Frage. So urteilt Kebeck (1994): »Viele der Forschungsarbeiten zum Einfluss von Emotionen, Bedürfnissen ... auf die Wahrnehmung haben das ... Problem, dass sich aus den Reaktionsunterschieden der Versuchsteilnehmer nicht unbedingt auf Wahrnehmungsunterschiede schließen lässt. Von wenigen Ausnahmen abgesehen müssen die ... Annahmen wohl nach wie vor als wenig gesichert gelten« (S. 184). Die gefundenen Unterschiede in der Größenschätzung von Münzen können z. B. auch darauf zurückgehen, dass arme Kinder mit Münzen weniger Erfahrung sammeln konnten als reiche, das Ergebnis also mit der unterschiedlichen Lernerfahrung zusammenhängt. Bei den Untersuchungen zur Wahrnehmungsabwehr bleibt ungeklärt, ob sich die Versuchspersonen nicht scheuen, die unanständigen Wörter auszusprechen. Vielleicht haben sie die Verwendung unanständiger Worte nicht erwartet und waren deshalb beim Erkennen etwas vorsichtiger. Das Konzept der Wahrnehmungsabwehr wirft zudem das Problem auf, wie ein Inhalt abgewehrt werden kann, ohne vorher als bedrohlich eingeschätzt worden zu sein. Wie kann ein solcher Prozess strukturiert und organisiert sein? Die psychoanalytische Annahme einer unbewusst bleibenden Erkennensleistung hat das Problem, (noch?) nicht überprüft werden zu können. Ohne Bezug auf unbewusste Mechanismen kommt man dagegen bei dem Phänomen der Wahrnehmungsmeidung aus. Die Person meidet hier ganz bewusst bestimmte Wahrnehmungsobjekte z. B. durch Weghören oder Übersehen.

Die Kritik am New Look richtet sich primär auf die Art der angenommenen Zusammenhänge zwischen Wahrnehmung und Motivation und nicht gegen die grundsätzliche Annahme bestehender Beziehungen. Das postulierte Primat motivationaler Faktoren sowie ihr angenommener unmittelbarer und unmoderierter Einfluss auf das Wahrnehmungsgeschehen konnten nicht überzeugen. Andererseits führten die drei Phasen des New Look zu einer konstruktiven Auseinandersetzung mit dem Phänomen der unbewussten Kognition. Mit Greenwald (1992) bezieht sich der Begriff »unbewusst« auf zwei unterscheidbare Aspekte: zum einen auf einen Inhalt, der außerhalb der Aufmerksamkeit des Beobachters liegt, und zum anderen auf die Unfähigkeit, einen Inhalt aus dem Gedächtnis abzurufen oder mitzuteilen. Beide Fälle unbewusster Information sind weit entfernt von dem empirisch nicht prüfbaren Konzept des Unbewussten der psychoanalytischen Theorie.

2.4 Beobachtung als kontrollierte Form der Wahrnehmung

Die Praxis der Sozialen Arbeit ist durch konkrete individuelle Problem- und Konfliktlagen geprägt, derentwegen der Sozialpädagoge von seinem Klienten oder einer Institution (z. B. Jugendamt, Gericht etc.) einen Arbeitsauftrag erhält. Unabhängig von der im späteren Arbeitsverlauf zur Problemverminderung eingesetzten Handlungsmodalität, wie z. B. Helfen, Erziehen, Beraten, Unterrichten etc. (vgl. Buchkremer, 1995), besteht eine der ersten Aufgaben des Sozialpädagogen in der beschreibenden Erfassung der Anliegen und Probleme, wie sie z. B. im Rahmen einer psychosozialen Diagnose vorgenommen wird.

Hierbei kommt der kontrollierten Wahrnehmung in Form der Beobachtung eine zentrale Bedeutung zu.

So gehört es im Bereich der Jugendhilfe u. a. zu den Aufgaben des Sozialpädagogen bei bekanntgewordenen oder vermuteten Fällen des Missbrauchs oder der Vernachlässigung von Kindern, Kontakt mit den Problemfamilien aufzunehmen, sich über das elterliche Erziehungsverhalten zu informieren, den Entwicklungsstand des Kindes und eventuelle Auffälligkeiten zu ermitteln. Die auf diesem Weg gewonnenen Informationen dienen der Begründung von möglicherweise einzuleitenden Maßnahmen. Ein wichtiges Thema stellt im Bereich der Schulsozialarbeit die Gewalt an Schulen dar. Hier sieht sich der Sozialpädagoge u. a. mit den verschiedenen Facetten aggressiven Verhaltens konfrontiert, welche das weite Feld der Gewalt bestimmen. Bevor er nach Wegen zur Behebung und Verringerung dieser Problemlage sucht, muss er sich ein genaues Bild der in seinem Tätigkeitsbereich praktizierten Formen von Gewalt aneignen. Für den in der Schuldnerberatung tätigen Sozialpädagogen ist es bedeutsam zu wissen, auf welche Weise die Schulden seines Klienten zustande kommen, d. h. wie viel Geld für welche Dinge von ihm ausgegeben wird.

Am Anfang sozialpädagogischer Arbeit steht demnach die Beobachtung der vorgebrachten Anliegen. Mit Köhne (1979) kann man zusammenfassen: »Verhaltensbeobachtung ist zentraler Bestandteil jeder erzieherischen und nacherzieherischen Kommunikation; sie ist als empirische Voraussetzung für institutionale Entscheidungen und Maßnahmen unerläßlich« (S. 21).

2.4.1 Konstituierende Merkmale und Formen der wissenschaftlichen Beobachtung

Graumann (1966) präzisiert den Begriff »Beobachtung« mit folgenden Worten: »Die absichtliche, aufmerksam-selektive Art des Wahrnehmens, die ganz bestimmte Aspekte auf Kosten der Bestimmtheit von anderen beachtet, nennen wir Beobachtung. Gegenüber dem üblichen Wahrnehmen ist das beobachtende Verhalten planvoller, selektiver, von einer Suchhaltung bestimmt und von vornherein auf die Möglichkeit der Auswertung des Beobachteten im Sinne der übergreifenden Absicht gerichtet« (S. 86). Als wesentliche Punkte der Beobachtung sind demzufolge anzusehen:

- *Wahrnehmung:* Die in den theoretischen Abschnitten dieses Kapitels behandelten Aspekte stellen die Grundlage der Beobachtung dar. Ihre Kenntnis verhilft dem Sozialpädagogen, die Methode der Beobachtung systematisch einzusetzen.
- *Absicht*: Bei der Beobachtung handelt es sich um ein geplantes Vorgehen, das zur Beantwortung einer bestimmten Frage(-stellung) eingesetzt wird und einem bestimmten Zweck dient. In der sozialpädagogischen Praxis kommt der Beobachtung die Aufgabe zu, das von dem Klienten vorgetragene Anliegen (Problem), dessen verursachende Bedingungen sowie seine Veränderung zu präzisieren und zu erfassen.

- *Selektion und Reduktion*: Beobachtung ist nur auf ausgewählte Bereiche der Wirklichkeit zentriert. So interessieren den Sozialpädagogen gewöhnlich nicht alle Aspekte der Lebenswelt des Klienten, sondern nur diejenigen, welche die jeweils zu bearbeitende Fragestellung (Problemlage/Schwierigkeit) bestimmen. Beobachtung ist demnach immer anliegen- und problemzentriert.
- *Auswertung*: Als wissenschaftlich begründetes Vorgehen ist Beobachtung auf die Dokumentation der Ergebnisse ausgerichtet. Dabei müssen wie bei allen Formen des Diagnostizierens und Messens die Gütekriterien der Objektivität, Reliabilität und Validität erfüllt sein.

Objektivität liegt dann vor, wenn verschiedene Beobachter desselben Sachverhaltes zu dem gleichen Ergebnis kommen (vgl. Intersubjektivität) und die Ergebnisse frei von subjektiven Verzerrungen sind (▶ Kap. 2.4.3). Objektivität muss hinsichtlich der Durchführung (Auf welchen Aspekt bezieht sich die Beobachtung?), der Auswertung (Wie werden die Beobachtungsdaten festgehalten?) und der Interpretation (Welche Schlüsse sind aus den Beobachtungen zu ziehen?) bestehen.

Reliabilität (Zuverlässigkeit) bezieht sich auf die Genauigkeit einer Messung. Die Beobachtung gilt dann als reliabel, wenn sie immer den gleichen Sachverhalt zum Gegenstand hat. Mangelnde Reliabilität zeigt sich in der Praxis oft daran, dass der Beobachter z. B. bei mehrmaliger Auswertung der gleichen Videoaufzeichnung unterschiedliche Sachverhalte festhält. Der Bezugspunkt, auf den sich seine Beobachtung bezieht, ist nicht zuverlässig, sondern wechselhaft. Unzureichende Reliabilität ist zumeist Ausdruck einer noch nicht ausreichenden Präzisierung und Operationalisierung des Beobachtungsgegenstandes. Reliabilität berücksichtigt nur die Stabilität und Konsistenz der Beobachtung unabhängig von inhaltlichen Gesichtspunkten, d. h., es ist hier noch nicht berücksichtigt, dass der beobachtete Sachverhalt den eigentlich interessierenden darstellt. Eine reliable Beobachtung ist also noch nicht ausreichend, denn sie kann sehr zuverlässig das Falsche berücksichtigen.

Validität (Gültigkeit) thematisiert schließlich das entscheidende inhaltliche Gütekriterium. Sie beantwortet die Frage, ob der Problembereich, den es zu beobachten gilt, auch tatsächlich Berücksichtigung findet. Wird das beobachtet, was tatsächlich beobachtet werden soll? Steht die Beobachtung in einem nachweisbaren Zusammenhang mit dem zu bearbeitenden Anliegen? In der Praxis geht es dabei hauptsächlich um die Auswahl der relevanten Problem- und Veränderungsindikatoren. Stehen die beobachteten Aspekte in einem zwingenden Zusammenhang zur vorgetragenen Problematik? Oder etwas salopp ausgedrückt: Trifft die Beobachtung tatsächlich den Punkt? Betrachtet man eine mündliche Prüfung als eine Form der Beobachtung (von Fachwissen), dann ist sie nicht valide, wenn das Prüfungsergebnis mehr durch das selbstsichere Auftreten des Prüflings bestimmt wird als durch dessen zu prüfende Fachkenntnis.

Für die Kriterien der Reliabilität und Validität gilt: Eine Beobachtung kann reliabel (zuverlässig) sein, aber trotzdem für die anstehende Frage wertlos. Das ist dann der Fall, wenn sie sich auf einen irrelevanten Aspekt bezieht. Interessiert den Sozialpädagogen z. B. das Sozialverhalten eines Schülers während des

Unterrichts, dann ist die Beobachtung seines Verhaltens »Macht unaufgefordert Notizen« höchstwahrscheinlich irrelevant. Dennoch kann diese Beobachtung objektiv und reliabel durchgeführt werden. Besitzen Beobachtungsergebnisse eine hohe Validität, dann liegt andererseits auch eine hohe Reliabilität vor, d. h., hohe Validität stellt eine hinreichende Bedingung für hohe Reliabilität dar.

Eine Klassifikation und Ordnung von wissenschaftlichen Beobachtungsverfahren kann auf unterschiedliche Art und Weise erfolgen (vgl. z. B. Greve & Wentura, 1997, S. 26–31; Mees, 1977, S. 24–27). Eine häufig anzutreffende Unterscheidung differenziert Beobachtung nach dem Ort der Durchführung und stellt die unter »künstlichen« Bedingungen stattfindende *Laborbeobachtung* der unter »natürlichen« Bedingungen stehenden *Feldbeobachtung* gegenüber. Eine andere Klassifikationsdimension bilden die zur Speicherung des Wahrnehmungsinhaltes eingesetzten Hilfsmittel. In diesem Sinn kann eine *technisch vermittelte* (z. B. durch Tonband- oder Videoaufzeichnung) von einer *unvermittelten Beobachtung* abgehoben werden. Bei der Unterscheidung von *offener* und *verdeckter Beobachtung* geht es darum, ob dem Beobachter mitgeteilt wird, dass er beobachtet wird (offene Beobachtung), oder ob er darüber im Unklaren bleibt (verdeckte Beobachtung). Es ist unmittelbar einsichtig, dass die verdeckte Beobachtung besonders in der Praxis der Sozialen Arbeit mit ethischen Problemen verbunden sein kann. Eine weitere wichtige Differenzierung betrifft die Beteiligung des Beobachters am Beobachtungsgeschehen. Im Unterschied zur *nicht-teilnehmenden Beobachtung*, bei welcher der Beobachter ausschließlich die Aufgabe hat, das zu beobachtende Geschehen festzuhalten, kommen ihm bei der *teilnehmenden Beobachtung* weitere Aufgaben zu (z. B. als Lehrer, Gruppenmitglied etc.).

Die genannten Differenzierungen der wissenschaftlichen Beobachtung haben insbesondere im Bereich der Forschung Bedeutung erhalten und sind in den Lehrbüchern zur empirischen Sozialforschung und Methodenlehre ausführlich beschrieben (siehe z. B. Blanz, 2015; Bortz & Döring, 1995; Friedrichs, 1990). Bei einem u. a. von Mees (1977, S. 17–24) vorgeschlagenen Einteilungsversuch bildet die bei einer Beobachtung stattfindende Art der Informationsverarbeitung das Unterscheidungskriterium. Je nachdem wie das zu beobachtende Verhalten im Beobachtungsprozess abgebildet wird, können vier Arten der systematischen Beobachtung unterschieden werden, nämlich:

- *Vollständige und unveränderte Beschreibung:* Der Beobachtungsgegenstand wird komplett und unzensiert festgehalten. Hierzu ist der Einsatz technischer Hilfsmittel erforderlich (z. B. Videoaufzeichnung). So kann das Verhalten eines Schülers während einer ganzen Schulstunde festgehalten und anschließend unter einer bestimmten Fragestellung (z. B. Störungen des Unterrichts) ausgewertet werden.).
- *Reduzierende Beschreibung durch ein Zeichensystem:* Es erfolgt eine Selektion und Reduktion des Beobachtungsgegenstandes, da nur noch ganz bestimmte vorher festgelegte konkrete Ereignisse und Verhaltensweisen (Zeichen) beachtet werden. Um in obigem Beispiel zu bleiben, könnten als

Zeichen für Unterrichtsstörung in einer Unterrichtsstunde nur die Verhaltensweisen »Reden ohne Aufforderung«, »den Platz verlassen«, »mit Papierflieger werfen« festgehalten und über eine Strichliste in ihrer Häufigkeit gezählt werden.

- *Reduzierende Beschreibung durch ein Kategoriensystem:* Jedes auftretende Verhalten wird einer im Vorhinein festgelegten Kategorie zugeordnet. Die Kategorien müssen alle auftretenden Verhaltensweisen erfassen. Im Unterschied zu Zeichensystemen geht dabei der konkrete Inhalt verloren. »Reden ohne Aufforderung«, »den Platz verlassen« und »mit Papierflieger werfen« könnten z. B. der Kategorie »Störung des Unterrichts« zugeordnet werden.
- Reduzierende Einschätzung (Ratingverfahren): Der Beobachter nimmt hier nur noch eine Einschätzung vor, d. h. er beurteilt z. B. auf einer vorher festgelegten Skala die Intensität eines Merkmals (z. B. Störverhalten während des Unterrichts: 1 = sehr gering; 2 = gering; 3 = mittel; 4 = stark; 5 = sehr stark). Die wichtige Frage, wie diese Einschätzung zustande kommt, bleibt aber unbeantwortet.

2.4.2 Beobachtungsfehler

Die Fehlerquellen und Tücken der Beobachtung sind vielfältig. Ein Sachverhalt, der angesichts der Komplexität des Wahrnehmungsprozesses nicht verwundert. Die verschiedenen Einflussquellen der Wahrnehmung – z. B. Gedächtnisprozesse, Erwartungsphänomene, Lernerfahrungen – können Beobachtungsergebnisse natürlich verfälschen. In Anlehnung an eine von Greve und Wentura (1997, S. 60) entwickelte Systematik der Beobachtungsfehler sind in Tabelle 2 einige Fehlermöglichkeiten überblicksartig zusammengefasst.

Tab. 2: Übersicht zu wichtigen Fehlerquellen der Beobachtung

Fehler zu Lasten des Beobachters
Wahrnehmung
Physiologische Einschränkungen
Konsistenzeffekte
Erwartungseffekte
Emotionale Beteiligung
Observer drift
Deutung und Interpretation
Urteilstendenzen
Behalten und Wiedergabe
Kapazitätsgrenzen
Erinnerungsverzerrungen und -selektionen

Tab. 2: Übersicht zu wichtigen Fehlerquellen der Beobachtung – Fortsetzung

Fehler zu Lasten der Beobachtung
Probleme des Beobachtungssystems
Beobachtungs- und Untersuchungsbedingungen
Reaktivitäts- und Erwartungseffekte

Wie die Tabelle zeigt, stellt der *Beobachter* als die beobachtende Person die erste große Fehlerquelle dar. Bei dieser informationsverarbeitenden Instanz können Wahrnehmungs-, Interpretations-, Erinnerungs- und Wiedergabefehler auftreten. Die zweite Gruppe von Fehlern ist von der beobachtenden Person unabhängig und geht zu Lasten der *Beobachtung*. So kann allein die Tatsache, dass eine Beobachtung durchgeführt wird, das Ergebnis beeinflussen (Reaktivität). Auch der Genauigkeits- bzw. Ungenauigkeitsgrad, mit dem die unterschiedenen Beobachtungszeichen und Kategorien definiert sind, bestimmt, inwieweit das Beobachtungsresultat den Tatsachen entspricht. Nachfolgend sollen vor allem diejenigen Fehler genauer betrachtet werden, die während der verschiedenen Phasen der Informationsverarbeitung auftreten und durch den Beobachter als wahrnehmende Person selbst bedingt sind.

Fehler zu Lasten des Beobachters

- Fehlerquellen während der Wahrnehmungsphase:
Physiologische Einschränkungen der Wahrnehmungsfähigkeit stellen datengesteuerte Beobachtungsfehler dar. Es ist unmittelbar einsichtig, dass Defizite wie Sehschwäche, Farbenblindheit, Höreinschränkungen etc. Beobachtungsergebnisse empfindlich stören können. Insbesondere bei der Anleitung des Klienten zur Selbstbeobachtung muss der Sozialpädagoge diese Fehlerquelle berücksichtigen und sich die Frage stellen, ob der Klient die ihm übertragene Aufgabe von seiner Sinnesausstattung her überhaupt ausführen kann. Neben den genannten allgemeinen sensorischen Schwächen und Mängeln sind z. B. in der Arbeit mit älteren Menschen auch die altersbedingten Veränderungen hinsichtlich der Reiz- und Unterschiedsschwellen hier zu berücksichtigen.
Konsistenzeffekte der Wahrnehmung bestehen in der Tendenz, in seinen Urteilen möglichst widerspruchsfrei zu bleiben, und haben somit mit der konzeptgesteuerten Seite der Wahrnehmung zu tun. Die beim Beobachter bestehenden Begriffsstrukturen, Schemata und Begriffsrelationen gehen hier unkontrolliert in die Beobachtung ein. Beim sog. *Halo-Effekt* (Überstrahlungseffekt) erfolgt die Beurteilung in Übereinstimmung mit dem (ersten) Gesamteindruck oder einem besonders auffallenden Merkmal. Der Gesamteindruck oder das Merkmal »strahlt« quasi in andere nicht beobachtete Bereiche aus. So ist der ungeschulte Beobachter bei einem Klienten mit sauberem und gepflegtem Äußeren (erster Eindruck) häufig eher geneigt, diesem auch gute intellektuelle Leistungsfähigkeiten zuzusprechen. In dem semanti-

schen Begriffs-Netz dieses Beobachters (▶ Kap. 2.2.2.2) scheinen die Knoten (Begriffe) »sauber«, »gepflegt« und »intelligent« nahe beieinander zu liegen. Es ist psychologisch also durchaus plausibel, dass er von den beobachteten Merkmalen (sauber, gepflegt) auf die weiteren Teile des Netzes schließt. Aus dieser Sicht betrachtet verwundert nicht, dass der Halo-Effekt mit zunehmendem Bekanntheitsgrad von beobachtender und beobachteter Person eher zunimmt.

Erwartungseffekte sind wirksam, wenn der Beobachter das sieht (hört ...), was er sehen (hören ...) will. Er richtet seine Beobachtungen also nicht nach dem eingeführten Beobachtungssystem, sondern nach seinen Hypothesen aus (▶ Kap. 2.2.2.4). Ein bekannter Erwartungsfehler heißt *Pygmalion-Effekt* und wurde von Rosenthal und Jacobson (1971) erstmals beschrieben. Die Autoren testeten die allgemeine intellektuelle Leistungsfähigkeit von Schülern und teilten deren Lehrer fälschlicherweise mit, bei diesem Test handle es sich um ein Verfahren, das »intellektuelle Spätentwickler« zu erfassen erlaube. Etwa 20 % (nach Zufall ausgewählter) Schüler wurden den Lehrern dann als derartige Spätentwickler vorgestellt. Die »Diagnose« sollte die Erwartungen der Lehrer beeinflussen. Tatsächlich zeigten die ausgewählten Schüler ein Jahr später bessere Leistungen als die nichtausgewählten. Die Mitteilung hatte also zu Erwartungseffekten geführt, die sich dann bestätigt zu haben scheinen. Spätere Studien haben die Befunde von Rosenthal und Jacobson relativiert und die Zusammenhänge als deutlich komplexer als ursprünglich angenommen herausgestellt. Dennoch sind Erwartungseffekte im Beobachtungsbereich dort zu berücksichtigen, wo die Beobachtungskategorien sehr global gehalten sind und damit Spielraum für das Wirksamwerden von Erwartungen geben. Bei sehr konkreten verhaltensbezogenen Merkmalen ist dagegen kaum mit dem Einfluss von Erwartungseffekten zu rechnen.

Eine Mittelstellung zwischen Konsistenz- und Erwartungseffekten nimmt der sog. *theoretische Fehler* ein. Hier »sieht« der Beobachter die Wirklichkeit durch die Brille seiner – zumeist naiven – Alltagstheorie. Seine Vorannahmen und Vorurteile determinieren damit die Wahrnehmung. Das semantische Begriffsnetz der eigenen Vorstellung vom Gegenstand der Beobachtung (die sog. implizite Persönlichkeitstheorie) wird über die Wahrnehmung zu bestätigen versucht und damit der vorurteilsfreie Blick verstellt.

Emotionale Beteiligung äußert sich z. B. in persönlichem Interesse an dem Beobachteten und kann die Objektivität der Beobachtung im Sinne einer ungerechtfertigten Wertung empfindlich stören. Die Einflussrichtung und Verzerrung kann dabei sowohl in positive (auf Sympathie begründete) als auch negative (auf Antipathie zurückgehende) Richtung zielen.

Mit »*Observer drift*« ist gemeint, dass sich im Verlauf der Beobachtung die Bewertungs- und Beobachtungskriterien verändern können. Bei Prüfungen, die in Form eines Aufsatzes oder freier Beantwortung erfolgen, können Studierende leicht Opfer bzw. Begünstigte dieses Fehlers werden. Das ist dann möglich, wenn viele Studierende einige Fragen anders als vom Dozenten beabsichtigt auffassen und beantworten. Dem Prüfer wird dies erst im zunehmenden Korrekturverlauf deutlich. Wenn er nun nach der Korrektur der fünf-

zigsten Klausur seine Kriterien studentenfreundlicher gestaltet, unterliegt er dem »Observer drift«. Selbstverständlich beginnt der verantwortungsvolle Prüfer in einem solchen Fall mit seiner Korrektur von vorne!
- Fehlerquellen während der Deutungs- und Interpretationsphase:
Bei der Deutung und Interpretation von Beobachtungsdaten können verschiedene *Urteilstendenzen* als Fehlerquellen wirksam werden. Sie sind insbesondere bei der Einschätzung von Häufigkeit und Intensität des Beobachtungsgegenstandes, wie sie bei Verwendung von Ratingskalen üblich ist, zu kontrollieren. Bei dem *Fehler der zentralen Tendenz* häufen sich die abgegebenen Urteile im Mittelbereich der verwendeten Skala, während die Extremwerte vermieden werden. Bei einer fünf-stufigen Skala benutzt der Beobachter z. B. primär die mittlere Stufe drei. Warum die Beobachter nicht den gesamten Skalenbereich (in diesem Fall die Werte eins bis fünf) ausnutzen, ist nicht eindeutig geklärt. Während einige Autoren der Meinung sind, der Fehler der zentralen Tendenz werde erst beim Ankreuzen gemacht, sind andere davon überzeugt, er entstehe bereits bei der Einschätzung. Eindeutig interpretierbare empirische Untersuchungen zur Frage, ob es sich um einen Verarbeitungs- oder aber Wiedergabefehler handelt, liegen jedoch nicht vor. Weitere Urteilstendenzen, die das Ergebnis verfälschen, sind die Tendenz, besonders strenge oder besonders milde Urteile abzugeben, d. h. die Extremwerte der Skala (bei einer fünfstufigen Ratingskala also die Werte fünf bzw. eins) überzustrapazieren (*Strenge-/Mildefehler*). Sehr ausgiebige Befunde liegen zum Fehler der *Tendenz zu sozialer Erwünschtheit* (»social desirability«) vor. Hier fußt das Urteil nicht auf der Wahrnehmung, sondern auf der Meinung über das sozial Wünschenswerte bzw. Angebrachte.
- Fehlerquellen während der Behaltens- und Wiedergabephase:
Erinnerungs- und wiedergabebezogene Fehler haben zum Teil ihre Ursachen in der kognitiven »hard-« und »software« (▶ Kap. 2.2.1). Wir haben die *Begrenzungen in Kapazität und Haltezeit* der verschiedenen Gedächtnissysteme kennengelernt, welche bei der Durchführung und Aufzeichnung von Beobachtungen nicht überschritten werden dürfen. Da das Gedächtnis Informationen nicht nur passiv aufbewahrt, sondern auch aktiv bearbeitet, können hier die Fehlermöglichkeiten nochmals anwachsen. Vor allem dann, wenn zwischen Beobachtung und Aufzeichnung bzw. Wiedergabe ein längerer Zeitraum liegt, kommen Fehler wie Erinnerungsverzerrungen und Vergessen zum Tragen.

Fehler zu Lasten der Beobachtung
Die in diesen Bereich fallenden Fehler sind zum Teil in dem verwendeten *Beobachtungssystem* selbst begründet (z. B. falsch ausgewählte oder uneindeutig definierte Zeichen- und Kategoriensysteme). Daneben führen ungünstige *Beobachtungs- und Untersuchungsbedingungen* (wie ein falsch gewählter Beobachtungszeitpunkt), zu Ergebnissen, denen es an Validität mangelt. Des Weiteren zählen hierzu alle Fehlermöglichkeiten, die durch ungünstige äußere Faktoren wie schlechte Lichtverhältnisse, störende Geräuschpegel oder Verzerrungen durch technische Geräte (schlechte Filmaufnahmen) entstehen. Ausführ-

licher soll auf einen weiteren wichtigen Aspekt in diesem Bereich, die sog. *Reaktivität*, eingegangen werden. Unter diesen Begriff fallen Fehlerquellen, die daraus entstehen, dass der Beobachtete um das Beobachtetwerden weiß und sich deshalb – absichtlich oder unabsichtlich – anders als üblicherweise verhält.

Das Wissen um die Beobachtungssituation hat also Einfluss auf das unter Beobachtungsbedingungen geäußerte Verhalten. Reaktivitätseffekte können in unterschiedliche Richtung gehen. So mag eine sich beobachtet fühlende Person dazu neigen, sich besonders deutlich in sozial erwünschtem Licht darzustellen. Aus diesem Grund greift ein Student, der sich während einer Klausur vom beaufsichtigenden Dozenten fixiert fühlt, normalerweise nicht zu unerlaubten Hilfen. Andere Personen werden durch die Beobachtungssituation verunsichert und geängstigt. In der Arbeit mit Kindern kommt es nicht selten vor, dass der Beobachter durch bestimmte Verhaltensweisen der Kinder (z. B. Kontaktaufnahme, Störverhalten) von seiner eigentlichen Aufgabe abgehalten wird. Vor allem im Anwendungsbereich der (angeleiteten) Selbstbeobachtung sind Reaktivitätseffekte sehr häufig feststellbar. Hält z. B. im Rahmen der Schuldnerberatung ein Klient die von ihm gemachten finanziellen Ausgaben in einem »Ausgabenprotokoll« fest, wird ihm unter Umständen erstmals bewusst und deutlich, wofür er unnötigerweise sein Geld ausgibt. Die damit verbundene Wahrnehmung und Einsicht hat gelegentlich den Effekt eines – in diesem Fall erwünschten – geänderten Ausgabeverhaltens. Allerdings sind derartige Verhaltensänderungen nur bei wenig gefestigten Problembereichen dauerhaft.

Reaktivitätseffekte kommen durch die Erwartung des Beobachteten zustande und unterscheiden sich von den zuvor geschilderten Erwartungseffekten des Beobachters dadurch, dass sie von verschiedenen Beobachtern in der gleichen Weise erkannt und festgestellt werden. Im Sonderbereich der Selbstbeobachtung, bei dem beobachtende und beobachtete Person identisch sind, sind die Grenzen beider Fehlerquellen jedoch nicht deutlich voneinander abgehoben. Einen typischen Reaktivitätseffekt stellt der sog. *Hawthorne-Effekt* dar. Er wurde im Anwendungsbereich der Arbeitspsychologie erstmals beschrieben und hat von der untersuchten Institution, den Hawthorne-Werken in Chicago, seinen Namen. Untersuchungen zur Auswirkung der Beleuchtungsintensität des Arbeitsplatzes auf die Arbeitsproduktion in diesem Fertigungswerk der Western Electric Company führten zu dem überraschenden Befund, dass (fast) jede Form der Veränderung in den Lichtverhältnissen (kurzfristig) einen positiven Einfluss auf das Leistungsergebnis zeigte. So kam es entgegen der Erwartung auch durch eine Verschlechterung (Verminderung) der Beleuchtungsverhältnisse zu einer Verbesserung der Produktivität. Anscheinend hatte das Bewusstsein der Arbeiter, Teilnehmer der Untersuchung zu sein, zu diesem paradoxen Ergebnis geführt.

2.4.3 Systematische Beobachtung in der Praxis

Dieses Kapitel soll mit einem ausführlicheren Beispiel zur konkreten Umsetzung der systematischen Beobachtung im Praxisalltag der Sozialen Arbeit ausklingen.

Es handelt sich um ein bereits »fertiges« Beobachtungssystem aus dem Tätigkeitsbereich der Rehabilitation. Das Verfahren dokumentiert ein in der Arbeit mit schwerst geistig behinderten Kindern von Kane und Kane (1984) entwickeltes Vorgehen, das dem Typus der reduzierenden Beschreibung durch ein Kategoriensystem entspricht. Diese Form der Beobachtung wird im Rahmen eines standardisierten Förderprogramms zum Erwerb lebenspraktischer Fertigkeiten eingesetzt.

Das Programm setzt sich zum Ziel, in vier Bereichen lebenspraktische Fertigkeiten aufzubauen, nämlich hinsichtlich Sauberkeit (Toilettentraining), An- und Ausziehen von Kleidungsstücken, Essen (angemessene Benutzung von Hand, Löffel, Gabel, Becher beim Essen) sowie Lenkbarkeit (Befolgung einfacher im Alltag häufig anzutreffender Anweisungen, z. B. »Komm zu mir«; »Setz dich auf den Stuhl« etc.). Die geförderten Fertigkeiten sollen den Kindern einen erweiterten Lebensraum erschließen sowie ihre Pflegebedürftigkeit reduzieren. Zu jedem der vier Bereiche haben Kane und Kane standardisierte, d. h. in Form und Inhalt festgelegte Trainingsmaßnahmen entwickelt, die in Einzelsitzungen mit dem Kind bearbeitet werden. Jeder der vier Förder- oder Lernbereiche ist durch genau beschriebene Aufgabenstellungen ausdifferenziert. Die konkreten Inhalte dieser Aufgaben ergaben sich aus Erfahrungen bei der Arbeit mit geistig schwerst behinderten Kindern und ihren Eltern, die Kane und Kane auf der Kinderstation des Max-Planck-Instituts für Psychiatrie in München sammeln konnten. Methodisch ist das Training an den Ergebnissen der Lernpsychologie ausgerichtet. In vielen Einrichtungen der Behindertenhilfe – wie Kindergärten, Tagesstätten und Heimen – kommt das Training durch Sozialpädagogen seither zur Anwendung. Das nun zu schildernde Beobachtungssystem wird eingesetzt, um den Verlauf der einzelnen Fördersitzungen zu protokollieren und den Gesamtverlauf der Förderung beurteilen zu können.

Kane und Kane haben in ihr Beobachtungssystem folgende 7 Kategorien aufgenommen (1984, S. 64–65):

a) *Geübte Verhaltensweise*: Das in der Sitzung geübte Verhalten wird schriftlich festgehalten. Jede Verhaltensweise (Einzelaufgabe/Trainingseinheit) bildet eine Zeile des Protokollbogens. Die zweite Spalte der Tabelle 3 zeigt die ersten 10 geübten Verhaltensweisen eines Protokolls.

b) *Häufigkeit der Aufgabenstellung (A)*: Jede Aufgabenstellung (hier: Aufforderung zu einem bestimmten Verhalten, z. B. »Setz dich auf den Stuhl«) wird in dem Protokoll durch ein (A) festgehalten. Bei mehrmaliger Aufgabenstellung wird jedes Mal ein (A) notiert. Die Sequenz A A A bedeutet also, dass der (Früh-)Förderer diese Aufforderung dreimal hintereinander gegeben hat.

c) *Richtige Antwortreaktion (R)*: Mit dieser Kategorie hält der Therapeut fest, dass das Kind die Aufforderung mit der richtigen Reaktion beantwortet hat. Bei obiger Aufforderung setzt sich das Kind also tatsächlich auf den Stuhl.

d) *Hilfestellung (H)*: Wird das Kind durch eine motorische (z. B. Berühren) oder informative (z. B. Geste) Hilfe vom Trainer unterstützt, um die richtige Aufgabendurchführung zu erreichen, notiert der Therapeut die Kategorie H. Im Programm ist genau festgelegt, welche Hilfestellungen bei den verschiedenen Aufgaben erlaubt sind.

e) *Soziale Belohnung (S)*: Der Therapeut lobt, streichelt das Kind oder nimmt es in den Arm.
f) *Materielle Belohnung (M)*: Der Therapeut gibt dem Kind eine Leckerei (Salzstange, Chips, Joghurt, Süßigkeiten etc.). In sehr schweren und seltenen Fällen dient die reguläre Mahlzeit als materielle Belohnung.
g) *Besonderheiten* während des Sitzungsverlaufes (z. B. Weinen, Störungen etc.) bilden die letzte Kategorie und werden zusätzlich in freier Form und unter Umständen erst nach der Förderstunde notiert.

Kane und Kane (1984, S. 64) demonstrieren das Beobachtungssystem mit dem in Tabelle 3 nur auszugsweise wiedergegebenen Beispielprotokoll aus dem Bereich »Lenkbarkeit«. Wie die Definition der Kategorien zeigt, liefert das Beobachtungsprotokoll sowohl Informationen über das Kind als auch über seinen Therapeuten (z. B. Frühförderer).

Für das Kind gehen das geübte Verhalten (hier: Aufforderungen) und die richtigen Antwortreaktionen ein. Die Beobachtungsauswertung lässt somit erkennen, welche Schritte des Programms beherrscht werden (im Protokoll folgt auf A fast immer R), welche noch einer intensiveren Übung bedürfen (auf A folgt nur gelegentlich R) und welche derzeit für das Kind noch eine Überforderung bedeuten (auf mehrmaliges A folgt nie R).

Für den Förderer (Therapeuten) wird festgehalten, inwieweit er sich an die Modifikationsregeln hält, d. h., das Beobachtungssystem dient auch der Kontrolle seines Verhaltens. Setzt er soziale und materielle Belohnung wie vereinbart ein? So schreibt das Programm vor, soziale Belohnung auf jede richtige Reaktion folgen zu lassen.

Der nachfolgende Protokollausschnitt zeigt, dass diese Trainerregel immer eingehalten wurde. Gibt der Therapeut zum richtigen Zeitpunkt die angemessene Hilfestellung? Hilfestellung soll stets nach der zweiten Aufforderung erfolgen, also immer wenn das Kind auf die erste Aufforderung nicht mit dem richtigen Verhalten antwortet. Im Protokoll wird dieses Vorgehen mit der Sequenz A A H notiert. Unser Beispielprotokoll zeigt auf, dass der Trainer diese Regel viermal nicht befolgt hat.

Tab. 3: Beobachtungsbeispiel aus einem standardisierten Trainingsprogramm
Kind: Georg, Therapeut: F.

Versuch	Aufgabe	Kategorien 2–6	Besonderheiten
(1)	Komm zu mir	A A H R S V	
(2)	Setz dich auf den Stuhl	A A H R S	
(3)	Steh auf	A A A H R S V	
(4)	Komm zu mir	A H A H R S V	
(5)	Setz dich auf den Stuhl	A R S V	
(6)	Komm zu mir	A A A H R S	

Tab. 3: Beobachtungsbeispiel aus einem standardisierten Trainingsprogramm
Kind: Georg, Therapeut: F. – Fortsetzung

Versuch	Aufgabe	Kategorien 2–6	Besonderheiten
(7)	Setz dich auf den Stuhl	A R S V	
(8)	Steh auf	A A H R S V	
(9)	Komm zu mir	A A H A H R S V	
(10)	Setz dich auf den Stuhl	A A R S	

Im Förderprogramm sind genaue Kriterien festgelegt, die angeben, wann eine geübte Verhaltensweise als beherrscht angesehen werden kann. So gilt eine Aufgabe dann als gelernt, wenn sie das Kind in 8 von 10 Aufforderungen richtig befolgt. Berücksichtigt man die Beobachtungsergebnisse mehrerer aufeinander folgender Förderstunden, kann man ein Kriteriendiagramm erstellen, aus dem hervorgeht, ab welcher Fördersitzung das Kind eine bestimmte Trainingseinheit in diesem Sinn beherrscht. Diese Feststellung ist darüber hinaus wichtig, weil von ihr auch abhängt, wie im weiteren Trainingsverlauf die Interventionsstrategien Hilfestellung und Belohnung einzusetzen sind. So soll materielle Belohnung nur zu Beginn des Programms zur Anwendung kommen, um das Kind nicht belohnungsabhängig zu machen. Deshalb muss diese Form der Belohnung so früh als möglich wieder ausgeblendet, d. h. zurückgenommen werden (siehe hierzu das Kapitel über »Lernen«). Aus den Ergebnissen der Beobachtung kann z. B. die Festlegung eines dafür günstigen Zeitpunktes abgeleitet werden.

Die mit dem geschilderten Beobachtungssystem verbundenen Schwierigkeiten fassen Kane und Kane (1984, S. 68–70) in zwei Punkten zusammen. Zum einen birgt die gewählte Form der teilnehmenden Beobachtung bei noch nicht ausreichend geschulten Trainern die Gefahr, dass der Sozialpädagoge während des Protokollierens den Kontakt zum Kind zu lange unterbricht und dadurch Störungen provoziert. Ein einführendes Beobachtungstraining anhand von videogestützten Daten kann dem Sozialpädagogen zur notwendigen Durchführungsroutine verhelfen. Zum anderen berücksichtigt das Kategoriensystem nur formale Aspekte des Fördergeschehens. Zwar kann es bei korrekter Durchführung genau angeben, wie häufig bestimmte Verhaltensweisen (Lob, Hilfe, richtige Verhaltensweisen etc.) auftreten, aber es lässt unberücksichtigt, von welcher inhaltlichen Art (Qualität) diese Verhaltensweisen sind. So kann ein Trainer die formalen Programmregeln exakt einhalten, sie aber in überflüssiger, unsicherer oder gar harter Weise verwirklichen und damit dem Förderprozess schaden. Vor allem dann, wenn trotz Einhaltung der formalen Aspekte kein Entwicklungsfortschritt eintritt, ist es deshalb angebracht, durch direkte Beobachtung die Art der Regeleinhaltung zu überprüfen.

3 Lernen und Modifikation

Für den psychologisch nicht vorgebildeten Laien ist der Begriff des Lernens aufs engste mit den Erfahrungen aus dem Schulalltag verknüpft. Unwillkürlich erinnert er sich dabei an das Einpauken von Vokabeln, die Ableitung komplizierter mathematischer Formeln, sich endlos hinziehende Hausaufgabenbearbeitungen oder gar Nervosität und Angst vor wichtigen Prüfungsarbeiten. Diese negativ getönten Erfahrungen waren und sind bis heute immer wieder Anlass zur Propagierung alternativer Lernmethoden, welche vorgeben, den Schüler ohne Mühe und Anstrengung, quasi im Schlaf oder auf der Entspannungsmatte, zu beträchtlichem Wissens- und Kompetenzzuwachs zu führen. In aller Regel halten derartige Versprechen der empirischen Prüfung jedoch nicht stand (vgl. z. B. Edelmann, 1994). Die Volksweisheit »Ohne Fleiß, kein Preis« erfährt dagegen durch die Psychologie eher eine Unterstützung.

Zum Glück ist der Begriff des Lernens als psychologischer Fachterminus wesentlich weiter gefasst als die uns unmittelbar in den Sinn kommenden schulbezogenen Assoziationen. Ganz allgemein formuliert bezieht sich Lernen hier auf den Aspekt der *Veränderung von Verhalten*. Diesen Aspekt kennen wir auch schon aus der Alltagssprache. So sagen wir, »jemand lernt Rad- oder Autofahren« oder »jemand habe aus einer bestimmten Situation etwas gelernt«, und meinen damit den Erwerb motorischer Fertigkeiten bzw. eine Verhaltensänderung aufgrund vorausgegangener Erfahrung. Von Lernen sprechen wir in der Psychologie also nur dann, wenn gegenüber einem früheren Zustand eine Veränderung eingetreten ist. Anders als im Alltagsverständnis ist dabei die Richtung der Veränderung beliebig, d. h., sie muss sich nicht auf eine Verbesserung oder einen Gewinn beziehen, sondern kann auch eine Verschlechterung oder einen Verlust beinhalten. So können Lernprozesse dazu führen, dass früher beherrschte Verhaltensweisen gestört oder beeinträchtigt werden. Wurde eine Person von einem Hund gebissen, verliert sie ihre Fähigkeit zum spontanen Umgang mit diesem Tier und lernt, sich davor zu fürchten. Die Praxis der Sozialen Arbeit hat es bekanntlich mit konkreten Problemen eines Klienten zu tun und fragt nach deren Erscheinungsformen und Ursachen, um eventuell notwendige Maßnahmen vermitteln oder einleiten zu können. Dabei spielt das Moment der Verhaltensänderung in der Aufgabenstellung des Sozialpädagogen eine wichtige Rolle. So bemüht sich der in der Bewährungshilfe tätige Sozialpädagoge, bei seinem Klienten eine Verhaltensänderung zu etablieren, die eine Rückfälligkeit in kriminelle Aktivitäten verhindert oder zumindest erschwert. Dabei hat er es mit einem bestimmten Verhalten (z. B. Diebstahl) zu tun, an dessen Auf- bzw. Nichtauftreten die Qualität seiner beruflichen Tätigkeit unter anderem gemessen wird. Der Bezug sozialpädagogischen Handelns zu Veränderungen in konkreten Verhaltensweisen des Klienten durchzieht praktisch alle Handlungsfelder und Tätigkeitsbereiche (vgl. z. B. Chassé & Wensierski, 2008; Heiner, 2007). Aus diesem Grund ist die Kenntnis der verschiedenen Modelle zur Erklärung und Beschreibung des Verhaltenserwerbs und der Verhaltensänderung, wie sie im Rahmen der Lerntheorien erfolgt, für den Sozialpädagogen von herausragender Bedeutung.

Der Begriff des Verhaltens wird in der psychologischen Literatur sehr weit gefasst und impliziert wenigstens drei voneinander unterscheidbare Manifestationsebenen:

- Physiologische Manifestation (Körperreaktionen)
- Motorische Manifestation (offen beobachtbares Verhalten)
- Kognitiv-emotionale Manifestation (Gedanken und Gefühle)

So mag der erstmals wegen eines Sozialhilfeantrages das Büro des Sozialpädagogen aufsuchende Klient Herzklopfen und Schweißausbruch verspüren (physiologische Manifestation), leise und zögerlich an der Bürotür anklopfen, im Gespräch zur Seite schauen, mit zitternder und stockender Stimme sein Anliegen vortragen (motorische Manifestation), sich in Gedanken mit der Ausweglosigkeit seiner Situation beschäftigen und sich dabei beschämt, niedergeschlagen und bedrückt fühlen (kognitiv-emotionale Manifestation). Wie das Beispiel zeigt, sind jeweils alle drei Aspekte des Verhaltens vorhanden, wenngleich dem Individuum nicht immer deutlich bewusst. So registrieren wir Erscheinungsweisen der physiologischen Manifestationsebene in der Regel erst, wenn sich diese in ihrer Intensität oder Richtung verändern. Eingefahrene motorische Reaktionsweisen laufen ebenfalls weitgehend automatisch, d. h. ohne bewusste Kontrolle ab und werden erst bei auftretenden Schwierigkeiten, wie einer kritischen Situation, dem Bewusstsein zugeführt (▶ Kap. 2). Die drei Manifestationsebenen stehen in gegenseitiger Wechselwirkung, wenngleich die spezifische Art bestehender Interdependenzen bis heute noch weitgehend ungeklärt geblieben ist.

Verhaltensänderungen kommen aber auch durch andere, nicht unter den Lernbegriff fallende Faktoren zustande, deren Einfluss ausgeschlossen werden muss, soll Lernen als Ursache eines bestimmten Verhaltens gelten. So liegt kein Lernen vor, wenn Verhaltensänderungen auf angeborene Reaktionstendenzen, auf Reifung, auf den Einfluss von Medikamenten, Intoxikationen oder strukturelle Veränderungen des Gehirns sowie auf Ermüdung zurückgehen.

Mit Änderungen des Verhaltens aufgrund *angeborener Reaktionstendenzen* beschäftigt sich die vergleichende Verhaltensforschung (Ethologie). Dabei geht es um Reaktionen, deren Form bei allen Vertretern der gleichen Art weitgehend identisch ist, worunter unter anderem Instinkte, wie z. B. das durch die Forschungen von Tinbergen geklärte Paarungsverhalten des dreistachligen Stichlings oder Prägungsvorgänge, wie das Nachfolgeverhalten von jungen Graugänsen, denen Lorenz seine wissenschaftliche Aufmerksamkeit widmete, fallen (vgl. z. B. Eibl-Eibesfeldt, 1978). Zwar spielen auch bei diesen angeborenen Reaktionsweisen äußere Einflüsse eine gewisse Rolle, jedoch sind die genetisch festgelegten Reaktionsmuster im Gegensatz zu lernbedingten Reaktionen weitgehend rigide (lediglich hinsichtlich der auslösenden Bedingungen besteht, so bei Prägungsprozessen während der sensiblen Perioden, eine gewisse Flexibilität). Erfahrung und Übung haben keinen Einfluss auf die spezifische (individuelle) Reaktionsausbildung.

Letzteres gilt auch für *reifungsbedingte Änderungen* des Verhaltens, bei denen innerorganismische Wachstumsimpulse zur Entwicklung und Differenzierung der anatomisch-physiologischen Ausstattung des Organismus führen. Das Konzept der Reifung spielt deshalb vor allem in der frühesten Kindheit eine entscheidende Rolle und stellt ein bedeutsames entwicklungspsychologisches Erklärungsprinzip dar (vgl. Trautner, 2003). Reifung kann als Ursache eines Verhaltens vermutet werden, wenn dessen Erwerb universell und in einem relativ eng begrenzten Zeitraum beobachtet wird (z. B. das Laufen lernen mit etwa einem Jahr), Training oder Übung den Erwerb nicht beschleunigen (so hat es wenig Sinn, beim Kleinkind das Laufenlernen zu trainieren) und die einmal erworbenen Verhaltensweisen weiterhin bestehen bleiben. Reifung kommt also ohne äußeres Dazutun zustande, da wir das Wachstum des Organismus in der Regel nicht beeinflussen können.

Als letzte nicht unter den Lernbegriff fallende Verhaltensänderungen sind noch jene zu nennen, die auf eine kurz- oder langfristig wirksame Veränderung *physiologischer Reaktionssysteme* zurückgehen, wie sie durch den Einfluss von Medikamenten (z. B. reduziertes Reaktionsvermögen), Drogenkonsum (z. B. Wahrnehmungstäuschungen), Intoxikationen (z. B. Bewegungsstörungen) oder einfach Ermüdung (z. B. Handlungsverlangsamung) hervorgerufen werden.

Wir haben uns dem Begriff des Lernens von der negativen Seite her genähert, indem wir aufzählten, welche Veränderungen nicht als Lernen zu bezeichnen sind, und dabei Faktoren genannt, die weitgehend ohne Einfluss von Umwelt und Erfahrung zum Tragen kommen. Für lernbedingte Verhaltensänderungen spielt aber gerade die Wirkung vorausgehender Erfahrung auf nachfolgendes Verhalten eine entscheidende Rolle, wie die bekannte Definition von Bower und Hilgard (1983) zeigt: »›Lernen‹ bezieht sich auf Veränderungen im Verhalten oder Verhaltenspotential eines Organismus hinsichtlich einer bestimmten Situation, die auf wiederholte Erfahrungen des Organismus in dieser Situation zurückgeht, vorausgesetzt dass diese Verhaltensänderung nicht auf angeborene Reaktionstendenzen, Reifung oder vorübergehende Zustände (wie etwa Müdigkeit, Trunkenheit, Triebzustände usw.) zurückgeführt werden kann« (S. 31).

Die Festlegung des Lernbegriffs auf den Bereich der Verhaltensänderung bedarf, wie der Definitionsvorschlag von Bower und Hilgard zeigt, noch in zweierlei Hinsicht einer Spezifizierung (vgl. z. B. Terry, 2009).

Zum einen geht es nicht nur um ausgeführte, offen zutage tretende Verhaltensänderungen, sondern bereits um Veränderungen im *Verhaltensrepertoire*, also den dem offenen Verhalten zugrunde liegenden Dispositionen. Diese notwendige Erweiterung zieht gewisse Schwierigkeiten nach sich, da der Lernbegriff selbst keine unmittelbare Entsprechung in der Wirklichkeit besitzt, sondern ein hypothetisches Konstrukt (▶ Kap. 1) darstellt. Das Vorliegen von Lernen muss also erschlossen werden und zwar aus beobachtbaren, in dieser

Form vorher nicht ausgeführten Reaktionen. Wenn wir von einem Organismus behaupten, er habe etwas gelernt, sind wir demnach auf eine Verhaltensäußerung dieses Organismus angewiesen. Andererseits wird aber niemand die Möglichkeit der Aneignung von Verhaltensweisen ohne folgende Verhaltensausführung bestreiten. Natürlich liegt auch in diesem Fall ein Lernprozess vor, der vor allem im Rahmen des sozial-kognitiven Ansatzes der Lernforschung untersucht wurde.

Zum anderen muss der Begriff der Erfahrung noch genauer bestimmt werden. Während die älteren Überlegungen zur Theorie des Lernens gemäß dem Motto »repetitio mater studiorum est« unter Erfahrung primär die *aktional-übende Auseinandersetzung* mit einer Lernaufgabe verstanden, subsumiert man in der gegenwärtigen Lernpsychologie unter den Erfahrungsbegriff bereits die kognitive Auseinandersetzung mit einer Situation oder einem Sachverhalt, zum Beispiel in Form von *Beobachtung* oder *Informationsverarbeitung*. Deshalb handelt es sich nach heutigem Verständnis bereits dann um einen Lernprozess, wenn wir allein aufgrund des Lesens der Bedienungsanleitung eines elektrischen Gerätes sofort den richtigen Umgang mit diesem Gerät beherrschen.

Als letztem wichtigen Definitionsaspekt muss noch auf die *relative Stabilität* von Lernprozessen hingewiesen werden. Bei den durch Erfahrung vermittelten Lernergebnissen handelt es sich nicht um kurzlebige »Eintagsfliegen« des Verhaltens, sondern um relativ stabile, dem Individuum für längere Zeit zur Verfügung stehende Änderungen.

3.1 Respondentes Lernen

Das Paradigma des respondenten Lernens (synonym: klassische Konditionierung) wurzelt wissenschaftshistorisch in der russischen Reflexologie, einer am Ende des 19. Jahrhunderts beginnenden Verhaltenslehre, als deren bedeutendster Vertreter Iwan Petrowitsch Pawlow (1849–1936) gilt. Seine fast sechzigjährige Forschungstätigkeit begann mit Arbeiten zur Physiologie des Blutkreislaufes, führte zur Erforschung der Verdauungsdrüsen und endete bei der Physiologie der höheren Nerventätigkeit. Pawlows Bedeutung für die Psychologie liegt, neben den Untersuchungen zur klassischen Konditionierung, in seiner methodischen Ausrichtung. Systematische Beobachtung und Experiment, die von ihm favorisierten Methoden, gelten auch heute noch als das Fundament der empirischen Psychologie.

Der Ausdruck Reflex geht auf den französischen Philosophen Descartes (1596–1650) zurück, der darunter eine durch äußere Einwirkungen streng determinierte Reaktion verstand. Soweit es sich dabei um angeborene, also bei jedem Individuum der gleichen Art vorkommende Reiz-Reaktions-Verbindungen handelt, spricht man von einem unbedingten (nicht gelernten) Reflex. Die meisten derartigen Reflexe gehören zur Primärausstattung des Organismus, sind also von Geburt an vorhanden. Manche von ihnen bilden sich wieder zurück, andere bleiben zeitlebens bestehen, wieder andere treten erst nach erfolgter Reifung, der für sie notwendigen anatomisch-physiologischen Grundlagen auf. Unbedingte Reflexe sind in ihrer Anzahl innerhalb einer jeden Art festgelegt und damit begrenzt. Sie können dem vegetativen Nervensystem, der Skelettmuskulatur oder dem zentralnervösen System entstammen und sind jeweils durch den unkonditionierten Reiz (UCS) und die durch ihn ausgelöste unkonditionierte Reaktion (UCR) charakterisiert. Eine kleine Auswahl derartiger unbedingter Reflexe findet sich in Tabelle 4.

Als materielles Substrat des Reflexes ist der sog. Reflexbogen anzusehen, der aus folgenden Teilen besteht:

- dem *Rezeptor*, einem Sinnesorgan, das über sensorische Bahnen verfügt, welche eine durch Reizung entstandene Erregung an das Reflexzentrum weiterleiten (afferente Bahn),
- wenigstens einer *Umschaltstelle* im Nervensystem (die ankommende Erregung wird hier auf eine andere Bahn umgeschaltet) sowie
- der aus dem Reflexzentrum herausführenden (efferenten) Nervenbahn, welche zum *Erfolgs-* oder *Effektorgan* führt.

Tab. 4: In Laborstudien verwendete unbedingte Reflexe

Unkonditionierter Reiz (UCS)	Unkonditionierte Reaktion (UCR)
Nahrung/Säure	Speichelsekretion
Luftstoß gegen das Auge	Lidschluss
Schreckreiz/Schmerzreiz	Schreck-, Fluchtreaktion
Elektrischer Schlag	Psychogalvanische Reaktion
Lithiumchlorid	Schwindelgefühl/Übelkeit
Elektrischer Schock	Beugereflex
Injektion eines Antigens	Immunreaktion

Bei Reflexen handelt es sich um unbewusste, unwillkürliche und unmittelbare Reaktionen, deren hauptsächliche Funktion in der Anpassung des Organismus an die Umwelt liegt.

3.1.1 Empirische Befunde

3.1.1.1 Standardprozedur

Bei seinen Untersuchungen zur Verdauungsphysiologie beschäftigte sich Pawlow mit dem bei der Fütterung seiner Versuchshunde reflektorisch eintretenden

Speichelfluss als erstem Anzeichen der beginnenden Verdauungstätigkeit. Unter psychologischer Sicht ist ein derartiger unbedingter (ungelernter) Reflex zunächst kaum von Bedeutung, wäre Pawlow nicht aufgefallen, dass seine Hunde nach einigen Versuchsdurchgängen bereits *vor* der Vergabe von Futter, z. B. schon bei Eintritt des Versuchsleiters in den Untersuchungsraum, mit Speichelabsonderung reagierten. Diese Beobachtungen bildeten den Ausgangspunkt der bahnbrechenden Forschungen zum bedingten Reflex oder, wie wir heute sagen, zum Lernparadigma des respondenten Lernens. Die Entwicklung einer bedingten Reaktion verläuft innerhalb folgender Stadien:

Erstes Stadium (*Voraussetzung*): Ein *unbedingter (synonym: unkonditionierter) Reiz* (»unconditioned stimulus«: UCS) führt, ohne dass es eines Lernens bedarf, zu einer *unbedingten (synonym: unkonditionierten) Reaktion* (»unconditioned response«: UCR). Im Standardversuch stellt die Vergabe des Futters den unkonditionierten Reiz (UCS), der Speichelfluss die unkonditionierte Reaktion (UCR) dar.

Zweites Stadium (*Erwerb*): Ein *neutraler Reiz* (»neutral stimulus«: NS) tritt in der Regel mehrmals kurz vor sowie gemeinsam mit dem unkonditionierten Reiz (UCS) auf und führt zu einer Verbindung mit diesem. Als neutralen Reiz (NS) verwandte Pawlow Töne verschiedener Art, z. B. das Geräusch eines Metronoms oder einer elektrischen Klingel. In der Erwerbsphase koppelte Pawlow also die Futterdarbietung (UCS) mit einem Ton (NS).

Drittes Stadium (*Ergebnis*): Aufgrund der Koppelung von neutralem und unbedingtem Reiz erwirbt ersterer die Fähigkeit zur Reaktionsauslösung. Er wird nun nicht mehr neutraler, sondern *bedingter (synonym: konditionierter) Reiz* (»conditioned stimulus«: CS) genannt und die von ihm ausgelöste Reaktion entsprechend *bedingte (synonym: konditionierte) Reaktion* (»conditioned response«: CR). Das Ergebnis des Pawlowschen Versuches besteht also darin, dass die alleinige Darbietung des Tones zu Speichelfluss führt, eine Reiz-Reaktions-Verbindung, die vor dem Versuch nicht bestand. Damit diese Reiz-Reaktions-Verbindung beibehalten wird, sind in der Folgezeit gelegentlich stattfindende UCS-CS Paarungen notwendig.

Viertes Stadium (*Rückbildung*): Unterbleibt eine UCS-CS Koppelung nach Ausbildung einer bedingten Reaktion, geht das Ergebnisstadium automatisch in das Rückbildungsstadium über. Die Stärke der bedingten Reaktion verringert sich dabei mit zunehmendem Zeitverlauf, bis es zu einem vollständigen Erlöschen (*Löschung* oder *Extinktion*) der konditionierten Reaktion kommt. Der Hund in Pawlows Versuch reagiert nun auf den Ton nicht mehr mit Speichelabsonderung. Der konditionierte Reiz hat wieder die Merkmale eines neutralen Reizes angenommen.

Abbildung 12 fasst die Stadien der klassischen Konditionierung schematisch zusammen.

Wie die Standardprozedur zeigt, werden über respondentes Lernen keine neuen Verhaltensweisen erworben, sondern bereits vorhandene Reaktionen durch neue, in dieser Hinsicht ehemals neutrale Reize ausgelöst. Da das Individuum auf eine neue Situation mit einer bereits in seinem Verhaltensrepertoire befindlichen Reaktion antwortet, spricht man auch von Signallernen oder dem

Voraussetzung	UCS ———————→	UCR
	(Futter)	(Speichel)
Erwerb	NS + UCS ———————→	UCR
	(Ton + Futter)	(Speichel)
Ergebnis	NS = CS ———————→	CR
	(Ton)	(Speichel)
Rückbildung	CS immer ohne UCS ———→	CS = NS
	(Ton immer ohne Futter)	(Ton: kein Reflex)

Abb. 12: Stadien der Entwicklung einer bedingten Reaktion

Erlernen von Auslösebedingungen. Im Unterschied zu anderen Formen des Lernens ist bei respondentem Lernen die Rolle des Organismus weitgehend passiv. Bedingte Reaktionen ereignen sich zumeist ohne besondere Aktivität des Individuums. So muss der Pawlowsche Hund keine bestimmten Reaktionen ausführen, damit der Speichelfluss durch den Klingelton ausgelöst wird. Das Tier wird im Gegenteil sogar durch Fixierung ruhiggestellt. Im Alltag kommen klassische Konditionierungen deshalb sehr häufig mehr oder wenig zufällig durch die Koppelung eines unkonditionierten Reizes mit einem neutralen Stimulus zustande. Von den drei unterschiedenen Ebenen des Verhaltensbegriffs beziehen sich bedingte Reaktionen ausschließlich auf Körperreaktionen, also die physiologische Manifestationsebene.

Grundsätzlich können klassische Konditionierungen für Bereiche des vegetativen und zentralen Nervensystems ausgebildet werden (▶ Kap. 4). Das vegetative Nervensystem besteht aus den beiden, zum Teil antagonistisch wirkenden Systemen Sympathicus und Parasympathicus, welche die inneren Organe meist doppelt innervieren und zu einer Regelung des sog. inneren Milieus beitragen. Kreislauf, Atmung, Nahrungsaufnahme und Ausscheidung sind z. B. primär über das vegetative Nervensystem gesteuerte Bereiche. Als Beispiel für konditionierbare vegetative Reaktionen seien genannt: Speichelreaktion, Pulsfrequenz, psychogalvanische Reaktion (PGR; ansteigende Schweißabsonderung, besonders auf unangenehme Reize hin), Gefäßkontraktion bzw. -dilatation, Übelkeit und Erbrechen. Zum zentralen Nervensystem zählen die Schaltstellen in Rückenmark und Gehirn sowie die zur Informationsübermittlung notwendigen Leitungsbahnen. Klassisch konditionierbar erwiesen sich aus diesem Bereich u. a. Augenlidreflex, Beugereflex der Extremitäten, EEG-Aktivierungsmuster.

3.1.1.2 Ausweitung

Eine ausgebildete bedingte Reaktion bleibt im Allgemeinen nicht auf den bei ihrer Entstehung verwendeten Reiz beschränkt, sondern kann sich hinsichtlich ihrer Auslösebedingungen sowohl in quantitativer als auch qualitativer Hinsicht ausweiten. Dies ist grundsätzlich über den Mechanismus der Reiz- oder Stimulusgeneralisation, der Konditionierung höherer Ordnung oder des sensorischen Vorkonditionierens möglich.

Mit *Reizgeneralisation* bezeichnet man den Sachverhalt, dass nicht nur der bei der Entstehung verwendete konditionierte Reiz (CS) die bedingte Reaktion auslöst, sondern auch ihm ähnliche Stimuli der gleichen Modalität. Wird in der Pawlowschen Versuchsanordnung als CS z.B. ein Ton von 800 Hz eingesetzt, so führen nach der Konditionierung auch Töne von 600 oder 1200 Hz bei dem Versuchstier zum Speichelfluss, wenngleich in etwas abgeschwächter Intensität. Trägt man in ein Diagramm auf der Abszisse die Intensität der CR und auf der Ordinate die Ähnlichkeit mit dem CS graphisch ein, erhält man die Generalisationsgradientenkurve. Bei Verwendung physikalisch klar definierbarer Stimuli (z.B. Töne bestimmter Frequenz, Licht bestimmter Wellenlänge) verläuft der Generalisationsgradient häufig in Form einer Normalverteilung, deren höchster Punkt die Reaktion auf den bei der Akquisition eingesetzten bzw. wirksamen Reiz angibt. Während die Ähnlichkeit von in Laborsituationen eingesetzten konditionierten Reizen zumeist leicht anhand ihrer physikalischen Eigenschaften bestimmt werden kann, erfolgen Ähnlichkeitsbeurteilungen in den komplexeren Reizgegebenheiten des Alltags eher nach psychologischen Gesichtspunkten. Wurde eine Person von einem sehr kleinen Hund wie einem Yorkshire Terrier gebissen und entwickelt sie daraufhin eine Hundephobie (UCS = Biss; UCR = Schmerz/Angst; CS = Yorkshire Terrier; CR = Angst/Phobie) wird sie höchstwahrscheinlich vor dem physikalisch doch sehr unähnlichen Stimulus »Bernhardiner« deutlich mehr Angst empfinden als vor dem ursprünglichen CS (Yorkshire Terrier). Hier verläuft der Generalisationsgradient der konditionierten Angst in Abhängigkeit von der eingeschätzten und vermuteten Gefährlichkeit des Hundes, welche von vielen Faktoren beeinflusst sein kann. Schätzt in unserem Beispiel die gebissene Person Hunde um so gefährlicher ein, je größer sie sind, verläuft ihr Angst-Generalisationsgradient sogar monoton steigend, d.h., sie hat vor ganz großen Hunden mehr Angst als vor dem »Original CS« der Erwerbsphase.

Über *Konditionierungen höherer Ordnung* können im Unterschied zur Reizgeneralisation bedingte Reaktionen auf qualitativ neue Reizmodalitäten ausgeweitet werden. Bei diesem Prinzip übernimmt ein bereits ausgebildeter bedingter Reiz (CS) die Funktion des UCS. Konditionierungen höherer Ordnung setzen deshalb eine übliche Konditionierung (sog. Konditionierung erster Ordnung, z.B.: UCS = Futter; UCR = Speichel; CS = Ton; CR = Speichel) voraus. Der dabei etablierte CS_1 (im Beispiel: Ton) wird nun mit einem weiteren (neutralen) Reiz (CS_2, z.B. Lichtsignal) gekoppelt präsentiert. Das Versuchstier reagiert infolge dieser Koppelung auf das Lichtsignal (CS_2) mit Speichel, obwohl Lichtsignal und Futter nie gemeinsam auftraten (Konditionierung zweiter Ordnung). Setzt man in einer dritten Trainingsphase das auf diese Weise als konditionierten Reiz ausgebildete Lichtsignal (CS_2) zusammen mit einem weiteren Reiz (CS_3, z.B. Berührungsreiz) ein, gewinnt auch dieser reflexauslösende Funktion. Weder Lichtreiz (CS_2) noch Berührungsreiz (CS_3) wurden mit dem UCS (Futter) gemeinsam dargeboten, dennoch entwickeln sie sich zu konditionierten Auslösern für die Speichelsekretion. Konditionierungen höherer Ordnung entstehen durch Substitution des UCS durch den CS der vorausgehenden Trainingsphase. Da bedingte Reaktionen langfristig nur bestehen bleiben, wenn dem CS gelegentlich der UCS folgt, dieses Vorgehen sich aber bei Konditionierungen höherer Ordnung per definitionem verbietet, verlangt die experimentelle Ausbildung derartiger Reaktionen vom Versuchsleiter besonderes Geschick hinsichtlich der optimalen Gestaltung der Trainingsphasen. Bezüglich der Beibehaltung von bedingten Reaktionen höherer Ordnung ist anzumerken, dass sie in bestimmten Fällen beibehalten werden, obwohl sich die Bedingungen, unter denen sie entstanden sind (Konditionierungen erster Ordnung), wieder zurückgebildet haben.

Als letzte Möglichkeit der Ausdehnung einer bedingten Reaktion sei noch das *sensorische Vorkonditionieren* genannt. Trifft ein neutraler Stimulus vor der Akquisitionsphase gehäuft mit dem später als bedingtem Reiz verwendeten Stimulus zusammen, kann er ebenfalls die bedingte Reaktion hervorrufen, obwohl er nie mit dem unkonditionierten Reiz gepaart war.

Mit Hilfe der genannten Ausweitungsmöglichkeiten bedingter Reaktionen werden wichtige Anpassungsfunktionen des Lernens erreicht. Im Fall der Reizgeneralisation muss die Signalbedeutung auch bei gewissen Abweichungen vom ursprünglichen konditionierten Reiz nicht jedes Mal neu erlernt werden, sondern ist auf einem breiteren Spektrum wirksam. Die durch Konditionierung höherer Ordnung und sensorisches Vorkonditionieren mögliche Ausweitung einer bedingten Reaktion in qualitativ neue Reizbereiche erschließt diesem einfachen Lernparadigma einen größeren Gültigkeitsbereich in der Komplexität und Vielfältigkeit möglicher Lernsituationen.

3.1.1.3 Differenzierung, Blockierung und Rückbildung

Neben der Ausweitung kann durch spezifische Vorgehensweisen auch eine Einengung oder Blockierung der bedingten Reaktion erreicht werden. Die Einengung bedingter Reaktionen auf einen ganz begrenzten Stimulusbereich nennt man *Diskrimination*. Will man in der Standardprozedur erreichen, dass der Speichelfluss nur auf einen Ton von 1700 Hz, nicht aber auf einen von 1500 Hz oder 2000 Hz erfolgt, kann man die Trainingsphase auf einen sehr langen Zeitraum ausdehnen und das Versuchstier auf diese Weise sehr vielen CS-UCS-Koppelungen aussetzen. Je länger sich die Erwerbsphase zeitlich erstreckt, desto ausschließlicher erfolgt nämlich die CR auf den eingesetzten CS. Mit zunehmendem Trainingsverlauf nimmt also die Reizgeneralisation von alleine ab. Diskrimination kann in unserem Beispiel aber einfacher erreicht werden, indem während der Erwerbsphase Töne verschiedener Frequenz (z. B. 1500, 2000, 1700, 1200 … Hz) eingesetzt werden, der UCS aber nur mit dem Ton von 1700 Hz gemeinsam auftritt. Bei diesem Vorgehen reagiert das Versuchstier schon bald nur noch mit einer bedingten Reaktion auf den Ton von 1700 Hz. Eine Diskrimination gelingt dabei umso leichter, je verschiedener die zu unterscheidenden Reize sind. Können die zu diskriminierenden Reize nicht mehr auseinandergehalten werden, ist der Organismus durch die Differenzierungsaufgabe also überfordert, kann es in der Experimentalsituation zu auffälligem Verhalten und dem Verlust bereits gut beherrschter bedingter Reaktionen kommen. Pawlows Versuchshunde fingen unter derartigen Versuchsbedingungen zu winseln an und zeigten auffallende motorische Aktivitäten, ein Verhalten, das er »experimentelle Neurose« nannte.

Während man anfangs annahm, bedingte Reaktionen seien beliebig ausbildbar, zeigten die von Kamin (1968, 1969) durchgeführten Studien, dass unter bestimmten Bedingungen bestehende bedingte Reaktionen die Ausbildung weiterer verhindern (blockieren) können. Blockierungsversuche bestehen aus zwei aufeinander folgenden Trainingsphasen. Die erste Trainingsphase besteht aus einer normalen Konditionierung erster Ordnung (z. B. UCS = elektrischer Schlag; UCR/CR = Beugung der Extremitäten; CS_1 = Ton). Als Ergebnis dieser Konditionierung gewinnt der eingesetzte CS Auslösefunktion für die bedingte Reaktion. In der zweiten Trainingsphase kommt mit dem gleichen UCS neben dem CS_1 noch ein weiterer CS_2 (z. B. Lichtreiz) zum Einsatz. Obwohl der Lichtreiz (CS_2) nun gemeinsam mit dem UCS auftritt, gewinnt er keine Auslösefähigkeit für die bedingte Reaktion. Die vor der zweiten Trainingsphase ausgebildete Assoziation von CS_1 und UCS hat anscheinend eine weitere Assoziation des UCS mit CS_2 verhindert (*Blockierungsphänomen*). Derartige Blockierungseffekte werden aufgehoben, wenn der in der zweiten Versuchsphase verwendete UCS sich von dem der ersten Versuchsphase unterscheidet.

Die *Rückbildung* (synonym: Löschung, Extinktion) einer bedingten Reaktion erfolgt dann, wenn der CS überhaupt nicht mehr vom UCS gefolgt ist. Die Beibehaltung einer bedingten Reaktion verlangt – wie wir gesehen haben – die gelegentlich erfolgende gemeinsame Darbietung von CS und UCS. Bleibt der UCS vollständig aus, bildet sich die bedingte Reaktion schrittweise wieder zurück. Für die Schnelligkeit dieser Rückbildung sind vor allem drei Parameter bedeutend:

1. die Intensität der CR (je stärker die CR ausgebildet war, desto langsamer verläuft die Löschung),
2. der Prozentsatz von gemeinsamen UCS-CS Paarungen in der Akquisitionsphase (wurde während des Aufbaus einer bedingten Reaktion der CS gelegentlich ohne den UCS präsentiert, wird eine spätere Löschung verzögert bzw. erschwert),
3. die Darbietungsdauer des CS während der Rückbildungsphase (die Löschung verläuft umso schneller, je länger der CS präsentiert wird).

Nachdem eine bedingte Reaktion gelöscht wurde, kann sie, ohne dass zwischenzeitlich UCS-CS Koppelungen stattfanden, für kurze Zeit in abgeschwächter Form als *Spontanerholung* nochmals auftreten.

3.1.2 Erklärungsversuche

Die dargelegten Befunde zum Paradigma des respondenten Lernens versuchte Pawlow selbstverständlich durch Rückgriff auf physiologische Parameter zu erklären. In seiner *Reiz-Substitutions-Theorie* nahm er an, durch den dargebotenen UCS werde in einem spezifischen Bereich der Großhirnrinde eine Erregung (Aktivität) ausgelöst, welche jede andere zum gleichen Zeitpunkt bestehende schwächere kortikale Erregung an sich ziehe. Aufgrund der geschilderten Befunde ging er davon aus, dass gleichzeitige kortikale Erregungen – z. B. die vom CS ausgelöste – von geringerer Intensität sein müssten, als die vom UCS bewirkte. Durch die Anziehung bestehender neuronaler Aktivität hin zur stärkeren sollen temporäre neuronale Bahnungen zwischen diesen verschiedenen Bereichen der Großhirnrinde durch Zuschaltung der Nervenleitungen über Synapsen erreicht werden. Diese temporären Bahnungen wurden von Pawlow als das physiologische Substrat der bedingten Reflexe betrachtet, für welche er die Bezeichnung »Höhere Nerventätigkeit« wählte, im Gegensatz zur »Niederen Nerventätigkeit« der unbedingten Reflexe. Eine Erregung soll jedoch nicht auf einen Punkt im Cortex beschränkt bleiben, sondern zur Ausweitung (Irradiation) in die unmittelbar anliegenden Bereiche tendieren, wobei ihre Intensität mit zunehmender Entfernung vom Fokus der Erregung geringer werden soll. Somit sind bei Aktivierung durch den CS auch die umliegenden Areale des Cortex mit der Bahn des bedingten Reflexes – wenn auch in schwächerer Form – verbunden. Wie leicht erkennbar ist, versucht Pawlow mit dem Prinzip der Irradiation das Phänomen der Generalisierung zu erklären: Dem CS ähnliche Reize sind in benachbarten Hirnregionen repräsentiert, welche durch die von ihm ausgelöste Erregung einbezogen werden. Da die Irradiation zunehmend schwächer wird, muss auch mit zunehmender Unähnlichkeit der Stimuli die Stärke der CS abnehmen. Erregung ist jedoch für Pawlow nur die eine Seite des physiologischen Geschehens, daneben nimmt er auch noch verschiedene Hemmungsprozesse an. So macht er innere Hemmungen für das Phänomen der Löschung und Differenzierung verantwortlich. Bei der Löschung soll sich der Hemmungsprozess auf das gesamte mit dem CS in Verbindung stehende Gebiet des Cortex beziehen, wohingegen im Falle der Diskrimination eine strenge Abgrenzung zwischen erregtem und gehemmtem Cortexbereich bestehen soll.

In einem weiteren Sinne lässt sich die Reiz-Substitutions-Theorie nach Bednorz (1984) durch die Annahmen des Kontiguitäts-, Identitäts- und Universalitätsprinzips charakterisieren.

Nach dem *Kontiguitätsprinzip* gilt für das Zustandekommen einer bedingten Reaktion die zeitlich-räumliche Nähe (Kontiguität) von UCS und CS als hin- und ausreichende Bedingung. Treten CS und UCS in einem bestimmten zeitlichen Verhältnis auf, soll es automatisch zu einer bedingten Reaktion kommen. Das bestehende zeitliche Verhältnis beider relevanter Reize wird Interstimulusintervall (ISI) genannt und dient als Grundlage für die Unterscheidung verschiedener Formen bedingter Reaktionen: Bei *simultan* bedingten Reaktionen verlaufen CS und UCS parallel, bei *verzögert* bedingten geht der CS dem UCS darüber hinaus voraus. Zu keiner UCS-CS Überschneidung kommt es bei *rück-*

wärts bedingten Reaktionen (der CS tritt nach Beendigung des UCS ein) und bei der *Spurenkonditionierung* (hier endet der CS vor Auftreten des UCS). Als günstigstes Zeitverhältnis für die CS-UCS Präsentation hat sich die simultan bedingte, als schwierigste die rückwärts bedingte Konditionierung erwiesen. Das Postulat der Kontiguität erfährt durch die Blockierungsstudien, bei denen trotz bestehender Kontiguität keine bedingten Reaktionen ausgebildet werden konnten, jedoch eine gewisse Relativierung.

Dem *Identitätsprinzip* zufolge soll die durch den bedingten Reiz erzeugte bedingte Reaktion (CR) der unbedingten Reaktion (UCR) entsprechen. Dem ist entgegenzuhalten, dass eine moderierende Wirkung auf die bedingte Reaktion sowohl durch vorexperimentelle Bedingungen als auch durch Einflüsse seitens des konditionierten sowie unkonditionierten Reizes ausgeht. So urteilt Bednorz (1984): »Insgesamt kann man sagen, dass die CR von einem zentralen Prozess gesteuert wird, in den interne Repräsentationen des konditionierten wie auch des unkonditionierten Reizes und verwandter Ereignisse eingehen« (S. 50). Konditionierte und unkonditionierte Reaktion sind also in der Mehrzahl der Fälle nicht ganz identisch.

Das *Universalitätsprinzip* besagt, dass jeder beliebige (neutrale) Reiz in gleicher Weise als konditionierter Reiz ausgebildet werden könne, dass also beim respondenten Lernen jeder Stimulus an die Stelle eines unbedingten Reizes treten kann. Auch dieses Postulat wird durch die derzeitig bestehende empirische Befundlage nicht bestätigt. So bilden sich bedingte Reaktionen auf bestimmte Reizklassen besonders leicht aus, auf andere dagegen nur sehr schwer. Und auch die in der klinischen Praxis auftretenden Phobien zentrieren sich ebenfalls um nur wenige, relativ stereotyp wiederkehrende Auslöseaspekte. Seligman (1972) hat zur Erklärung dieser Beobachtung das Konzept der Bereitschaft (»preparedness«) zur Verbindung bestimmter Stimulus- und Reaktionsaspekte vorgeschlagen. Seiner Hypothese zufolge können Reize auf der Dimension »preparedness – unpreparedness – contrapreparedness« eingeordnet werden, welche phylogenetisch determiniert sein soll. Reize, die am Pol »preparedness« liegen, sollen wegen ihrer im Evolutionsprozess herausgebildeten Gefahrensignalisierung besonders leicht zu konditionieren sein und relativ löschungsresistente Angstreaktionen hervorrufen. Reize, die am Pol »contrapreparedness« liegen, sollen demgegenüber nicht oder nur sehr schwer zu Angstauslösern werden können. Zusammenfassend resümiert Bednorz (1984) die diesbezügliche Befundlage: »Unbestritten scheint heute zu sein, dass biologische Dispositionen die Konditionierbarkeit bestimmter Reize erleichtern und andere erschweren können« (S. 50).

Die Annahmen der Reiz-Substitutions-Theorie besitzen aus den aufgeführten Gründen heute keinen erklärenden Wert mehr, sondern haben bestenfalls noch eine (teilweise) deskriptive Bedeutung. Beim respondenten Lernen handelt es sich offenbar um ein wesentlich komplexeres Lernmodell als von der reflextheoretischen Betrachtung ursprünglich angenommen wurde.

Spätere Erklärungsversuche berücksichtigen deshalb weitere Aspekte. Nach wie vor von besonderer Bedeutung ist in diesem Zusammenhang das 1972 von Rescorla und Wagner vorgeschlagene Assoziationsmodell. Seine stark vereinfacht dargestellten vier Grundannahmen lauten (vgl. z. B. Klein, 1987, S. 65f.):

- Für die Assoziationsstärke zwischen CS und UCS gibt es jeweils ein Maximum, das durch den verwendeten UCS determiniert wird.
- Der in einem bestimmten Lerndurchgang mögliche Zuwachs an Assoziationsstärke wird durch die aus den vorausgegangenen Lerndurchgängen erreichte Assoziationsstärke mitbestimmt.
- Die Stärke der Konditionierung wird durch den verwendeten CS und UCS mit festgelegt.
- Das Ausmaß der Konditionierung in einem bestimmten Lerndurchgang wird darüber hinaus noch durch das Ausmaß vorhergehender Konditionierungen des verwendeten UCS mit anderen CS reguliert.

Nach diesen Annahmen erfolgt die geschilderte Blockierung deshalb, weil der CS_1 bereits die meiste oder ganze Assoziationsstärke auf sich gezogen hat, so dass für CS_2 quasi nichts mehr übrig bleibt. Auch weitere, der Reiz-Substitutions-Theorie Schwierigkeiten bereitende Phänomene werden mit dem Ansatz von Rescorla und Wagner verständlich: Wird der UCS vor der eigentlichen Konditionierung häufiger ohne den CS dargeboten, erschwert dies die Ausbildung einer späteren Konditionierung (sog. »*UCS preexposure effect*«). Die Darbietung des UCS ohne den CS erfolgt unter bestimmten situativen Gegebenheiten, auf die sich ein Teil der begrenzten Assoziationsstärke bezieht. Damit wird die für den CS verbleibende Assoziationsstärke unter diesen situativen Bedingungen reduziert, die Konditionierung also erschwert.

Bei der Erklärung anderer Phänomene hat der Ansatz von Rescorla und Wagner jedoch Schwierigkeiten. So kann von ihm der sog. »*CS preexposure effect*« nicht hinreichend verständlich gemacht werden. Wird der CS vor der Erwerbsphase präsentiert, kann dessen Wirkung als konditionierter Reiz nämlich verzögert werden. Unter Bezug auf Mackintoshs (1975, 1983) kognitives Erklärungsmodell des respondenten Lernens wird dieser Befund jedoch verständlich. Anders als Rescorla und Wagner, die den Konditionierungseffekt ausschließlich auf physikalische Charakteristika der verwendeten Stimuli zurückführen, dem Individuum also eine passive Rolle zukommen lassen, betont Mackintosh die aktive Beteiligung das Organismus am Konditionierungsgeschehen über sein kognitives System. Im Zentrum seiner Theorie stehen deshalb die Begriffe »Aufmerksamkeit« und »Vorhersagbarkeit«. Mackintosh postuliert, dass der lernende Organismus nach Informationen sucht, die ihm das Auftreten relevanter Ereignisse signalisieren. Ein als irrelevant eingeschätzter Reiz wird dabei nicht (mehr) beachtet. Genau das ist aber beim »CS preexposure effect« der Fall: Da bei der ersten Präsentation dem späteren CS kein UCS folgt, wird er als unbedeutend eingeschätzt und ihm später keine Aufmerksamkeit mehr geschenkt.

Diese knappen Ausführungen zu Erklärungsmodellen des respondenten Lernens mögen genügen, um aufzuzeigen, dass es sich bei diesem Lerntyp um mehr handelt als die gemeinsame Präsentation zweier Reizklassen (über weitere kognitive Interpretationen des respondenten Lernens informieren ausführlich Wassermann & Miller, 1997; siehe auch Mazur, 2004).

3.1.3 Modifikation auf der Grundlage respondenten Lernens

3.1.3.1 Enuresis nocturna

Ein früher Versuch, das Prinzip des respondenten Lernens auf den Bereich der systematischen Intervention zu übertragen, stammt von Mowrer und Mowrer (1938), die sich mit der Therapie des nächtlichen Einnässens (Enuresis nocturna) beschäftigten. Entgegen der damals vorherrschenden psychodynamischen Interpretation dieser Auffälligkeit als Ausdruck eines zugrundeliegenden Triebkonfliktes (siehe hierzu die Ausführungen zur Psychoanalyse in Kapitel 1), fassten Mowrer und Mowrer das Einnässen als eine unbedingte Reaktion (UCR) auf, die bei Überschreitung eines bestimmten Blasendrucks (UCS) erfolgt. Dieser für die früheste Kindheit typische Reflex wird normalerweise im 3. oder 4. Lebensjahr durch die Befähigung zu einer willentlichen Blasenkontrolle abgelöst. Mowrer und Mowrer postulierten, das Problem der Enuresis nocturna des älteren Kindes sei eine Folge mangelnder physiologischer Reifung und entwickelten auf der Grundlage des respondenten Lernmodells ein Behandlungsverfahren. Das von ihnen entwickelte Modifikationsprinzip besteht darin, den ehemals unkonditionierten Reiz für das Einnässen, den kritischen Blasendehnungszustand, zu einem konditionierten Reiz für die mit dem Einnässen unvereinbaren Reaktionen des Aufwachens und der Kontraktion des Blasenschließmuskels (Sphinkter) auszubilden. Hierzu entwickelten sie eine Behandlungsapparatur, die sich trotz verschiedener technischer Varianten im Prinzip bis heute erhalten hat. Abbildung 13 fasst diese Annahmen von Mowrer und Mowrer hinsichtlich Verursachung und Intervention des Einnässens schematisch zusammen.

Unter das Bettlaken des Patienten werden zwei gegeneinander durch ein feuchtigkeitsdurchlässiges Tuch isolierte Metallgazen gelegt, die über ein Relais mit einer Klingel verbunden sind. Beim Einnässen, also genau zum Zeitpunkt des kritischen Blasendehnungszustandes, gelangt Harn auf die Gazen, wodurch der die Klingel auslösende Stromkreis auf elektrolytischem Weg geschlossen wird und als Folge davon das Kind geweckt wird. Bei dieser Intervention fungiert als unkonditionierter Reiz (UCS) der Klingelton, welcher in diesem Fall zu zwei unkonditionierten Reaktionen führt, nämlich dem Aufwachen (UCR_1) und der Kontraktion des Sphinkter (UCR_2). Der wichtige kritische Blasendruck stellt den konditionierten Reiz (CS) dar und führt durch die Koppelung mit dem Ton schließlich allein zu den bedingten Reaktionen des Aufwachens (CR_1) bzw. der Sphinkterkontraktion (CR_2). Aufgrund einer derartigen Konditionierung sind demnach zwei Ergebnisse möglich: Entweder wacht das Kind in Zukunft bei Erreichen des kritischen Blasendehnungszustandes auf oder der Sphinkter bleibt während des Durchschlafens ständig kontrahiert. In beiden Fällen wird das Interventionsziel, während der Nacht trocken zu bleiben, er-

3.1 Respondentes Lernen

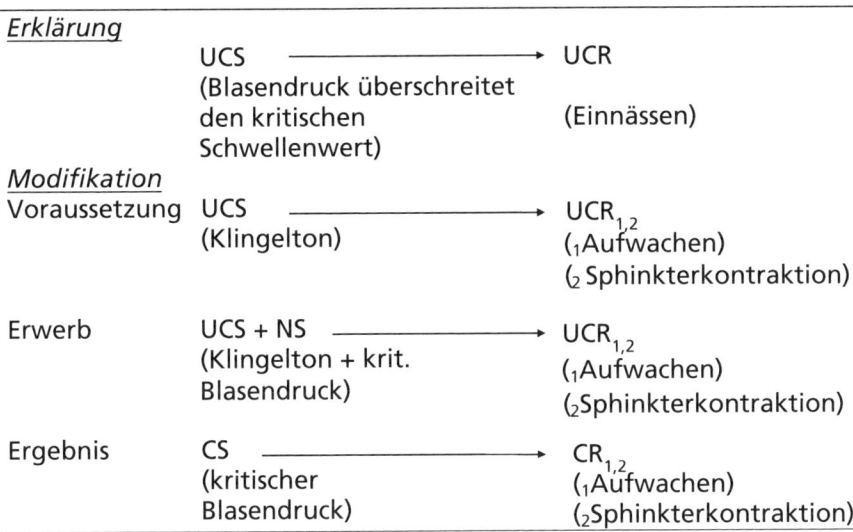

Abb. 13: Interpretation und Modifikation der Enuresis nocturna im Rahmen des respondenten Lernparadigmas

reicht. In der Praxis ist zu Beginn einer derartigen Behandlung häufiger selbständiges Aufwachen auf Harndrang hin zu beobachten, während Durchschlafen und dabei trocken zu bleiben im Regelfall erst später eintritt. Mit einem Erfolg dieses Vorgehens kann nur gerechnet werden, wenn das Zeitintervall zwischen CS und UCS äußerst kurz gehalten ist, d. h. das Kind sofort bei Beginn des Einnässens aufwacht. Wird das Kind erst dann wach, wenn die Blase bereits vollständig geleert ist, hat es keine Lerngelegenheit, und die Behandlung wird wegen des damit verbundenen Misserfolgs zu einer Belastung für die Beteiligten. Dies bedeutet, den »Klingelapparat« nicht mechanisch zu verordnen, sondern in eine wohlüberlegte Beratungsstrategie zu integrieren (Gontard & Lehmkuhl, 2009; Grosse, 1991).

Entgegen früherer Befürchtungen zeigte sich in kontrollierten Studien kein Auftreten neuer Probleme (sog. Symptomverschiebung), sondern neben der Behebung des Einnässens sogar ein deutlicher Trend zu verbessertem Allgemeinbefinden und psychischer Anpassung. Die bei Enuresis gelegentlich beobachtbaren emotionalen Probleme lassen sich deshalb wohl besser als Folge denn als Ursache interpretieren. Die Modifikation des Einnässens nach dem Paradigma des respondenten Lernens ist selbstverständlich nur dort angemessen, wo für dieses Vorgehen eine Indikation besteht. Der Einsatz der Klingelmethode verlangt deshalb die vorausgehende Prüfung dieser Voraussetzungen durch eine genaue Problemanalyse.

3.1.3.2 Angst

Die Bedeutung des respondenten Lernens für die Entstehung emotionaler Reaktionen wird mit einem für die Psychologie nicht gerade rühmlichen Experiment im Jahre 1920 erkannt: Watson und Rayner gelang die Konditionierung einer Angstreaktion bei dem 11 Monate alten Albert. Als UCS benutzten die Autoren ein unerwartet eintretendes lautes Geräusch, als NS eine Ratte, der gegenüber das Kind vor dem Experiment keine Schreck- und Angstreaktion zeigte. Wenige Koppelungen von UCS und NS reichten aus, um bei Albert eine konditionierte Angstreaktion auszulösen, so dass bereits der Anblick des Tieres zu Angstanzeichen führte. Watson und Rayner belegten damit die Konditionierbarkeit einer emotionalen Reaktion beim Menschen und konnten zeigen, dass sich die konditionierte Reaktion entsprechend dem Generalisationsprinzip auf ähnliche Stimuli (z. B. Kaninchen, Hund, Fell etc.) ausdehnte sowie über längere Zeit erhalten blieb.

Bereits dieses Experiment zeigt aber auch eine Unschärfe in der Übertragung klassischer Konditionierung auf den Angsterwerb im Humanbereich. Als UCR erfolgt auf den UCS des Geräusches bei Albert heftiges Zusammenzucken, also eine Schreckreaktion, während als CR dagegen Weinen und Abwenden, also eher eine Angstreaktion beobachtet wird. Das Auftreten der Emotion Angst wird aber verständlich, wenn die Qualität des UCS berücksichtigt wird. Im Unterschied zu dem im Pawlowschen Standardexperiment eingesetzten positiven unkonditionierten Reiz handelt es sich im Fall des kleinen Albert um einen aversiven UCS. Derartige Stimuli sind wegen der mit ihnen verbundenen Assoziation zu Schmerz und Gefahr Signale für die Emotion »Angst«. Trotz dieser Unschärfe hat es sich bewährt, in der Praxis Angst dann als klassisch konditioniert zu betrachten, wenn ehemals neutrale Reize durch die räumlich-zeitliche Koppelung mit unbedingten Schmerz-Schreckreizen zu Angstauslösern werden (vgl. Michael & Ehlers, 2008).

Als unkonditionierte Reize kommen nach Rachman und Bergold (1976, S. 38–39) dabei in Betracht:

- zu Überstimulation führende Sinnesreize (z. B. intensive Geräusche wie Explosionen) sowie Entzug optimaler Reizung (z. B. Sinnesdeprivation);
- Stimuli, welche gleichzeitig miteinander unvereinbare motivationale Tendenzen bewirken (z. B. Annäherungs- und Vermeidungsverhalten);
- schmerzhafte Reize;
- in der Phylogenese (Stammesgeschichte) festgelegte Reizaspekte (z. B. Spinnen und Schlangen);
- Bestrafung und Bedrohung ausdrückendes Verhalten von Sozialpartnern (z. B. Tadel, Kritik, Bloßstellung).

Klinische Ängste (Phobien) haben nicht selten ihre Wurzeln in einem traumatischen Ereignis, das die Momente respondenten Lernens deutlich erkennen lässt, wie der Fall Michael zeigt. Im Schwimmunterricht gleitet dem Nichtschwimmer im tiefen Becken das Übungsbrett aus der Hand, so dass er mit dem Kopf unter

Wasser taucht. Für den Nichtschwimmer Michael stellt dieses »Untergehen« einen UCS für die Angst vor dem Ertrinken (UCR) dar. Als CS fungieren die unmittelbaren Reizgegebenheiten des Schwimmbeckens und der Schwimmhalle, im ausgeweiteten Sinn der Schwimmunterricht. Die Angst des Jungen bleibt aber nicht auf diese Reizaspekte begrenzt, sondern generalisiert anfangs auf den Sport- und später auf den gesamten Schulunterricht. Binnen vergleichsweise kurzer Zeit entwickelt sich die Symptomatik einer massiven Schulphobie, an deren Aufrechterhaltung natürlich weitere Bedingungsfaktoren beteiligt sind.

Das Paradigma des respondenten Lernens erwies sich nicht nur als eine brauchbare Modellvorstellung für die Erklärung der Entstehung bestimmter Ängste, sondern diente ebenfalls der Entwicklung effizienter Methoden der Angstbehandlung. So sind zwei der in der Klinischen Psychologie (vgl. Jungnitsch, 2009) am häufigsten eingesetzten Verfahren – die systematische Desensibilisierung und die Reizkonfrontation – in enger Anlehnung an dieses Lernmodell entwickelt worden.

Die der *systematischen Desensibilisierung* zugrunde liegende Annahme formuliert ihr »Entdecker« Joseph Wolpe (1958) mit den Worten: »*Wenn eine der Angst entgegengesetzte Reaktion in Gegenwart von angstauslösenden Reizen hervorgerufen werden kann, so daß sie mit einer völligen oder teilweisen Unterdrückung der Angstreaktionen einhergeht, wird die Verbindung zwischen diesen Reizen und den Angstreaktionen geschwächt werden*« (S. 71). Voraussetzung für die Durchführung einer systematischen Desensibilisierung sind zwei Komponenten: eine im Regelfall in der Exploration erstellte Sammlung zunehmend ängstigender Situationen (Angsthierarchie) und das Erlernen eines Entspannungsverfahrens (autogenes Training nach Schultz oder progressive Muskelentspannung nach Jacobsen) als Angstantagonist. Beherrscht der Klient die Entspannungstechnik, muss er sich in entspanntem Zustand die ängstigenden Situationen (CS) jeweils einzeln vorstellen und diese Vorstellung sofort bei Auftreten bereits kleinster Anspannungs- und Erregungsempfindungen beenden, um sich wieder ausschließlich auf die Entspannung zu konzentrieren. Der Wechsel von Entspannung und ängstigender Vorstellung wird solange fortgesetzt, bis der Klient diese Situation in der Vorstellung angstfrei erleben kann. Da durch Entspannung nur kleine Angstbeträge gehemmt werden können – Wolpe spricht von reziproker Hemmung – ist ein graduiertes Vorgehen notwendig, d. h., die konditionierten Angststimuli werden hinsichtlich ihrer angstauslösenden Wirkung geordnet und dann, mit dem am geringsten ängstigenden Reiz beginnend, Schritt für Schritt bearbeitet (vgl. Florin, 1978).

Den genau entgegengesetzten Weg schlägt man bei Anwendung von *Konfrontationsmethoden* ein (Bartling, Fiegenbaum & Krause, 1980; Neudeck & Wittchen, 2005). Hier beginnt die Arbeit ohne den Einsatz eines Angstantagonisten sofort mit der ununterbrochenen Darbietung des am stärksten ängstigenden Stimulus. Dessen Präsentation wird solange fortgesetzt, bis der Klient keine Angstreaktionen mehr zeigt. Die Entkoppelung von CS und CR wegen ausbleibender UCS-Präsentation entspricht damit dem Löschungsparadigma. Dass es sich bei diesem Vorgehen nicht um eine Erfindung der Lernpsychologen handelt, belegt folgende Schilderung aus »Dichtung und Wahrheit« von J. W. Goethe: »Besonders aber ängstigte mich ein Schwindel, der mich jedesmal befiel, wenn ich von einer Höhe herunterblickte. Allen diesen Mängeln [Goethe berichtet noch von weiteren Ängsten] suchte ich abzuhelfen, und zwar, weil ich keine Zeit verlieren wollte, auf eine etwas heftige Weise .... Ich erstieg ganz allein den höchsten Gipfel des Münsterturms und saß in dem sogenannten Hals, unter dem Knopf oder der Krone, wie mans nennt, wohl eine Viertelstunde lang, bis ich es wagte, wieder heraus in die freie Luft zu treten, wo man auf eine Platte, die kaum eine Elle ins Gefierte haben wird, ohne sich sonderlich anhalten zu können, stehend das unendliche Land vor sich sieht, indessen die nächsten Umgebungen und Zieraten die Kirche und alles, worauf und worüber man steht, verbergen. ... Dergleichen Angst und Qual wiederholte ich so oft, bis der Eindruck mir ganz gleichgültig ward« (1975, S. 417). Die wesentlichen Merkmale der Konfrontationstechnik, nämlich direkte Konfrontation mit dem CS und dessen langanhaltende Präsentation, kommen in diesem Bericht anschaulich zum Ausdruck.

3.2 Operantes Lernen

Das in diesem Abschnitt zu behandelnde Lernparadigma des operanten (synonym: instrumentellen) Lernens ist sehr eng mit den Forschungen des Psychologen Burrhus F. Skinner (1904–1990) verknüpft. Im Unterschied zu den durch konditionierte Stimuli ausgelösten bedingten Reaktionen – von Skinner als *Antwortverhalten* bezeichnet – interessierte er sich für spontan gezeigte Verhaltensweisen, die ohne zwingenden Bezug zu den ihnen vorausgehenden Reizen geäußert werden und mit Hilfe derer das Individuum auf seine Umwelt einwirkt. Skinner (1974) spricht hier von *Wirkverhalten* oder sog. »*Operants*«. Über die Beibehaltung derartiger Verhaltensweisen entscheiden seiner Meinung nach nicht die ihnen vorausgehenden, sondern die ihnen folgenden Reizbedingungen. Die wissenschaftstheoretische Grundlage seiner Arbeit stellt ein behavioraler Standpunkt dar, der sich um die Identifikation und Isolation derjenigen Umweltbedingungen bemüht, die einen steuernden Einfluss auf das Verhalten ausüben (siehe z. B. Toates, 2009).

Im Nachweis systematischer »Wenn-Dann-Beziehungen«, also den Erklärungen erster Ordnung, sah Skinner (1973) seine Hauptaufgabe. Hierzu analysiert er das Verhalten unter streng kontrollierten experimentellen Bedingungen. Anders als beispielsweise Pawlow, der ständig um eine Aufklärung der materiellen (physiologischen) Basis seiner Befunde bemüht war, lehnt er von Anfang an jede Erklärung beobachtbarer Sachverhalte durch andere, nicht mit den gleichen Beobachtungsmethoden gewonnene, ab. In diesem Sinn lässt er weder physiologische noch kognitive Theorien gelten und beschränkt sich in seiner funktionalen Analyse ausschließlich auf den äußerlich registrierbaren Verhaltensaspekt. Hierbei schenkt er hauptsächlich den dem zu erklärenden Verhalten unmittelbar nachfolgenden Bedingungen seine Aufmerksamkeit. In seiner Antwort auf die zentrale Frage der Lernpsychologie, nämlich derjenigen nach dem Zustandekommen von Verhaltensänderungen, betont Skinner deshalb die Bedeutung der einem Verhalten *folgenden Konsequenzen* als verursachendem Faktor.

Die situativen vorausgehenden Aspekte werden grundsätzlich anders beurteilt, als wir dies im Rahmen des respondenten Lernens kennengelernt haben. Sind dort die (un-)konditionierten Reize hinreichend und notwendig für eine (un-)konditionierte Reaktion, werden die einem operanten Verhalten vorausgehenden Stimulusbedingungen nur noch als auf mögliche Konsequenzbedingungen hinweisende Aspekte aufgefasst. Sie geben dem Individuum nur die Wahrscheinlichkeit an, mit der bestimmte Konsequenzbedingungen auf dieses Verhalten folgen werden. Der Auslösefunktion des Stimulusbegriffs im Rahmen klassischer Konditionierung steht also die *Hinweisfunktion* der vorausgehenden Stimulusbedingungen im operanten Lernmodell gegenüber, weshalb man hier von einem diskriminativen Stimulus (S^D) spricht.

Bei den dem Verhalten nachfolgenden Reizen (S^R) sind für Skinners Modell die positiven und negativen Verstärker von besonderer Wichtigkeit. Unter einem positiven Verstärker versteht er einen positiven Reiz, der die Auftretenswahrscheinlichkeit eines Verhaltens erhöht, wenn er in einer Situation auf- oder eintritt. Demgegenüber handelt es sich bei einem negativen Verstärker um einen aversiven Reiz, dessen Beendigung oder Zurücknahme in einer Situation ein Verhalten stabilisiert.

Anders als im vorausgehenden Abschnitt zum respondenten Lernen wird in diesem Abschnitt die Bedeutung des operanten Lernens für die Erklärung und Modifikation von Verhalten schon bei der Darstellung der empirischen Befunde behandelt.

3.2.1 Grundlegende Lern- und Modifikationsprinzipien

Die Beziehungen zwischen vorausgehender Stimulusbedingung (S^D), Verhaltensäußerung (R) und den als verursachender Konsequenzbedingung (C) interpretierten nachfolgenden Reizen (S^R) werden in der sogenannten *Kontingenz* ausgedrückt. Es handelt sich dabei um eine Wenn-Dann-Relation, wobei die Wenn-Komponente jene Bedingungen angibt, unter denen ein Verhalten geäußert werden muss, damit daraufhin bestimmte Konsequenzen folgen. Berücksichtigt man bei den Konsequenzbedingungen (C) gleichzeitig die Qualität der auf ein Verhalten folgenden Reize im Sinne von positiv (S^{+R}) und negativ (S^{-R}) als auch das Eintreten (S^R) bzw. das Nichteintreten ($\mathcal{S}^R$) eines Reizes, gelangt man zu folgendem Schema der operanten Lernprinzipien:

3 Lernen und Modifikation

Tab. 5: Lernprinzipien im operanten Lernmodell

Reizqualität	Darbietung	Entzug/Ende
Positiver Reiz (S^{+R}) (positiver Verstärker)	Positive Verstärkung (C+)	Bestrafung durch Verstärkerentzug (₵ +) (Löschung)
Aversiver Reiz (S^{-R}) (negativer Verstärker)	Bestrafung durch aversiven Reiz (C–)	Negative Verstärkung (₵–)

Von den vier Prinzipien führen – Skinners Definition entsprechend – positive Verstärkung (C+) und negative Verstärkung (₵–) in Zukunft zu einer Erhöhung der Auftretenswahrscheinlichkeit des ihnen vorausgehenden Verhaltens, während Bestrafung durch Verstärkerentzug (Löschung; ₵+) und Bestrafung durch aversive Konsequenzen (C–) eine Verminderung in der Auftretenswahrscheinlichkeit nach sich ziehen. Folgt auf eine konkrete Verhaltensweise also ein positiver (angenehmer) Reiz (S^{+R}) oder wird dadurch ein für die Person negativer (unangenehmer) Reiz ($\mathcal{S}^{-R}$) beendet, neigt sie dazu, dieses Verhalten in Zukunft wieder auszuführen. Andererseits unterlassen Personen solche Tätigkeiten, auf die negative Reize (S^{-R}) oder die Wegnahme positiver Reize ($\mathcal{S}^{+R}$) folgen. Am besten lässt sich dies anhand von konkreten Beispielen aus der sozialpädagogischen Praxis veranschaulichen.

Positive Verstärkung (▶ Abb. 14): Helmut ist 18 Jahre alt und geistig schwer behindert und lebt deshalb seit seinem zehnten Lebensjahr in einer Anstalt. Vor 6 Monaten ist er erstmals aus der Gruppe fortgelaufen (R) und konnte erst nach mehreren Stunden aufgefunden werden. Der Sozialpädagoge brachte ihn in seine Gruppe zurück und war bestrebt, ihm ein besonders »schönes Zuhause« zu bieten. Er legte deshalb Helmuts Lieblingsplatte auf und kümmerte sich besonders aufmerksam um ihn (S^{+R}). Zum Erstaunen des Sozialpädagogen häuften sich in der Folgezeit die Ausreißversuche des Jugendlichen.

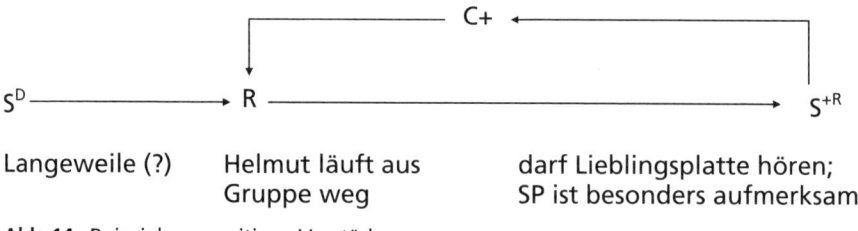

S^D	R	S^{+R}
Langeweile (?)	Helmut läuft aus Gruppe weg	darf Lieblingsplatte hören; SP ist besonders aufmerksam

Abb. 14: Beispiel zur positiven Verstärkung

Negative Verstärkung (▶ Abb. 15): An der Kasse am Supermarkt verlangt Sabine von ihrer Mutter, Frau O., eine Süßigkeit und fängt laut zu quengeln an, als die Mutter ihrem Wunsch nicht gleich entspricht. Das ist Frau O. wegen der anwesenden Nachbarn sehr unangenehm, weshalb sie Sabine einen Lutscher kauft (R), woraufhin das Mädchen sofort mit dem Quengeln aufhört ($\mathcal{S}^{-R}$).

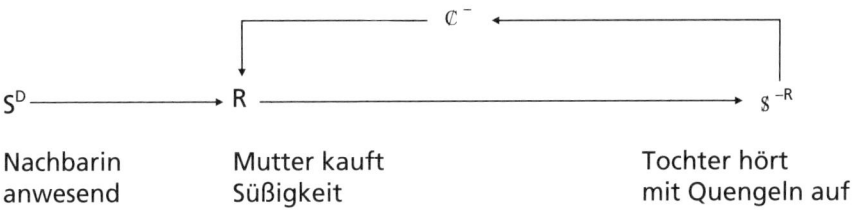

Nachbarin anwesend | Mutter kauft Süßigkeit | Tochter hört mit Quengeln auf

Abb. 15: Beispiel zur negativen Verstärkung

Zwar erhöht sich bei gleichbleibender Situationsbedingung die Auftretenswahrscheinlichkeit eines negativ verstärkten Verhaltens (bei erneutem Quengeln wird Sabines Mutter dem Kind wahrscheinlich wieder eine Süßigkeit kaufen), in Zukunft entsteht aber die Tendenz, diese Situationsbedingung zu vermeiden. Anders als das mit Annäherung verbundene Prinzip der positiven Verstärkung führt negative Verstärkung, wie wir sehen werden, zu einem Vermeidungsverhalten, vorausgesetzt, das Auftreten des aversiven Reizes ist hinreichend antizipier- und lokalisierbar. Hat Frau O. Sabines Quengeln beim Einkaufen häufiger erfahren, wird sie in Zukunft wahrscheinlich alleine zum Einkaufen gehen und sich auf diese Weise vor der belastenden Auseinandersetzung schützen.

Bestrafung durch aversiven Reiz (▶ Abb. 16): Frau P. wendet sich wegen Schwierigkeiten in ihrer Ehe an die Familienhilfe und berichtet dem Sozialpädagogen offen (R) von einer außerehelichen Beziehung. Der Sozialpädagoge macht ihr daraufhin Vorhaltungen und Vorwürfe (S^{-R}) und wundert sich, dass Frau P. im weiteren Gespräch immer schweigsamer wird.

Beratungsgespräch | offene Mitteilung | Sozialpädagoge macht Vorhaltungen

Abb. 16: Beispiel zur Bestrafung durch aversiven Reiz

Bestrafung durch Verstärkerentzug (Löschung; ▶ Abb. 17): Herr L. kommt in die sozialpädagogische Sprechstunde und hat die im letzten Termin vereinbarten Übungen nicht ausgeführt (R). Der Termin muss deshalb früher als geplant beendet werden ($\mathcal{S}^{+R}$). Zu den nächsten Sitzungen erscheint Herr L. mit jeweils sehr genau durchgeführten und aufgezeichneten Übungsunterlagen.

Waren die bisherigen Beispiele auf die Verhaltensweise einer einzigen Person ausgerichtet, können mittels einer operanten Analyse auch interaktionelle (systemische) Aspekte, d. h. die in gegenseitigem Bezug stehenden Verhaltensweisen mehrerer Personen analysiert und interpretiert werden. Nehmen wir hierzu das

3 Lernen und Modifikation

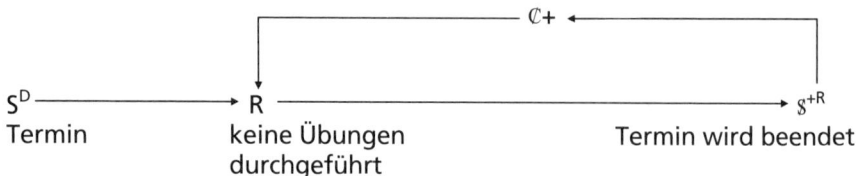

Abb. 17: Beispiel zur Bestrafung durch Verstärkerentzug

Beispiel zur negativen Verstärkung und ergänzen die aufgestellte Analyse um das Verhalten des quengelnden Kindes, so ergibt sich der in Abbildung 18 dargestellte Zusammenhang. Wie diese Episode zeigt, haben beide Interaktionspartner gute Gründe für die Beibehaltung ihres Verhaltens: Das Kind wird nämlich positiv die Mutter dagegen negativ verstärkt.

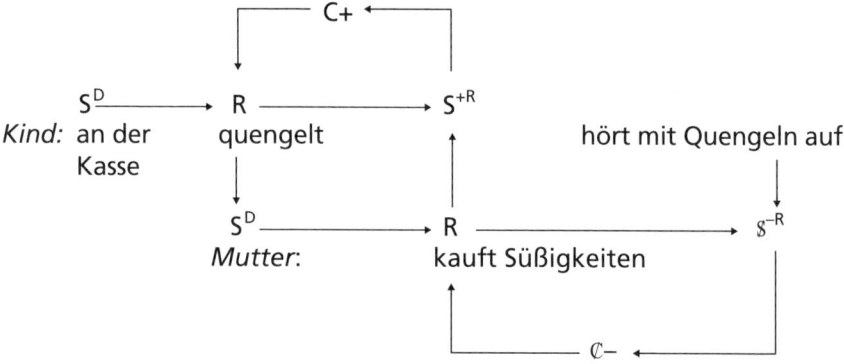

Abb. 18: Verstärkungstheoretische Interaktionsanalyse

Die aufgeführten Beispiele zeigen die Notwendigkeit einer relativ klaren, verhaltensmäßigen Definition der zu erklärenden Reaktionen, wie z. B. das Fortlaufen von Helmut oder das Kaufen einer Süßigkeit durch Frau O., ohne die keine operante Analyse vorgenommen werden kann. Es ist deshalb nicht ausreichend, z. B. in den beiden Fällen davon zu sprechen, Helmut sei unglücklich oder Frau O. übertrieben angepasst. Derartige Beurteilungen sind zu allgemein und können deshalb durch eine Vielzahl unterschiedlicher Verhaltensweisen verwirklicht werden. Im Rahmen des operanten Lernparadigmas geht es jedoch immer um spezifische, einzigartige und individuelle Verhaltensweisen, denen wir in der Wirklichkeit beggenen. Auf die sozialpädagogische Praxis übertragen, zwingt dies den Sozialpädagogen zu einer genauen Operationalisierung der von seinem Klienten vorgetragenen Anliegen (▶ Kap. 1). Nur wenn hinsichtlich des Anliegens wahrnehmungsbezogen begriffliche Eindeutigkeit besteht, kann eine operante Analyse vorgenommen werden.

Während sich Skinner mit den in den Beispielen deutlich werdenden Erklärungen erster Ordnung (▶ Kap. 1) zufrieden gibt, ist es in der Praxis der Sozialpädagogik auch wichtig zu wissen, *warum* eine bestimmte Konsequenzbedingung als Verstärkung oder Bestrafung wirkt, also nach Erklärungen zweiter Ordnung zu fragen. Die Feststellung der gesetzmäßigen Aufrechterhaltung eines Verhaltens durch den Mechanismus der Verstärkung, die wir allein aus der Beobachtung einer Reaktionserhöhung oder Stabilisierung ableiten können, stellt also nur den ersten Schritt in der Erklärungskette dar. Die Notwendigkeit von Erklärungen zweiter Ordnung zeigt folgende kleine Alltagsepisode:

Immer wenn Katrin zu Bett gebracht wird, fängt sie zu jammern und zu weinen an. Die Mutter kommt dann zu ihr ins Kinderzimmer, setzt sich neben sie ans Bett, streichelt sie und erzählt eine Geschichte, woraufhin Katrin ruhig einschläft.

Mit einer Erklärung erster Ordnung interpretieren wir das Zurückkommen der Mutter als eine Verstärkung für das Jammern und Weinen und können diese Reaktionen als operante Verhaltensweisen betrachten. Wir wissen damit, dass das Verhalten der Mutter Katrins Reaktionen verursacht (Immer wenn Katrin jammert und weint, kommt die Mutter: gesetzmäßiger Zusammenhang). So richtig diese Feststellung ist, so wenig ist sie noch ausreichend, um konkrete Schritte z. B. für eine Beeinflussung des Jammerns und Weinens abzuleiten. Hierfür ist es notwendig, zu wissen, warum die Reaktion der Mutter eine Stabilisierung oder gar Erhöhung des Jammerns bewirkt. Wir müssen also das Motivationssystem bei Katrin ausfindig zu machen versuchen, das durch die mütterliche Reaktion befriedigt wird. Theoretisch kommen dabei wenigstens drei Bedürfnissysteme in Betracht, nämlich Angst vor Dunkelheit, Bedürfnis nach Zuwendung und Langeweile.

Weint und jammert Katrin aus Angst vor Dunkelheit, wirkt die mütterliche Reaktion negativ verstärkend, und wir begingen eine grobe Fahrlässigkeit, wenn wir der Mutter den Rat erteilten, in Zukunft auf das Verhalten der Tochter nicht mehr einzugehen. Mit hoher Wahrscheinlichkeit würde Katrin dann ein anderes Verhalten entwickeln, um sich den »mütterlichen Schutz« zu sichern. Anders verhält es sich, wenn Katrin durch ein abendliches Manöver lediglich die Einschlafzeit hinausschiebt. Hier wäre obiger Rat u. U. angemessen. Stellen wir uns nun noch vor, Katrins Mutter sei alleinerziehend und ganztags beschäftigt und habe deshalb wenig Gelegenheit zu positiver Interaktion mit ihrer Tochter, dann wäre eine Verstärkung des deprivierten Zuwendungsbedürfnisses denkbar und von der Empfehlung, das Problem zu ignorieren, ebenfalls abzusehen.

Auf die für eine Intervention grundlegende Frage: »Warum wirkt das Verhalten der Mutter verstärkend?«, gibt es demnach mehrere mögliche Weil-Antworten. Welche von ihnen in einem konkreten Fall zutrifft, ist aus der alleinigen Beobachtung einer einzelnen Verhaltensepisode meistens noch nicht entscheidbar, sondern verlangt die Berücksichtigung weiterer Informationen. Der Sozialpädagoge muss dabei die Wahrscheinlichkeit für das Zutreffen einer spezifischen Hypothese durch die gezielte weitere Informationssammlung und -prüfung abschätzen. Will er beispielsweise klären, inwieweit »Dunkelangst« als Ursache in Frage kommt, kann er u. a. fragen, ob Katrin auch in anderen Situationen, in denen sie mit Dunkelheit konfrontiert ist, Anzeichen von Beunruhigung zeigt, ob das Weinen und Jammern auch dann auftritt, wenn das Licht im Zimmer nicht gelöscht wird, wie sich Katrin verhält, wenn andere Personen anwesend sind etc. Finden sich für die vom Sozialpädagogen vermutete Ursache tatsächlich Bestätigungen, kann er seine Annahme (vorläufig) beibehalten. Erfährt er in unserem Beispiel durch Befragung oder Beobachtung, dass Katrin nur dann jammert und weint, wenn es im Zimmer dunkel ist, hat er Grund, seine Dunkelangst-Annahme als wahrscheinlich zutreffend zu betrachten. Die Datenerhebung dient ihm also dazu, für die angenommenen Ursachen verhaltensbezogene Bestätigungen zu finden und auf diesem Weg die wahrscheinlich bestehenden Bedingungen zu eruieren (vgl. Perez, Büchel, Ischi, Patry & Thommen, 1985). Erst wenn es für eine bestimmte Hypothese hinreichende Belege gibt, kann entschieden werden, welche Intervention als angemessen einzustufen ist (vgl. Haynes & O'Brien, 2000; Jungnitsch, 2009; Schermer, 2016a).

Wie diese kleine Episode bereits zeigt, verlangt die Anwendung operanter Lerntheorie im Bereich der sozialpädagogischen Praxis immer auch eine Erklärung zweiter Ordnung, in der auf die Frage nach dem Warum eine Weil-Antwort gegeben wird. Da diese Erklärung aber theoretischer Natur ist, kann sie – wie wir im ersten Kapitel dargelegt haben – nicht mehr über Verhaltensdaten beantwortet werden. Das durch die Verstärkung bzw. Bestrafung tangierte Bedürfnissystem ist als intervenierende Variable ein nicht unmittelbar beobachtbares hypothetisches Konstrukt. Es wird angenommen, um die Wenn-Dann-Beziehung theoretisch zu erklären. In diesem Sinne handelt es sich beim operanten Lernen um eine Form angewandter Motivationspsychologie (▶ Kap. 5), ein Sachverhalt, der bei der häufig vorgebrachten und nicht selten vordergründigen Kritik an diesem Paradigma leider vielfach unerkannt bleibt (vgl. Fürntratt & Möller 1982).

3.2.2 Positive Verstärkung

3.2.2.1 Klassifikation positiver Verstärker

Verstärker können entweder nach theoretischen oder nach praktischen Gesichtspunkten klassifiziert werden. Bei einer theoretisch ausgerichteten Betrachtung steht dabei die Frage nach der Genese eines Verstärkers im Mittelpunkt, während bei einer aus den Belangen der Praxis abgeleiteten Perspektive die Einteilung nur nach inhaltlichen Gesichtspunkten erfolgt.

Primäre, sekundäre und generalisierte Verstärker
Primäre Verstärker sind mit den unkonditionierten Reizen der klassischen Konditionierung vergleichbar, da ihre verstärkende Wirkung vom Individuum nicht gelernt werden muss, sondern phylogenetisch festgelegt, d.h. angeboren ist. Sie befriedigen elementare Bedürfnisse wie Hunger, Durst, Schlaf, Sexualität etc. und besitzen den höchsten Verstärkungswert, wenn sie zu einem Zeitpunkt auftreten, zu dem der Organismus einen gewissen Mangel (Deprivation) an ih-

nen erlebt. So ist das Verlangen nach einem Getränk bei starkem Durst natürlich höher als bei geringerem. Primäre Verstärker erweisen sich deshalb wenig wirkungsvoll, wenn der Organismus von ihnen gesättigt ist. Ihr gezielter Einsatz bleibt wegen der notwendigen vorausgehenden Deprivierung dem kontrollierten Milieu des therapeutischen Settings vorbehalten.

Sekundäre (konditionierte) Verstärker haben über Lernprozesse ihre Bekräftigungswirkung im Laufe der Lerngeschichte eines Individuums erworben. Im Unterschied zur begrenzten Anzahl primärer Verstärker sind sekundäre Verstärker vielfältig und beliebig. Interpretieren wir Hobbys und Interessen als Verstärkungsquellen, zeigt sich dieser Sachverhalt sehr deutlich: Was einer Person gefällt, mag eine andere durchaus langweilen. Auch bei den meisten sekundären Verstärkern besteht eine Abhängigkeit ihrer Wirkung vom momentanen Bedürfniszustand.

Eine Ausnahme bilden die *generalisierten Verstärker*, welche eine Sonderform sekundärer Verstärker darstellen. Ihre Besonderheit besteht darin, mit sehr vielen primären und/oder sekundären Verstärkern assoziierbar zu sein und in diese umgetauscht werden zu können. Damit sind generalisierte Verstärker unabhängig von der momentanen Bedürfnis- und Motivationslage und besitzen eine konstant gegebene Bekräftigungswirkung. Im sozialpädagogischen Bereich werden im Rahmen gezielter Interventionen sog. Umtauschverstärker (»token«) als generalisierte Verstärker eingesetzt. Es handelt sich dabei um Chips oder Punkte, die in vorher festgelegte primäre oder sekundäre Verstärker umgetauscht werden können. Generalisierte Verstärker besitzen nach Gelfand und Hartmann (1984) wenigstens drei Vorteile:

- Mit Hilfe generalisierter Verstärker kann ein gewisser Aufschub zwischen erwünschtem Zielverhalten und als Verstärkung eingesetzter Reaktion erzielt werden,
- sie können flexibel und kontinuierlich während des ganzen Tages zur Anwendung gelangen und
- ihre verstärkende Wirkung ist gelegentlich sogar intensiver als diejenige primärer Verstärker.

Materielle, soziale, aktivitätsbezogene und informative Verstärker

Unter *materiellen Verstärkern* versteht man alle Dinge, deren Vergabe zu einer Erhöhung der Verhaltensrate führt. Die Spannbreite dieser Verstärkungsart reicht von der Vergabe von Nahrungsmitteln bis hin zu sehr attraktiven Gegenständen. Materielle Verstärker werden in der sozialpädagogischen Praxis vornehmlich in der Arbeit mit Kindern und Jugendlichen eingesetzt, wenngleich sie auch im Erwachsenenbereich nachweislich wirksam sind (Wer ginge z. B. ohne Gehaltszahlung noch seiner Arbeit nach?). Besondere Bedeutung kommt den materiellen Verstärkern bei schwer retardierten Individuen zu. Hier haben sich Nahrungsmittel zur Behebung gravierender Verhaltensdefizite im Sprach-, Arbeits- und Sozialbereich besonders bewährt.

Aus pädagogischer Sicht lässt sich gegen den Einsatz materieller Verstärker ein Einwand geltend machen, der bei ihrer systematischen Verwendung bedacht sein muss. Diese Verstärkungsart fördert eine sog. extrinsische Motivation, d. h., das Individuum zeigt ein gewünschtes Verhalten »nur« bzw. auch, um in den Vorzug einer positiv erlebten materiellen Folge zu gelangen. Die Person benützt das Verhalten also quasi als Mittel zum Zweck. Dieser Einwand trifft einen wichtigen und relevanten Aspekt, er sollte andererseits aber auch nicht – wie gelegentlich anzutreffen – überbewertet werden. Die Ausführung einer Tätigkeit ihrer selbst willen (sog. intrinsische Motivation; ▶ Kap. 5) setzt positive Erfahrungen mit dieser Tätigkeit voraus. Intrinsische Motivation muss sich im Regelfall erst über Erfolgserfahrungen entwickeln. Es ist deshalb zu unterscheiden zwischen dem Mühe kostenden Erlernen eines bestimmten Verhaltens und seiner erst später anstrengungsfrei erfolgenden Ausführung. Während letzteres durchaus intrinsisch motiviert sein kann, bedarf ersteres häufig des Anreizes durch externe – im Regelfall soziale und materielle – Belohnungen. Intrinsische Motivation stellt – so betrachtet – den Endpunkt einer Entwicklung dar und bedarf zu ihrem Aufbau des vorausgehenden Erfolges. Gerade das lässt sich über materielle Verstärker erreichen. Mit ihrer Hilfe kann der Erwerb von Verhaltensweisen erleichtert und beschleunigt werden, weshalb sie in der sozialpädagogischen Praxis primär am Anfang einer systematischen Intervention eingesetzt werden sollen. Besitzt das Zielverhalten eine gewisse Stabilität, müssen materielle Verstärker dagegen zugunsten anderer, z. B. sozialer, wieder ausgeblendet werden.

Sozialen Verstärkern kommt unter allen Verstärkungsmöglichkeiten wahrscheinlich die größte Bedeutung zu. Sie können in verbaler (Lob, anerkennende Worte), taktiler (Berührungen) oder visuell-wahrnehmbarer (Nicken, Lächeln) Form auftreten. Wird Lob als sozialer Verstärker eingesetzt, ist es besonders wichtig, dieses tätigkeits- bzw. verhaltensbezogen (»Prima, dass du daran gedacht hast, die Medizin einzunehmen«) und nicht ausschließlich personbezogen (»Du bist klasse«) auszusprechen. Ausbleibendes personbezogenes Lob wirkt nämlich im Gegensatz zu ausbleibendem verhaltensbezogenem Lob selbstwertmindernd (vgl. Sulzer-Azaroff & Mayer, 1977, S. 125).

Soziale Verstärker sind nicht immer positiv beabsichtigte Konsequenzen, wie die Forschungsergebnisse von Patterson und Cobb (1971) am Beispiel aggressiven Verhaltens belegen. In diesem Problembereich können negativ intendierte soziale Konsequenzbedingungen (z. B. Tadel) als positive Verstärker fungieren. Zurechtweisung und Tadel haben dann einen verhaltensstabilisierenden Effekt, wirken also paradox. Da die operanten Lernprinzipien an der Wirkung und nicht an der verfolgten Absicht (Intention) orientiert sind, erlauben sie uns, derartige Diskrepanzen aufzudecken. Paradoxe Wirkungen von Lob (und Strafe) verweisen den Sozialpädagogen demnach auf Störungen im Interaktionsbereich.

Der gezielte Einsatz sozialer Verstärker bietet in vielerlei Hinsicht Vorteile, die von einer den sozialen Dialog betonenden Disziplin wie der Sozialpädagogik genutzt werden können:

1. Soziale Verstärker erhöhen nicht nur die Wahrscheinlichkeit des ihnen vorausgehenden Verhaltens, sondern wirken sich auch auf das *Selbstwertgefühl positiv* aus, dienen also der »Psychohygiene« des Klienten.

2. Sie sind sowohl in der Arbeit mit Einzelnen als auch mit Gruppen *leicht* und *unmittelbar* auf ein bestimmtes Verhalten hin *äußerbar*.
3. Der *Verhaltensfluss* wird durch sie *kaum beeinträchtigt*.
4. Im Gegensatz zu primären Verstärker sind sie sehr *sättigungsresistent*.
5. Im Gegensatz zu den eher »künstlichen« materiellen Verstärkern handelt es sich bei den sozialen um *»natürliche«* Verstärkungsbedingungen.

Auch für soziale Verstärker gilt, dass die Wirkung und nicht die Absicht darüber entscheidet, ob eine bestimmte Konsequenzbedingung als Verstärker fungiert. Dies ist vor allem im Umgang mit Klienten zu bedenken, deren Sozialisationserfahrungen nicht mit denjenigen des Sozialpädagogen übereinstimmen. Hier ist eine besonders genaue Beobachtung der Wirkung der als Verstärker intendierten Verhaltensweisen nötig.

Die Verwendung von *Aktivitätsverstärkern* entspricht dem Motto: »Zuerst die Arbeit, dann das Vergnügen.« Jede angenehm erlebte und angestrebte Tätigkeit kann als Aktivitätsverstärker interpretiert werden. In der Erziehungspraxis zählen derartige Verstärker zur Alltagsroutine, etwa wenn wir unseren Kindern erst nach der Erledigung der Hausaufgaben erlauben, zum Spielplatz zu gehen, oder wenn wir die Kinderstunde im Fernsehen erst einschalten, nachdem die Spielsachen aufgeräumt wurden. Von Premack (1959) stammt der Vorschlag, die von einer Person selbst ausgewählten und häufig ausgeführten Verhaltensweisen zu ermitteln und dann gezielt als Verstärker für selten auftretende aber erwünschte Verhaltensweisen einzusetzen. Dieses *Premack-Prinzip* konnte sehr erfolgreich bei der Modifikation verschiedenster Problemverhaltensweisen genutzt werden.

Informative Verstärker (Edelmann, 1996, S. 125) bestehen in der direkten oder indirekten Mitteilung (Information) über die Erreichung eines verfolgten Zieles. Als Beispiele nennt Edelmann die richtige Lösung einer Mathematikaufgabe oder die Rückmeldung vom Tachometer über die richtige Geschwindigkeit. In ähnlichem Sinn sprechen Selg und Schermer (2015) von verdeckten Verstärkern.

Für die Auswahl eines guten Verstärkers im Rahmen eines gezielten Modifikationsprogramms zur Erreichung bzw. Festigung eines bestimmten Zielverhaltens geben Gelfand und Hartmann (1984) folgende Empfehlungen:

Ein Verstärker sollte

1. *sättigungsresistent* sein, weshalb sich vor allem generalisierte Verstärker empfehlen;
2. *häufig und in kleinen Einheiten* vergeben werden können;
3. *unmittelbar* nach Äußerung des gewünschten Zielverhaltens dargeboten werden können;
4. *nur vom betreuenden Sozialpädagogen* verabreicht werden können (natürlich verliert ein potenzieller Verstärker seine Wirkung, wenn unabhängig von einer bestimmten Reaktion Zugang zu ihm besteht);

5. mit dem angestrebten *Zielverhalten vereinbar* sein (so wäre es sicher nicht sinnvoll, Süßigkeiten bei einem Gewichtsreduktionsprogramm als Verstärker einzusetzen);
6. *praktikabel* sein, d. h. wenig kosten, keine unerwünschten Nebenwirkungen nach sich ziehen und in großen Mengen verfügbar sein.

3.2.2.2 Verstärkungspläne

Wir haben das Prinzip der positiven Verstärkung als eine wesentliche Ursache von Verhaltensäußerungen dargestellt und können seinen Einsatz im Alltag leicht aufspüren, handelt es sich dabei doch um eine jedem geläufige Lebenserfahrung, der zufolge Belohnungen verhaltenssteuernd wirken. Weshalb dann soviel Aufsehen, mag sich der skeptische Leser fragen! Bereits ein flüchtiger Blick in die Lebenswirklichkeit zeigt aber auch, wie wenig mit Belohnungen gelegentlich auszurichten ist. So bleiben hohe Anreize, die Eltern ihrem Sprössling in Aussicht stellen, um ihn – damit er das Klassenziel doch noch erreicht – zu schulischem Ehrgeiz anzuspornen, nicht selten wirkungslos. Die Tatsache häufiger Ineffektivität beim Umgang mit positiver Verstärkung im Erziehungsalltag hat ihre Ursache primär in der zufälligen, unsystematischen und ungeplanten Handhabung dieses Prinzips.

Soll über Verstärkung eine bestimmte Verhaltensweise für einen längeren Zeitraum geäußert werden oder gar im Verhaltensrepertoire des Individuums dauerhaft verbleiben, bedarf es eines sehr sorgfältig geplanten Vorgehens. Dabei sind bestimmte Regelhaftigkeiten zwischen Verhaltensäußerung und folgenden Konsequenzbedingungen zu beachten, wie sie im Rahmen sog. Verstärkungspläne (»schedules of reinforcement«) systematisch untersucht wurden (vgl. Ferster, Culbertson & Boren, 1975). Der einem Verhalten zugrunde liegende Verstärkungsplan, d. h. das zwischen geäußertem Verhalten und folgender Konsequenzbedingung bestehende Verhältnis, ist wenigstens in dreierlei Hinsicht bedeutend, da er

- weitgehend über die *Schnelligkeit* eines Verhaltenserwerbs, d. h., die zur Aneignung notwendige Zeitspanne entscheidet;
- sowohl die *Verhaltensrate* (Häufigkeit) als auch die *Stabilität* (Beibehaltung) dieses Verhaltens in der Folgezeit bestimmt;
- den der Rückbildung (Löschung: vollständiges Ausbleiben weiterer Verstärkung) entgegengesetzten *Widerstand* (Löschungsresistenz) determiniert.

Kontinuierliche oder Immerverstärkung
Den einfachsten Fall eines Verstärkungsplanes stellt die *kontinuierliche Verstärkung* (Immerverstärkung) dar. Das erwünschte Verhalten wird bei *jedem Auftreten* verstärkt. Wie sofort einsichtig verlangt ein derartiges Vorgehen eine vollständige Beobachtung des Verhaltens und ist deshalb nur in einem kontrollierten Setting (z. B. Förder- oder Therapiestunde) korrekt durchführbar. Kontinuierliche Verstärkung führt zu einem raschen Verhaltenserwerb, dessen Stabi-

lität von weiterer Verstärkung abhängt. Dieser Verstärkungsplan findet deshalb vor allem zu Beginn einer Intervention Anwendung, wenn es darum geht, ein Zielverhalten rasch aufzubauen. Der Hauptnachteil kontinuierlicher Verstärkung ist in der geringen Löschungsresistenz zu sehen. Bleiben die verstärkenden Bedingungen aus, geht das Verhalten sehr schnell zurück. Um für die Zukunft eine Beibehaltung der Reaktionen zu erreichen, muss zu einer gelegentlichen (intermittierenden) Verstärkung übergegangen werden, bei der nicht mehr jede, sondern nach festgelegtem Plan nur noch gewisse Verhaltensäußerungen von Belohnung gefolgt sind.

Intermittierende Verstärkung
Intermittierende Verstärkungspläne werden in zwei Hauptgruppen differenziert. Bei den *Intervallplänen* erfolgt die Verstärkungsvergabe in Abhängigkeit von der verstrichenen Zeitspanne, während sie sich bei den *Quotenplänen* an der Anzahl gezeigter Reaktionen ausrichtet. Innerhalb beider Gruppen werden darüber hinaus *fixierte* und *variable* Pläne unterschieden, je nachdem, ob die Zeitspanne bzw. Reaktionsrate konstant (fixierter Plan) oder um einen Durchschnittswert streuend (variabler Plan) gültig ist. Wenn bei einem Klienten das Verhalten »sich in der Gruppe zu Wort melden« nach einem Quotenplan verstärkt werden soll, vergibt man die Verstärkung erst, wenn es in einer bestimmten Anzahl aufgetreten ist. Der Sozialpädagoge kann z. B. jede 4. Wortmeldung belohnen (fixierter Quotenplan) oder die Verstärkung variabel gestalten, indem er z. B. die 4., 3., 7. und 2. Wortmeldung belohnt, also nur noch auf die durchschnittlich 4. Reaktion eingeht. Bevorzugt der Sozialpädagoge dagegen einen fixierten Intervallplan, vergibt er die Verstärkung nach dem ersten auf ein konstant bleibendes Zeitintervall (z. B. 4 Minuten) folgenden Zielverhalten. Analog zum variablen Quotenplan kann er auch nach einem variablen Intervall verstärken und z. B. durchschnittlich alle 4 Minuten eine Belohnung folgen lassen. Da bei konstanten Verstärkungsplänen die Verstärkungsvergabe für den Klienten antizipierbar ist, führen derartige Pläne zu einer Art »Verschnaufpause« (»postreinforcement pause«) unmittelbar nach Verstärkungserhalt. Diese Tendenz ist bei fixierten Intervallplänen am stärksten ausgeprägt und nimmt bei fixierten Quotenplänen mit der Erhöhung der verlangten Quote zu. Im Allgemeinen führen Quotenpläne zu einer höheren Verhaltensrate als Intervallpläne und variable Pläne produzieren wiederum höhere und stabilere Verhaltensraten als fixierte.

Auch in unserem Alltag können Verstärkungspläne nachgewiesen werden. So unterliegt der Akkordarbeiter in der Fabrik einem fixierten Quotenplan, wohingegen das zu Monatsende eintreffende Gehalt des Beamten als fixierter Intervallplan interpretiert werden kann. Der »Bann des Spielautomaten«, dem der Spieler unterliegt, entpuppt sich nun als ein hohe Verhaltensraten produzierender variabler Quotenplan. Wie unmittelbar einsichtig ist, liegt die praktische Bedeutung des Konzeptes »Verstärkungsplan« für den Sozialpädagogen nicht in der Analyse des bisherigen Problemverlaufes. Im Rahmen von Anamneseerhebung und Verhaltensanalyse wird er sich meist mit der allgemeinen Annahme des Vorliegens intermittierender Verstärkung begnügen müssen, da es im nachhinein sehr schwierig, wenn nicht gar unmöglich ist, die relevanten Parameter in der notwendigen Exaktheit zu eruieren. Die Kenntnis der Wirkung eines Verstärkungsplanes ist für den Sozialpädagogen deshalb vor allem bei der Beeinflussung zukünftigen Verhaltens, z. B. im Rahmen einer gezielten Modifikation, relevant.

3.2.2.3 Wirkungskontrolle

Entscheidet sich der Sozialpädagoge, positive Verstärkung als systematische Modifikationsstrategie zur Erhöhung der Auftretenswahrscheinlichkeit eines bestimmten Verhaltens (Zielverhalten) bei einem Klienten einzusetzen, muss er zuerst einen geeigneten Verstärker auswählen und diesen nach dem für das angestrebte Ziel effektivsten Verstärkungsplan kontingent auf das Zielverhalten folgen lassen. Wir haben mehrmals auf die Notwendigkeit eines kontrollierten Verstärkereinsatzes hingewiesen, da nur auf diesem Weg entschieden werden kann, ob der beabsichtigten (intendierten) Wirkung eines Verstärkereinsatzes auch eine tatsächliche (funktionale) Wirkung entspricht. Der professionelle Einsatz von positiver Verstärkung verlangt deshalb die Überprüfung ihrer Wirkung, wie es im Rahmen einer kontrollierten Fallstudie üblich ist (vgl. z. B. Blanz, 2015; Petermann, 1996).

Hierbei werden die zu beeinflussenden Verhaltensaspekte (Zielverhaltensweisen) in quantifizierbarer also zählbarer Form über den Zeitraum vor, während und nach der Modifikation hinweg kontinuierlich beobachtet.

Die Beobachtung des zu modifizierenden Verhaltens *vor Einsatz des Verstärkers* erlaubt eine Beurteilung von dessen Ausgangshäufigkeit. Die in dieser Beobachtungsphase ermittelten Werte sind z. B. in Form von Strichlisten ausgedrückt und dienen als Grundlage für die Beurteilung des weiteren Modifikationsverlaufs. Man bezeichnet diese Phase der Wirkungskontrolle als *Grundratenerhebung* (»baseline«).

Während der eigentlichen Modifikation , also des Zeitraums gezielter Verstärkungsvergabe, wird das gleiche Verhalten weiterhin genau registriert. Eine entsprechend des eingesetzten Lernprinzips der positiven Verstärkung prognostizierte Häufigkeitserhöhung wird nun erwartet. Tritt sie tatsächlich ein, verändern sich die Beobachtungswerte also in die erwartete Richtung, betrachtet man dies als einen empirischen Beleg für die funktionale Wirksamkeit. Verändert sich die Verhaltenshäufigkeit jedoch nicht in die erwartete Richtung, fehlt also der empirische Beleg für die Wirksamkeit des eingesetzten »vermeintlichen« Verstärkers, muss der Sozialpädagoge nach Erklärungen für das Misslingen suchen. So gilt es nun zu prüfen, ob die Modifikationsbedingungen korrekt ausgeführt wurden (Waren Diagnose und Vergabe des Verstärkers korrekt?) oder ob alternative Erklärungen zutreffender sein könnten. Die während der Modifikation erfolgende Registrierung dient dem Sozialpädagogen demnach der Überprüfung und eventuellen Korrektur des eigenen methodischen Vorgehens.

Nach Beendigung der Modifikation erfolgt schließlich die letzte Beobachtungsphase, »*follow-up*« genannt, bei der überprüft wird, inwieweit die bei der Modifikation erzielten Ergebnisse nach der Modifikation auch unter den natürlichen Bedingungen des Alltags stabil bestehen bleiben. Ein follow-up ist natürlich nur bei solchen Modifikationszielen angezeigt, die eine langfristige Änderung anstreben. Wenn auch in dieser Beobachtungsphase eine hohe Verhaltensrate ausgewiesen werden kann, hat eine Übertragung (Generalisierung/ Transfer) auf Alltagsbedingungen stattgefunden. In der Praxis ist es ratsam, die Stabilität der Generalisierung über mehrere »follow-ups« (z. B. nach 3, 6 und 18 Monaten) zu überprüfen.

3.2.3 Negative Verstärkung

In seiner Wirkung entspricht das Lernprinzip der negativen Verstärkung demjenigen der positiven Verstärkung und zieht damit eine Erhöhung der Verhaltensrate nach sich. Ein entscheidender Unterschied zwischen beiden Prinzipien ist jedoch in der motivationalen Andersartigkeit zu sehen. Während positive Verstärkung mit der Tendenz nach Annäherung einhergeht, ist das Prinzip der negativen Verstärkung vor allem durch die Tendenzen zu Flucht und Vermeidung bestimmt. Das hat seine Ursache darin, dass bei der negativen Verstärkung die »Belohnung« in der Abschwächung oder der Beendigung von etwas Unangenehmem, Schmerzhaftem, Negativem etc. besteht. Derartige aversive Reize können grundsätzlich wie die positiven Verstärker eingeteilt werden, also in primäre (z. B. Schmerzreize jedweder Art, Einschränkungen der Bewegungsfreiheit), sekundäre (z. B. Drohgeste mit dem Finger), materielle (z. B. Lohnabzug) etc. Von Fürntratt und Möller (1982) stammt der Vorschlag, sie entsprechend ihres Ursprungs zu differenzieren. In dieser Sichtweise können aversive Reize aus folgenden Quellen stammen:

- »Aus der nicht-lebendigen Umwelt (z. B. elektrischer Schlag beim Anfassen eines Gerätes).
- Aus dem Körperinneren (z. B. Schmerzen im Rücken beim Versuch, etwas Schweres zu heben.)
- Aus der nicht-menschlichen-lebendigen Umwelt (z. B. Hundebiss als Antwort auf Ziehen am Schwanz).
- Aus der sozialen Umwelt (z. B. Ohrfeige als Antwort auf eine ›freche‹ Äußerung, Stirnrunzeln als Antwort auf eine ›dumme‹) und nicht zuletzt
- vom Subjekt selbst (z. B. ›Selbsttadel‹ für unbeherrschtes Verhalten)« (S. 27).

Wegen ihres aversiven Charakters ist das Individuum in aller Regel bemüht, die mit diesen Reizen verbundenen unangenehmen Erfahrungen zu beenden, bzw. sich ihnen zu entziehen. Bei dem Prinzip der negativen Verstärkung versucht es dies über Flucht und Vermeidung.

3.2.3.1 Flucht

Eine notwendige Voraussetzung für Fluchtverhalten besteht in der unmittelbaren Erfahrung aversiver Stimulation. Die Wirkung des aversiven Reizes muss also von der Person erlebt werden (z. B. der mit einem Hundebiss verbundene Schmerz). Negative Reize üben ihre Wirkung – anders als die häufig vom jeweiligen Sättigungszustand abhängigen positiven Verstärker – unabhängig von dem gerade bestehenden Motivations- und Bedürfniszustand aus. Das Individuum erlebt sie quasi immer in ihrer vollen Intensität.

Nach Klein (1987, S. 162–168) bestimmen drei Variablengruppen die Entwicklung und Ausbildung von Fluchtverhalten. Der stärkste Einfluss geht von der *Intensität der aversiven Stimulierung* aus. Je unangenehmer die Stimulierung, desto eher kommt es zur Ausbildung von Fluchtreaktionen. Die Intensitätseinschätzung erfolgt jeweils aus der individuellen und subjektiven Sicht des der aversiven Reizung ausgesetzten Individuums. Aus diesem Grund kann die objektiv gleiche Reizintensität bei verschiedenen Personen zu unterschiedlichem Fluchtverhalten führen (z. B. unterschiedlicher Zeitpunkt der Tabletteneinnahme bei Kopfschmerzen). Neben der Intensität des aversiven Reizes ist das Ausmaß der durch das Fluchtverhalten erreichten *Reduktion an aversiver Reizung* von Bedeutung. Ein Fluchtverhalten bildet sich umso schneller aus, je stärker der dadurch bewirkte Rückgang an aversiver Reizung ausfällt. So zieht man sehr schnell die auf eine heiße Herdplatte gelangte Hand zurück und achtet in Zukunft darauf, diese Stimulierung zu unterbinden. Als letzten Punkt nennt Klein noch den *Zeitpunkt der Beendigung* der aversiven Bedingungen. Je langsamer die aversive Qualität zurücktritt, desto langsamer auch die Entwicklung und Ausbildung von Fluchtverhalten (eine den Kopfschmerz lange nicht reduzierende Schmerztablette wird in Zukunft nicht mehr [so früh] eingenommen).

3.2.3.2 Vermeidung

Nachdem eine Person ein Fluchtverhalten zur Beendigung aversiver Stimulierung aufgebaut hat, versucht sie normalerweise in der Folgezeit, die Aversion vollständig zu umgehen. Sie sucht deshalb im Umfeld der aversiven Stimulierung nach Hinweisreizen, die es ihr gestatten, das Eintreten des aversiven Ereignisses vorherzusagen. Gelingt es ihr, solche Warnsignale ausfindig zu machen, kann sie Verhaltensweisen entwickeln und einsetzen, die ihr eine gänzliche Vermeidung der aversiven Reizung gestatten.

Die theoretische Erklärung des Vermeidungsverhaltens wirft – im Unterschied zum Fluchtverhalten – Probleme auf, da in seinem Fall die aversive Situation nicht mehr aufgesucht wird und folglich auch keine negative Verstärkung nach sich ziehen kann. Eine der ersten Erklärungsversuche zum Vermeidungsparadigma legte Mowrer (1947, 1956) mit seiner *Zwei-Faktoren-Theorie* vor. Seiner Meinung nach entsteht das Vermeidungsverhalten in einem zweiphasigen Prozess. Über respondentes Lernen bildet sich in der ersten Phase eine Angstreaktion, der zufolge ein Reiz aversive CS-Qualität gewinnt und die

CR »Angst« auslöst. Wurde eine Person von einem Hund gebissen, lernt sie auf diese Weise, Hunde zu fürchten (UCS = Biss; UCR = Schmerz; CS = Hund; CR = Angst). In der darauffolgenden zweiten Phase bildet sich auf der Grundlage operanten Lernens ein Verhalten, das zur Beseitigung des angstauslösenden konditionierten Reizes führt. Für die hundeängstliche Person wird die konditionierte Angstreaktion also zu einem diskriminativen Stimulus (S^D), der die Auswahl eines Weges (R), auf dem man keinem Hund begegnet, anregt und auf diese Weise dazu führt, dass die Person keine Angst mehr zu haben braucht. Das Nachlassen der Angst wirkt dabei als negative Verstärkung. In einem wesentlichen Punkt steht dieses Modell jedoch in Widerspruch zu den Befunden des respondenten Lernens. Wie wir gesehen haben (▶ Kap. 3.1.1), müsste zur Beibehaltung seiner Wirkung der angstauslösende CS zumindest gelegentlich wieder mit dem UCS gemeinsam auftreten. Vermeidungsverhalten bleibt aber in aller Regel ohne weitere UCS-CS-Koppelungen bestehen.

D'Amato hat 1970 den Versuch unternommen, durch eine Modifikation der Zwei-Faktoren-Theorie Mowrers diesem Problem zu begegnen. Genau wie Mowrer nimmt auch D'Amato an, dass zu Beginn eines Vermeidungsverhaltens ein aversiver Stimulus (UCS) zu einer unkonditionierten Schmerzreaktion führt und damit die Wahrscheinlichkeit von Fluchtverhalten erhöht. Die mit dem UCS assoziierten Stimuli führen in Zukunft zu einer antizipatorischen Schmerzreaktion, deren Reiznachwirkungen selbst wiederum Fluchtverhalten initiieren können. Analog zur Antizipation des Schmerzreizes verfährt D'Amato mit dem durch die Beendigung des aversiven Reizes eingetretenen Zustand der unkonditionierten Erleichterungsreaktion, die ebenfalls antizipatorisch – also klassisch konditioniert – auftreten kann. Sie besitzt in ihren Konsequenzen verstärkenden Charakter. Die mit Erleichterung assoziierten Hinweisreize lösen darüber hinaus Annäherungsverhalten aus. Das bedeutet, dass es sich bei Vermeidung im Rahmen dieser Interpretation nicht nur um Flucht vor unangenehmer Stimulierung, sondern gleichzeitig um die Annäherung an einen angenehmen Motivationszustand handelt. D'Amato zufolge entwickelt sich der die Vermeidungsreaktion verstärkende Mechanismus nur – und hier liegt der entscheidende Unterschied zu Mowrer –, wenn der UCS umgangen wird.

In diesem Ansatz lässt sich die durch eine Prüfung hervorgerufene Verweigerung des Schulbesuchs eines leistungsängstlichen Schülers folgendermaßen theoretisch erklären: als UCS fungiert für den Schüler die Prüfungssituation, welche eine unkonditionierte Schmerzreaktion bewirkt. Die mit dem UCS assoziierten Reize (z. B. Prüfungsankündigung, Aufsuchen des Prüfungsraumes) führen zu antizipatorischen Schmerzreaktionen und erhöhen die Wahrscheinlichkeit für Fluchtverhalten (z. B. sich Krankstellen). Gelingt es dem Schüler, die Teilnahme an der Prüfung zu vermeiden, wird er eine unkonditionierte Erleichterungsreaktion empfinden, welche ihrerseits auf das Vermeidungsverhalten verstärkend wirkt. Bei der nächsten Prüfung kann deshalb infolge der antizipatorischen Schmerz- und Erleichterungsreaktion, der Gedanke »daheim zu bleiben und krank zu spielen« zur Ausführung und Verstärkung des Vermeidungsverhaltens führen. Zur weiteren Beibehaltung des Vermeidungsverhaltens bedarf es also keiner weiteren UCS-Präsentation.

3.2.4 Bestrafung durch Darbietung eines aversiven Reizes

Wie bei der negativen Verstärkung handelt es sich auch bei dem Prinzip der Bestrafung durch Darbietung eines aversiven Reizes um eine Form der aversiven Verhaltenskontrolle. Im Unterschied zur verhaltensstabilisierenden negativen Verstärkung führt Bestrafung jedoch zu einer Verminderung der Auftrittswahrscheinlichkeit des ihr vorausgehenden Verhaltens. Die Wirkung von Bestrafung wurde lange Zeit lediglich in einer Unterdrückung des bestraften Verhaltens gesehen und deshalb von ihrem Einsatz gelegentlich generell abgeraten. Zwischenzeitlich konnten jedoch in einer Vielzahl empirischer Studien die für einen wirksamen und anhaltenden Effekt der Verhaltensreduktion verantwortlichen Parameter identifiziert werden (siehe im Überblick Reinecker, 1980). Während diese Fragestellung nur empirisch beantwortet werden kann, darf natürlich die Legitimation eines Strafeinsatzes in der sozialpädagogischen Praxis nicht vernachlässigt werden. Ein verantwortungsbewusster Umgang mit Strafmaßnahmen ist aber nur bei Kenntnis der wesentlichen Parameter dieses Lernprinzips möglich.

Obwohl im professionellen wie auch nichtprofessionellen Bereich der Einsatz von Strafe im Allgemeinen negativ bewertet und abgelehnt wird, belegen empirische Studien immer wieder die massive Häufigkeit dieser Beeinflussungsform im Alltag. Ein nicht zu unterschätzender Anteil unseres Verhaltens und Handelns kann diesem Lernprinzip untergeordnet werden.

Fasst man die empirische Befundlage zusammen, so bestimmen vor allem vier Parameter die Effektivität von Bestrafung, nämlich Intensität und Dauer, Auftretenswahrscheinlichkeit, Unmittelbarkeit sowie Motivation (vgl. Klein, 1987, S. 182–192). Je *intensiver* und *anhaltender* ein aversiver Stimulus dargeboten wird, umso verhaltensreduzierender ist im Regelfall seine Wirkung. Muss das Individuum bei Äußerung eines bestimmten Verhaltens immer mit einer Bestrafung rechnen, treten die aversiven Konsequenzen also mit *hoher Auftretenswahrscheinlichkeit* ein, zieht dies ebenfalls eine hohe Effektivität nach sich. Je *unmittelbarer* und unverzüglicher die Bestrafung dabei auf das zu kontrollierende Verhalten folgt, desto besser die verhaltensreduzierende Wirkung. Besteht für die Ausführung eines Verhaltens nur eine niedrige Motivation, kann dieses durch Strafe besser kontrolliert werden als bei Vorliegen einer hohen Ausführungstendenz.

An zwei Alltagsbeispielen seien die genannten Parameter erläutert: Normalerweise legen wir uns auf einer Wiese nicht ungeschützt in die dort wachsenden Brennnesseln. Die relativ starke, anhaltende, unmittelbare und ziemlich sicher erfolgende Schmerzempfindung geht in diesem Beispiel auch mit einer geringen Motivation zur Ausführung eines derartigen Verhaltens einher. Die Bedingungen optimaler Strafwirkung sind hier also recht gut ausgeprägt und steuern sehr wirkungsvoll unser Verhalten. Betrachten wir demgegenüber das Verhalten eines Autofahrers, der die zulässige Geschwindigkeitsgrenze überschreitet: Der auf dieses Verhalten folgende aversive Reiz in Form eines Bußgeldbescheides und Eintrages in die Flensburger Kartei übt eine viel geringere Kontrolle aus. Er ist – vorausgesetzt der Fahrer hat noch kein allzu hohes

»Punktekonto« – von niedriger Intensität, er erfolgt nur mit einer recht geringen Wahrscheinlichkeit und kommt darüber hinaus normalerweise erst mehrere Wochen nach der Geschwindigkeitsüberschreitung mit der Post ins Haus. Die hohe Motivation zum schnellen Fahren wird deshalb kaum eingeschränkt. So verwundert es nicht, dass die Überschreitung der zulässigen Geschwindigkeit auf unseren Straßen ein sehr häufig anzutreffendes Verhalten darstellt.

Offensichtlich handelt es sich bei der Bestrafung durch Darbietung eines aversiven Reizes um eine sehr wirksame Form der Verhaltenssteuerung. Gerade deshalb ist es notwendig, auch auf die Probleme und Nebenwirkungen des Strafeinsatzes im Humanbereich aufmerksam zu machen und hinzuweisen. Diese Probleme gehen primär darauf zurück, dass Bestrafung durch Darbietung eines aversiven Reizes bei der bestraften Person Angst auszulösen vermag, welche das bestrafte Verhalten hemmt und die Situation über klassische Konditionierung zu einem konditionierten Reiz (CS) für die konditionierte Reaktion (CR) Angst werden lässt (vgl. z. B. Fürntratt, 1974; Schermer, 2014, S. 89–90).

An Nachteilen sind deshalb besonders zu nennen:

1. Infolge ihrer Assoziation mit Angst fördern Strafmaßnahmen die *Neigung zu Flucht- und Vermeidungsverhalten*, d. h., das Individuum versucht, sich der Wirkung aversiver Reize zu entziehen.
2. Bestrafung durch aversive Reize kann zu *Ärgerreaktionen* führen, welche ihrerseits *aggressives Verhalten* begünstigen können. Aggressives Verhalten dient dabei nicht der Vermeidung von Strafmaßnahmen, sondern wird durch das mit Ärger einhergehende erhöhte Erregungsniveau initiiert.
3. Im kognitiven Manifestationsbereich werden Selbstwahrnehmung und innerer Dialog negativ beeinflusst, so dass langfristig eine *Beeinträchtigung des Selbstkonzepts* resultieren kann.
4. Nicht nur die unmittelbar bestraften Reaktionen, sondern auch in deren Umfeld liegende Verhaltensweisen können wegen der *Generalisierung des konditionierten Auslösers* gehemmt und eingeschränkt werden.
5. Als alleinig angewandte Strategie besitzt Strafe den Nachteil, dem Betroffenen nicht anzugeben, welches Verhalten er anstelle des bestraften zeigen soll. Die daraus möglicherweise resultierende erlernte *Hilflosigkeit* wird von Seligman (1975) in Beziehung zu depressiven Verhaltensweisen gesetzt. Mit Hilfe von Strafmaßnahmen ist es also *nicht möglich, positive Ziele* (Verhaltensweisen die gezeigt werden sollen) *anzugeben*.
6. Die Anwendung von Strafe stellt für die bestrafte Person ein *Modell für aggressives Verhalten* dar, worauf vor allem Bandura (1973) aufmerksam machte.
7. Selbstverständlich wirkt sich häufiges Bestrafen auch *negativ auf der Beziehungsebene* aus, weil der Bestrafende zu einem konditionierten Stimulus für negative emotionale Reaktionen werden kann.

Die aufgeführten möglichen Nebenwirkungen stellen keine in jedem Fall zu erwartenden Folgen des Strafeinsatzes dar, sondern sind das Ergebnis vieler Einflussgrößen, welche darüber hinaus durch die Persönlichkeit des der Strafe ausgesetzten Individuums eine moderierende Wirkung erfahren. Bei Verwendung sehr hoher Intensitäten des aversiven Stimulus, prolongiertem Strafeinsatz und einer Fixierung auf diese Form der Verhaltenssteuerung erhöht sich jedoch die Wahrscheinlichkeit ihres Auftretens. Die genannten Nachteile zwingen den Sozialpädagogen zu einem verantwortungsbewussten und kontrollierten Umgang mit Strafmaßnahmen. Wenn möglich sollte Bestrafung durch Darbietung eines aversiven Reizes vermieden werden, in jedem Fall aber durch positive Verstärkung angemessener Verhaltensweisen ergänzt werden. Diese Strategie besitzt den Vorteil, auch deutlich zu machen, welches Verhalten vom Individuum anstelle des bestraften erwartet wird. Auf ein Kind bezogen, das im Spiel mit Gleichaltrigen durch aggressives Verhalten (Schlagen und Beißen) auffällt, bedeutet dies, z. B. nicht nur auf das Schlagen mit Tadel zu reagieren, sondern gleichzeitig bei gezeigtem kooperativem Spielverhalten Anerkennung und Lob auszusprechen (sog. differentielle Verstärkung).

Zur Sicherstellung einer verantwortungsvollen und dem Schutz des Klienten dienenden Anwendung wurden im Rahmen der Verhaltensmodifikation für den Einsatz von Bestrafung mittels eines aversiven Reizes unter anderem folgende Legitimationsempfehlungen entwickelt (siehe hierzu ausführlich: Cooper, Heron & Heward, 2007, S. 349–352, Miltenberger, 2016, S. 386–388; Reinecker, 1999, S. 231):

- *Aufklärung und Akzeptanz* (»informed consent«): Der Klient bzw. sein gesetzlicher Vertreter müssen über das Vorgehen vollständig informiert werden und die Zustimmung für die Durchführung geben.
- *Alternative Interventionsformen*: Es ist zu prüfen, ob die angestrebten Ziele durch eine Strategie der positiven Verhaltenskontrolle (z. B. differentielle Verstärkung) erreicht werden können. Ist das nicht möglich, muss die am wenigsten aversive Form der Bestrafung ausgewählt werden.
- *Empirischer Beleg*: Die Wirkung der ausgewählten Form der Bestrafung durch einen aversiven Reiz muss bezüglich der zu bearbeitenden Problemlage empirisch belegt sein.
- *Klientensicherheit*: Die eingesetzte Methode darf dem Klienten keinen Schaden zufügen und ihn nicht verletzen.
- *Schwere und Ernsthaftigkeit der Problemlage*: Aversive Bestrafungsmethoden dürfen nur bei solchen Problemen Anwendung finden, die das Wohlbefinden des Klienten extrem einschränken (z. B. bestimmte Formen selbstverletzenden Verhaltens) oder eine Gefährdung anderer Personen darstellen.
- *Durchführungsregeln*: Das Vorgehen muss in allen seinen einzelnen Schritten genau schriftlich festgehalten werden.
- *Einweisung und Supervision*: Alle am Vorgehen beteiligten Personen müssen in die angewandte Methode konkret durch Instruktion, Modelllernen und Übung eingeführt und während der Durchführung supervisiert werden
- *Kontrolle durch externes Fachpersonal*: Die schriftlich festgehaltene Vorgehensweise muss durch andere, an der Durchführung nicht beteiligte Fachkräfte geprüft und akzeptiert werden.

- *Vorbeugung von Missbrauch und überzogener Anwendung*: Wenn möglich, soll während des Interventionsverlaufs die Verantwortlichkeit für das Vorgehen unter den Mitarbeitern wechseln. In jedem Fall ist die verantwortliche Fachkraft immer genau zu bestimmen. Der Interventionsverlauf ist kontinuierlich zu dokumentieren und dem jeweils Hauptverantwortlichen täglich vorzulegen.

3.2.5 Bestrafung durch Verstärkerentzug

Bestrafung durch Verstärkerentzug kommt dadurch zustande, dass auf ein Verhalten ein positiver Verstärker kontingent entzogen wird. Wenn es sich dabei um den dieses Verhalten aufrechterhaltenden positiven Verstärker handelt, spricht man von Löschung (synonym: Extinktion oder Abschwächung). In funktionaler Hinsicht bleiben hier die stabilisierenden Ursachen für das Verhalten aus. In unserem Beispiel zur positiven Verstärkung (S. 118) erhielte Helmut nach Rückkehr in die Gruppe keine besondere Aufmerksamkeit mehr. Darüber hinaus ist es auch möglich, kontingent auf ein Verhalten einen beliebigen Verstärker zu entziehen. Wenn Eltern ihrem Sohn gegenüber feststellen: »Weil Du Deine kleine Schwester geschlagen hast, musst Du mit dem Fernsehen jetzt aufhören«, handeln sie nach diesem Prinzip. Das Schlagen der Schwester und das Fernsehen stehen in keinem ursächlichen, sondern in einem willkürlichen Verhältnis.

Bestrafung durch Ausbleiben oder Entzug eines positiven Verstärkers besitzt den großen Vorteil, ohne die Verabreichung eines aversiven Reizes eine Verhaltensreduktion zu erzielen, und zieht damit im Allgemeinen die im vorherigen Abschnitt dargestellten negativen Strafauswirkungen nicht in dem dort geschilderten Umfang nach sich. Zwar wird die Wegnahme oder das Ausbleiben von positiver Verstärkung auch als aversiv erlebt, die damit einhergehende emotionale Belastung scheint aber deutlich geringer zu sein, als dies bei Bestrafung durch Verwendung eines aversiven Reizes der Fall ist. Vermutlich kommt nämlich der Angst hierbei keine so entscheidende Bedeutung zu, stattdessen treten eher Enttäuschung und Frustration als Folge auf.

Wird vom Sozialpädagogen *Löschung* als Form der Verhaltenssteuerung eingesetzt, muss er einige Besonderheiten beachten. Zum einen führt Löschung nicht zu einer sofortigen Verhaltensreduktion, sondern sie nähert sich meist erst Schritt für Schritt diesem Ziel. Wie schnell dies geschieht, ist dabei weitgehend durch die vorausgehende Lerngeschichte, d. h. den erfahrenen Verstärkungsplan der zu reduzierenden Reaktion festgelegt. Handelt es sich bei dem Verhalten um keine bereits sehr gefestigte Gewohnheit, bewirkt Löschung relativ schnell und kontinuierlich einen Rückgang in der Verhaltensrate und zieht im Allgemeinen keine großen Probleme nach sich. Ganz anders verhält es sich jedoch bei bereits fest eingefahrenen, d. h. stabilen und gefestigten Verhaltensmustern. In derartigen Fällen wird der Anwendung von Löschung häufig ein Widerstand entgegengebracht, der unmittelbar nach Einsatz dieser Maßnahme zu einer deutlich erhöhten Verhaltensrate führen kann. Da mit Löschung normalerweise problematische Verhaltensweisen abgebaut werden sollen, kann dieser Effekt die Frustrationstoleranz des Sozialpädagogen erheblich beanspruchen. Wegen dieses zwar zeitlich begrenzten, aber doch deutlichen Anstieges in Intensität und/oder Frequenz der zu reduzierenden Verhaltensweisen kann Löschung nur dann angewandt werden, wenn eine Intensitäts- oder Frequenzerhöhung keine mittel- oder langfristig negativen Wirkungen nach sich zieht. Neben einer kurzfristigen Erhöhung der Auftretenswahrscheinlichkeit beobachtet man bei Löschungsmaßnahmen darüber hinaus häufig bei der den Löschungsbedingungen ausgesetzten Person auch eine Zunahme von Wut und aggressivem Verhalten. Schließlich sind noch Spontanerholungen zu nennen, worunter man das Auftreten bereits gelöschter Verhaltensweisen versteht, ohne dass zwischenzeitlich weitere Verstärkungen erfolgten.

Der Einsatz von Löschung muss wohlüberlegt erfolgen und verlangt vom Sozialpädagogen deshalb ein hohes Maß an Selbstbeherrschung, da er trotz der geschilderten Belastungen auf keinen Fall auf das Verhalten eine Verstärkung folgen lassen darf. Für den von Löschung Betroffenen bedeutet diese Maßnahme das ersatzlose Ausbleiben bislang gewohnter Verstärker, d. h. eine Einbuße an relevanter Befriedigung. Da genauso wie bei Bestrafung durch Darbietung eines aversiven Reizes auch bei Löschung kein positives Alternativ-Verhalten gefördert wird, bleibt offen, welches neue Verhalten an die Stelle des bestraften treten soll.

Bei der zweiten Möglichkeit von Bestrafung durch Verstärkerentzug wird ein beliebiger bzw. willkürlich festgelegter Verstärker kontingent auf die Äußerung eines unerwünschten Verhaltens entzogen. Im Rahmen der Angewandten Verhaltensanalyse wurden hierzu die Strategien »Response Cost« und »Timeout« entwickelt und empirisch überprüft. Adameit, Heidrich, Möller und Sommer (1983) beschreiben *Response Cost* folgendermaßen: »Bei dieser Technik werden – in der Regel im Rahmen einer vertraglichen Vereinbarung – vorhandene oder durch eine zugleich stattfindende Verstärkung erworbene materielle Verstärker entzogen, wenn ein bestimmtes Problemverhalten hervorgebracht wird« (S. 264). Der Verstärkerentzug richtet sich also auf den quantitativen Aspekt. Soll diese Strategie wirkungsvoll sein, muss ein hinreichend großer Verstärkerüberschuss vor Beginn des Entzuges bestehen, also die Möglichkeit geschaffen werden, Verstärker anzusparen, bevor ein Abzug vorgenommen wird. Die in der Definition empfohlene vertragliche Einbettung des Vorgehens macht den Verstärkerentzug für den Betroffenen antizipierbar und seine Angemessenheit kontrollierbar und kann damit zu einer Versachlichung der Maßnahme beitragen. Adameit et al. (1983, S. 264–266) empfehlen für den Einsatz von Response Cost unter anderem:

1. Wie alle Bestrafungsformen sollte die Maßnahme nur bei *besonderer Indikation* eingesetzt werden. Die Autoren nennen als Anwendungslegitimation potentielle Gefährdung, Verletzungsgefahr sowie unzumutbare Belästigung und Beeinträchtigung.

2. Insgesamt betrachtet muss immer ein *Verstärkerüberschuss* bestehen, weshalb die gleichzeitige Verstärkung für positives Alternativ-Verhalten generell geboten erscheint.
3. Die Bedingungen von Response Cost sollten in einem *fairen Vertrag* festgelegt sein.
4. Vor dem Verstärkerentzug sollte ein *neutraler Warnreiz* als diskriminativer Stimulus für die folgende Strafe eingesetzt werden. Der Warnstimulus kann die Funktion übernehmen, auf problematisches Verhalten frühzeitig hinzuweisen und bereits nach kurzem Einsatz eine Hemmung aufzubauen.
5. Der Entzug von Verstärkern soll *zügig in sachlich-nüchterner und unauffälliger Art* durchgeführt werden.

Während sich Response Cost am Betrag des Verstärkerentzuges orientiert, geht es bei Time-out um die Zeitspanne des Entzuges. Nach Adameit et al. (1983) wird bei *Time-out* »der Betroffene für kurze Zeit aus einer verstärkenden sozialen Situation ausgeschlossen, wenn er ein bestimmtes Problemverhalten zeigt« (S. 266). Eine Time-out-Maßnahme ist also mit der »roten Karte« auf dem Fußballfeld vergleichbar. Genauso wie bei Response Cost empfehlen sich auch hier die Einbettung in einen Kontrakt, die Verwendung eines hinweisenden Stimulus als Warnsignal sowie die systematische Verstärkung eines positiven Alternativverhaltens. Für die Time-out-Technik gelten aber einige Besonderheiten. Da Time-out nur dann wirken kann, wenn während der Time-out-Phase möglichst alle Verstärkungsmöglichkeiten vorenthalten werden, verlangt der Einsatz dieser Strategie das Vorhandensein eines geeigneten Time-out-Raumes. Dieser Raum darf zwar nicht ängstigen, aber auch keinerlei Ablenkungsmöglichkeiten bieten. Nur wo ein derartiger Raum zur Verfügung steht, kommt die Time-out-Maßnahme grundsätzlich in Frage. Da Time-out vor allem in der Arbeit mit Kindern und im Bereich der geistigen Behinderungen Anwendung findet, ist als weitere Anwendungsschwierigkeit das Problem der Aufsichtspflicht zu nennen. In vielen sozialpädagogischen Anwendungsfeldern muss die Aufsichtspflicht gewährleistet sein, eine Forderung, die mit der notwendigen sozialen Isolierung kollidieren kann. Paradoxe Effekte sind bei Time-out dann zu erwarten, wenn die Maßnahme selbst zu einer Verstärkungsquelle wird, z. B. weil sie aversiv erlebte Sozialkontakte beendet. Was die Dauer von Time-out betrifft, haben Studien eindeutig die Überlegenheit kurzer Ausschluss-Zeiten (2–3 Minuten) gegenüber längeren belegt.

3.2.6 Modifikation auf der Grundlage operanten Lernens

Bei der Darstellung der operanten Lernprinzipien wurde auf deren Bedeutung für das methodisch kontrollierte Handeln des Sozialpädagogen bereits in Form konkreter Anwendungs-Empfehlungen hingewiesen. Die Gesetzmäßigkeiten operanter Lernprozesse dienten darüber hinaus der Entwicklung einer Vielzahl voneinander unterscheidbarer Interventionsformen und Modifikationsstrategien, die in einem breiten Praxisbereich Anwendung fanden. Das Spektrum der

Adressatengruppen reicht dabei vom präventiv ausgerichteten Elterntraining bis hin zur Rehabilitation von Langzeitpatienten. Auf die verschiedenen Techniken wie z. B. Stimuluskontrolle, differentielle Verstärkung, Token-Systeme etc. (siehe z. B. Adameit et al., 1983; Fürntratt & Möller, 1982; Schermer, 2016b) kann hier leider nicht näher eingegangen werden. Dem Sozialpädagogen sind die am »Lernprinzip Erfolg« ausgerichteten operanten Modifikationsstrategien immer dann nützlich, wenn er in seiner Arbeit konkrete Verhaltensänderungen anstrebt. Bei der Anwendung operanter Lernprinzipien zum Aufbau erwünschten bzw. Abbau unerwünschten Verhaltens im Rahmen der Verhaltensmodifikation muss er auf folgende Aspekte besonders achten (vgl. Adameit et al., 1983; Cooper et al., 2007; Kazdin, 2013; Martin & Pear, 2003; Miltenberger, 2016; Schermer, 2016b):

Welches Verhalten soll auf- oder abgebaut werden?
Die wichtigste Voraussetzung für den kontrollierten, d. h. professionellen Einsatz operanter Strategien stellt die wahrnehmungsbezogene Kennzeichnung des zu verändernden Verhaltens dar. Der Betroffene muss genau wissen, welche Verhaltensweisen von ihm gezeigt werden sollen und welche zu unterlassen sind. Keinesfalls genügt der allgemeine Hinweis, problematisches Verhalten müsse unterbleiben, um in den Vorzug von Verstärkung zu gelangen. Operantes Lernen setzt also eine genaue und vorurteilsfreie Beobachtung der Problemlage voraus (▶ Kap. 2). An einem Beispiel aus der Beratungsarbeit im Bereich der Schule soll das nochmals verdeutlicht werden. Charlton, Feierfeil, Furch-Krafft und Wetzel (1980, S. 186) kennzeichnen in einem Fallbericht die in einem operanten Programm berücksichtigten Verhaltensweisen der Schülerin »Anita« folgendermaßen:

Erwünschtes Verhalten:

- während der Unterrichtsstunden auf dem Platz sitzen bleiben
- sich melden
- Anweisungen und Aufforderungen des Lehrers befolgen
- zu Unterrichtsbeginn anwesend sein

Unerwünschtes Verhalten:

- unaufgefordert Dazwischenreden
- während der Unterrichtsstunde den Platz verlassen
- während der Stunde mit Nachbarn sprechen
- lautes Lachen während des Unterrichts

Diese Beispiele entsprechen den in Kapitel 2 aufgestellten Kriterien für eine reduzierende Beschreibung durch ein Zeichensystem.

Welche Verstärker können zum Einsatz kommen?
Eine der häufigsten Ursachen für das Fehlschlagen einer operanten Intervention

liegt in der unsachgemäßen Auswahl eines Verstärkers. Wir haben gesehen, dass Verstärker funktional definiert sind und deshalb immer aus der Sicht des Betroffenen festgelegt werden müssen. Das verlangt vom Sozialpädagogen eine gezielte individuelle funktionale Diagnostik, die entweder im Rahmen des Gespräches erfolgen kann oder durch den Einsatz standardisierter Befragungsinstrumente.

Legitimationsprüfung: Ist eine Modifikation verantwortbar?
Operante Interventionsstrategien sind sehr wirksame Formen der Einflussnahme, was auch von ihren vehementesten Kritikern anerkannt wird. Gerade weil es sich bei ihnen um sehr »brauchbares« psychologisches Anwendungswissen handelt, besteht aber auch die Gefahr ihres Missbrauchs. Der Sozialpädagoge muss deshalb für die von ihm unterstützte oder entwickelte Intervention auch gerade stehen. Wie in Kapitel 1 bereits ausgeführt, kann er die dabei verfolgten Ziele meistens nicht psychologisch legitimieren. Die für seine Entscheidung herangezogenen Normen und Werte sind deshalb offen darzulegen, um auf diese Weise Missbrauch zu verhindern. So ist bei der Einstufung eines Verhaltens als problematisch anzugeben, aus welcher normativen Sicht diese Auffälligkeit definiert ist. Grundsätzlich sind hierbei drei Legitimationsquellen zu berücksichtigen, nämlich erstens die subjektive Sichtweise des Betroffenen (d. h., er selbst definiert sein Verhalten als »problematisch«), zweitens die soziale Sichtweise, bei der aufgrund einer sozialen oder gesellschaftlichen Konvention oder Position ein Verhalten als problematisch gilt, sowie drittens die statistische Perspektive, bei der ein Verhalten infolge der sehr niedrigen Auftretenswahrscheinlichkeit in einer Population als abweichend angesehen wird.

Vertragsmäßige Einbettung der Interventionsstrategie
Um die Einhaltung der in einem operanten Programm getroffenen Vereinbarungen zu erleichtern, empfiehlt sich ihre Festlegung in schriftlicher Form in einem Kontingenzvertrag. Der Einsatz von Kontingenzverträgen wurde in vielen Problembereichen empirisch überprüft und als wirksam bewertet, z. B. bei Partnerschaftsschwierigkeiten, Delinquenz, Abhängigkeiten und Schulproblemen. Kanfer, Reinecker und Schmelzer (2012, S 374–375) nennen sieben konstituierende Momente eines Vertrages:

1. operationale Beschreibung des geforderten Verhaltens;
2. Nennung der Minimalkriterien, ab denen das geforderte Verhalten als erfüllt angesehen wird;
3. Festlegung von Art und Umfang der eingesetzten positiven Verstärker;
4. Festlegung der aversiven Konsequenzen bei Nichteinhaltung der im Vertrag vereinbarten Bedingungen;
5. Berücksichtigung zusätzlicher positiver Verstärker bei Übertreffen der vereinbarten Minimalkriterien (Bonus-Klausel);
6. Aufzählung der zur Messung des Modifikationsverlaufs (▶ Kap. 3.2.2.3) eingesetzten Beobachtungs- und Protokollierungsmethoden;
7. Präzisierung des Verstärkungsplanes (Zeitpunkt und Umfang der Verstärkungsvergabe);

Die detaillierte schriftliche Fixierung fördert – vorausgesetzt die Vertragsinhalte wurden in partnerschaftlicher Zusammenarbeit mit dem (den) Klienten erarbeitet – zum einen die Bereitschaft zur Veränderung und die damit verbundene Anstrengung. Zum anderen stellt sie für den Klienten auch einen Schutz vor Willkür und Missbrauch dar. Für die u. a. im Bereich der Jugend-, Erziehungs- und Familienhilfe notwendige Arbeit mit Kindern und Jugendlichen empfehlen Homme, Csanyi, Gonzales und Rechs (1979) für einen richtigen Vertragsabschluss u. a. die Charakteristika der Fairness, Klarheit, Ehrlichkeit und positiven Formulierung. Mit Fairness ist gemeint, dass die Regeln im Hinblick auf Anstrengungsaufwand und Belohnungsumfang für alle beteiligten Seiten ausgewogen sein müssen. Ein Vertrag gilt dann als klar, wenn für alle Vertragspartner die Bedingungen ausdrücklich ohne Interpretationsspielraum festgelegt sind. Er ist dann ehrlich, wenn er unmittelbar und entsprechend der Vereinbarungen eingehalten wird. Vor allem in der Arbeit mit Kindern ist eine positive Formulierung des Vertrages wichtig. Sie garantiert die Vermeidung von Strafe und gibt an, welches positive Verhalten erwartet wird (vgl. Bellingrath, 2004).

Übergang von der Fremd- zur Selbstkontrolle
Operante Methoden sind in vielen Anwendungsbereichen durch eine deutliche Ausprägung der Fremdkontrolle gekennzeichnet. Sollen sie nicht nur der notwendig erachteten Anpassung (vgl. Legitimationsprüfung) an extern vorgegebene Standards dienen, ist es sinnvoll, frühzeitig in einem Modifikations-Programm von der fremdgesteuerten zur eigengesteuerten Verhaltenskontrolle überzugehen. Hierbei lernt der Klient, Methoden der Verhaltenssteuerung selbständig einzusetzen und zu kontrollieren. Werden operante Prinzipien in diesem Sinne vom Klienten zur Erreichung der von ihm selbst gesetzten Ziele genutzt, fördern sie dessen Fähigkeiten zur Selbsthilfe und Selbststeuerung und dienen damit auch dem Ziel seiner Emanzipation.

3.3 Soziales Lernen

Das Paradigma des sozialen Lernens (synonym: sozial-kognitives Lernen) stellt den dritten Mainstream der traditionellen Lerntheorie dar und ist eng mit den Forschungen des Arbeitskreises um Albert Bandura (*1925) an der Stanford Universität in Kalifornien verknüpft. Von den beiden bereits besprochenen Modellen unterscheidet sich das nun zu referierende wenigstens in zweierlei Hinsicht. Zum einen stehen in dieser Sicht *kognitive Aspekte* im Vordergrund. Lernen wird nun unter Berücksichtigung des Prozesses der Informationsverarbeitung gesehen (▶ Kap. 2), und der gedanklichen Vorwegnahme des Verhaltens sowie seiner Effekte wird besondere Bedeutung zugesprochen. Der für respondentes und operantes Lernen verbindliche behaviorale Standpunkt wird damit relativiert, die Bedeutung der dem Verhalten vorausgehenden und ihm nachfolgenden Bedingungen, d. h. diejenige von Kontiguität und Verstärkung bleiben aber anerkannt. Selbstverständlich kommt ihnen in einem theoretischen Rahmen, der expliziten Bezug zur Fähigkeit des Gebrauchs von Symbolen und zur Nutzung vorausschauenden antizipatorischen sowie selbst-reflexiven Denkens nimmt, also die »Innenwelt« der Person zu einer wichtigen Determinante seines Verhaltens erklärt, ein anderer Stellenwert zu. Zum anderen wird die linear-monokausale Betrachtung zugunsten einer multideterminalen dynamischen aufgegeben. Bei dieser *reziproken Determination* stehen Umwelt, Person und Verhalten als sich gegenseitig bedingende Bereiche gegenüber. Bandura hat seine Überlegungen zur sozial-kognitiven Theorie mehrmals umformuliert und erweitert. Nachfolgend werden wir auf die zentralen Konzepte seines Ansatzes, nämlich das Beobachtungslernen, die Selbstregulation und die Selbstwirksamkeit ausführlich eingehen.

3.3.1 Beobachtungslernen

Im Lernparadigma des Beobachtungslernens (synonym: Modellernen) bezieht man sich auf den schon in der pädagogischen Praxis der Antike bekannten und genutzten Sachverhalt der Vorbildwirkung. Verhaltensweisen werden nach diesem Ansatz hauptsächlich durch die Beobachtung eines Modells (Vorbildes) erworben, welches real (als Person), symbolisch (z. B. als Text) oder nur imaginativ (in der Vorstellung) gegeben sein kann. In der experimentellen Standardprozedur sieht die Versuchsperson bei einer anderen Person – dem Modell – bestimmte, ihm vorher meist unbekannte Verhaltensweisen. Danach wird geprüft, inwieweit sich die Versuchsperson in ihrem Verhalten demjenigen des Modells angeglichen hat (siehe Beispielexperiment). Durch einen Vergleich mit Personen, die das Modellverhalten nicht beobachten konnten (Kontrollgruppe), wird der Modelleffekt darüber hinaus präzisiert. In diesem Ansatz bedarf es zur Verhaltensänderung also nicht zwingend der übenden Erfahrung, sondern es genügt, bestimmte Verhaltensweisen bei anderen Personen wahrzunehmen, um sie dann selbst ausführen zu können.

Nach Bandura (1979) kann die Beobachtung eines Modells zu fünf Effekten führen, nämlich:

- *Aneignung* eines neuen bislang noch nicht im Repertoire befindlichen Verhaltens: So mag sich ein Jugendlicher zum Leidwesen seiner Eltern eine Tätowierung zulegen.
- *Hemmung bzw. Enthemmung* eines bereits beherrschten Verhaltens: Wird man auf der Autobahn Zeuge eines Verkehrsunfalls drosselt man oft unmittelbar seine Geschwindigkeit. Ein Jugendlicher, der die Erfahrung macht, dass seine Freunde beim Kaufhausdiebstahl nicht erwischt werden, traut sich dieses Verhalten auch zu. Hemmende sowie enthemmende Wirkungen auf das Verhalten gehen vor allem auf die Wahrnehmung der beim Modell wirksamen Konsequenzen zurück (siehe Experimentalbeispiel).

- *Reaktionserleichterung*: Die Reaktionen des Modells dienen als Auslöser für das gleiche Verhalten beim Lerner. Im Unterschied zu dem hemmenden bzw. enthemmenden Effekt handelt es sich hier um ein sozial nicht sanktioniertes Verhalten.
- *Veränderungen des emotionalen Erregungsniveaus*: Die Beobachtung des Modells kann zu Änderungen in der emotionalen Befindlichkeit führen, wie jeder Kinobesucher weiß.
- *Stimulusintensivierung*: Das Vorbild lenkt die Aufmerksamkeit des Lerners auf bestimmte vorher von ihm nicht beachtete Gegenstände oder Umweltaspekte.

Während bei den genannten Effekten der Beobachter das Modellverhalten weitgehend in der vom Modell präsentierten Form übernimmt, kann es über Modellernen auch zu Verhaltensweisen kommen, die von denen des Modells deutlich abweichen. Bandura (1979; 1986) nennt zu diesen Möglichkeiten die abstrakte sowie die kreative Modellierung.

Bei der *abstrakten Modellierung* lernt der Beobachter die einem Modellverhalten zugrundeliegenden Regeln sowie Prinzipien und wendet diese auf neue, beim Modell selbst nicht beobachtete Bereiche an. Abstrakte Modellierung verlangt deshalb (a) das Erkennen wesentlicher Merkmale einer sozialen Situation, (b) die Abstraktion der Gemeinsamkeiten in Form einer Regel sowie (c) die Anwendung dieser Regel in neuen Reizbedingungen.

Dagegen werden bei der *kreativen Modellierung* die Einflüsse verschiedener Modelle vom Beobachter zu neuen Kombinationen zusammengefügt. Modellernen muss also nicht zu einer mechanisch-stereotypen Verhaltensübernahme dergestalt führen, dass der Beobachter das Modellverhalten lediglich kopiert, sondern kann auch ganz individuelle, vom Beobachter eigenständig entwickelte Verhaltensformen nach sich ziehen. Letzteres ist gerade bei der systematischen Anwendung des Beobachtungslernens in der sozialpädagogischen Praxis, z.B. im Rahmen der Rollenspielmethode, erwünscht.

Die zumindest für die frühen Arbeiten von Bandura typische dreiphasige Versuchsanordnung zeigt folgendes klassische Experiment (Bandura, 1976):

In der *Darbietungsphase* sahen 66 Kinder im Alter von 3,5 bis 6 Jahren jeweils im Einzelversuch einen Film, in dem ein junger Erwachsener im Umgang mit einer lebensgroßen Puppe acht ungewöhnliche aggressive Verhaltensweisen zeigte. Für den Ausgang des Films wurden drei unterschiedliche Versionen entwickelt und die Kinder jeweils einer Version zugewiesen. Die Kinder der Gruppe I sahen, wie das Modell (der Erwachsene) für das aggressive Verhalten eine Belohnung erhielt, diejenigen der Gruppe II dagegen, wie das Modell für die Äußerung aggressiven Verhaltens bestraft wurde, während für die Kinder der Gruppe III das Modellverhalten ohne irgendwelche Konsequenzen blieb.

Die Messung der *spontanen Verhaltensausführung* bildete die zweite Phase des Experimentes. Nach der Vorführung des Films konnten sich die Kinder jeweils einzeln 10 Minuten lang in einem Spielzimmer alleine ohne Aufsicht beschäftigen. In dem Spielzimmer befanden sich neben anderen Spielsachen auch die im Film gezeigten Gegenstände. Während der Aufenthaltsdauer des Kindes in diesem Raum registrierten zwei Beobachter, wie viele vom Modell gezeigte aggressive Verhaltensweisen von dem Kind nun spontan ausgeführt wurden.

Der *Feststellung der Verhaltensaneignung* diente der letzte Teil des Versuches. Die Kinder wurden dabei vom Versuchsleiter für jede richtig wiedergegebene aggressive Modellverhaltensweise belohnt.

Die Ergebnisse dieser Studie sind in Abbildung 19 graphisch zusammengefasst. Wie aus dem Experiment ersichtlich wird, hatten die Kinder vom Modell mehr Verhaltensweisen gelernt als sie tatsächlich spontan auszuführen bereit waren. Es ist im Rahmen der sozial-kognitiven Lerntheorie demnach möglich, zwischen der *Aneignung* eines Verhaltens (»acquisition«) einerseits und dessen *Ausführung* (»performance«) andererseits zu differenzieren. Der Lernbegriff erfährt im Vergleich zu den vorgenannten Ansätzen damit eine wichtige Erweiterung. Lernen liegt nun bereits dann vor, wenn Verhaltensweisen kognitiv erworben und abgespeichert sind.

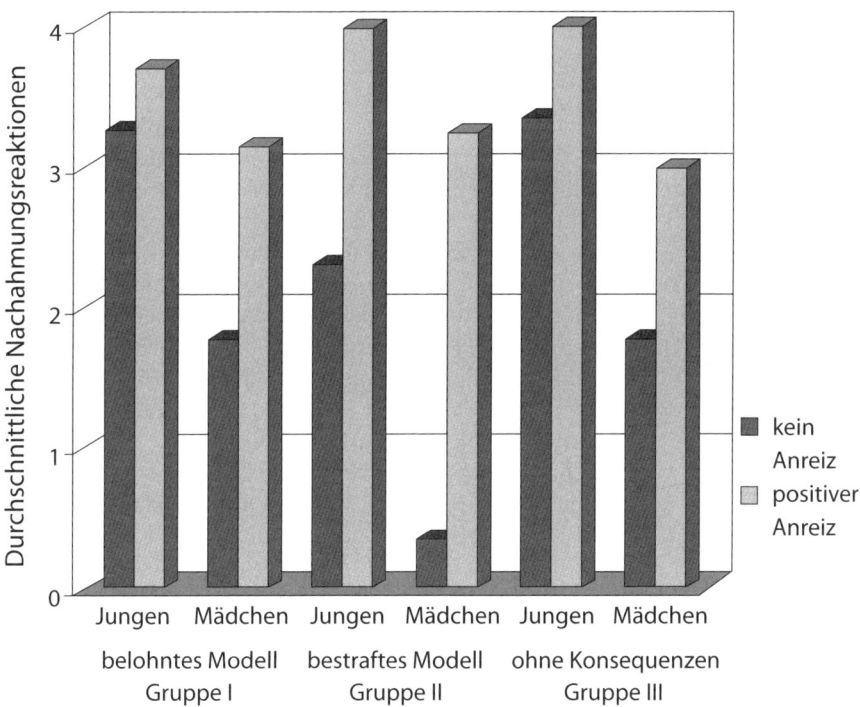

Abb. 19: Experimentalbeispiel zum Beobachtungslernen (mod. nach Bandura, 1976, S. 122)

Prozessuale Aspekte

Am Prozess des Modellernens sind immer vier miteinander verbundene und ineinander übergreifende Komponenten beteiligt: Um sich das Modellverhalten anzueignen, muss der Beobachter das Verhalten aufmerksam beachten und die wahrgenommenen Inhalte im Gedächtnis speichern. Für die Ausführung des Modellverhaltens ist es darüber hinaus wichtig, über die notwendigen Fertigkeiten und Fähigkeiten zu verfügen sowie in einer konkreten Situation motiviert zu sein, das Modellverhalten zu zeigen. Konstituierende Merkmale des Beobachtungslernens sind demnach Aufmerksamkeits-, Behaltens-, Reproduktions- und Motivationsprozesse. Die zwei zuerst genannten Komponenten steuern dabei den Aneignungsprozess, während die beiden zuletzt genannten für die Ausführung des Modellverhaltens verantwortlich sind (▶ Abb. 20). Wir wollen nachfolgend diese vier Komponenten des Modellernens genauer betrachten.

Aufmerksamkeitsprozesse
»Menschen können aus der Beobachtung nicht viel lernen, wenn sie nicht auf die wichtigen Merkmale des modellierten Verhaltens achten und diese exakt wahrnehmen« (Bandura, 1979, S. 33). Art und Umfang von Beobachtungserfahrungen werden dabei durch vielfältige Bedingungen gesteuert, über die wir in Kapitel 2 bereits ausführlich gesprochen haben.

Bereits in seinen ersten Untersuchungen konnte Bandura zeigen, dass sich die *Attraktivität* des Modells – ausgewiesen durch Prestige, Macht, Kompetenz sowie Ähnlichkeit mit dem Beobachter – als besonders aufmerksamkeitsfördernd erweist. Modelle, die diese Charakteristika verkörpern, werden besonders leicht imitiert, wobei der Sozialpädagoge beachten muss, dass die Beurteilung des Vorhandenseins der Merkmale stets aus der Sicht des Beobachters erfolgt. Im Regelfall besteht auch eine erhöhte Imitation des Verhaltens von Personen, zu denen auf der Grundlage einer *positiven Beziehung* häufiger Kontakt besteht. So sind Eltern für ihre Kinder wichtige Modellpersonen, ein Sachverhalt, der sich auch in der Umgangssprache in Formulierungen wie »... ganz die Mutter« niederschlägt. Aufmerksamkeitsfördernd wirken sich auch Verhaltensweisen aus, die *positive emotionale Bewertungen* und Empfindungen (affektive Valenz) nach sich ziehen. Neugierde, Zuneigung, Lust oder Gefahrbewältigung sind Beispiele solcher positiver Bewertungen. Um vom Beobachter optimal beachtet werden zu können, muss das Modellverhalten von gleichzeitig ablaufenden anderen Reaktionen *deutlich abgehoben* sein und darf in seinem Komplexitätsgrad den Beobachter nicht überfordern. Die *Effektivität und Nützlichkeit* eines Modellverhaltens bei der Situationsbewältigung – sein funktionaler Wert – übt ebenfalls einen entscheidenden Einfluss aus, wie schon das erwähnte Experiment zeigt: Das belohnte Modell wird wesentlich stärker imitiert als das bestrafte. Allgemein werden Verhaltensweisen, die sich – sei es beim Modell oder der späteren eigenen Ausführung – als ineffektiv erweisen, die also von keiner Verstärkung gefolgt sind, in Zukunft nicht mehr bzw. seltener geäußert.

Auf der Seite des Beobachters nennt Bandura als wesentliche Merkmale dessen *physiologische und kognitive Fähigkeiten*, die eine obere Grenze für mögliche Aufmerksamkeitsprozesse bilden. Insbesondere in der Arbeit mit behinderten Menschen muss der Sozialpädagoge auf diese Grenzen besonders achten. Neben dieser Wahrnehmungskapazität spielt auch die Lerngeschichte des Beobachters eine Rolle, d. h. seine erworbenen *Wahrnehmungseinstellungen*. So konnte durch sozialpsychologische Studien vor allem der »social perception«-Forschung die Wirkung intraindividuell relativ stabiler Wahrnehmungshaltungen belegt werden. Auf die selektive Beobachtung einzelner Wahrnehmungsdetails und deren unterschiedliche Interpretationen durch verschiedene Personen haben wir bereits hingewiesen. Als weitere wichtige Variable im Bereich der Aufmerksamkeitsprozesse nennt Bandura noch das *Erregungsniveau* des Beobachters. Für die Beachtung eines Modellverhaltens hat sich dabei ein mittleres Ausmaß an Erregung als am günstigsten bewährt. Zu hohe bzw. zu niedrige Erregungszustände sind dagegen eher ungünstig. Bei zu hoher Erregung beschäftigt sich das Individuum zu sehr mit seinem »Innenleben« und nimmt die äußere Wirklichkeit oftmals in deutlicher Verzerrung wahr, während bei zu niedriger sein Interesse an der Umwelt reduziert ist.

Behaltensprozesse
Die Beobachtung des Modellverhaltens ist eine notwendige aber noch nicht hinreichende Bedingung für seine Aneignung und eventuelle spätere Ausführung (▶ Abb. 20). Dazu müssen die beobachteten Reaktionen auch im Gedächtnis des Beobachters abgespeichert werden, da sie nur so ohne Anwesenheit des Modells verfügbar sind. Wir haben bereits gesehen, dass bei der Speicherung von Information die wahrgenommenen Aspekte nicht einfach kopiert werden, sondern einem *Kodierungsprozess* unterzogen werden. Von den behandelten Kodierungsmöglichkeiten (▶ Kap. 2) ist Bandura zufolge die analoge vorstellungsbezogene Repräsentation (imaginales System sensu Paivio) in der frühen Kindheit bestimmend. Sie tritt im Entwicklungsverlauf zugunsten der symbolischen Kodierung zunehmend zurück.

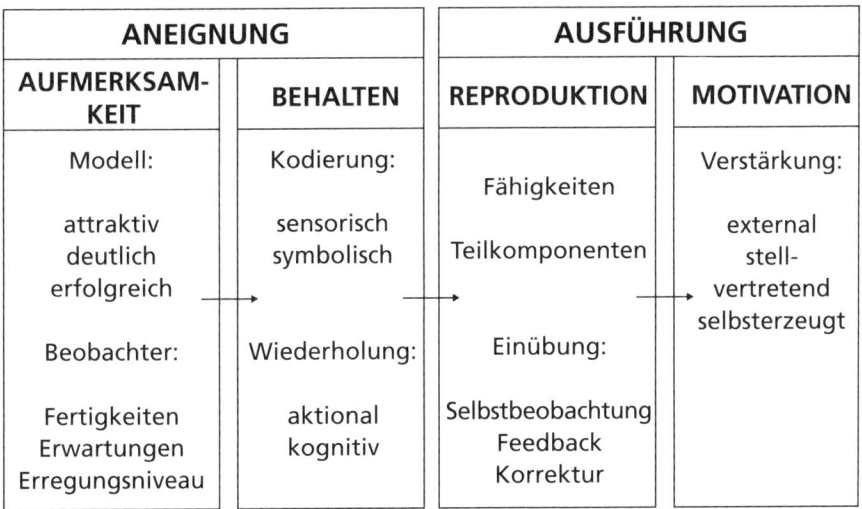

Abb. 20: Komponenten des Modelllernens (mod. nach Bandura, 1986, S. 52)

Als Vorteil symbolischer (z. B. sprachlicher, propositionaler etc.) Kodierung haben wir die leichte Speicherbarkeit einer Vielfalt von Informationen kennengelernt. So genügt die Repräsentation des Begriffes »Blume«, um unterschiedlichste Formen von Blumen zu benennen. Natürlich reicht die einmalige Kodierung eines Modellverhaltens noch nicht aus. Soll das Verhalten in Zukunft sicher erinnert werden, bedarf es seiner vorstellungsmäßigen, gedanklichen oder handlungsmäßigen *Wiederholung*, um eine langfristig wirksame Speicherung zu garantieren. Wahrgenommene und kodierte Modellreaktionen werden dabei immer zum *bestehenden Wissen und Können* des Beobachters in Beziehung gesetzt, also im Rahmen seiner individuellen Lerngeschichte wirksam (kognitive Organisation).

Motorische Reproduktionsprozesse
Auf dieser Stufe erfolgt die Umsetzung der kodierten Inhalte in angemessene modellentsprechende Verhaltensweisen. Entscheidenden Einfluss üben dabei die *Fähigkeiten und Fertigkeiten* des Beobachters aus, die im günstigsten Fall ausreichen, das beobachtete Verhalten sofort ohne weiteres Training auszuführen. Häufig sind jedoch die zur Ausführung des Modellverhaltens notwendigen *motorischen Teilkomponenten* dem Beobachter noch nicht hinreichend verfügbar und verlangen zuerst eine entsprechende *Übungs- und Trainingsphase*. Wesentlich beim Einüben motorischen Verhaltens ist die *Rückmeldung* (»feedback«) über die Güte der momentanen Verhaltensausführung. Je größer die Diskrepanz zwischen dem Modellverhalten und der Verhaltensausführung durch den Beobachter, desto wichtiger ist eine zielführende *Korrektur*. Die dazu notwendige Verhaltensrückmeldung sollte möglichst unmittelbar und genau erfolgen. Bei diesem Feedback sollten sowohl die bereits beherrschten Verhaltensanteile als auch die Korrektur der noch nicht ausreichend präzise ausgeführten motorischen Aspekte benannt werden. So kann Schritt für Schritt eine zunehmende Annäherung an das gewünschte Zielverhalten erreicht werden. Eine wertvolle Hilfe stellen in der Praxis objektivierende visuelle oder akustische Rückmeldungen dar.

Motivationale Prozesse
Der entscheidende Impuls für die Ausführung eines Modellverhaltens geht von der motivationalen Situation des Beobachters aus. Einfach formuliert wird dann eine hohe Wahrscheinlichkeit für die Ausführung des modellierten Verhaltens bestehen, wenn dieses positive Konsequenzen nach sich zieht. Auf die Bedeutung der auf ein Verhalten folgenden externen Konsequenzbedingungen wurde im Zusammenhang mit dem operanten Lernparadigma bereits ausführlich hingewiesen. Die dort beschriebenen Befunde zur *externalen Verstärkung* werden auch im Rahmen des sozial-kognitiven Lernens anerkannt. Bandura geht aber über die von Skinner eingenommene Perspektive hinaus und betrachtet Verstärkung auch unter einer kognitiven, antizipatorischen Sichtweise. In diesem Sinn spricht er bereits der Erwartung von Konsequenzbedingungen einen verhaltenssteuernden Einfluss zu. So kann allein die Beobachtung verstärkender Konsequenzen beim Modell – also die *stellvertretende Verstärkung* (»vi-

carious reinforcement«) – eine hinreichende Bedingung für die Verhaltensausführung durch den Beobachter sein. Neben der externen und der stellvertretenden Verstärkung berücksichtigt Bandura als dritte Motivationsquelle die *Selbstverstärkung*. Bei ihr bewertet der Beobachter sein Verhalten unabhängig von den Umwelteinflüssen und den am Modell beobachteten Verstärkungen nach eigenen selbstgesetzten Kriterien und gewinnt damit Unabhängigkeit von seiner materiellen und sozialen Umwelt. Daraus folgt, dass externale Konsequenzbedingungen nicht wie im operanten Lernmodell angenommen »automatisch« wirksam sind, sondern die Person sich ihrem Einfluss entziehen kann.

3.3.2 Selbstregulation

Wenn Lernen als eine aktiv vom Lernenden mitgestaltete Aufnahme und Verarbeitung von dargebotener Information wie am Beispiel des Beobachtungslernens gerade verdeutlicht wurde, aufgefasst wird, dann lohnt es sich, den Einfluss des Individuums auf den Lernprozess als eigenständiges Thema zu untersuchen.

Dieser Frage geht Bandura in seinem Ansatz unter dem Begriff »Selbstregulation« nach. Dabei versteht er unter Selbstregulation die Möglichkeit der Person, sich von den Einflüssen der Umwelt – wie sie in Form der externen Belohnung und Bestrafung gegeben sind – gänzlich unabhängig zu machen und selbst das eigene Verhalten zu steuern. Eine erste Andeutung dieses Gedankens fand sich schon im Rahmen des Modellernens, als unter den motivationalen Prozessen die Selbstverstärkung als Möglichkeit der Verhaltensstabilisierung eingeführt wurde. Während dort der intraindividuelle Einfluss aber noch weitgehend auf den Bereich des motivationalen Aspektes beschränkt bleibt, wird nun unter dem Thema der Selbstregulation der gesamte Prozess der Verhaltensregulation in die Regie des Individuums gestellt.

Dieses Thema wurde in der traditionellen Persönlichkeitspsychologie unter dem Begriff »Willenskraft« als eine über die Zeit stabil bleibende Persönlichkeitseigenschaft verstanden und in der psychoanalytischen Theoriebildung unter dem Terminus technicus »Ich-Konzept« diskutiert. Im Gegensatz dazu nimmt Bandura eine lerntheoretische, d. h. funktionale Analyse vor und fragt nach den aktuellen Bedingungen, die für das Individuum gegeben sein müssen, um eine eigen- und selbstständige Verhaltenskontrolle auszuführen.

Bandura postuliert drei konstituierende Subfunktionen der Selbstregulation, nämlich die Selbstbeobachtung, den Bewertungsprozess und die Selbstreaktion. Das Gelingen der Eigensteuerung des Verhaltens erfordert eine günstige Verwirklichung dieser Funktionen. Im Prozess der Selbstregulation muss das Individuum deshalb zu Beginn relevante Verhaltensaspekte systematisch wahrnehmen und aufzeichnen, im Verlauf der Verhaltensausführung bzw. Verhaltensänderung eine Beurteilung hinsichtlich der jeweiligen Erreichung bestimmter Standards vornehmen und nach Abschluss der Verhaltensausführung (bzw. Zielerreichung) eine Selbstverstärkung (bzw. Selbstbestrafung) vergeben. Betrachten wir diese drei Subfunktionen etwas genauer.

Selbstbeobachtung
Selbstregulation beginnt mit der genauen Selbstbeobachtung. »Personen können ihr eigenes Verhalten nicht gut beeinflussen, wenn sie relevante Aspekte des Verhaltens nicht beachten« (Bandura, 1986, S. 336). Allerdings ist es häufig nicht ganz einfach zu bestimmen, was jeweils als relevant anzusehen ist, denn je nach verfolgter Zielsetzung erweisen sich jeweils andere Aspekte als wichtig. Nachfolgend seien für unterschiedliche Verhaltensbereiche einige Kriterien genannt. Leistungsbezogene Tätigkeiten werden in der Regel nach ihrer Qualität, Quantität und Originalität eingeschätzt. Die Güte (z. B. Anzahl richtiger Lösungen in einer Probeklausur) und der Umfang (z. B. Prozentangabe) des bereits beherrschten Prüfungsstoffes stellen für einen Studenten, der in einer Abschlussprüfung eine gute Note erzielen will, relevantere Aspekte dar als die tägliche Dauer des Lernens (z. B. ausgedrückt in Stunden). Letztere kann wiederum für einen Studenten, der bislang gar nicht gelernt hat, eine relevantes Kriterium bilden. Soll ein soziales Verhalten im Rahmen der Selbstregulation entwickelt werden, ist eher auf dessen soziale und moralische Relevanz als entscheidendes Kriterium zu achten. Bei sportlichen Aktivitäten steht demgegenüber häufig die Beachtung von Kraft, Ausdauer und Geschicklichkeit im Mittelpunkt.

Die über Selbstbeobachtung gewonnenen Informationen sind für die Selbstregulation vor allem in zweierlei Hinsicht bedeutungsvoll: Erstens liefern sie die für eine realistische Standardsetzung notwendigen Informationen und zweitens dienen sie im Verlauf des Selbstregulationsprozesses dazu, den jeweiligen Ist-Zustand und die damit einher gegangenen Veränderungen festzustellen. So ist es für den Studenten in der Prüfungsvorbereitung zu jedem Zeitpunkt der Vorbereitungsphase wichtig zu wissen, wie viel er vom verlangten Stoff bereits beherrscht. Diese Information ist für die Planung seines weiteren Lernverhaltens grundlegend.

Systematische Selbstbeobachtung kann zu Einsichten über die Determinanten eigenen Verhaltens führen und damit auch eine diagnostische Funktion einnehmen. Gelegentlich kommt es bereits aufgrund dieser Beobachtung zu Verhaltensänderungen. Von allgemeiner Relevanz erweist sich bei der Selbstbeobachtung die Einhaltung von Genauigkeit, Regelmäßigkeit und Unmittelbarkeit. *Genauigkeit* meint, dass die zu beobachtenden Verhaltensaspekte von inhaltlicher Relevanz sind und ausreichend operationalisiert sein müssen. Unter *Regelmäßigkeit* ist zu verstehen, dass die Beobachtung der jeweiligen Verhaltensaspekte kontinuierlich erfolgen muss und nicht sporadisch. *Unmittelbarkeit* bedeutet schließlich, das Verhalten möglichst ohne zeitlichen Verzug festzuhalten.

Bewertungsprozess
Die Selbstbeobachtung dient der Feststellung des jeweiligen Ist-Zustandes. Im zweiten Schritt der Selbstregulation – dem *Bewertungsprozess* – wird dieser Ist-Zustand mit einem Maßstab oder Standard verglichen. Danach ist es dem Individuum möglich, die Güte seines Verhaltens zu beurteilen und das Ausmaß der bislang verwirklichten Zielerreichung zu bestimmen. So sagt die von einem Studenten in einer Klausur erzielte Punktzahl für sich genommen noch nichts über

die Güte seiner Leistung aus. Hierzu muss sie noch mit einem Standard verglichen werden. Bei diesem Vergleich kann man grundsätzlich auf drei unterschiedliche Bezugssysteme zurückgreifen, nämlich den normativen, sozialen oder persönlichen Vergleich. Beim *normativen Vergleich* nimmt der Student die für seine Punktzahl erhaltene Note als Bezugspunkt seiner Bewertung. Legt er dagegen die von anderen Kommilitonen erbrachten Ergebnisse seiner Einschätzung zugrunde, handelt es sich um einen *sozialen Vergleich*. Wird das aktuelle Abschneiden mit den eigenen früheren Ergebnissen verglichen, orientiert sich der Student schließlich am *persönlichen Vergleich*.

An Faktoren, die den Erwerb von Standards beeinflussen, diskutiert Bandura neben der direkten Unterweisung, die aus der sozialen Umwelt erfolgenden bewertenden Reaktionen auf eigenes Verhalten. Natürlich können Standards auch über Modelllernen zustande kommen. In diesem Sinn konnte die Übernahme von Bewertungsmaßstäben durch stellvertretende Selbstbekräftigung sowohl bei Kindern als auch bei Erwachsenen in vielen Experimenten bestätigt werden. Selbstverständlich wird die Setzung von Standards durch den bei einer Tätigkeit erfahrenen Erfolg bzw. Misserfolg mitbestimmt. Häufig führt Erfolg zu einer Erhöhung und Misserfolg zu einer Senkung bzw. übertriebenen Erhöhung des Maßstabs, wie die Leistungsmotivationsforschung zeigen konnte (▶ Kap. 5).

Selbstreaktion
Auf der Grundlage des Bewertungsprozesses kommt es im dritten Schritt der Selbstregulation zur *Vergabe selbsterzeugter Konsequenzen*. »Dies wird erreicht, indem Anreize für die eigenen Handlungen geschaffen werden und indem auf das eigene Verhalten in Abhängigkeit seiner Entsprechung mit einem internalen Standard bewertend reagiert wird« (Bandura, 1986, S. 350). Wurde mit der Verhaltensausführung der Standard erreicht oder gar übertroffen, erfolgt eine Selbstverstärkung, wobei auf die ganze Palette möglicher Verstärker zurückgegriffen werden kann. Im Unterschied zur externalen Verstärkung übt das Individuum die Verstärkerkontrolle nun selbst aus, d. h., frei zugängliche Verstärker werden von ihm freiwillig so lange zurückgehalten, bis ein bestimmtes Verhalten gezeigt wird, auf das sie kontingent vergeben werden können. Selbstregulation verlangt also ein hohes Ausmaß an Disziplin. Wird der selbst gewählte Standard nicht erreicht, folgt in der Regel eine Selbstbestrafung, z. B. in Form von Selbstkritik oder der Vorenthaltung eines positiven, bzw. der Vergabe eines negativen Verstärkers.

3.3.3 Selbstwirksamkeit

In dem Modell der *Selbstwirksamkeit* (»self-efficacy«) postuliert Bandura die spezifische Bedeutung selbstbezogener Gedanken für die Handlungsregulation und differenziert damit den kognitiven Bereich seiner Theorie weiter aus. Das hypothetische Konstrukt »Selbstwirksamkeit« definiert er folgendermaßen: »Wahrgenommene Selbstwirksamkeit bezieht sich auf die Überzeugungen in die eigenen Fähigkeiten bei der Organisation und Ausführung von Handlungsabläufen, die notwendig sind, um geforderte Leistungen zu erbringen« (1997, S. 3). Die subjektive Überzeugung, ein Verhalten erfolgreich ausführen zu können, soll vor allem darüber entscheiden, welcher Aktivität (Aufgabe) sich die Person zuwendet, wie intensiv und ausdauernd sie sich mit ihr beschäftigt und wie lange eine Auseinandersetzung im Falle auftretender Schwierigkeiten erfolgt. Diese Zielsetzungen werden uns noch ausführlich in Kapitel 5 bei der Behandlung des Funktionsbereiches »Motivation« begegnen. Bandura geht damit in diesem Teil seines Ansatzes über die Lernpsychologie im engeren Sinne hinaus und schlägt eine Brücke zur Motivationspsychologie.

Zwei kognitive Variablen stehen im Zentrum des Modells der Selbstwirksamkeit, nämlich die *Wirksamkeits- oder Kompetenzüberzeugung* (»efficacy belief«) einerseits und die *Ergebniserwartung* (»outcome expectation«) andererseits. Letztere hat die physikalischen, sozialen und selbstbezogenen Folgen einer Handlung zum Inhalt. Beide Variablen differenziert Bandura folgendermaßen: »Wahrgenommene Selbstwirksamkeit stellt eine Beurteilung der eigenen Kompetenz hinsichtlich der Organisation und Ausführung bestimmter Leistungen dar, wohingegen eine Ergebniserwartung eine Beurteilung der wahrscheinlichen Konsequenzen ist, die ein solches Verhalten hervorrufen wird« (S. 21). Umgangssprachlich formuliert entsprechen niedrige Ergebniserwartungen dem Zustand der Hoffnungslosigkeit (»Nichts kann mir helfen!«) und niedrige Selbstwirksamkeitsüberzeugungen dem Zustand der Hilflosigkeit (»Ich kann nichts tun!«). Trotz des häufig linearen Zusammenhanges beider Kognitionsformen müssen sie streng auseinandergehalten werden, da eine Person z.B. der Meinung sein kann, ein für sie wichtiges Ergebnis lasse sich durch ein bestimmtes Verhalten hervorrufen, es sich aber nicht zutraut, dieses Verhalten selbst erfolgreich auszuführen. Eine solche Konstellation geht nach Bandura mit Selbstabwertung und depressivem Verhalten einher. Mit Resignation und Apathie rechnet er hingegen, wenn sowohl Selbstwirksamkeitsüberzeugungen als auch Ergebniserwartungen niedrig ausfallen. Sind dagegen beide Variablen hoch – also positiv – ausgeprägt, soll es zu produktivem Engagement verbunden mit dem Gefühl der Zufriedenheit kommen. Hält sich die Person in einem Handlungsbereich für kompetent und kann mit dieser Kompetenz aber keine positiven Handlungsfolgen erwirken, z.B. weil die Umwelt darauf nicht belohnend reagiert, erwartet das Modell, dass die Person mit Protest bzw. dem Versuch reagiert, die Umwelt im eigenen Sinn zu beeinflussen.

Bei der Diagnose von Selbstwirksamkeitsüberzeugungen ist auf drei Aspekte zu achten: das zugetraute Niveau der Aufgabenschwierigkeit (leicht, mittel, schwer), das Ausmaß der Verallgemeinerung (wenige versus viele Inhaltsbereiche umfassend) und die Stärke (schwach versus stark).

Auf welcher Grundlage bilden sich Selbstwirksamkeitsüberzeugungen und wie lassen sie sich beeinflussen? Als wichtigste Quelle der Entwicklung und Beeinflussung von Selbstwirksamkeitsüberzeugungen sieht Bandura die *eigene Bewältigungserfahrung* im Umgang mit Aufgaben an. Dabei wird die wahrgenommene Selbstwirksamkeit durch die erfolgreiche Bewältigung erhöht und durch einen Misserfolg verringert. Beratung und Modifikation sollten deshalb darauf ausgerichtet sein, beim Klienten konkrete und positive Erfahrungen anzuregen und sich praktisch Schritt für Schritt, vom Einfachen beginnend bis hin zum Schwierigen, dem angestrebten Zielzustand zu nähern. Selbstverständlich misst Bandura auch hier der via Beobachtungslernen induzierten *stellvertretenden Erfahrung* eine wichtige Rolle zu. Diese ist vor allem in Verhaltens- und Aufgabenbereichen von Bedeutung, in denen bislang noch keine ausreichenden eigenen konkreten Erfahrungen vorliegen. Selbstwirksamkeitsüberzeugungen können auch durch *verbale Informationsvermittlung* – zum Beispiel im Rahmen des Gesprächs – beeinflusst werden. Wird dieses Vorgehen als alleinige Methode eingesetzt, sind jedoch nur in Ausnahmefällen lang anhaltende Wirkungen zu erwarten, denn im allgemeinen sind die auf diese Weise induzierten Überzeugungen – gehen sie nicht mit entsprechenden Realerfahrungen einher – schwach und kurzlebig. Neben persönlichen und stellvertretenden Erfahrungen sowie verbaler Informationsvermittlung nennt Bandura noch als weitere Quelle für Selbstwirksamkeitsüberzeugungen den *physiologischen und emotionalen Zustand* der Person. So führt hohe physiologische Aktivierung und Erregung im Allgemeinen zu einer Verringerung der Kompetenzeinschätzung. Die situationsspezifische Anwendung erregungsreduzierender Maßnahmen, wie sie z.B. in Form unterschiedlicher Entspannungstechniken praktiziert wird, erfährt also auch aus der Sicht der Selbstwirksamkeitstheorie Unterstützung. Ebenso fällt die wahrgenommene Selbstwirksamkeit während des Erlebens einer positiven Stimmung besser aus als unter einer negativen Stimmung.

Die Grundannahmen der Selbstwirksamkeitstheorie konnten zuerst im Bereich der klinischen Psychologie und Psychotherapie empirisch bestätigt werden. Zwischenzeitlich liegen stützende Befunde aus den unterschiedlichsten Feldern wie Gesundheit, Beruf, Sport und Freizeit vor (siehe im Überblick Bandura, 1997).

3.3.4 Intervention auf der Grundlage der sozialen Lerntheorie: Rollenspiel

Im Folgenden soll das Rollenspiel als eine *Interventionsmethode* des professionellen sozialarbeiterischen Handelns auf dem Hintergrund seiner lernpsychologischen Fundierung vorgestellt werden. Rollenspieltechniken haben für die Praxis der Sozialen Arbeit eine herausragende Bedeutung und sind auch aus der Aus-, Fort- und Weiterbildung von Sozialarbeitern nicht wegzudenken. Gründe dafür liegen unter anderem in ihrer breiten Anwendbarkeit (*Indikationsspektrum*), ihrem hohen Grad an Nützlichkeit, Effektivität und Robustheit, aber auch darin, dass Rollenspiele sich regelmäßig als sehr anregend und motivierend sowohl für die Rollenspielteilnehmer wie auch für die Rollenspielleiter erweisen.

3.3.4.1 Indikation

Sozialarbeiterische Einzelfallarbeit beginnt in der Regel mit einer verhaltens- und problemanalytischen Bestandsaufnahme (vgl. Schermer, 2016a), die dann Grundlage für eine anschließende Zielreflexion und -vereinbarung wird. Der mit Abstand häufigste Einsatz von Rollenspieltechniken findet sich in der Interventionsphase, allerdings sind sie davor und danach ebenfalls sinnvoll einsetzbar, wenn es um Abklärung (Diagnostik, Problemanalyse; vgl. Wendlandt, 1977), Indikation (Zielplanung) oder die Ergebnisevaluation geht (vgl. Drinkmann, 2016, 142 ff.).

»Hauptsächliche *Indikation* für die Anwendung von Rollenspieltechniken als Interventionsmethode sind *Defizite im sozialen und kommunikativen Handeln* einer Person, wobei diese sich auf Wahrnehmung, Verarbeitung und Verhalten erstrecken können ...« (Drinkmann, 2016, 144). Die Defizite können in erster Line in einem *Kompetenzmangel* oder in einem der *Performanz* bestehen. Bei ersterem hat jemand entsprechende Kompetenzen nie erworben, im zweiten Fall dagegen schon, sie schlagen sich aber aus irgendeinem Grund nicht im Handeln nieder. Defizite im sozialen und kommunikativen Handeln einer Person können eine wesentliche *Ursache* für eine Problementwicklung und das Auffälligwerden von Klienten sein. Nicht selten werden solche persönlichen Defizite durch dysfunktionale, abweichende oder deviante Verhaltensweisen zu kompensieren versucht. Und selbst in Fällen, in denen eine ursächliche Rolle nicht erkennbar ist, können entsprechende Defizite den weiteren *Verlauf* individueller Probleme entscheidend beeinflussen, z. B. über eine evtl. Chronifizierung oder über einen Einfluss auf individuelle Bewältigungserfolge. Drinkmann und Schiebel (2004) empfehlen darum, dass (1) die *Feststellung* sozialer Kompetenzdefizite, (2) die *Indikationsstellung* zu gezielten Förderungsmaßnahmen sowie (3) deren *Durchführung* und (4) *Evaluation* zum Standardrepertoire von Sozialarbeitern gehören sollten. Das impliziert ganz wesentlich die Kenntnis und Beherrschung von Rollenspieltechniken.

Prinzipiell lassen sich Rollenspieltechniken in allen *Feldern der Sozialen Arbeit* sinnvoll einsetzen, in denen die Arbeit im direkten Kontakt mit Klienten stattfindet und deren Verhaltensänderung ein Ziel darstellt. In Tabelle 6 sind exemplarisch einige klassische Arbeitsfelder aufgelistet und typische Beispiele für kompetenzbezogene Lernziele von Maßnahmen in diesem Bereich gegeben. In allen Fällen wären Rollenspielübungen als Methode der *Verhaltensmodifikation* klar indiziert.

Neben der Ebene der Vermittlung von Kompetenzen an Klienten ist allerdings auch der Ausbau der eigenen *professionellen sozialen Kompetenzen* auf Seiten der Sozialarbeiter interessant und relevant (Drinkmann, 2014). Ein Mindestmaß persönlicher sozialer Kompetenz ist in Berufsfeldern der Sozialen Arbeit generell unverzichtbar. Aber gerade die Arbeit mit sozial wenig kompetenten Klienten erfordert oft ein erheblich gesteigertes Maß. »Zu verschlossenen Klienten Kontakt aufzubauen, Unwillige zu motivieren, unberechtigte Ansprüche von Klienten zurückzuweisen, in teils heftigen Auseinandersetzungen Gelassenheit zu bewahren, auch kleinste Fortschritte zu erkennen und anzuerkennen

Tab. 6: Indikationsbeispiele: Arbeitsfelder und typische Kompetenzdefizite, die mittels Rollenspieltechniken bearbeitet werden könnten.

Arbeitsfeld	Defizit → Kompetenzlernziel
Suchthilfe (Rückfallprävention)	Einladungen zum Suchtmittelkonsum ausschlagen
Arbeitslosenhilfe (Bewerbungstraining)	Eigene Stärken und Erfolge angemessen darstellen
Resozialisierung (Anti-Gewalttraining)	Bei vermeintlichen Provokationen nicht »spontan« zuschlagen, sondern erst denken
Kinder- und Jugendhilfe (Gruppenarbeit mit Scheidungs- und Trennungskindern)	Eigene Ängste Bedürfnisse und Wünsche äußern
Altenarbeit (Gedächtnissprechstunde)	Wie umgehen mit Erinnerungslücken im Gespräch?
Schulsozialarbeit (Übungen zur Zivilcourage)	Deeskalationsstrategien in Gewaltsituationen
Familienhilfen (Familienkonferenz)	Gemeinsame und faire Entscheidungsfindung mit der ganzen Familie
Paarberatung (Kurs »Beziehung stärken, Trennung vermeiden«)	Konstruktiver Umgang mit ständig wiederkehrenden Konflikten
Psychiatrie (Familienarbeit)	Emotionales Überengagement und Überfürsorglichkeit vermeiden
Wohnungslosenhilfe (Biografiearbeit)	Kontaktwünsche gegenüber Verwandten oder alten Freunden formulieren

– das sind alltägliche Beispiele für Anforderungen aus der sozialarbeiterischen Berufspraxis, die ein hohes Maß an sozialer Kompetenz erfordern. Darüber hinaus stellen sich Sozialarbeiter außer in der direkten Arbeit mit ihren Klienten auch in der mit Personen und Institutionen aus dem sozialen Umfeld ihrer Klienten und auf der Ebene kollegialer Beziehungen regelmäßig Herausforderungen, die ein besonderes Maß an berufsbezogenen sozialen Kompetenzen unverzichtbar machen. An dieser Stelle setzen berufsfeldbezogene Fortbildungs- und Trainingsprogramme wie das *Soziale Kompetenztraining für die Soziale Arbeit* (SKSA, Drinkmann, 2014; Drinkmann & Schiebel, 2013) an, die den systematischen Aufbau und die Übung eben solcher Kompetenzen zum Ziel haben ...« (Drinkmann, 2016, 146). Es versteht sich (fast) von selbst, dass auch im Rahmen solcher Kompetenztrainings für Professionelle methodisch zentral auf Rollenspielübungen zurückgegriffen wird.

3.3.4.2 Methodisches Vorgehen

Ebenen und Elemente im Rollenspiel

Die Rollenspielmethodik kennt eine große Bandbreite von Varianten. Sie reicht von sehr kurzen, spontanen *Stegreifrollenspielen* über diverse Zwischenformen bis hin zu komplexen und über längere Zeit laufenden *rollenspielbasierten Trainingsprogrammen*. Ein prominentes Beispiel für Letzteres ist das manualisierte *Gruppentraining sozialer Kompetenzen* (GSK) von Hinsch & Pfingsten (2015). Abhängig vom Gesamtaufwand variiert in der Regel auch der Aufwand, der für die Gestaltung der Randbedingungen von Rollenspielen zu betreiben ist. Für ausführlichere Trainings muss etwa geklärt werden, für wen (Indikation) sie in welchem institutionellen Rahmen (Finanzierung) von wem (Trainer, Co-Trainer) wann (Termine, Frequenz) und wo angeboten werden. Besondere Aufmerksamkeit verdienen dabei die Teilnehmergewinnung, -auswahl und -vorbereitung sowie die grundsätzlichen Absprachen unter den Trainern. Eine besondere Frage ist in dem Zusammenhang immer auch, ob eine Videoaufzeichnung (für das Feedback) eingesetzt werden soll oder nicht.

Die *erste Gruppensitzung* ist von besonderer Bedeutung, weil hier einige Weichen gestellt werden. Personen, Programmziele und -methoden werden vorgestellt sowie Erwartungen an die Teilnehmer formuliert. Vom Atmosphärischen geht es darum, einen respektvollen, freundlichen, und vertrauensvollen Umgang miteinander zu prägen. Meist werden dazu *Gruppenregeln* vereinbart.

Im Hinblick auf das Rollenspiel ist hier die *Einführung der Teilnehmer* in dessen Methode zentral. Ausgehend vom Kenntnisstand der Teilnehmer muss das Rollenspiel als Lehr- und Lerntechnik in seinen Zielen, Charakteristika, Regeln, seinem Ablauf sowie seinen Vor- und Nachteilen vorgestellt werden. Nicht selten anzutreffende Vorbehalte sollten ausgeräumt und ggf. vorhandene Ängste abgebaut werden. Der Erfolgszuversicht (*Selbstwirksamkeitserwartung*) der Teilnehmer ist es zuträglich, wenn etwa durch die Anführung empirischer Evidenzen der Nutzen und die Wirksamkeit der Methode ›Rollenspiel‹ untermauert wird. Die Trainer müssen außerdem entscheiden, inwieweit sie die verschiedenen Aspekte vorab thematisieren oder aber zu einem späteren Zeitpunkt, wenn sie sich im Verlauf des Trainings ergeben. Das trifft etwa zu auf die Regeln zur Gestaltung der Feedbackphase am Ende eines Rollenspiels. Darüber kann man vorab »auf dem Trockenen« lange diskutieren, oder man kann sie (sinnvoller) unmittelbar vor dem ersten Feedback einführen. Bewährt haben sich *Proberollenspiele*, die auf dem Wege des *learning by doing* bereits viele Fragen klären können.

Angemerkt sei noch, dass die Rollenspielmethode in komplexeren Programmen wie dem GSK (Hinsch & Pfingsten, 2015) nur eine unter mehreren Methoden ist – wenngleich meist die zentrale. Daneben kann es auch theoretischen Input, eine Einführung in kognitive und emotionsfokussierte Methoden, Entspannungstechniken etc. geben.

Im Zentrum eines Rollenspiels steht immer der Protagonist/Spieler. Es ist sein Rollenspiel, seine Übungseinheit, und es geht primär um seinen persönlichen Lernfortschritt. Im Gruppensetting wählt der Klient aus dem Kreis der Mitglieder für die Übungseinheit jeweils einen, seltener mehrere *Mitspieler* und gibt diesen möglichst präzise Verhaltensanweisungen für das folgende Rollenspiel. Ein Erkenntnisgewinn und Lernfortschritt auch für die Mitspieler ist nicht ausgeschlossen, jedoch ist ihre Funktion primär eine zuarbeitende. Die restlichen Gruppenmitglieder (*Beobachter*) beobachten das Rollenspiel und liefern bei Bedarf Ideen, Beobachtungen und Rückmeldungen. Der *Trainer* moderiert die Rollenspielübungen, trägt die Gesamtverantwortung und wird dabei vom *Co-Trainer* unterstützt.

Räumlich sollte ein *Spielbereich (Bühne)* abgegrenzt sein, in dem sich Klient, Mitspieler, Trainer und Co-Trainer während der Rollenspielübungen aufhalten. Im restlichen *Arbeitsbereich* mit Stuhlkreis befinden sich die Beobachter und dort finden Besprechungen, Diskussionen, flankierende Lerneinheiten etc. statt.

Ablauf, Prozess

Am Beginn einer typischen rollenspielbasierten Trainingssitzung stehen häufig Methoden, die dem inneren Ankommen, der Entängstigung, Entspannung und Fokussierung der Teilnehmer dienen. Vor allem mit unerfahrenen und unsicheren Klienten haben sich dazu kurze *Entspannungsübungen* zur Einführung bewährt (z. B. Progressive Muskelrelaxation). Daneben sollte es einen Ausblick auf den Verlauf der Sitzung (*Tagesordnung*) und ggf. eine Nachbesprechung von *Übungsaufgaben* geben, die die Teilnehmer seit der letzten Sitzung durchgeführt haben. Nach diesen weitgehend ritualisierten Präliminarien folgt in der Regel eine *Input-Einheit*, in der Neues vorgestellt und/oder auf die folgenden Übungseinheiten vorbereitet wird. Ein Block mit *Rollenspielübungen* steht dann im Zentrum jeder Sitzung (zum Ablauf s. u.). Danach gibt es ein meist ebenfalls stark ritualisiertes Sitzungsende mit einer *Abschlussrunde* für Fragen, Austausch etc., mit einer Besprechung der bis zur nächsten Sitzung anstehenden *Übungsaufgaben*, einem *Ausblick* und einer *Sitzungsevaluation*, z. B. in Form eines kurzen Fragebogens.

Für die hier thematisch zentralen Rollenspielübungen findet sich bei Drinkmann (2016, S. 161) das in Abbildung 21 dargestellte Prozessmodell zur Veranschaulichung.

Am Beginn einer Rollenspielsequenz steht immer die Frage, *wer* von den Teilnehmern ein Rollenspiel (als Protagonist) machen möchte, zumindest, wenn *Freiwilligkeit* ein leitendes Prinzip ist. Für die nächste zu klärende Frage, *was* gespielt werden soll, müssen zwei grundsätzliche Varianten des Rollenspiels unterschieden werden: die *Auswahl* einer Rollenspielsituation (*Szenario*) aus mehreren vorgegebenen oder die *Benennung* einer eigenen Situation. Im (einfacheren) Fall eines *standardisierten* Vorgehens stehen den Teilnehmern *vorgegebene Szenarios*, meist mit expliziten *Verhaltensinstruktionen* zur Auswahl. Diese sind zuvor gelesen, besprochen und evtl. auch individuell bewertet worden, z. B. hinsichtlich der persönlich eingeschätzten Schwierigkeit. Der Protagonist bringt also üblicherweise ein Szenario mit auf die Bühne, für das er sich ent-

3 Lernen und Modifikation

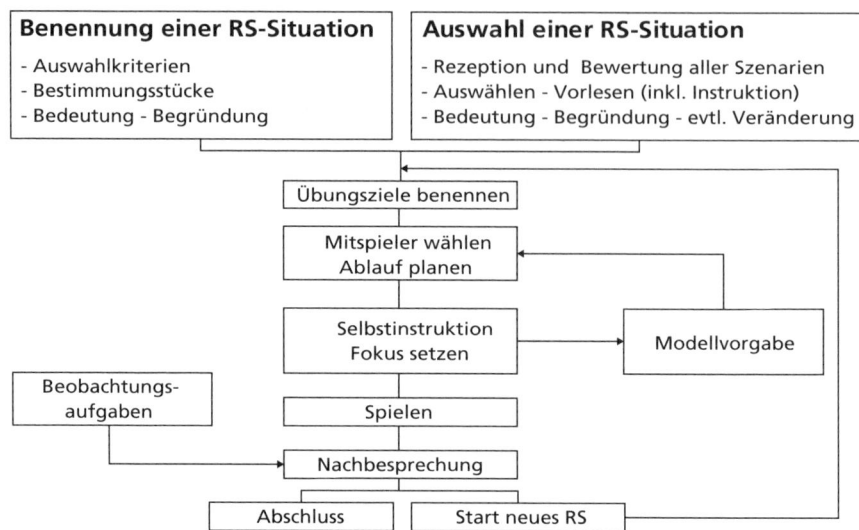

Abb. 21: Prozessmodell einer Rollenspielsequenz (aus: Drinkmann, 2016, S. 161); mit freundlicher Genehmigung der Alibri Verlag GmbH

schieden hat. Um den Einstieg in das Rollenspiel zu erleichtern, wird der Trainer den Klienten bitten, sein Szenario zunächst kurz vorzulesen, und ihn anschließend evtl. fragen, welche Gründe ihn bewogen haben, gerade dieses Szenario zu wählen, ob er Ähnliches schon erlebt hat und was ihn daran besonders reizt. Im nächsten Schritt können dann u. U. noch Veränderungen und individuelle Anpassungen an dem gewählten Szenario vorgenommen werden. Aufgabe des Trainers ist dabei, darauf zu achten, dass nur sinnvolle und hilfreiche Veränderungen vorgenommen werden. Insbesondere muss sein Augenmerk der Schwierigkeit der Herausforderung für den Protagonisten gelten. Dieser sollte sich nicht unterfordern, vor allem aber nicht überfordern. Hier gilt die Orientierung am Prinzip »Lieber mit kleinen Schritten erfolgreich sein, als mit großen Misserfolgen zu provozieren«.

Im aufwändigeren Fall eines nicht-standardisierten Vorgehens benennt der Protagonist eine eigene Situation, die er spielen möchte. Die Schilderung sollte möglichst präzise sein, d. h. die Bestimmungsstücke Zeit und Raum, Interaktionspartner sowie den Handlungsverlauf umfassen (vgl. Feldhege & Krauthahn, 1979). Fliegel et al. (1994) fordern von einer rollenspielgeeigneten Situation außerdem, dass sie 1. die zentralen Schwierigkeiten des Klienten berührt, 2. innerhalb eines Rollenspiels gut simuliert und 3. später möglichst vom Klienten auch in der Realität aufgesucht werden kann. Aufgabe der Trainer ist auch hier wieder, die individuelle Bedeutung der gewählten Situation für den Klienten zu explorieren und – mehr noch als im standardisierten Fall – bei der Anpassung der Situation an die Rollenspielerfordernisse zu helfen.

Bezüglich der nächsten zur Klärung anstehenden Frage, *was das Ziel* der Übung sein soll, sind in vollstandardisierten Programmen die Übungsziele zu jedem Szenario vorgegeben. Bei eigenen Situationen sind die Ziele das Ergebnis eines Aushandlungsprozesses zwischen Trainer und Klient, meist ausgehend von den Wunschvorstellungen des Klienten. Auch hier wird der Trainer der Angemessenheit der Übungsziele besondere Beachtung schenken. Ein entscheidender Vorteil der Rollenspielmethodik liegt ja gerade darin, dass auch große, komplexe und anspruchsvolle Ziele in Angriff genommen werden können, indem diese in handhabbare Teilziele zerlegt werden, die dann schrittweise angegangen werden. Im nächsten Schritt geht es um die Auswahl und Instruierung von *Mitspielern*. Da Rollenspielübungen sinnvollerweise kurz, übersichtlich und prägnant sein sollen, beschränken sich die meisten Rollenspiele auf einen einzigen Mitspieler. Der Protagonist hat die Entscheidungshoheit und darf prinzipiell unter den Gruppenmitgliedern frei wählen, wen er als Mitspieler haben möchte, und diesen auch nach seinen Vorstellungen instruieren, wie er sich verhalten soll. Denkbar ist auch, dass einer der Trainer als Mitspieler fungiert. Besonders unsichere Klienten sollten auch den Ausgang des Rollenspiels vorab bestimmen dürfen. Wer mehr Herausforderung verträgt, kann das seinem Mitspieler überlassen.

Unmittelbar vor Beginn der eigentlichen Spielsequenz wird der Trainer den Rollenspieler noch einmal fragen, welche Übungsziele er sich vorgenommen hatte, welche ein oder zwei davon ihm besonders wichtig sind (*Fokussierung*) und ob er einen Lösungsweg vor Augen hat, etwa in Form von konkreten Formulierungen, die er verwenden wird. Außerdem ist an dieser Stelle eine Anregung zu *positiven Selbstverbalisationen* sinnvoll, um die Selbstwirksamkeitserwartung zu erhöhen. Sollte der Klient bis hierher deutliche Schwierigkeiten etwa bei der Zielfestlegung oder deren Operationalisierung zeigen, können *externe Modellvorgaben* hilfreich sein. Zu überschaubaren, klar definierten Fragestellungen können entweder ein Trainer oder ein Gruppenmitglied einen Lösungsvorschlag demonstrieren. Über dessen Annahme oder Verwerfung entscheidet dann der Protagonist. Cunningham et al. (1993) haben zeigen können, dass die Nützlichkeit – im Sinne der Lerneffekte beim Beobachter – bei weniger perfekten sog. Bewältigungsmodellen (*coping models*) größer ist als bei meisterhaften Modellen (*mastery models*). Das spräche dafür, ruhig Gruppenmitglieder als externe Modelle einzusetzen, selbst wenn der Trainer ein Zielverhalten vielleicht besser beherrscht. Wichtigstes Kriterium bleibt allerdings die Bereitschaft und Fähigkeit des Protagonisten, der externen Modellvorgabe zu folgen (vgl. hierzu die Determinanten der Aufmerksamkeitsprozesse in der Aneignungsphase nach dem Prozessmodell des Modelllernens von Bandura, 1979).

Wenn alle Beteiligten gut vorbereitet und konzentriert sind – u.U. noch *Beobachtungsaufgaben* an die nicht-spielenden Gruppenmitglieder verteilt worden sind – wird der Trainer das Startsignal zur eigentlichen *Spielphase* geben. Seine Aufmerksamkeit gilt jetzt vor allem dem Protagonisten und dessen evtl. Unterstützungsbedarf. Dem Prinzip »so wenig Eingriffe wie möglich, so viele wie nötig« folgend, wird er das Rollenspiel lediglich beobachten (und Punkte für die Nachbesprechung sammeln), oder er wird mehr oder weniger stark eingreifen. Das Repertoire von *Steuerungsinstrumenten* reicht dabei von dezenten Aufmunterungen und hilfreichen Einflüsterungen für den Protagonisten über kurze Unterbrechungen des Rollenspiels bis hin zum Abbruch und Neustart (vgl. Fliegel et al., 1994). Unverzichtbarer Teil eines Rollenspiels ist die anschließende *Nachbesprechung* mit dem *Feedback* an den Protagonisten. Der Trainer moderiert diesen Teil und achtet auf die Einhaltung von essenziellen *Feedback-Regeln*, die möglichst vorab vereinbart wurden. Eine typische Einstiegsfrage könnte lauten: »Was von dem, was Sie sich vorgenommen hatten, ist Ihnen gut gelungen?«. An ihr wird neben dem konsequenten Zielbezug bereits die Fokussierung auf positive, gelungene Verhaltensaspekte deutlich. Diese sollten möglichst konkret benannt und durch Verweise auf Verhalten und Äußerungen belegt werden. Dass als erstes der Klient selbst sich positives Feedback gibt, und zwar noch vor der Rückmeldung durch den Trainer, hat mit dem übergeordneten Lernziel »*Selbstverstärkung* üben« zu tun. Erst anschließend würden Trainer, Mitspieler und Beobachter (in der Reihenfolge) ihre Rückmeldung geben, wohlgemerkt orientiert an denselben Regeln. Eine gute Gelegenheit, auch *kritische Aspekte* einzubringen, besteht am Ende der Nachbesprechung, wenn der Protagonist gefragt wird, welche Verbesserungsmöglichkeiten er für sein Verhalten in einem evtl. zweiten Übungsdurchgang noch sähe. Ein solches Anschlussrollenspiel mit demselben Protagonisten würde einen Wiedereinstieg in den Vorbereitungsprozess bedeuten mit ggf. veränderter Situation, Instruktion des Mitspielers, eigene Übungsziele etc. Wiederholungen dieser Art dienen der Festigung, Sicherung und Optimierung der Kompetenz. Zuweilen ergeben sich an der Stelle auch Ideen für Übungsaufgaben (*Hausaufgaben*) im Alltag des Klienten.

3.3.4.3 Einordnung und Bewertung des Rollenspiels

Die innerhalb einzelner Rollenspiele angestrebten Lernziele lassen sich generell einem der beiden Oberziele *Ressourcenaufbau* oder *Problemreduzierung* zuordnen. Gegenüber Alltagshandeln und z. T. auch gegenüber gezielten und geplanten Verhaltensübungen im Alltag (vgl. Wendlandt, 2003) bieten rollenspielbasierte Übungen eine Reihe von Vorteilen. Aus lernpsychologischer Sicht stehen Rollenspiele unter dem generellen Motto »*geplantes Handeln unter kontrollierten Bedingungen*«, und es kommen dabei vor allem die folgenden *Funktionen* zum Tragen (vgl. Drinkmann, 2016, 151 f.):

Verhaltensanalyse: Der Protagonist erhält vom Rollenspielleiter eine Anregung und Anleitung zur Reflexion der internen (Motive etc.) und externen Einflussfaktoren auf das eigene Verhalten.

Zielreflexion: Kein Rollenspiel beginnt, ohne dass zuvor explizit die zu verfolgenden Handlungsziele reflektiert und ggf. diskutiert werden.

Kleine Schritte: Die Aufteilung von komplexen Handlungssequenzen in kleinere Einheiten, Teil- und Zwischenschritte ist eine sehr grundlegende und effektive Veränderungsstrategie.

Verlangsamung und Dekomponierung: Die Möglichkeit, Handlungen zu unterbrechen oder Bedenkpausen einzulegen, erleichtert Fortschritte ebenso wie das Herausgreifen und die Fokussierung nur jeweils einzelner Handlungskomponenten.

Soziale Unterstützung: Die Mitspieler im Rollenspiel sind prinzipiell wohlwollend und unterstützend. Der Protagonist kann steuern, wie groß die Herausforderung durch sie für ihn werden soll. Außerdem gibt es im Hintergrund den stets hilfsbereiten Rollenspielleiter.

(Selbst-)Bewertung: Anders als im Alltag werden Selbstbewertungen explizit gemacht. Sie werden durch die Einführung von Feedbackregeln zudem in der Regel lernpsychologisch optimiert und ergänzt, manchmal auch kontrastiert, durch externe Rückmeldungen von Mitspielern und Rollenspielleiter.

Systematische Evaluation: Die Auswertung eines Rollenspiels in der Nachbesprechung zeichnet sich u. a. durch einen klaren Zielbezug aus, sie berücksichtigt die jeweiligen Möglichkeiten und Kapazitäten des Klienten und sie ist konstruktiv-fortschrittsorientiert.

Wiederholbarkeit: Im Alltag ist Handeln oft unumkehrbar. Im Rollenspiel lässt es sich demgegenüber ggf. mit Abwandlungen wiederholen, mal nur probeweise verändern (Probehandeln), bis dahin, dass selbst extreme Verhaltensvarianten einmal ausprobiert werden können, die für die Realität nicht in Frage kämen.

Problemlösungslernen: Generell wird ein Rollenspielleiter auf möglichst große Transparenz seines Tuns achten. Explizität und Systematik des Vorgehens vor allem in der Rollenspielvor- und -nachbereitung vermitteln dem Klienten quasi nebenbei auch Heuristiken für den Umgang mit schwierigen und Problemsituationen (z. B. die Regeln »Kleine Schritte!« und »Gelungenes fokussieren!«).

Als Anwendungsbeispiel für psychologisch fundierte Methoden des Lernens und der Verhaltensmodifikation in der Sozialen Arbeit taugt die Rollenspielmethode wie gesehen sehr gut, weil sie in besonderer Weise diverse Lernstrategien und -methoden aufgreift und miteinander kombiniert. Aus dem Bereich des *operanten Lernens* sind zum Beispiel im Rahmen der Feedback-Phase nach einem Rollenspiel die *externe Verstärkung* (des Rollenspielers durch den Leiter) wie auch die *Selbstverstärkung*, die der Rollenspieler sich selbst nach bewältigten Übungen gibt, zentral. Aus dem Bereich des *sozialen Lernens* gibt es vielfältige Bezüge zum Beobachtungslernen. Die Orientierung des Rollenspielers an der modellhaften Verhaltensvorgabe des Leiters oder *Beobachtungseffekte* der Gruppenteilnehmer während eines Rollenspiels sind hier an erster Stelle zu nennen. Aber auch Phänomene wie die *stellvertretende Verstärkung* und die Schaffung von *symbolischen bzw. imaginativen Modellen* durch Absprachen im Vorfeld eines Rollenspiels gehören dazu. Nützlich ist beim Einsatz von Rollenspielen die Orientierung an Banduras (1979) Prozessmodell des Modelllernens mit der differenzierten Betrachtung von relevanten Einflussgrößen, je nachdem ob man sich in der Aneignungsphase (mit den beiden Hauptkomponenten Aufmerksamkeit und Gedächtnis) befindet, oder in der Ausführungsphase (mit den beiden Komponenten Ausführung und Verstärkung/Motivation). Im oben vorgestellten Prozessmodell einer Rollenspielsequenz von Drinkmann (2016; ▶ Abb. 21) kommen Aufmerksamkeits- und Gedächtnisprozesse vor allem bis zur eigentlichen Spielsequenz zum Tragen, Determinanten der Ausführungsphase in der Spielsequenz selber und Verstärkungsprozesse primär in der Nachbesprechung.

Prozesse, die der Theorie der *Selbstregulation* zuzuordnen sind, finden sich ebenfalls an diversen Stellen im Rollenspiel. So kommt es etwa am Beginn, wenn Protagonist und Rollenspielleiter konkrete verhaltensbezogene Übungsziele absprechen, auf die sich der Protagonist im Rollenspiel besonders konzentrieren will, sowohl zu Prozessen der *Selbstbewertung* wie auch der *Setzung von Standards*. Auch die Reflexion über verschiedene persönlich mögliche Übungsziele, deren Operationalisierung und ggf. Dekomponierung bzw. Aufspaltung in sinnvolle Teilziele gehören in den Bereich der Selbstregulation. Im Verlauf des Rollenspiels sind dann Prozesse der *Selbstbeobachtung* und bei der Nachbesprechung solche der *Selbstreaktion* relevant. Vor allem die Zuversicht stärkenden *Selbstinstruktionen* vor Beginn eines Rollenspiels, aber auch die gezielte Bekämpfung von überkritischen (*dysfunktionalen*) negativen Selbstbewertungen sind Beispiele dafür, dass auch Elemente der *Selbstwirksamkeitstheorie* Eingang in die Rollenspielmethodik gefunden haben.

4 Emotion und Emotionsbewältigung

Im Unterschied zur Auseinandersetzung mit anderen psychischen Sachverhalten fällt es der empirischen Psychologie offensichtlich nicht ganz leicht, das Phänomen »Emotion« hinreichend eindeutig und exakt zu präzisieren. So haben Kleinginna und Kleinginna in ihrer bekannten Übersichtsarbeit bereits 1981 nicht weniger als 101 Definitionsvorschläge aufgelistet. Die in dieser Vielfalt zum Ausdruck kommende definitorische Unsicherheit bzw. Verschiedenheit mag insofern verwundern, als wir unsere Emotionen im Alltag als eindeutige Äußerungsformen der psychischen Wirklichkeit erleben. Wohl vertraut sind uns Gefühlserfahrungen wie die Freude über eine zuteil gewordene Aufmerksamkeit, der Ärger über eine ungerecht empfundene Beurteilung, die Trauer nach dem Verlust einer uns nahestehenden Person oder z. B. der Stolz auf eine besonders gute Leistung. Andererseits wird auch in seiner alltagssprachlichen Verwendung der Begriff »Gefühl« in verschiedenartiger Bedeutung benutzt. Neben der geschilderten Benennung von Gefühlszuständen dient er auch der Bezeichnung von körperlichen Empfindungen (z. B. Hunger- oder Durstgefühl), von Vorahnungen und Eindrücken (z. B. »Ich habe das Gefühl, das wird schiefgehen«), von Charaktereigenschaften (Wenn wir einer Person z. B. Pflichtgefühl zuerkennen) oder von besonderer Befähigung (z. B. Sprachgefühl) (vgl. Mees, 1991, S. 33; Traxel, 1972, S. 236).

Anstelle einer einheitlichen und exakten Definition ist es im Bereich der Emotionspsychologie üblich, von einer konsensfähigen Arbeitsdefinition auszugehen. In ihr werden in Form einer syndromalen Bestimmung die von den meisten Forschern geteilten Definitionsaspekte vereinigt. Meyer, Schützwohl und Reisenzein (1993, S. 23–24) differenzieren in diesem Sinn den Phänomenbereich »Emotion«, indem sie zuerst typische Beispiele für Emotionen nennen und daraufhin die Merkmale auflisten, welche für Emotionen als kennzeichnend gelten. Als Beispiele nennen sie u. a. die uns aus der Alltagserfahrung bekannten Emotionen von Freude, Traurigkeit, Ärger, Angst, Stolz, Scham etc. Zu den Merkmalen emotionaler Sachverhalte zählen sie folgende Aspekte:

a) Die Person befindet sich in einem *aktuellen Zustand*.
b) Emotionen unterscheiden sich hinsichtlich *Art oder Qualität und Intensität*.
c) Emotionen sind normalerweise *auf ein Objekt gerichtet*.
d) Der Zustand einer bestimmten Emotion geht einher mit
   – einem *charakteristischen* Erleben (subjektive Ebene: Gefühl),
   – typischen *körperlichen Veränderungen* (physiologische Ebene).

- typischen *kognitiven Aktivitäten* (kognitive Ebene: Einschätzungen und Bewertungen; im Unterschied zu anderen Autoren nennen Meyer et al. diesen Aspekt leider nicht explizit),
- bestimmten *Verhaltensweisen* (motorische Ebene: insbesondere Ausdruck).

Nach dieser syndromalen Definition dürfen die Begriffe »Emotion« und »Gefühl« nicht synonym verwendet werden, da sie für unterschiedliche Sachverhalte stehen. Während der Oberbegriff »Emotion« alle möglichen Indikatoren beinhaltet, handelt es sich bei dem Begriff »Gefühl« lediglich um die subjektive Komponente des emotionalen Geschehens (vgl. Schmidt-Atzert, 1996, S. 18; siehe hierzu auch Schmidt-Atzert, Peper & Stemmler, 2014, Kapitel 1).

Die in der Arbeitsdefinition abstrakt genannten Aspekte seien an einer von Mees (1992) mitgeteilten Alltagsepisode zur Ärgeremotion veranschaulicht:

> »Stell Dir vor, letzten Samstagmorgen fuhr ich zum Einkaufen in die Innenstadt; es regnete, und ich war ziemlich in Eile, da die Geschäfte bald schlossen. Auf einem Parkplatz in der Nähe des Ladens, zu dem ich wollte, hatte ich Glück: Obwohl alles sonst ›dicht‹ war, erblickte ich einen älteren Mann, der mit Wagenschlüssel in der Hand auf ein Auto unmittelbar vor mir zuging. Ich gratulierte mir zu meinem Glück (sonst habe ich nämlich nie welches, wenn es um Parkplätze geht).
>
> Umständlich stieg der Mann in sein Auto, schnallte sich gemächlich an, die Zeit verstrich; endlich startete er. Ich immer blinkend in Lauerposition.
>
> Der Wagen fuhr also rückwärts aus der Parklücke heraus – und in dem Moment, in dem er sich draußen befand (also unmittelbar vor mir) huschte doch von hinten ein kleiner ›Flitzer‹ rücksichtslos an mir und ihm vorbei und zwängte sich in die offene Parklücke! Am Steuer saß ein Mann, daneben seine Frau. Er mußte mich doch gesehen haben! Eine Unverschämtheit! Das Blut schoß mir in den Kopf, ich sah rot, stieg also aus und zu ihm hin: ›Was meinen Sie wohl, warum ich hier gewartet und geblinkt habe?‹ – ›Wer zuerst kommt, mahlt zuerst!‹ war die pampige Antwort. ›Dann rufe ich eben die Polizei!‹ – Aber trotz aller Drohungen machten die beiden keine Anstalten, die Parklücke freizumachen, sondern gingen seelenruhig ihrer Wege.
>
> Ich überlegte kurz, tatsächlich die Polizei zu rufen – aber es lohnte ja nicht: Sie waren zu zweit und konnten alles abstreiten! Was ich aber ernsthaft überlegte, war, ihnen die Luft aus den Reifen zu lassen; naja, nachdem ich mir klargemacht hatte, daß das auch irgendwie lächerlich war, stieg ich wieder in mein Auto, und nach einer kurzen Verschnaufpause, in der ich laut auf die beiden schimpfte, suchte ich mir einen anderen Parkplatz, den ich dann auch fand. Aber diese Unverfrorenheit hat mich noch ganz schön beschäftigt« (S. 1).

In diesem Beispiel kommen die den emotionalen Zustand charakterisierenden Aspekte deutlich zum Ausdruck. Die subjektive Ebene in Form des Ärgergefühles, die kognitive Bewertung des Verhaltens als Unverschämtheit, die körperbezogene Wahrnehmung, dass das Blut in den Kopf schießt sowie die mit diesem Ärgergefühl korrespondierende Verhaltensweise des Beschimpfens.

Wenn Meyer et al. (1993) den Emotionsbegriff an den aktuellen Zustand sowie ein auslösendes Moment (Objektbezug) zwingend binden, verwenden sie ihn in einem engeren Sinn. Von Ewert (1983) stammt der Vorschlag, auch zeitlich weiter ausgedehnte und von erkennbaren Auslösemomenten unabhängig erscheinende Gefühlserfahrungen – von ihm *Stimmungen* genannt – einzubeziehen. »Stimmungen sind Gefühlserlebnisse von diffusem Charakter, in denen sich die Gesamtbefindlichkeit eines Menschen ausdrückt« (Ewert, 1983, S. 399). In der Figur-Grund Metapher aus der Wahrnehmungspsychologie formuliert, handelt es sich bei Stimmungen um den Hintergrund des Erlebens, von dem sich die Gefühlserlebnisse im engeren Sinn als Figur deutlich abheben. Als Dauertönung des Erlebens färben Stimmungen unsere Erfahrungen in einem bestimmten Licht ein. Es besteht aus dieser Sicht also ein Unterschied zwischen dem aktuellen Ärgererlebnis (siehe obiges Beispiel) und einer gereizten Stimmungslage. Während Letztere uns den ganzen Tag verfolgen mag und wesentlich zu einer selektiven Wahrnehmung beitragen kann, ist Ersteres relativ rasch mit Verschwinden des auslösenden Ereignisses abgeklungen und »verflogen«. Unseres Erachtens weist Schmidt-Atzert (1996, S. 25–26) zu Recht darauf hin, dass der Stimmungsbegriff nicht nur für emotionale, sondern auch für kognitive und motivationale Prozesse gebraucht wird. So sprechen wir von einer »brummigen« oder »nachdenklichen« Stimmung und kennzeichnen damit für emotionales Geschehen untypische Aspekte.

Wir wollen in den folgenden Abschnitten die in der syndromalen Bestimmung des emotionalen Geschehens als relevant erachteten Facetten jeweils einzeln genauer betrachten. Die dabei vermittelten Kenntnisse können dem Sozialpädagogen vor allem als Orientierung und Grundlage für die von ihm häufig verlangte Aufgabe der Anleitung zur Emotionsbewältigung dienen. Mit diesem für die Praxis der Sozialen Arbeit wichtigen Anwendungsaspekt werden wir uns ausführlich in den Abschnitten 4.5 und 4.6 beschäftigen.

4.1 Emotion und Erleben: Gefühl

4.1.1 Merkmale nach Ulich

Seltsamerweise spielt die Thematisierung der subjektiven Komponente in der theoretischen Auseinandersetzung eher eine randständige Rolle. Soviel wie keine der dominanten Theorien stellt diesen Aspekt in den Mittelpunkt ihres Interesses. Eine Ausnahme bildet lediglich der eher phänomenologisch ausgerichtete Ansatz von Dieter Ulich. Das aktuelle Emotionserleben wird von ihm über folgende Bestimmungsmerkmale näher charakterisiert (Ulich, 1989, S. 34–40; Ulich, 1992, S. 55–57).

- Im Gefühlserleben geht es nicht um eine Sache, eine Absicht oder einen Plan, sondern um die *leib-seelische Zuständlichkeit* der Person.
- Gefühle treten nur in einer für die erlebende Person bedeutungsvollen Situation auf. Notwendige Voraussetzung ist deshalb die *Selbstbetroffenheit*. Das Individuum kann zu dem das Gefühl auslösenden Aspekt einen persönlichen Bezug herstellen. Fehlt diese Involviertheit, lässt uns die Situation »kalt«. Wenn Sie das nächste Mal beim Durchblättern der Tageszeitung die Todesanzeigen überfliegen, können Sie den hier angesprochenen Aspekt gezielt bei sich beobachten: Solange mit der Anzeige für Sie kein persönlicher Bezug hergestellt wurde, handelt es sich um eine sachlich bleibende Information und das Auftreten eines spezifischen Gefühls ist unwahrscheinlich. Ganz anders verhält es sich aber, wenn sie die in der Anzeige genannte verstorbene Person persönlich gekannt haben. Unwillkürlich werden Sie Trauer, Schrecken oder vielleicht Angst erleben. Gefühlsempfindungen sind also unverträglich mit Gleichgültigkeit. »Wenn mich etwas nichts angeht, wenn es mich kalt lässt, wenn ich mich nicht angesprochen fühle, wenn ich etwas nicht ernst nehme: dann gibt es auch keine Emotionen« (Ulich, 1989, S. 34).
- Die Person erlebt sich eher als *passiv* und als *ausgeliefert*, weshalb Ulich die Gefühle eher der Kategorie der Widerfahrnisse zu rechnet. Das Gefühlserleben widerfährt dem Individuum. »Es ergreift einen, man kann nicht aus; man fühlt sich oft für das, was man willkürlich weder herbeiführen noch kontrollieren oder beenden kann, nicht ›verantwortlich‹« (Ulich, 1989, S. 36). Das bedeutet, dass Gefühle meist *spontan, automatisch und unwillkürlich* auftreten. Wird eine Situation als bedeutungsvoll interpretiert, kann die Person nicht mehr »gleichgültig« auf sie reagieren. »Wenn einmal eine Bindung an bestimmte Werte (z. B. Unversehrtheit und Wohlergehen von Kindern) gegeben ist, dann steht es der Person nicht mehr frei, angesichts einer Misshandlung nicht Wut, Trauer oder Mitleid zu empfinden« (Ulich, 1992, S. 56).
- Für die Entwicklung von Gefühlsregungen sind zwischenmenschliche Beziehungen konstitutiv. Diese werden vor allem während des Sozialisationsprozesses wirksam. Dabei beeinflussen sowohl die Art dieser Beziehungen als auch die im Sozialisationsprozess vermittelten Werte direkt die soziale Genese bestimmter Gefühle (z. B. Mitgefühl, Vertrauen) als auch »indirekt die Maßstäbe dafür, was uns wichtig ist, d. h., was uns nicht gleichgültig sein soll bzw. was uns kalt lassen darf oder soll« (Ulich, 1992, S. 56). Mit der Vermittlung der Wertmaßstäbe bilden die Sozialisationsbedingungen demnach den Rahmen, innerhalb dessen Gefühlsempfindungen ausdifferenziert werden können. Unter entwicklungspsychologischer Sicht kommt den Sozialisationsbedingungen somit eine besonders wichtige Rolle für die Ausbildung spezifischer Gefühlsempfindungen zu.
- Gefühlserleben ist sich selbst genügsam und hat keinen über das Erleben hinausgehenden Zweck. Seine *Funktion ist das Erleben* selbst. Weil das Gefühlserlebnis – Ulich zufolge – quasi für sich selbst stehen soll, hält er es für unzu-

lässig und sogar für unsinnig, Gefühle unter der Perspektive einer Zweck-Mittel-Relation zu analysieren, wie dies z. B. im Rahmen der funktionalistischen Emotionstheorien der Fall ist. Dort wird z. B. die Frage aufgeworfen, »wozu« Emotionen dienlich sind und als eine mögliche Antwort ihre Bedeutung für das Überleben genannt. Dem Emotionserleben wird auf diese Weise ein empirisch nicht explizit prüfbarer Beitrag zur Erreichung eines bestimmten Zieles (hier: Überleben) zugesprochen. Zu Recht verweist Ulich (1989) auf die mit diesem Vorgehen verbundene Gefahr, Emotionspsychologie unkritisch für bestimmte Zielsetzungen zu vereinnahmen. Andererseits muss auch kritisch festgestellt werden, dass es sich bei der Behauptung, Gefühlserlebnisse seien sich selbst genügsam, ebenfalls um ein ungeprüftes Postulat handelt. Der Vorteil dieser Behauptung kann jedoch in der Möglichkeit gesehen werden, sich dem Sachverhalt des Gefühlserlebnisses voraussetzungsfreier zu nähern. Mit der Feststellung, die Freiheit von weiteren Zwecken gelte nur für den Zustandsaspekt des Gefühlserlebnisses, in dem seine einzigartige Qualität zum Ausdruck komme, relativiert Ulich selbst seine Position. Neben dem Zustandsaspekt spricht er nämlich bestimmten Gefühlen durchaus Signalcharakter zu, z. B. wenn – wie im Fall der Angst – das Gefühl auf eine Bedrohung oder Gefahr hinweist. Der Signalcharakter ist in dieser Sichtweise aber eine Folge des Gefühlserlebnisses und damit nicht mit ihm identisch.

4.1.2 Strukturierungsversuche

Der Versuch, die Vielfalt emotionalen Erlebens zu systematisieren und zu ordnen, ist so alt wie die empirische Psychologie. Es geht dabei um das Auffinden von *Gefühlsdimensionen*, die bei jeder Gefühlsempfindung wirksam werden und um die Auflistung voneinander qualitativ differenzierbarer *Gefühlskategorien* (vgl. Rothermund, 2015).

Bereits Wilhelm Wundt widmete sich dieser Aufgabe und unterschied am Gefühlserleben die drei Dimensionen »Lust-Unlust«, »Erregung-Beruhigung« sowie »Spannung-Lösung«. Wundt (1910) stellte diese drei Dimensionen als voneinander unabhängige (sog. orthogonale) Achsen dar und ging davon aus, dass jedes Gefühlserlebnis in dem so aufgespannten dreidimensionalen Raum durch einen Punkt abgebildet werden kann. Die dimensionsanalytische Betrachtung postuliert für jedes Gefühlserlebnis auf den jeweils differenzierten Dimensionen eine bestimmte Ausprägung. So lassen sich Freude und Angst hinsichtlich der Dimension »Lust-Unlust« deutlich unterscheiden. Sie liegen an den entgegengesetzten Polen. Gleiches gilt für Wut und Traurigkeit bezüglich der Dimension »Erregung«.

Während Wundt seine dreidimensionale Gefühlstheorie mittels Methoden der Ausdrucksanalyse gewann, gingen spätere Untersuchungen zu diesem Thema vor allem von der sprachlichen Beschreibung des Gefühlserlebens aus. Schmidt-Atzert (1996) beschreibt das dabei eingesetzte Vorgehen mit den Worten: »Zunächst benötigt man eine Liste der Gefühlsbezeichnungen. Dann stellt man die Ähnlichkeiten bzw. Unähnlichkeiten zwischen allen Elementen der Liste fest. Schließlich wendet man ein geeignetes mathematisches Verfahren an, das ein Ordnungssystem findet« (S. 87). Ausgangspunkt bilden in der Forschung also Listen von Gefühlswörtern, die entweder dem Lexikon entnommen oder in einer Befragung empirisch ermittelt werden. Bei der Erfragung von Gefühlsregungen kommt es immer wieder vor, dass ein Großteil der aufgeführten Gefühlsbezeichnungen nur sehr selten (z. B. von einer einzigen Versuchsperson) genannt wird. Fehr und Russell (1984) sammelten in ihrer Studie insgesamt 383 Wörter zur Gefühlskennzeichnung, wovon fast die Hälfte (!) nur einmal genannt wurde. In der Forschungspraxis ist es üblich, derart seltene – nur idiosynkratisch auftretende – Gefühlsbezeichnungen von der weiteren Analyse auszuschließen, da es ja darum geht, Gemeinsamkeiten aufzudecken. Bei der Suche nach übergeordneten Dimensionen ist es deshalb sinnvoll, nur jene Aspekte weiter zu verfolgen, die viele Personen ähnlich erleben. Welche Dimensionen jeweils aufgedeckt werden, ist in nicht unerheblichem Ausmaß vom verwendeten Ausgangsmaterial (Wortliste) und der eingesetzten statistischen Methode abhängig. Übereinstimmung besteht lediglich hinsichtlich zweier Dimensionen, nämlich »Lust-Unlust« und »Aktivierung«. Gefühlserlebnisse sind immer mehr oder weniger positiv bzw. negativ, eine Folge der ihnen vorausgehenden Wertgebundenheit (vgl. den vorherigen Abschnitt) und sie sind als leib-seelische Zuständlichkeiten immer mit einem bestimmten Ausmaß an Erregung verknüpft.

Zu differenzierteren Ergebnissen gelangt man aber bei der Suche nach unterscheidbaren Gefühlskategorien (Qualitäten), d. h. nach voneinander deutlich abhebbaren Gefühlsempfindungen. Es geht hier um die Frage, in welche erlebnismäßigen Gruppen Gefühlserlebnisse eingeteilt werden können. Wird bei Dimensionsstudien die Ausprägung des Dimensionsmerkmals im Sinne einer Rangskala beurteilt (z. B. mehr oder weniger stark ausgeprägte Erregung bei Wut und Trauer), handelt es sich bei der kategorialen Zuordnung messtechnisch gesehen um eine Nominalskala, bei der verschiedene miteinander unvereinbare und unverwechselbare »Schubladen« definiert werden. Auch in diesem Forschungsbereich gilt die Abhängigkeit der Ergebnisse von der eingesetzten statistischen Methode, denn es gibt kein eindeutiges Kriterium für die »richtige« Anzahl von Kategorien. Die Suche nach differenzierbaren Gefühlskategorien erbrachte relativ stabile und replizierbare Befunde hinsichtlich folgender Kategorien: *Angst, Ärger, Traurigkeit, Freude, Zuneigung* und *Überraschung*.

Diese Kategorien fanden sich sowohl in kulturverwandten Ländern wie den USA, Italien und Deutschland, als auch z. T. in eher kulturfremden wie China (siehe im Überblick Schmidt-Atzert, 1996, S. 90–93). Für die einzelnen Kategorien gilt, dass zu ihnen verschiedene aber bedeutungsgleiche bzw. bedeutungsnahe Begriffe zählen (z. B. »Freude«, »Heiterkeit«, »Fröhlichkeit«, »Entzücken« etc.).

4.1.3 Validitätsprobleme

Inwieweit kann aus dem unmittelbaren Gefühlserleben zuverlässiges und gültiges Wissen über Gefühle gezogen werden? Unter methodischer Hinsicht sind diese Daten nur über die Selbstbeobachtung zugänglich, d. h., die üblicherweise zu stellende Forderung nach Intersubjektivität (▶ Kap. 1) ist in diesem Bereich grundsätzlich nicht gegeben. Nur die ein bestimmtes Gefühl erlebende Person besitzt die Fähigkeit, das Vorhandensein dieses Zustandes anzugeben (Indikationskompetenz). Verfügt sie aber deshalb auch über ein ihr Alltagswissen oder ihre Alltagserfahrung übersteigerndes Erklärungswissen dieses Zustandes? Sind ihre Aussagen in dieser Hinsicht überhaupt valide? Vogel (1996) veranschaulicht den hier relevanten Sachverhalt mit folgender Analogie: »Ein Patient ist letztlich auch der einzige, der Auskunft über den fühlbaren Aspekt, z. B. die schmerzhaften Auswirkungen seiner Krankheit geben kann. Doch befähigt ihn dieser Umstand nicht zur klaren Diagnose. Diese bleibt dem Arzt vorbehalten, der körperliche Symptome feststellt und auch verbale Berichte des Patienten einholt« (S. 35). Das, was dem ein Gefühl erlebenden Individuum zu einer validen Aussage noch fehlt, ist demnach eine Theorie zur Erklärung dieser Erfahrung. Seine Kompetenz endet demnach mit der Möglichkeit, den in Frage stehenden Sachverhalt in Termini der Alltagssprache und Alltagspsychologie zu beschreiben und zu erklären. Wie wir im ersten Kapitel gesehen haben, ist das vorkritische, unwissenschaftliche Alltagsurteil aber noch mit vielen potentiellen Fehlerquellen behaftet. Gegen eine ausschließlich vom erlebenden Subjekt ausgehende Emotionspsychologie sensu Ulich wendet Vogel (1996) deshalb zurecht grundsätzlich ein: »Die Tatsache, dass wir bei der Erforschung von Emotionen mit dem Forschungsgegenstand sehr vertraut sind, insofern wir ihn tagtäglich am eigenen Leibe erfahren, befähigt uns nicht zur unmittelbaren, unverfälschten Erkenntnis« (S. 27).

Ein weiteres Validitätsproblem stellt sich bei den Untersuchungen, die in ihrer Analyse die Alltagssprache als Ausgangspunkt nehmen. Hier ist die Frage zu stellen, mit welcher Zuverlässigkeit und Genauigkeit alltagssprachliche Begriffe den interessierenden Sachverhalt – das Gefühlserlebnis – abbilden. Die aufgeführten Befunde zur Strukturierung der emotionalen Erlebniskomponente über ihre alltagssprachliche Beschreibung zeigen, dass die Sprache im Alltag keine eindeutige, logisch geordnete Systematik von Emotionskategorien liefern kann, sondern lediglich heuristische Hinweise für eine solche Systematik anzubieten vermag. Die Ergebnisse verweisen darüber hinaus neben der beträchtlichen Überschneidung des Bedeutungsbereiches verschiedener Begriffe (z. B. »Ärger«, »Wut«, »Zorn«) auch auf den stark idiosynkratischen Gebrauch von Wörtern zur Gefühlskennzeichnung. Als Folge ergibt sich eine verringerte Begriffsgenauigkeit und Begriffstrennschärfe. Da nicht der sprachliche Begriff den eigentlichen Gegenstand darstellt, sondern der durch diesen Begriff zu präzisieren versuchte psychische Sachverhalt (das Gefühlserleben), ist es denkbar und möglich, ein Gefühl als psychologisches Phänomen zu untersuchen und sich dabei von der alltagssprachlichen Bezeichnung zu lösen. Eine Psychologie der Gefühle muss es sich also z. B. zur Aufgabe machen, den durch den Alltagsbegriff »Angst« indizierten psychischen Zustand theoretisch zu erschließen. »Damit erhält der ursprüngliche Begriff automatisch einen neuen theoretischen Kontext, der seine Bedeutung verändert, vereindeutigt und präzisiert« (Vogel, 1996, S. 32).

4.2 Emotion und Physiologie: Körperliche Veränderungen

Die mit dem emotionalen Zustand einhergehenden körperlichen Veränderungen sind uns sehr vertraut: wir kennen das flaue Gefühl im Magen, den erhöhten Herzschlag, die flachere Atmung, die feuchten Hände oder den »Kloß im Hals«. Für die Emotionspsychologie erweisen sich drei physiologische Systeme als besonders bedeutungsvoll: das vegetative Nervensystem, das Hormonsystem und das zentrale Nervensystem. Auf einige zum Verständnis von Emotionen grundlegende Befunde sei nachfolgend kurz eingegangen.

Das vegetative Nervensystem (VNS) steuert die Aktivität der glatten Muskulatur unserer Organe, des Herzens und der Drüsen. Seine Hauptaufgabe besteht in der Regulation des »inneren Milieus«, worunter man die Sicherstellung der lebensnotwendigen biologischen Grundfunktionen wie die Regulation von Gefäßtonus und Körpertemperatur versteht. Da diese Regulationsmechanismen meist weitgehend unwillkürlich erfolgen, spricht man auch gelegentlich vom autonomen Nervensystem, obwohl diese Bezeichnung nicht ganz zutreffend ist. Eine gezielte willkürliche Beeinflussung vegetativ gesteuerter Funktionen ist nach entsprechender Übung durchaus möglich. So wird im klassischen Entspannungsverfahren – dem autogenen Training nach Schultz – z. B. gelernt, willentlich Gefäßerweiterungen herbeizuführen, was subjektiv im Gefühl der Wärme in Armen und Beinen zum Ausdruck kommt.

Das vegetative Nervensystem besteht aus zwei Subsystemen, dem Sympathikus und dem Parasympathikus, welche gemeinsam die meisten Organe versorgen, jedoch eine unterschiedliche – zumeist sogar entgegengesetzte – Wirkung ausüben. Eine Aktivierung des *Sympathikus* führt zu einer Blutdruckerhöhung, einem Anstieg der Puls- und Atemfrequenz, erhöhter Schweißabsonderung sowie einer Erweiterung der Pupillen. Diese eine Leistungssteigerung ermöglichenden Veränderungen nennt man ergotrope Reaktionslage. Die Wirkung des *parasympathischen Anteils* des VNS ist demgegenüber entgegengesetzt und für Ruhe und Aufbauphasen kennzeichnend: Das Herz-Kreislauf-System wird auf den Normalzustand zurückgeführt, der Organismus wieder »ruhiggestellt«. Man nennt die für eine parasympathische Innervierung typische Aufbau- und Wiederherstellungsphase trophotrope Reaktionslage.

Die in der Nervenfaser geleitete Erregung wird an Anschlussstellen, den Synapsen, auf andere Nerven umgeschaltet und an das End- bzw. Erfolgsorgan transportiert. Die Nerven des Sympathikus verlassen das Rückenmark in der mittleren Region, diejenigen des Parasympathikus nur in dem oberen (kranialen) und unteren (sakralen) Bereich. Während die sympathischen Nerven mit einer Vielzahl von Nervenzellen außerhalb des Rückenmarks vernetzt sind, verfügt das parasympathische System über nur sehr wenige Umschaltstellen. Die Erregungsübertragung erfolgt an den Synapsen auf chemischem Weg über die Aktivität von Trägerstoffen, den Neurotransmittern. Im Bereich des Sympathikus sind die Neurotransmitter Adrenalin und Noradrenalin wirksam, während Acetylcholin im parasympathischen Teil des VNS diese Aufgabe übernimmt. In einer stark vereinfachenden Analogie ausgedrückt, entspricht die sympathische Erregungsphase beim Autofahren dem Betätigen des Gaspedals, während die parasympathische mit dem Bremsvorgang verglichen werden kann.

Betrachten wir die einführend genannten Beispiele für mit Emotionen kovariierende körperliche Erscheinungsweisen, fällt auf, dass die meisten von ihnen eine gesteigerte Sympathikusaktivität anzeigen. So schreibt auf die Forschungssituation bezogen auch Erdmann (1983): »Bei den in der Emotionsforschung hauptsächlich untersuchten Emotionen ... werden in der Regel vegetative Veränderungen im Sinne einer gesteigerten Sympathikusaktivität beobachtet ... Diese Veränderungen sind jedoch nicht spezifisch für eine bestimmte Emotionsqualität« (S. 120). Beschleunigten Herzschlag kennen wir sowohl als Begleiterscheinung von Freude als auch von Angst oder Furcht. Da es bislang nicht in ausreichendem Maß gelungen ist, die Reagibilität des VNS mit bestimmten Emotionen systematisch in Beziehung zu bringen, gilt der Grad an sympathikotoner Erregung als Ausdruck bzw. Maß für die bestehende *Emotionsstärke und -intensität*. Ein systematischer Zusammenhang zwischen Emotionsqualität und VNS-Aktivität wurde zwar in den 60er Jahren bezüglich Ärger und Angst gelegentlich nachgewiesen, ist bis heute aber nicht hinreichend geklärt.

Das hormonelle System besteht aus den Drüsen, welche chemische Botenstoffe (Hormone) in den Blutkreislauf ausscheiden und im Dienste der Signalübermittlung des vegetativen Systems stehen. Im Unterschied zur lokal begrenzten und nur innerhalb einer spezifischen (Nerven-)Bahn erfolgenden Wirksamkeit der neuronal übermittelten Signale gelangen Hormone über die Blutbahn zu ihren Zielorganen im Körper. Ihr Einfluss ist deshalb an vielen Stellen des Körpers möglich. Hormone dringen in die Zellen der Zielorgane ein und regulieren deren Stoffwechsel. Die Aktivität der Drüsen kann durch andere Hormone, Stoffe im Blutkreislauf oder durch Nervenimpulse aus dem Gehirn angeregt werden. In unmittelbarem Zusammenhang mit Emotionen stehen vor allem die Nebennieren und die von ihnen produzierten Katecholamine Adrenalin und Noradrenalin. Ist der sympathische Teil des vegetativen Nervensystems aktiviert, schüttet das Nebennierenmark vermehrt Adrenalin in die Blutbahn und unterstützt bzw. verstärkt so die ergotrope Reaktionslage. Während die Neurotransmitter rasch auf die benachbarten Zellen einwirken, erfolgt der hormonale Einfluss jedoch deutlich verzögert. Das hormonelle System bewirkt demnach eine zeitliche Verlängerung und Ausdehnung der sympathikotonen Erregungslage.

Aus dem von Rückenmark und Gehirn gebildeten Zentralnervensystem (ZNS) stehen ebenfalls bestimmte Strukturen in korrelativem Zusammenhang mit unseren Emotionen. Insbesondere die stammesgeschichtlich alten, aus dem Riechhirn herausgebildeten Teile, die ringförmig um den Hirnstamm angeordnet sind, erweisen sich dabei als relevant. Sie bilden das funktionell definierte und deshalb anatomisch nicht einheitlich bestimmte *limbische System*. Seine Strukturen sind an der Regulation von verhaltens- und kognitionsbezogenen Prozessen beteiligt und auch für die Steuerung des vegetativen Nervensystems zuständig. Für Emotionen ist aus diesem System vor allem der Mandelkern

(Nucleus amygdala) bedeutsam. Eine elektrische Reizung dieser Struktur führt bei Tieren zu Kampf- und Fluchtverhalten. Furcht-, Flucht- und Aggressionsverhalten gehen bei Abtragung der Mandelkerne im Tierversuch demgegenüber deutlich zurück. Je nach vorexperimenteller emotionaler Ausgangslage beobachtete man nach Reizung dieser Region beim Menschen Angst und Wut oder Ruhe und Entspannung. Im Hypothalamus sind die dem vegetativen Nervensystem übergeordneten Zentren angesiedelt. Sie wirken über das vegetative und hormonelle System auf die Regulation des inneren Milieus. In Analogie zum vegetativen Nervensystem unterscheidet man ergotrope und trophotrope Zonen, je nachdem, ob ihre Aktivität zu Erregung oder Beruhigung führt. Von den Psychologen Olds und Milner (1954) stammt die »Entdeckung« eines Lustzentrums (»pleasure center«) im Hypothalamus. Diese Autoren implantierten in den Hypothalamus ihrer Versuchstiere Elektroden, deren elektrische Stimulierung von den Versuchstieren selbst herbeigeführt werden konnte, indem sie z. B. einen Hebel drückten (sog. Selbststimulierungsversuche). Olds und Milner beobachteten eine extrem hohe Verhaltensrate des die Reizung bewirkenden operanten Verhaltens und interpretierten diese Region als Lust- bzw. Belohnungszentrum. Die grundsätzliche Gültigkeit derartiger Befunde für den Humanbereich wird u. a. von Pöppel (1988) vertreten. Befunde aus neurochirurgischen Eingriffen beim Menschen stützen diese Annahme: »Wenn die Reizelektroden ... in den Bereichen liegen, die den Lustzentren bei den Versuchstieren entsprechen, kommt es zu lustvollen Erlebnissen. Das zeigt sich besonders am Gesichtsausdruck, aber auch in Berichten der Patienten« (Pöppel, 1997, S. 155–156). Als weitere für Emotionen wichtige Strukturen des limbischen Systems gelten das Septum und der Gyrus cinguli. Sie wirken antagonistisch insofern eine Aktivierung des Gyrus cinguli eine gesteigerte Reagibilität, eine Aktivierung des Septum dagegen eine Aktivitätshemmung nach sich zieht. Man vermutet, dass diesen Strukturen die Aufgabe zukommt, das Ausmaß einer möglichen Bedrohung und Gefährdung einzuschätzen und unmittelbare motorische Antwortreaktionen zu ermöglichen. Der Zusammenhang dieser Hirnbezirke mit emotionalem Verhalten wird auch durch neuropsychologische und klinische Studien belegt (siehe z. B. Larbig, 1983). Neben dem limbischen System werden aus dem ZNS zwei weitere Hirnareale als bedeutsam für Emotionen eingeschätzt und zwar die Formatio reticularis und die beiden Großhirnhemisphären.

Die *Formatio reticularis* ist ein Nervengeflecht, das sich über das ganze Stammhirn erstreckt und in Beziehung zum Aktiviertheitsgrad des Organismus steht. In ihr werden alle vom Rückenmark aufsteigenden und vom Gehirn absteigenden Impulse geleitet. Der Formatio reticularis kommt deshalb die Funktion der Aktivitätsregulierung zu und zwar sowohl hinsichtlich der niederen Zentren (Hirnstamm und Rückenmark) als auch der höheren (Hirnrinde). Die Formatio reticularis ist also für den mit Aktivierung korrelierenden Aspekt der Emotionsintensität (mit)verantwortlich.

Seit längerer Zeit untersucht man auch die Bedeutung des Neocortex für emotionale Prozesse und fragt nach dem spezifischen Beitrag der beiden *Hemisphären des Gehirns*. Die gelegentlich noch anzutreffende Auffassung, nur die linke Hirnhemisphäre sei für unsere Emotionen zuständig, wurde dabei nicht unterstützt. Differentielle Befunde deuten sich insofern an, als durch mehrere Untersuchungen die Annahme Unterstützung erfährt, dass die linke Hemisphäre stärker mit positiven, die rechte dagegen stärker mit negativen Emotionen in Zusammenhang steht (vgl. z. B. Goller, 1992, S. 77–84).

4.3 Emotion und Kognition: Bewertung

Wir haben gesehen, dass ein Gefühl nur in Situationen entsteht, die für die erlebende Person bedeutsam sind, weil sie einen für sich relevanten Bezug herstellen kann. Dieser persönliche Bezug kann durch Einschätzungs- und Bewertungsprozesse zustande kommen, welche die Bedeutung eines Anlasses, einer Erfahrung oder einer Situation für das Individuum betreffen. Untersuchungen zur kognitiven Komponente der Emotion stellen deshalb die für die Herstellung eines persönlichen Bezuges grundlegenden *Bewertungen* (»*appraisals*«) in den Mittelpunkt und versuchen, für jede Emotion die ihr zugrundeliegenden Bewertungen zu spezifizieren. Sie bemühen sich somit auch um das in Abschnitt 4.1.2 angesprochene Anliegen einer Strukturierung des emotionalen Gesamtgeschehens. Dabei gehen die Ansätze aber nicht vom subjektiven Erleben aus, sondern von der kognitiven Aktivität des Individuums. Den Kerngedanken bildet hier die Annahme, dass in Abhängigkeit von der jeweiligen Situationsbewertung und -einschätzung unterschiedliche Emotionen auftreten. Betrachtet man die kognitive Emotionskomponente, muss man also immer auch den zu bewertenden situativen emotionsfördernden Kontext (Anlass) berücksichtigen und danach fragen, worauf die in der Situation stattfindende Bewertung abzielt. Obwohl alle kognitiven Ansätze diese Annahmen teilen, unterscheiden sie sich in nicht unerheblichem Ausmaß hinsichtlich der angenommenen Bewertungskriterien und Bewertungsprozesse (siehe im Überblick z. B. Mitmansgruber, 2003; Scherer, 1990, S. 10). Nachfolgend sei nur auf das Modell von Ortony, Clore und Collins (1988) ausführlicher eingegangen, um die Bedeutung der kognitiven Emotionskomponente zu verdeutlichen.

4.3.1 Kognition und Emotionsqualität

Unter dem Titel »The cognitive structure of emotions« versuchen Ortony et al. (1988) eine auf Sprachanalyse und Selbstbericht gestützte Klassifikation von Emotionen zu entwickeln. Emotionen werden dabei als wertende Reaktionen (»valenced reactions«) gesehen, weshalb die Frage nach den möglichen Objekten von Bewertungsprozessen den Ausgangspunkt ihrer Analyse bildet: Auf welche Aspekte der Umwelt kann sich eine emotionsrelevante Bewertung beziehen? Grundsätzlich ist dies auf alle wahrnehmbaren sowie vorstellbaren Aspekte der Umwelt hin möglich. Die Autoren unterscheiden deshalb zwischen:

- Ereignissen und ihre Folgen,
- Verhaltensweisen oder Handlungen von Akteuren sowie
- Eigenschaften bzw. Merkmalen von Objekten.

Auf diese drei Aspekte oder Bereiche kann eine Person bewertend reagieren, d. h., ihr emotionales Spektrum wird durch diese drei Bereiche festgelegt (▶ Abb. 22). Innerhalb der drei Bereiche lassen sich verschiedene Klassen und Typen emotionaler Reaktionen festlegen. Die für die einzelnen Bereiche typischen bzw. möglichen Bewertungen sind dabei jeweils unterschiedlich.

Nach Ortony et al. (1988) bewertet das Individuum Ereignisse und ihre Konsequenzen hinsichtlich ihrer Erwünschtheit (bzw. Unerwünschtheit) für die eigene Person. Die in diesen Sektor fallende Gruppe der *ereignisbezogenen Emotionen* drückt deshalb Zufriedenheit bzw. Unzufriedenheit mit den Folgen von Ereignissen aus. Verhaltensweisen und Handlungen von Akteuren werden demgegenüber hauptsächlich danach eingeschätzt, wie lobens- bzw. tadelnswert sie sind, d. h., es geht hier um die Billigung und Missbilligung von Verhalten. Die Bewertung orientiert sich dabei an einem Standard oder einer Norm. Ortony et al. (1988) nennen die Gruppe der in diesen Bereich fallenden Emotionen *Attributions-Emotionen*. Werden schließlich Objekte hinsichtlich ihrer Merkmale eingeschätzt, geht es um Mögen und Nicht-Mögen, d. h., hier spielt die Anziehungskraft eine Rolle, weshalb diese Emotionsgruppe als *Attraktivitäts-Emotionen* bezeichnet wird. Die drei Gruppen setzen sich aus verschiedenen Mitgliedern, den Emotions-Typen zusammen. Emotions-Typen sind interpretierbar als Oberbegriffe für emotionale Zustände, die zwei Gemeinsamkeiten haben: Sie werden durch strukturell verwandte Auslösebedingungen hervorgerufen, haben also vergleichbare Bewertungsprozesse zur Grundlage und ihre jeweilige Intensität wird durch spezifische, nur für diesen Typus geltende Variablen gesteuert.

Die Emotions-Typen der ereignisbezogenen Emotionen sind in drei Emotions-Klassen zusammengefasst, von denen zwei die Folgen der bewerteten Ereignisse für die eigene Person zum Gegenstand haben (Selbstbezug), nämlich die durch Freude und Leid bestimmte Klasse der auf die Gegenwart gerichteten *Wohlbefindens-Emotionen* (»well-being«) und die Klasse der durch Hoffnung und Furcht bestimmten *erwartungsbezogenen* (»prospect-based«) *Emotionen*. Die dritte Klasse ereignisorientierter Emotionen beschäftigt sich mit den Folgen von erwünschten und unerwünschten Ereignissen für andere Personen (*Geschick-anderer-Emotionen;* »fortune-of-others«). Als Typus-Beispiele für diese Kategorie nennen die Autoren Mitfreude und Neid. Die nur eine Klasse bildenden Attributionsemotionen differenzieren Ortony et al. (1988) nach dem Urheber der Handlung, welcher entweder die erlebende Person selbst oder eine andere Person sein kann. Im Falle des Selbstbezuges sind die Emotions-Typen Stolz bzw. Scham, im Falle des Fremdbezuges dagegen die Emotions-Typen Bewunderung bzw. Verachtung möglich. Die objektbezogenen Attraktivitäts-

4.3 Emotion und Kognition: Bewertung

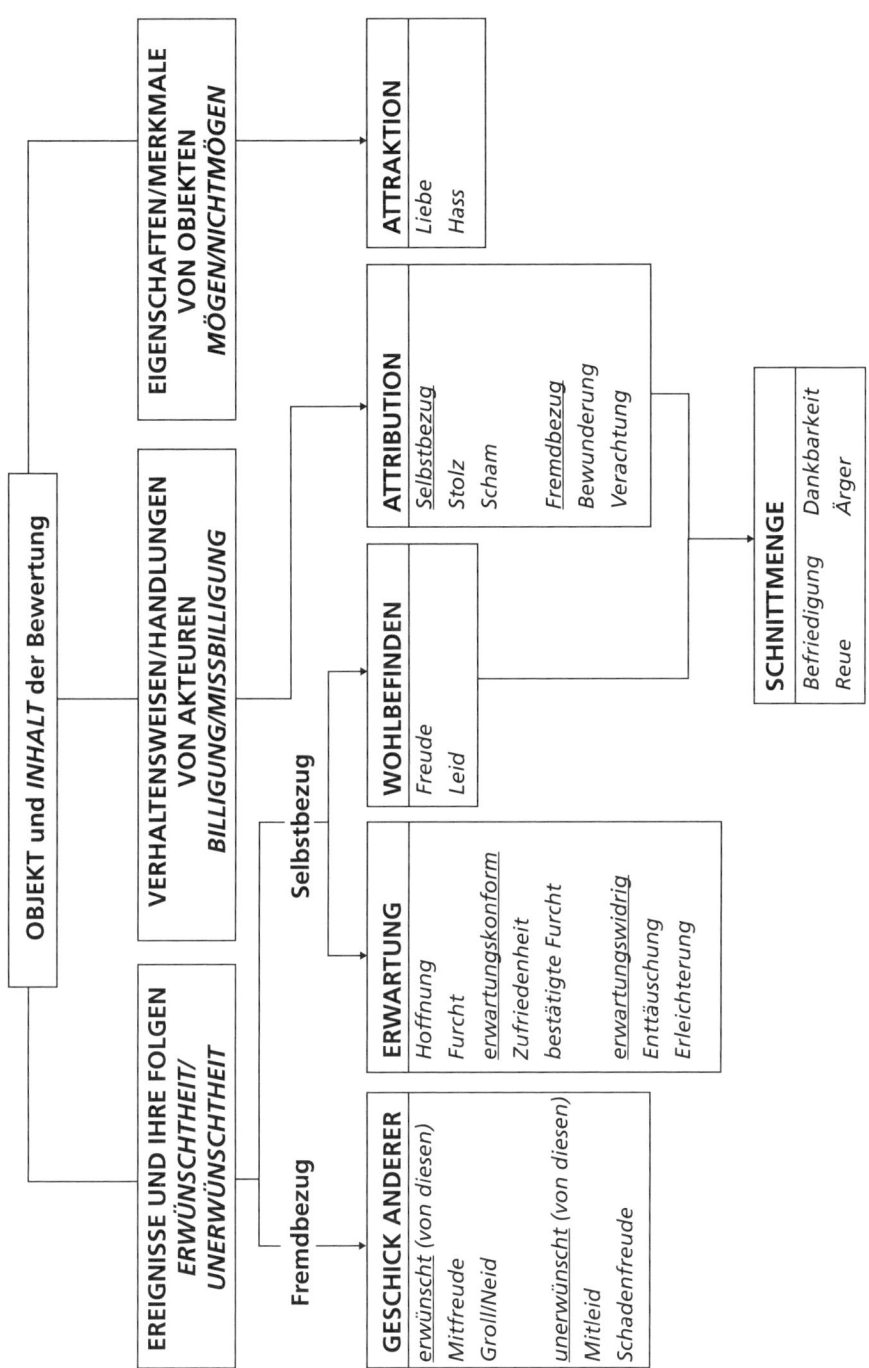

Abb. 22: Das kognitive Emotionsmodell nach Ortony et al. (1988)

emotionen weisen die geringste Differenzierung auf. Die Bewertung von Mögen und Nichtmögen hat nur in den Emotions-Typen Liebe und Hass ihre Entsprechung. Waren die bisher genannten Emotionen jeweils nur einem der drei Bereiche (Ereignisse, Verhalten von Akteuren, Objekte) zugeordnet, nennt das Modell noch vier Emotions-Typen, die eine Klasse bilden, welche sich aus einer Schnittmenge aus der Gruppe ereignisbezogener und akteurbezogener Emotionen bildet. Es handelt sich dabei um die Emotions-Typen Dankbarkeit und Ärger (Fremdbezug) sowie Befriedigung und Reue (Selbstbezug).

Ortony et al. (1988, S. 20–21) verdeutlichen das bisher Gesagte mit folgendem stark vereinfachenden Beispiel. Wenn eine Person erfährt, dass ihr Nachbar sein Kind häufig verprügelt, kann sie auf unterschiedliche Weise emotional reagieren (▶ Abb. 22).

Betrachtet sie den Nachbarn nur in seiner Rolle als »Verprügler«, konzentriert sie sich also auf den Verhaltensaspekt, kann sie darin die Verletzung einer sozialen Norm erkennen und mit Missbilligung reagieren, was z. B. die Attributionsemotion Verachtung nach sich ziehen kann. Die Ereignisemotion Mitleid mit dem geschlagenen Kind mag bei der Person dagegen auftreten, wenn in ihrer Bewertung die Folgen des Ereignisses »Geschlagenwerden« im Mittelpunkt stehen. Es ist aber auch eine Beurteilung der Person des Nachbarn – quasi als »Objekt« – möglich, wobei eine negative Attraktivitätsemotion (z. B. Hass) wahrscheinlich wäre. Das Beispiel zeigt, dass der Bewertungsaspekt in systematischem Zusammenhang mit der jeweiligen Emotion gesehen wird.

4.3.2 Kognition und Emotionsintensität

Während die Qualität einer Emotion durch die für sie typische Bewertung zustande kommt, sind andere – zumeist ebenfalls kognitive – Faktoren für die *Intensität* einer Emotion verantwortlich. Ortony et al. (1988) differenzieren in diesem Zusammenhang allgemeine, für alle Emotionen geltende (sog. globale), und spezifische, nur bestimmten Emotions-Typen zukommende (sog. lokale), Intensitätsvariablen.

Für die Intensität sind bei allen Emotionen (S. 60–68) vier untereinander nicht korrelierte, also unabhängig wirksam werdende Variablen relevant, nämlich:

- das Ausmaß der subjektiv wahrgenommenen *Wirklichkeits- und Realitätsentsprechung* (»sense of reality«). Die Intensität einer Emotion ist in diesem Modell davon abhängig, für wie wirklich und real eine Person die Situation hält (Wir freuen uns nur über die Mitteilung eines Gewinns, wenn wir diesen auch für möglich halten);
- die zeitliche sowie psychologische *Nähe* (»proximity«) zur emotionsauslösenden Situation. Dies gilt sowohl für vergangene als auch zukünftige Situationen (Je näher die Flugreise rückt, desto stärker wird die Flugangst, je weiter die Prüfung zurückliegt, desto mehr »verblasst« die Erinnerung an die durch sie hervorgerufene Leistungsangst);

- die *Unerwartetheit* (»unexpectedness«) der Situation, d. h. das Ausmaß der mit ihr verbundenen Überraschung. Je überraschender und unvorbereiteter eine Situation eintritt, umso intensiver sollen die mit ihr verbundenen Emotionen sein. (Ein unerwartet eintretender, für möglich gehaltener Geldgewinn führt nach diesem Ansatz demnach zu stärkerer Freude als ein Gewinn, mit dem man ziemlich sicher gerechnet hat. Ein plötzlicher, d. h. unerwarteter Verlust einer nahestehenden Person [z. B. im Fall des plötzlichen Kindstodes] müsste demnach zu intensiverer Trauer führen als ein Verlust, mit dem man sich schon längere Zeit auseinandersetzen konnte [z. B. als Folge einer chronischen Krankheit]);
- das Ausmaß an *Erregung* und *Aktivierung* (»arousal«) ist im Unterschied zu den anderen drei globalen Intensitätsaspekten keine kognitive Variable, kann aber einen Einfluss auf kognitive Aspekte nach sich ziehen. Da das mit einer spezifischen Situation verbundene Erregungsniveau über diese Situation hinaus andauern kann, ergibt sich die Möglichkeit, dass es sich mit der emotionsbezogenen Erregung der ihm nachfolgenden Situation summiert. Auf diese Weise erscheint die mit der neuen Situation assoziierte Emotion u. U. intensiver. Eine derartige Intensitätssummierung ist aber nur dann zu erwarten, wenn das Individuum für das der Emotion vorausgehende Erregungsniveau keine angemessene Erklärung besitzt.

Neben diesen globalen, für alle Emotionen geltenden Intensitätsvariablen nehmen die lokalen Variablen nur Einfluss auf die Intensität der einzelnen Emotionsgruppen und Emotions-Typen. Die lokalen Variablen können deshalb bereichsspezifisch dargelegt werden (siehe Ortony et al., 1988, S. 68–81).

Bei den drei Klassen der ereignisbezogenen Emotionen bildet das Ausmaß der *Erwünschtheit (bzw. Unerwünschtheit)* die grundlegende lokale Intensitätsvariable. Für alle ereignisbezogenen Emotionen ist die Erwünschtheitseinschätzung – wie wir bereits gesehen haben – eine notwendige Bedingung.

Bei den ereignisbezogenen Emotionen mit Selbst- und Erwartungsbezug (z. B. Hoffnung und Furcht) fungiert die *Einschätzung der Ereigniswahrscheinlichkeit* als lokale Intensitätsvariable. So ist die Furcht umso stärker, je wahrscheinlicher das Eintreten des furchtauslösenden Ereignisses eingeschätzt wird. Neben der Wahrscheinlichkeitsbeurteilung soll in diesem Bereich auch die *aufgewendete Anstrengung* bedeutsam sein. Je größer die Anstrengung, desto intensiver das Emotionserleben. So ist ein Student, der sich sehr aufwendig für eine Prüfung vorbereitet hat, über einen Misserfolg mehr enttäuscht als ein Student, der ohne intensive Vorbereitung das Ziel nicht erreicht.

Bei den auf das Geschick anderer Personen bezogenen ereignisfundierten Emotionen wirken das Ausmaß an *Erwünschbarkeit der Ereignisfolgen* für die andere Person, das Ausmaß der ihr *entgegengebrachten Zuneigung* sowie das Ausmaß, in dem sie die *Folgen* der emotionsauslösenden Ereignisse *verdient*, als lokale Intensitätsvariablen.

Die grundlegendste Intensitätsvariable der Attributions-Emotionen ist die auf Billigung bzw. Missbilligung ausgerichtete *Lob- bzw. Tadelnswürdigkeit*. Daneben geht noch von der *Erwartungsabweichung* ein Einfluss aus. Ortony er al. (1988, S. 79) führen hier als Beispiel an, dass einem Angestellten wahrscheinlich eine stärkere Bewunderung für die Rettung eines ertrinkenden Kindes entgegengebracht wird als einem professionellen Lebensretter. Während von letzterem das Rettungsverhalten als Teil seiner Berufsrolle erwartet wird, ist es für ersteren nicht so selbstverständlich.

Die (lokale) Intensität der Gruppe der Attraktivitätsemotionen bestimmt sich schließlich zum einen aus der *Anziehungskraft* der bewerteten Objekte und zum anderen aus der *Vertrautheit* mit ihnen.

4.3.3 Validitätsprobleme: Zur Kognitions-Emotions-Debatte

Das Modell von Ortony et al. (1988), das stellvertretend für andere kognitive Ansätze dargestellt wurde, zeigt, dass Bewertungen konstitutive Momente emotionaler Prozesse darstellen. Bewertungen setzen wenigstens einen zu bewertenden Gegenstand (hier: der die Emotion auslösende Situationsaspekt: Ereignisse, Verhalten von Akteuren, Objekte) und ein Bewertungskriterium (hier: Erwünschtheit, Billigung, Anziehungskraft) voraus. Üblicherweise werden solche Prozesse als kognitiv angesehen.

Um die Bedeutung der kognitiven Komponente im emotionalen Geschehen entzündete sich in den 80er Jahren jedoch zwischen Lazarus und Zajonc eine intensive Debatte. Es ging dabei um die Frage, ob die kognitive Komponente – insbesondere in Form einer Bewertung – für das Phänomen Emotion eine notwendige Bedingung darstellt, Emotion in diesem Sinne also ein *postkognitives* Phänomen sei. Während die kognitiv ausgerichteten Emotionstheoretiker – in der Debatte durch Lazarus (1984) vertreten – diese Frage selbstverständlich bejahen, nahm Zajonc (1984) den Gegenstandpunkt ein. Für ihn handelt es sich bei Emotion und Kognition um zwei unabhängige Bereiche. Während er Emotionen mit sehr schnell ablaufenden, relativ starren, aber lebenswichtigen Verhaltensweisen in Verbindung bringt und damit ihren Signalcharakter für die Handlungsregulation betont, sieht er Kognition in Verbindung mit langsam erfolgenden, dafür aber sehr flexiblen und zeitaufwendigen Verhaltens- und Handlungsweisen. Seine Annahme impliziert die Möglichkeit, dass Emotionen ohne Bewertungsprozesse auftreten können, also *präkognitive* Erscheinungsweisen darstellen (können).

Als Beleg für die Unabhängigkeit von Emotion und Kognition führt Zajonc (1980) folgende acht Argumente an: Emotionale Reaktionen seien insofern »primär«, als sie kognitiven vorausgingen; Emotion sei insofern grundlegend, als in der Phylogenese zuerst emotionales und erst danach kognitives Reagieren auftrete; emotionale Reaktionen würden als unausweichlich, emotionale Urteile als unumstößlich und mit deutlichem Selbstbezug erfahren; emotionales Erleben könne nur schwer in Worte gefasst werden und müsse nicht von kognitiven Einschätzungen abhängen. Schließlich könnten sich emotionale Reaktionen von den ihnen zugrundeliegenden Inhalten abspalten. Wie diese Argumentation zeigt, zieht Zajonc in seiner Analyse vor allem die Merkmale des subjektiven Erlebens (▶ Kap. 4.1.1) heran.

Die Debatte zwischen Lazarus und Zajonc ist jedoch nur auf den ersten Blick unversöhnlich. Eine Vereinbarkeit bzw. gegenseitige Ergänzung beider Positionen erscheint über die begriffliche Präzisierung des Konzepts »Kognition« grundsätzlich möglich. Während Lazarus den Kognitionsbegriff in einem sehr weiten Sinn verwendet und darunter bereits einfachste (wertende) Wahrnehmungen versteht, also im Grunde jede Form der Informationsverarbeitung dem Kognitionsbegriff subsumiert, benützt Zajonc diesen Terminus meist in einer viel spezifischeren Bedeutung. Seine Definition von Kognition setzt »eine Form der Transformation eines gegenwärtigen oder vergangenen sensorischen Inputs voraus. ›Reiner‹ sensorischer Input, untransformiert im Hinblick auf einen mehr oder weniger spezifischen Kode, stellt keine Kognition dar. Er ist ›reine‹ Empfindung. Kognition muß nicht überlegt, rational oder bewusst sein, aber sie muss ein Minimum an ›mentaler‹ Arbeit einschließen« (1984, S. 118). Für Zajonc beginnt Kognition also mit der Transformation (Kodierung) des sensorischen Input. Letzteren – d. h. den datengesteuerten Wahrnehmungsprozess (▶ Kap. 2) – schließt er dagegen im Unterschied zu Lazarus vom Kognitionsbegriff aus. Desweiteren scheint Zajonc, zumindest gelegentlich, kognitive Aktivität grundsätzlich als bewusstseinsfähig zu verstehen, d. h., sie scheint für ihn willentlich dem subjektiven Erleben zuführbar zu sein. Demgegenüber betont Lazarus, dass die ihn hauptsächlich interessierende kognitive Aktivität der Bewertung auch automatisiert ohne Bewusstseinsbezug stattfinden kann. So gesehen handelt es sich bei der Emotions-Kognitions-Debatte auch um eine Differenz bezüglich der zugrunde liegenden Definitionen und nicht unbedingt um eine Differenz in der Sache (vgl. z. B. Cornelius, 1996; Goller, 1992).

Von Cornelius (1996) stammt der wichtige Hinweis, dass sich die Kontrahenten der Debatte auf unterschiedliche Emotionsarten beziehen und damit Gefahr laufen, Äpfel mit Birnen zu vergleichen. Zajonc setzt den Begriff Emotion gleich mit den Reaktionen des Mögens und Nicht-Mögens, mit Vorlieben und der Erfahrung von Angenehmem und Unangenehmem, also sehr einfachen emotionalen Grundmustern. Sie können den Attraktivitätsemotionen im Modell von Ortony et al. (1988) zugeordnet werden, welche sich – wie wir gesehen haben – gerade durch ihre Undifferenziertheit auszeichnen (▶ Abb. 22). Demgegenüber stehen bei Lazarus und den anderen kognitiv ausgerichteten Theoretikern vor allem komplexe Emotionen wie Ärger, Angst, Traurigkeit oder Schuld im Mittelpunkt. In diesem Sinn ist es sehr wohl denkbar, dass beide Argumentationsketten für sich einen Validitätsanspruch stellen können. In keinem Fall wird durch die Emotions-Kognitions-Debatte jedoch die Validität der kognitiven Emotionskomponente grundsätzlich in Frage gestellt.

Die Diskussion darüber, ob Emotion als präkognitives oder postkognitives Phänomen zu interpretieren ist, berührt nicht die Bedeutung kognitiver Aspekte als konstitutive Merkmale des emotionalen Geschehens. Wie bei den anderen im syndromalen Emotionsverständnis eingeschlossenen Komponenten kann selbstverständlich auch die kognitive Aktivität in unterschiedlichem Ausmaß bei einer bestimmten Emotion zur Wirkung kommen.

4.4 Emotion und Verhalten: Ausdruck

Während die bisher besprochenen Emotionskomponenten nur der erlebenden Person selbst zugänglich sind, besteht über die in diesem Abschnitt zu behandelnde Ausdruckskomponente unter günstigen Bedingungen für die soziale Umwelt die Möglichkeit, zum emotionalen Erleben anderer Personen einen unmittelbaren Zugang zu finden. Im Modell der Informationsübertragung ausgedrückt, sind an diesem Geschehen ein Sender, ein Empfänger und bestimmte Signale zu differenzieren. Als Sender fungiert das in einem spezifischen emotionalen Zustand stehende Individuum. Die übermittelten Signale stellen das emotionsbezogene Ausdrucksverhalten dar, sie bestehen wie wir sehen werden, unter anderem aus bestimmten Veränderungen in der Gesichtsmuskulatur, der Stimmmodulation oder der Körperhaltung. Der diese Signale wahrnehmende Empfänger steht vor der Aufgabe, sie zu deuten und zu interpretieren. Aus der Betrachtung des Emotionsausdrucks unter dem Aspekt der Informationsübertragung werden zwei Validitätsprobleme unmittelbar deutlich: Zum einen kann im Einzelfall der zwischen Gefühlszustand und Ausdruck bestehende Zusammenhang eine Fehlerquelle darstellen. Dieses Problem kommt dann zum Tragen, wenn der Ausdruck nicht auf den Gefühlszustand verweist. Zum anderen liegt eine Fehlerquelle der Ausdrucksdeutung darin, dass sie das den Ausdruckserscheinungen tatsächlich zugrundeliegende emotionale Erleben unter Umständen nicht angemessen erfasst.

Unter dem Titel »Der Ausdruck von Gemüthsbewegungen bei dem Menschen und den Thieren« hat bereits im Jahre 1872 Charles Darwin die hier interessierende Thematik analysiert. Er beschreibt in diesem Band den Ausdruck von verschiedenen Emotionen und illustriert ihn durch zahlreiche Abbildungen. Seine Darlegungen basieren im weitesten Sinn auf den Methoden der empirischen Forschung, wenngleich bei deren Anwendung noch viele heute bekannte Fehlerquellen unkontrolliert blieben. Darwin berücksichtigte zum Teil eigene Verhaltens-Beobachtungen (z. B. von Kindern, Blindgeborenen oder Geisteskranken), systematische Befragungen sowie das Studium der damals bekannten Literatur. Da ihn unter der von ihm entwickelten evolutionstheoretischen Perspektive natürlich die Frage nach der stammesgeschichtlichen Herkunft des Emotionsausdrucks interessierte, versuchte er, die Universalität der Ausdruckserscheinungen zu belegen. So legte er Vertretern der gleichen Kultur Photographien von Gesichtsdarstellungen vor, die spezifische Emotionen zum Ausdruck bringen sollten. Die Versuchspersonen hatten die Aufgabe, das ihrer Meinung nach dargestellte Gefühl zu benennen. Neben dieser intrakulturellen Beurteilung des Emotionsausdrucks führte Darwin auch interkulturelle Studien durch. So entwickelte er einen 16 Aussagen umfassenden Fragebogen und verschickte ihn an Kolonialbeamte, Missionare und Lehrer, die über die ganze Welt verteilt in unterschiedlichsten Kulturen tätig waren. Mit den so gewonnen Daten konnte Darwin den bei unterschiedlichen Kulturen auftretenden Emotionsausdruck vergleichen. Die zweite Aussage seines Fragebogens lautete: »Erregt die Scham ein Erröthen, wenn die Farbe der Haut ein Sichtbarwerden desselben gestattet? und besonders: wie weit erstreckt sich das Erröthen am Körper abwärts« (1872, S. 15). Seine Daten belegen, dass bestimmte Ausdruckserscheinungen bei ganz unterschiedlichen Kulturen in vergleichbarer Weise anzutreffen sind. Aus diesen und weiteren Befunden zog Darwin u. a. den Schluss, dass jede Emotion mit einem seiner Meinung nach angeborenen Ausdruck (insbesondere Gesichtsausdruck) verbunden sei.

4.4.1 Gesichtsausdruck (Mimik)

Weitaus die meisten Untersuchungen zu den Möglichkeiten und den Formen des Emotionsausdrucks entstammen dem Bereich des Gesichtsausdrucks. Insbesondere die Arbeitsgruppe um Paul Ekman hat sich dem Problem der Erkennung spezifischer Emotionen durch den Gesichtsausdruck gewidmet. Das methodische Standardvorgehen besteht – ganz ähnlich wie bereits von Darwin angewandt – in der Darbietung eines Fotos, auf dem ein spezifischer emotionaler Zustand (z. B. Freude, Wut, Angst) mimisch dargestellt ist. Die Versuchsperson hat die Aufgabe, das Gefühl zu benennen, das ihrer Meinung dem Gesichtsausdruck entspricht.

Im Unterschied zur Ausdrucksbeurteilung im Alltag stehen der Versuchsperson in derartigen Studien im Allgemeinen keine Hinweise zur Situationseinschätzung zur Verfügung, d. h., sie weiß nicht, in welcher Situation dieser Ausdruck auftritt. Im Alltag leisten uns dagegen situative Hinweisreize (sog. Kontextinformationen) wertvolle Hilfestellungen bei der Ausdrucksinterpretation. Wir »sehen« quasi die Freude eines Studenten, der gerade den Prüfungsraum verlässt. Bei dieser »Diagnose« ist uns die Kenntnis der Situation (Prüfung, Prüfungsraum etc.) aber sehr dienlich.

Den Zusammenhang von Gesichtsausdruck und Gefühl charakterisiert Ekman (1988, S. 162–179) unter anderem durch folgende Merkmale:

- Jeder Emotion kommt ein *charakteristisches sowie kulturübergreifendes (universelles) Signal* (eine spezifische Ausdruckskomponente) zu. Da Ekman in seiner Forschungsarbeit dieses Postulat nur bezüglich der Emotionen Furcht, Überraschung, Ärger, Ekel, Kummer (Unbehagen; Distress) und Freude/Glück bestätigt sieht, verwendet er den Begriff »Emotion« konsequenterweise nur für diese Emotionsarten. In der Literatur findet sich für sie auch die Bezeichnung Grund-, Basis- oder Fundamentalemotionen. Das Ausdruckssignal für Furcht und Angst besteht z. B. in zur Seite gezogenen Mundwinkeln, der angehobenen Oberlippe sowie einer Spannung der Lider. Überraschung zeigt sich in einem Heben der Augenbrauen und der oberen Lider sowie gesenktem Unterkiefer. Bei Freude sind die Mundwinkel angehoben, bei Trauer dagegen gesenkt.
- Charakteristische und auf der ganzen Welt in gleicher Art und Weise auftretende Formen des Gesichtsausdrucks von Gefühlen haben eine *stammesgeschichtliche (phylogenetische) Wurzel*. Ekman schließt sich mit dieser Behauptung der Forschungstradition Darwins an, für die die Ausdrucksfor-

men der Emotionen in der Evolution entstanden sind. Als Teil des biologischen Erbes sollen sie logischerweise weltweit in der gleichen Form auftreten.
- Am Gefühlsausdruck ist nicht nur das Gesicht (Mimik), sondern auch die Stimme (Vokalisation) beteiligt, d. h., der Gefühlsausdruck wird *über mehrere Sinneskanäle* (visuell, akustisch) vermittelt. Ekman ist der Ansicht, dass ein mimischer Emotionsausdruck, der ohne stimmliche Unterstützung dargeboten wird, die Emotionsintensität schwächer ausfallen lässt.
- Die *Dauer* des Gefühlsausdrucks und die *Art seiner Erstreckung über die Zeit* (»timing«/Verlaufscharakteristika) spiegeln die *Besonderheiten des emotionalen Erlebens* wider. Bezüglich des zeitlichen Verlaufs des Ausdrucksverhaltens differenziert Ekman zwischen »Latenzzeit« (von der Reizdarbietung bis zum Beginn der Ausdrucksäußerung reichend), »onset« (von der Latenzzeit bis zur stärksten Ausdrucksäußerung), Höhepunkt (Zeitspanne während der das Maximum der Ausdrucksausprägung anhält) und »offset« (von der Beendigung des Maximums bis zum vollständigen Abklingen). Für Ekman (1988) scheint es »auf der Hand zu liegen, dass die Ereignisse, die eine Emotion hervorrufen, einen bestimmten Zeitablauf haben, der das »*timing*« des Ausdrucks beeinflusst« (S. 169).
- Der Emotionsausdruck ist entsprechend der *Stärke des Emotionserlebens nach Intensitätsgraden abgestuft*. Die verschiedenen Arten des Emotionsausdrucks im Gesicht können durch unterschiedlich starke Muskelbewegungen zustande kommen. Die Intensität der muskulären Innervation stellt nach Ekman einen Indikator für die Stärke des subjektiven Erlebens dar. Starkes Lachen geht quasi mit starker Freude einher. Eine Ausnahme bezüglich der postulierten Entsprechung von Ausdrucks- und Erlebensintensität liegt vor allem in solchen Situationen vor, in denen Emotionen durch Erinnerung bzw. Vorstellung und nicht durch die Bewertung eines realen Ereignisses ausgelöst werden.
- Der Emotionsausdruck kann von der erlebenden Person *vollkommen unterdrückt werden*. Neben der absichtlichen Unterdrückung des Emotionsausdrucks zeigen sich auch bei sehr geringer Erregung (Emotionsintensität) und der bereits erwähnten Evozierung des Emotionserlebens durch Vorstellung und Erinnerung keine Ausdrucksentsprechungen des Gefühlserlebens in der Mimik. Zwischen verschiedenen Personen gibt es deutliche Unterschiede in der Fähigkeit, den Ausdruck ihres Gefühlserlebens zu unterdrücken. Immerhin berichtet Ekman (1988), dass auf Anweisung hin etwa 10 % der Versuchspersonen »jedes ›Durchsickern‹ (ihres wahren Gefühlszustandes) verhindern konnten, so daß dieser selbst durch unsere mikroskopisch genauen Analysen nicht aufgedeckt werden konnte« (S. 171). Spezifische mit der Befähigung zur Ausdrucksunterdrückung systematisch einhergehende Persönlichkeitsmerkmale konnten jedoch nicht ausfindig gemacht werden.
- Der Ausdruck eines Gefühls *kann vorgetäuscht werden*. In einer Realsituation ist es zumeist nicht möglich, »echten«, d.h. erlebniskongruenten von »unechtem« d.h. lediglich vorgetäuschten Ausdruck zu unterscheiden. Gleichwohl können unter Laborbedingungen echte und unechte Ausdrucks-

äußerungen anhand von Art, Dauer und Koordination der Muskelbewegungen sowie der Ausdruckssymmetrie überzufällig auseinandergehalten werden.

4.4.2 Stimme (Vokalisation) und Körperbewegungen

Nicht nur über das Gesicht, sondern auch über die Stimme (Vokalisation) können wir etwas über das emotionale Erleben einer anderen Person erfahren. Untersuchungen zum emotionalen Ausdrucksgehalt der Stimme stehen aber vor der Schwierigkeit, dass der über die Sprache mitgeteilte Inhalt nicht für die Emotionsentstehung verantwortlich sein darf. So dürfte die Mitteilung »Es ist etwas Schreckliches passiert« bei vielen von uns allein wegen ihres Inhaltes unangenehme Emotionen auslösen. In Laborstudien versucht man diesem Problem dadurch zu begegnen, dass man die gleiche – möglichst emotionsneutral formulierte – Aussage in unterschiedlicher emotionaler »Verfassung« ausdrücken lässt (also z. B. freudig, traurig, wütend). Andere Möglichkeiten bestehen in der Verwendung von dem Beurteiler nicht bekannten Fremdsprachen oder in dem Einsatz von Filtertechniken, die den Sprachinhalt verzerren (vgl. Schmidt-Atzert, 1996, S. 110–111).

Die Güte der Emotionsdiagnose über die Stimme liegt deutlich unter der Treffsicherheit der Diagnose über den mimischen Ausdruck. Dennoch werden in der Literatur für unterschiedliche Emotionen Erkennensleistungen mitgeteilt, die Trefferraten zwischen 60 und 80 Prozent erreichen. Nach Scherer und Wallbott (1990) stellt sich die Frage, ob der Stimmausdruck »nicht lediglich eine Unterscheidung zwischen aktiven, auf Sympathikuserregung beruhenden Emotionen (wie Ärger, Furcht, starke Freude) und passiven Emotionen (wie Trauer, Desinteresse, Langeweile) erlaubt« (S. 384). So könnte der emotionale Stimmausdruck lediglich das Ausmaß an Erregung erkennen lassen, wobei intensive Lautstärke, schnelle Sprechgeschwindigkeit sowie eine hohe Grundfrequenz als Indikatoren eines hohen, niedrige Intensität, langsame Sprechgeschwindigkeit und geringe Grundfrequenz dagegen als Indikatoren eines niedrigen Erregungsniveaus gelten.

Neben Gesichtsausdruck und Stimme kommt schließlich noch der Gestik und der Körperhaltung eine gewisse emotionale Ausdrucksbedeutung zu. Vor allem im populärwissenschaftlichen – und hier insbesondere im klinischen – Bereich existieren hierzu vielfältige Spekulationen. Allerdings stehen systematische empirische Studien noch weitgehend aus. Scherer und Wallbott (1990) führen dies vor allem darauf zurück, »daß in diesen Verhaltensmodalitäten (im Gegensatz zu Mimik und Vokalisation) keine spezifischen Emotionen ausgedrückt werden, sondern eher die Intensität der allgemeinen Erregung« (S. 386). Letzteres dürfte auch für Körperbewegungen wie dem Weglaufen vor einem gefürchteten Objekt gelten. Um Davonlaufen als ein mit der Emotion Angst in Zusammenhang stehendes Verhalten zu erkennen, muss der Beobachter aber auch die Situation, d. h. die Anwesenheit eines gefürchteten oder gefährlichen Objektes wahrnehmen.

Studien zu emotionsspezifischen Körperhaltungen entstammen hauptsächlich der vergleichenden Verhaltensforschung und beschränken sich dort auf die Emotionen Ärger und Furcht (siehe Scherer & Wallbott, 1990, S. 386–387). Für den Humanbereich besitzen derartige Studien jedoch keine ausreichende Validität. Zwar weisen einige Humanstudien (siehe zusammenfassend Schmidt-Atzert, 1996, S. 111–113) nach, dass die Trefferquote beim Erkennen von durch Körperbewegungen ausgedrückten Emotionen (wie Angst, Ärger und Traurigkeit) zum Teil deutlich über der Ratewahrscheinlichkeit liegen kann, jedoch bewertet Schmidt-Atzert (1996) die Bedeutung dieser Forschungsbefunde für die Alltagspraxis als eher gering. »Es ist aber zu vermuten, daß die Trefferquote beim spontanen Verhalten sehr niedrig sein wird« (S. 113).

4.4.3 Validitätsprobleme des Gefühlsausdrucks

Betrachtet man die mitgeteilten Befunde zum Zusammenhang von Emotion und Ausdruck kritisch, so fällt auf, dass aus ihnen streng genommen kein Rückschluss auf den wahren emotionalen Zustand der erlebenden Person gezogen werden kann, sondern dass bestimmte Ausdruckserscheinungen der Mimik, der Vokalisation und der Körperbewegungen den *Eindruck* eines bestimmten emotionalen Erlebens bei dem Beobachter wecken. Inwieweit dieser Eindruck dem tatsächlich erlebten (wahren) Gefühl des Ausdruckssenders entspricht, bleibt dabei unklar. Die in Laborstudien eingesetzten Stimulusmaterialien (Bilder, Stimmaufnahmen, Videoaufzeichnungen) stammen zumeist von Schauspielern, welche die verschiedenen Emotionen zwar zum Ausdruck brachten, aber nicht unbedingt erleben mussten. Es ist also z. B. unklar, »ob etwa die Stimme im Zustand der Angst genauso klingt wie die eines Schauspielers, der versucht, Angst auszudrücken« (Schmidt-Atzert, 1996, S. 125). Die Studien haben unter Umständen für die Alltagspraxis nur eine eingeschränkte Bedeutung, besitzen also nur eine geringe ökologische Validität. Da aber andererseits alltagsbezogene Untersuchungen so viel wie gänzlich ausstehen, bilden sie die einzige Grundlage für ein kontrolliertes Vorgehen.

Wie einige in der Aufzählung von Ekman angeführten Merkmale zeigen, sind mit der Ausdruckskomponente weitere Probleme verbunden. Der Fall einer absichtlichen Vortäuschung bestimmter Emotionen dürfte im Praxisbereich der Sozialen Arbeit dann zu erwarten sein, wenn sich der Klient von der »Darstellung« bestimmter Emotionen Vorteile verspricht. Vor allem dort, wo der Sozialpädagoge entsprechend seinem »doppelten Mandat« die Interessen der Gesellschaft zu schützen hat, ist mit einem erlebnisinkongruenten, absichtlichen Emotionsausdruck zu rechnen. Die gezeigte Reue des unter Bewährungshilfe stehenden Straftäters muss deshalb durch weitere Indikatoren gesichert werden, um zuverlässige Schlussfolgerungen für die Betreuung ableiten zu können. Obwohl grundsätzlich möglich, kann auch in der Praxis der Sozialen Arbeit davon ausgegangen werden, dass die absichtliche Ausdrucksverstellung im Sinne einer gezielten Täuschung die Ausnahme darstellt.

Weit häufiger dürften den Sozialpädagogen sozial vorgeschriebene Regeln der Ausdrucksunterdrückung und Ausdrucksäußerung begegnen. Ekman (1988) spricht in diesem Zusammenhang von *Darbietungsregeln* (»display rules«). »Eine Darbietungsregel gibt an, wer wann welches Gefühl wem gegenüber zeigen darf. Diese Regeln sind oft so gut gelernt, daß sie normalerweise automatisch ablaufen und nur bei Nichtbefolgen zu bemerken sind« (S. 30). Die über Darbietungsregeln möglichen Einflüsse auf den Emotionsausdruck können in einer Unterbrechung (z. B. das Aufsetzen eines Pokerface – nicht nur – beim Kartenspiel), Verstärkung (z. B. wenn der Straftäter seine Reue stärker erscheinen lässt als sie tatsächlich ist), Abschwächung (wenn z. B. eine ängstliche Person versucht, nicht ängstlich zu erscheinen) oder Überdeckung (synonym: Maskierung; z. B. kann eine eigentlich verärgerte Person versuchen, fröhlich zu erscheinen und ein soziales Lächeln zeigen) der Emotion bestehen. Einige Darbietungsregeln sind kulturell verursacht und beruhen dann auf einer von der Mehrheit der Mitglieder einer Kultur/Gesellschaft als verbindlich anerkannten Norm. So gilt in unserem Kulturkreis die Regel, bei einer Beerdigung nicht zu lachen, sondern »Trauer zu zeigen«. Andere Darbietungsregeln sind individueller und persönlicher Natur und spiegeln keine allgemein verbindliche Norm wider, sondern Gewohnheiten, welche auf lebensgeschichtlichen Erfahrungen der Person fußen. In diesem Sinn verlangt die Interpretation des emotionalen Ausdrucks eines Individuums auch Kenntnis seiner Sozialisations- und Entwicklungsbedingungen.

Neben kulturellen und individuell-persönlichen Darstellungsregeln sind für den Sozialpädagogen auch noch gruppenspezifische relevant. In ihnen kommen gruppenspezifisch wirksame Rollenerwartungen zum Ausdruck, wie sie dem Sozialpädagogen zum Beispiel in der Arbeit mit Jugendlichen begegnen können. Darbietungsregeln legen also fest, welcher Emotionsausdruck in einer spezifischen Situation als sozial angemessen zu betrachten ist. Da sie auf unterschiedliche Normsysteme (kulturell, individuell, gruppenspezifisch) zurückgehen, können sie auch auf das vom Ausdrucksträger in der gegebenen Situation als verbindlich angesehene Bezugssystem verweisen. Interpretiert man den Emotionsausdruck als soziokulturell (mit)determiniertes Signalmuster, so geht es zumeist »nicht um direkte Täuschung, sondern eher darum, durch Darstellung des Selbst als kompetentem sozialen Akteur, einen positiven Eindruck beim anderen zu erzielen« (Scherer & Wallbott, 1990, S. 359). Unter unserer Leitfrage nach der Validität des Emotionsausdrucks muss daraus aber der Schluss gezogen werden, dass nur unter sehr günstigen Bedingungen die Verhaltenskomponente des emotionalen Geschehens eindeutig interpretierbare Hinweise auf das wahre emotionale Erleben abgibt. Bei der Interpretation des emotionalen Ausdrucksverhaltens muss der Sozialpädagoge demnach besondere Vorsicht walten lassen und die das Ausdrucksverhalten ebenfalls beeinflussenden Darbietungsregeln sowie eine eventuell vorliegende Täuschungsabsicht berücksichtigen.

4.5 Bewältigung (Coping)

4.5.1 Begriffsbestimmung

Der Begriff »Bewältigung« (»coping«) wurde in die empirische Psychologie vor allem durch das 1966 erschienene Buch »Psychological stress and the coping process« von Richard Lazarus eingeführt und hat seitdem zu einer vielfältigen – gelegentlich sogar verwirrenden – Forschungslage geführt. Als einer der ersten hat sich jedoch Sigmund Freud in seiner Neurosenlehre unter dem Aspekt der »Abwehrmechanismen« mit Fragen der Bewältigung emotionaler Belastungen auseinandergesetzt. Von diesem Ansatz gingen – wenngleich er den heute üblichen Kriterien der empirisch-psychologischen Forschung noch nicht genügen konnte (▶ Kap. 1) – entscheidende Anregungen zur Aufarbeitung des Problemfeldes aus. Das Copingkonzept ist auf den Umgang mit unterschiedlichsten Belastungen zentriert und besitzt deshalb für die Theorie und die Praxis der Sozialen Arbeit eine herausragende Bedeutung.

Mehrere wichtige psychologische Forschungstraditionen können mit ihm in Verbindung gebracht werden. So erfuhr die Stressforschung durch das Copingkonzept eine modifikationsbezogen relevante Bereicherung, da seither Fragen zum angemessenen Umgang mit Belastungen thematisiert werden konnten, mit der die bis dahin vor allem auf das Erkennen von Stress ausgerichtete (reaktionsbezogene) Forschung erweitert wurde. Bei der Präzisierung belastend erlebter Ereignisse als antezedente Bedingungen für Bewältigungsversuche ergaben sich Überschneidungen von Copingforschung und der Tradition zur Erforschung kritischer Lebensereignisse. Im Rahmen der Untersuchung von Belastungsauswirkungen auf die Gesundheit wurden schließlich Bewältigungsforschung und Gesundheitspsychologie miteinander verknüpft. Bei aller bestehenden Heterogenität im Bereich der Copingforschung sieht Weber (1990) einige Gemeinsamkeiten: »Dazu gehören die Identifikation und Beschreibung von Formen der Bewältigung, die Frage nach deren (differentiellen) Effizienz sowie die Frage nach dem Einfluss von situativen und personalen Faktoren auf die Bewältigung« (S. 281). Die Bewältigung von belastend erlebten Emotionen wie Angst, Traurigkeit oder Wut ist weitgehend in Studien untersucht worden, die aus dem Bereich der psychologischen Stressforschung stammen.

Mit Laux und Weber (1990, S. 564–565) sind am Bewältigungsbegriff u. a. folgende Aspekte oder Merkmale konstitutiv:

- Bewältigung bezieht sich immer auf ein *stresshaftes Geschehen*, bei dem gestellte Anforderungen und Handlungsmöglichkeiten der Person im Ungleichgewicht sind. Der Ausgang in der Auseinandersetzung mit einer Belastung ist dabei für die Person in unterschiedlichem Grade ungewiss.
- Mit dem Bewältigungsbegriff ist ein *prozessual-dynamisches aktuelles Geschehen* und nicht ein statisch-stabiles gemeint. Bei Bewältigungsprozessen ist deshalb der Situations- und Kontextbezug wesentlicher (Was verlangt die Situation?) als stabil gedachte, d. h. über die Zeit konstant bleibende Verhal-

tensmerkmale des Individuums (Eigenschaften, sog. »traits«, z. B. Ängstlichkeit). Man geht in der Bewältigungsforschung deshalb von situationsbezogener Variabilität und nicht von eigenschaftsbezogener Stabilität aus (Eine ängstliche Person verhält sich in angstauslösenden Situationen nicht immer gleich, sondern jeweils situations- und zielangepasst).
- Bei der Bewältigung geht es um den *Versuch oder das Bemühen*, eine besondere Belastung zu entschärfen, unabhängig von der Effizienz dieses Bemühens. Von Bewältigung spricht man also auch dann, wenn dieser Versuch der Belastungsentschärfung misslingt.
- Bewältigung verlangt *Anstrengung, Einsatz und Aufwand*. Bewältigungsverhalten ist somit nicht automatisiert, sondern zumeist bewusst geplant und kontrolliert.
- Bewältigungsprozesse werden durch *negative Emotionen (Stressemotionen)* initiiert. Hierunter sind aber nicht nur eindeutig unlustbetonte Gefühle zu verstehen, sondern auch gefühlsbezogene Zustände, die durch eine herausfordernde Anforderung entstehen können.

4.5.2 Transaktionales Bewältigungsmodell

Die wohl elaborierteste Theorie zum Bewältigungsverhalten stammt von der Arbeitsgruppe um Richard Lazarus und basiert auf einer nun schon mehr als 50 Jahre anhaltenden Forschungsaktivität. Bewältigung besteht in diesem Modell aus »kognitiven und behavioralen Anstrengungen, die dazu dienen mit spezifischen externalen oder internalen Anforderungen (und Konflikten zwischen diesen) umzugehen, welche als die Ressourcen der Person stark beanspruchend bzw. überschreitend eingeschätzt werden« (Lazarus, 1991, S. 112). Lazarus bezeichnet seinen Ansatz als transaktional und meint damit, dass weder die ausschließliche Betrachtung der Person noch die ausschließliche Betrachtung der situativen Umgebungsbedingungen ausreichen, Bewältigungsverhalten zu erklären. Analog zum reziproken Determinismus im Sinne von Bandura betont er die wechselseitige Bezogenheit von Person und Umwelt und prägte hierfür den Begriff »*Transaktion*«. Veränderungen auf der Personseite wirken sich also auch auf die Umwelt aus und umgekehrt. So entsteht Bedrohung erst dann, wenn eine spezifische Situation und eine diese Situation als bedrohlich einschätzende Person zusammentreffen. Das Modell wird durch drei Hauptvariablengruppen bestimmt, nämlich Ausgangsbedingungen, vermittelnde Prozesse sowie erzielte Effekte.

Die *Ausgangs- oder Antezedenzbedingungen* differenziert die Arbeitsgruppe um Lazarus in person- und umweltbezogene Aspekte. Seitens der Person sollen neben sozioökonomischen Merkmalen, wie sie etwa durch Geschlecht, Bildungsniveau und Einkommen definiert sind, auch die verfolgten Ziele und vertretenen Überzeugungen eine Rolle spielen. Die umgebungsbezogenen Ausgangsbedingungen spezifizieren die situativen Aspekte. Hier geht es um die Anforderungen, die Restriktionen sowie die materiellen und sozialen Ressourcen, also die finanzielle Situation und die Einbettung in bestehende soziale Netze.

Im Zentrum des Modells standen von Anfang an die zwischen den Ausgangs- und Endbedingungen (Effekte) *vermittelnden Prozesse* der Bewertung (»appraisal«) und Bewältigung (»coping«). Schon in seinen ersten Arbeiten differenzierte Lazarus (1966) zwischen den Aspekten der primären und der sekundären Bewertung. Bei der *primären Bewertung* (»primary appraisal«, synonym: Ereigniseinschätzung) handelt es sich um die Einschätzung der Situation hinsichtlich ihrer Bedeutung für das Wohlbefinden der Person. Hierbei kann das Individuum ein Ereignis als irrelevant, positiv (angenehm) oder negativ (belastend) einstufen. Die Einschätzung »irrelevant« bedeutet, dass mit dem Ereignis weder eine Belohnung noch eine Bestrafung verbunden ist, es zu den momentan verfolgten Zielen somit keinen Zusammenhang aufweist und die Person deshalb ungerührt lässt. Sie kann es sich deshalb erlauben, dieses Ereignis zu »übersehen« und darauf mit Gleichgültigkeit zu reagieren. »Positiv« bewertete Ereignisse sind als ziel- und wertkongruent einzustufen und haben eine Annäherungstendenz zur Folge, d. h., das Individuum kann sich durch derartige Ereignisse bestätigen und zieht daraus einen Nutzen. Bei den als »negativ« (belastend/stressend) bewerteten Ereignissen gibt es drei Möglichkeiten: Stellt das Ereignis eine bereits eingetretene Beeinträchtigung dar, wie z. B. der Verlust einer nahestehenden Person oder die Beeinträchtigung durch eine schwere Krankheit, erfolgt die Bewertung *Schaden* bzw. *Verlust* (»harm-loss«). Verbindet die Person mit dem Ereignis dagegen lediglich eine potentielle zukünftige Beeinträchtigung, wie z. B. eine mögliche Kündigung des Arbeitsplatzes, erfolgt die Bewertung *Bedrohung* (»threat«). Die Primärbewertung *Herausforderung* (»challenge«) soll dann gewählt werden, wenn die Auseinandersetzung mit der Situation die Möglichkeit eines persönlichen Gewinns einschließt.

Während es bei der primären Bewertung quasi darum geht einzuschätzen, was für die Person auf dem Spiel steht, wird bei der *sekundären Bewertung* (»secondary appraisal«, synonym: Ressourceneinschätzung) die Frage gestellt, welche Möglichkeiten dem Individuum zur Bewältigung der gestörten bzw. belasteten Person-Umwelt-Beziehung zur Verfügung stehen. Es geht hier also um die Abklärung von Ressourcen und Möglichkeiten für eine erfolgreiche Auseinandersetzung. Inhaltlich beschäftigt sich die Person bei der sekundären Bewertung mit drei Fragen. Diese betreffen die Verantwortungszuschreibung (Wer ist für die gestörte Transaktion verantwortlich?), das Bewältigungspotential (Kann die gestörte Transaktion zum Besseren gewendet werden?) sowie die Zukunftserwartungen (Wie wird sich die Person-Umwelt-Beziehung in Zukunft verändern?). Je nachdem welche Bewertungen eine Person vornimmt, kommt es zu unterschiedlichen emotionalen und behavioralen (verhaltensbezogenen) Folgen.

Lazarus und Launier (1981) illustrieren die Bedeutung der sekundären Bewertung am Beispiel einer Person, die ein Bewerbungsgespräch vor sich hat und diese Transaktion als bedrohlich einschätzt, weil eine hohe Wahrscheinlichkeit für eine Ablehnung besteht. Die primäre Bewertung könnte deshalb lauten:

»Wie die Dinge jetzt liegen, werde ich wahrscheinlich abgelehnt. Dies ist ein sehr folgenschweres Ergebnis, weil ich keine anderen Stellen in Aussicht habe« (S. 239).

Auf diese Bedrohungsbewertung kann das Individuum im sekundären Bewertungsprozess ganz unterschiedlich antworten, z. B.:

Alternative A: »Wenn ich die Fähigkeit hätte, das Gespräch wirkungsvoll zu gestalten, könnte ich eingestellt werden, aber ich besitze diese Fähigkeit nicht. Außerdem gibt es niemanden, der mir helfen könnte. Die Situation ist hoffnungslos« (S. 239).

Alternative B: »Wenn ich die Fähigkeit hätte, das Gespräch wirkungsvoll zu gestalten, könnte ich eingestellt werden. Ich glaube, ich besitze diese Fähigkeit und ich muß überlegen, was mich als Bewerber attraktiv macht, mich vorbereiten und zwei Stunden vor dem Gespräch ein Beruhigungsmittel nehmen, um meine Nervosität zu kontrollieren« (S. 239).

Alternative C: »Wenn ich die Fähigkeit hätte, das Gespräch wirkungsvoll zu gestalten, könnte ich eingestellt werden, aber ich besitze sie nicht. Ich habe jedoch einen guten Freund, der den Personalchef kennt, und ich glaube, er wird mir helfen« (S. 239).

Alternative D: »Ich bekomme niemals eine faire Chance im Leben, weil ich (Schwarzer, Jude, Ausländer, häßlich, eine Frau etc.) bin oder weil mich die Einstellungspolitik benachteiligt. Dies ist eine korrupte Welt« (S. 239).

Diese Beispiele zeigen deutlich die unterschiedlichen Auswirkungen verschiedener sekundärer Bewertungen. Mit Alternative A wird offensichtlich der Bedrohungscharakter verstärkt, emotional wird deshalb Traurigkeit wahrscheinlich und behavioral ist mit Passivität und Inaktivität zu rechen. Alternative B reduziert demgegenüber die anfängliche Bedrohungseinschätzung und interpretiert die Transaktion zunehmend als Herausforderung. Emotional resultiert daraus Stressreduktion und verhaltensbezogen werden geeignete Formen der Auseinandersetzung mit dieser Herausforderung gesucht. In Alternative C wird versucht über soziale Unterstützung einen Lösungsweg anzupeilen. Auch hier ist mit Spannungsreduktion zu rechnen. Der Bewertungsversuch des letzten Beispiels macht externale Ursachen für die gestörte Transaktion verantwortlich. Als Folgeemotion ist deshalb – im Unterschied zu Alternative A – eher mit Ärger zu rechnen. Die verhaltensbezogene Auseinandersetzung könnte hier beispielsweise in einer politischen Aktivität liegen.

Die Prozesse der primären und sekundären Bewertung stehen in gegenseitiger Wechselwirkung und sind nicht so zu verstehen, dass die primäre Bewertung unbedingt der sekundären vorausgehen muss. Bestimmte Transaktions-Einschätzungen beginnen mit sekundären Bewertungsprozessen. Lazarus und Launier (1981) nennen als Alltagsbeispiel hierfür das Beachten der Fluchtwege im Theater ohne eine vorausgehende Gefahrwahrnehmung oder Bedrohungseinschätzung. In jedem Fall hat das Ergebnis der Sekundärbewertung Auswirkungen auf die weitere Ereigniseinschätzung. In seinen frühen Arbeiten sprach Lazarus hier noch von Neubewertung (»reappraisal«). Führt der sekundäre Bewertungsprozess zu dem Ergebnis, dass die Person-Umwelt-Beziehung bewältigt werden kann, folgt daraufhin eine verminderte Bedrohungseinschätzung (siehe die Beispielalternativen B und C). Legt die Sekundärbewertung aber nahe, dass die Situation nicht angemessen gemeistert werden kann, zieht dies eine verstärkte Belastungseinschätzung nach sich (siehe im Beispiel Alternative A).

Neben den Bewertungen spielen bei den vermittelnden Prozessen im Ansatz von Lazarus vor allem *Bewältigungsprozesse* eine Rolle. Bewältigungsanstrengungen werden auf der allgemeinsten Modellebene entsprechend ihrer Funktion eingeteilt. Je nachdem welches Ziel oder welche Absicht mit den Bewältigungsbemühungen verfolgt wird, unterscheidet der Ansatz zwischen instrumenteller und palliativer Bewältigungsfunktion. *Instrumentelle Bewältigung* ist darauf ausgerichtet, die bedrohte oder gestörte Person-Umwelt-Beziehung (Transaktion) zu entschärfen. Es handelt sich dabei im allgemeinsten Sinn um den Einsatz von Mitteln der Problemlösung, weshalb auch von problemzentrierter Bewältigung gesprochen wird. Bei der *palliativen Bewältigung* geht es dagegen um die unmittelbare Bewältigung des belastenden emotionalen Erlebens, weshalb diese Form auch emotionszentrierte Bewältigung genannt wird. Drei Argumente sprechen für die Regulierung von Emotionen als eigenständiger Bewältigungsaufgabe: Erstens sind Emotionen wie Traurigkeit, Kummer, Angst, Ärger, Eifersucht etc. (sog. Stressemotionen) aversiv und schmerzlich, stellen für das Individuum also Belastungen dar, die es häufig zu reduzieren gilt. Zweitens schränken sehr intensive negative Emotionen wie Angst und Ärger eine sachangemessene, vorurteilsfreie Situationswahrnehmung häufig ein und führen zu verzerrter, eingeschränkter, unter Umständen auch objektiv falscher Informationsverarbeitung. Drittens kann schließlich das mit aversiver Emotionalität häufig assoziierte hohe Erregungsniveau, das sich subjektiv als Anspannung oder Verkrampfung äußert, nicht zeitlich unbegrenzt aufrechterhalten werden.

Die Gruppe um Lazarus sieht also in Problemlösung und Emotionsberuhigung die grundsätzlichen Bewältigungsfunktionen. Neben der Funktion gilt auch die zeitliche Orientierung als sehr bedeutend im Bewältigungsprozess. Es macht natürlich einen wesentlichen Unterschied, ob ein belastendes Ereignis wie der Verlust einer nahestehenden Person bereits eingetreten ist oder für die nahe Zukunft erwartet wird. Während der bereits erlittene Verlust ertragen oder ausgeglichen werden muss, kann bei einem drohenden Verlust unter Umständen noch etwas zu seiner Abwehr unternommen werden.

Konkretes Bewältigungsverhalten differenziert der Ansatz über vier *Bewältigungsformen* (»coping modes«), nämlich Informationssuche, direkte Aktion, Aktionshemmung sowie intrapsychische Formen. Jede dieser Kategorien kann sowohl in Bezug auf die instrumentelle als auch in Bezug auf die palliative Funktion eingesetzt werden. Am Beispiel der Bewältigung von Prüfungsangst seien diese Copingformen veranschaulicht. Wird eine bevorstehende Prüfung von einem Studenten in der Primärbewertung als bedrohlich eingeschätzt, reagiert er mit hoher Wahrscheinlichkeit auf dieses Ereignis mit Prüfungsangst. Wenn er versucht, den Bedrohungscharakter der Situation zu reduzieren, sich also auf die instrumentelle Bewältigungsfunktion bezieht, kann er versuchen, sich positiv mit der Prüfung auseinanderzusetzen und so die Gefahr selbst zu reduzieren. Der Student kann aber auch lediglich eine kurzfristig wirksame Kontrolle anstreben und versuchen, der Bedrohung durch den Einsatz »unerlaubter Mittel« zu begegnen. Rost und Schermer (2007) sprechen in ihrem multidimensionalen Modell der Leistungsängstlichkeit in diesen Fällen von Gefahren- bzw. Situationskontrolle.

Die vier Bewältigungsformen könnten dabei durch folgende Verhaltensweisen verwirklicht werden:
Informationssuche: Klärung des relevanten Prüfungsstoffes durch Befragen des Prüfers.
Direkte Aktion: Gefahrenkontrolle z. B. in Form der Erstellung und Einhaltung eines systematischen Arbeits- und Lernplanes (produktives Arbeitsverhalten); Situationskontrolle z. B. in Form der Anfertigung von Spickzetteln und dem Einsatz von anderen Mogelstrategien während der Prüfung.
Aktionshemmung: Vermeidung des Besuches von Schwimmbad oder Kino, um diese Zeit zum Lernen zu nützen. Der Student kann sich aber auch entscheiden, die Prüfung zu verschieben und erst im nächsten Semester zu schreiben.
Intrapsychische (kognitive) Bewältigung: Aufmerksamkeitslenkung auf relevante Aspekte des Studierverhaltens; positive Selbstverbalisationen (z. B. Ich bereite mich gründlich vor, dann kann mir nichts passieren; andere sind auch nicht besser als ich; ich werd's schon schaffen).

Bei einer Fokussierung auf die palliative Bewältigungsfunktion kämen dagegen vielleicht folgende Reaktionen in Betracht:
Informationssuche: Gespräche mit Kommilitonen über ihren Umgang mit Prüfungsangst.
Direkte Aktion: Durchführung von Entspannungsübungen, Einnahme von Medikamenten zur Beruhigung.
Aktionshemmung: Vermeidung von sozialen Kontakten, bei denen der Austausch von Sorgen vor der Prüfung ein zentrales Gesprächsthema zu werden droht.
Intrapsychische (kognitive) Bewältigung: gedankliche Ablenkung im Fall des Auftretens von Angst; Bagatellisierung der Bedrohung.

Die von Lazarus angeführten vier Bewältigungsformen sind nicht so zu verstehen, dass sie die Vielfalt möglicher Bewältigungsarten vollständig abdecken. Es handelt sich bei ihnen lediglich um besonders relevant erscheinende Aspekte.

Die Spezifizierung der durch Bewältigungsmaßnahmen erreichten *Effekte und Ausgangsbedingungen* erfolgt über die dritte Variablengruppe in diesem Copingmodell. Bei ihr unterscheidet die Arbeitsgruppe um Lazarus zwischen kurz- und langfristigen Auswirkungen. Kurzfristig geht es um Veränderungen in der Emotions- und Ereignisqualität. Haben sich Befinden und Situation verbessert, sind sie gleichgeblieben oder gar schlimmer geworden? Neben diesen an den beiden unterschiedenen Funktionen der Problemlösung und der Emotionsregulation ausgerichteten Effekten interessieren auch langfristige Auswirkungen. Lazarus und Folkman (1984) nennen in diesem Zusammenhang die Kategorien der körperlichen (physischen) Gesundheit, des subjektiven (psychischen) Wohlbefindens und der sozialen Funktionsfähigkeit. Weber und Laux (1991) merken hierzu an: »Mit dieser Dreiteilung wird, ohne daß Lazarus und Folkman dies ausführen, implizit *Gesundheit* im umfassenden Sinne der WHO-Definition als maximale Bezugsgröße definiert, an der Bewältigung gemessen werden kann« (S. 140). Bei der Beurteilung von Bewältigungsauswirkungen handelt es sich, soweit psychologische Aspekte tangiert sind (Wohlbefinden, psychische Gesundheit), also auch um Wertfragen. Wie wir im ersten Kapitel dargelegt haben, kennzeichnet die allgemeinpsychologische Perspektive eine Verpflichtung zu Wertneutralität, weshalb die Effizienzbeurteilung als äußerst schwierig einzustufen ist. Die dabei relevanten Wertfragen sind jeweils für die einzelne Person zu klären (Was versteht sie unter Wohlbefinden oder psychischer Gesundheit?) und dürfen nicht als allgemein verbindliche psychologische Sachverhalte interpretiert werden. Aus dieser Sicht wird verständlich, dass der gleiche Bewältigungsmodus – je nach der im Bewältigungsprozess verfolgten Absicht – unterschiedlich bewertet werden muss.

In der nachfolgenden Abbildung 23 sind die Komponenten des transaktionalen Modells schematisch zusammengefasst.

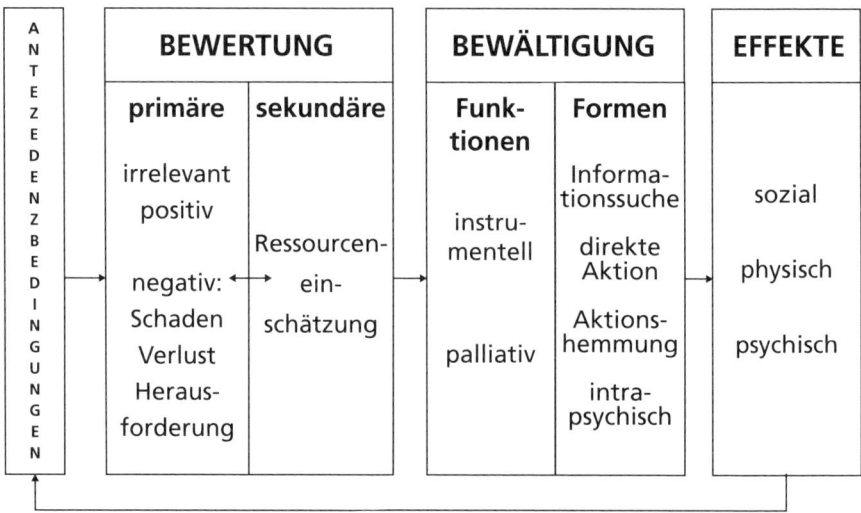

Abb. 23: Transaktionales Bewältigungsmodell nach Lazarus

Ohne Zweifel kommt der Arbeitsgruppe um Lazarus das Verdienst zu, im Stress- und Bewältigungsgeschehen relevante Dimensionen genannt, systematisiert und in gegenseitigen Bezug gesetzt zu haben. Das dabei entstandene transaktionale Modell ist in der Lage, zahlreiche Konzepte und Variablen aufzunehmen und einzuordnen. Die mit dieser Entwicklung verbundene Komplexität des Ansatzes hat aber auch Probleme nach sich gezogen. So urteilt Wendt (1995) nach einer Sichtung der empirischen Belege: »Die Theorie kann womöglich nicht mehr dazu beitragen, Bewältigungsverhalten zu erklären und zu verstehen. Vielmehr ist sie ein Konglomerat aus zahlreichen Variablen, deren Bedeutung und Zusammenhänge bisher überwiegend unklar sind. Um dies zu prüfen, müßten alle Bestandteile sorgfältig operationalisiert und in prospektiven Studien an repräsentativen Stichproben erhoben werden« (S. 55). Die Bedeutung der transaktionalen Theorie liegt demnach hauptsächlich in ihrem deskriptiven Wert.

4.5.3 Rückfallprävention

In vielen Praxisbereichen gilt die Verhinderung und Bewältigung von Rückfällen als ernstzunehmende Herausforderung und professionelle Aufgabe. Diese stellt sich zwar in verschiedenen Arbeitsfeldern und angesichts verschiedener Problemkonstellationen und Interventionen sehr unterschiedlich, es gibt aber durchaus Gemeinsamkeiten. Da zukünftige Belastungen und Stresssituationen potenzielle Auslöser für Rückfälle aller Art sind, ist die Vorbereitung auf diese und die Erhöhung der entsprechenden Bewältigungskompetenz der Klienten enorm wichtig. Zudem bedeutet das Eintreten eines Rückfalls für Klienten meist eine große Belastung, deren Bewältigung für ihr Leben oft wichtig, manchmal sogar überlebenswichtig ist. Insofern kann Bewältigungskompetenz für das Rückfallgeschehen und insbesondere die Rückfallprävention als Dreh- und Angelpunkt gesehen werden.

4.5.3.1 Problemstellung

Verhaltensänderungen, insbesondere solche, die professioneller Begleitung bedürfen, weil sie nicht nach dem einfachen Muster »gesagt – getan« funktionieren, sind häufig mit enormer Anstrengung und hohem Aufwand verbunden. Man spricht hier neben anderen auch von hohen psychischen Kosten. Jeder, der schon einmal versucht hat, sich das Rauchen oder eine andere Angewohnheit abzugewöhnen, weiß, wie schwer das ist und wie viel Aufwand und Mühe damit verbunden sein können. Umso wichtiger ist es, die einmal erzielten »kostbaren« Änderungen zu bewahren und vor Rückfällen zu schützen. Im Sinne der Nachhaltigkeit von Interventionseffekten ist darum die Rückfallvorbeugung (Synonyme: Rezidiv-/Rückfall-, -prävention/-prophylaxe/-vorbeugung; engl. *relapse prevention*) wichtiger Bestandteil von professionellen Interventionen.

Rückfälle sind ein häufiges und erwartbares Phänomen und müssen nicht unbedingt Hinweis auf eine schlechte oder gar gescheiterte Intervention sein. In nahezu allen Bereichen psychosozialer Intervention treten Rückfälle auf – und nebenbei bemerkt auch im Bereich körperlicher, etwa medizinischer Interventionen.

Professionelle Arbeit muss in zweifacher Hinsicht mit Rückfällen umgehen. Zum einen muss sie während der Intervention darauf gerichtet sein, spätere Rückfälle möglichst unwahrscheinlich zu machen. Zum anderen muss sie aber auch angemessen auf Rückfälle vorbereiten, damit Klienten konstruktiv mit ihnen umgehen können, wenn sie denn auftreten.

Welche Folgen es haben kann, die Möglichkeit von Rückfällen auszublenden oder deren Auftreten zu dramatisieren, konnte man über lange Zeit im Bereich der stationären Suchttherapie beobachten. Dort wurde alkoholabhängigen Klienten während der Entzugsbehandlung vorhergesagt, dass nach Erreichen der Abstinenz und Entlassung aus stationärer Behandlung bereits eine kleinste Menge Alkohol (die berühmte Schnapspraline) ausreichen würde, um bei ihnen zu einem Rückfall und damit dem erneuten völligen Verlust der Kontrolle zu führen. In der Folge erlebten die Klienten später häufig eine sich-selbst-erfüllende Prophezeiung (*self-fulfilling prophecy*), die Marlatt (1985b) mit dem Begriff des *Abstinenzverletzungseffekts* beschrieben hat: Wenn sie bei einer Gelegenheit trotz eigentlich bestehender Abstinenz Alkohol zu sich genommen hatten, möglicherweise nur aus Versehen, wähnten sie sich anschließend in einer Falle, aus der es kein Entkommen gibt. Und da ihnen der völlige Rückfall aufgrund der Vorhersage unvermeidlich schien, gab es auch keinen Grund mehr, sich mit dem Alkoholkonsum zurückzuhalten. D. h. sie ergaben sich »ihrem Schicksal« und »bauten« einen Rückfall. Im Sinne von Lazarus (1966) bewerteten sie die Situation also als bereits eingetretenen Schaden bzw. Verlust, und nicht als Bedrohung oder gar Herausforderung (s. o.). Glücklicherweise hat die Unterscheidung zwischen *Ausrutscher* und *Rückfall* (*lapse* und *relapse*) in einer neugestalteten Rückfallvorbereitung dazu geführt, dass dieser Effekt seltener geworden ist. Klienten werden nun nämlich während der Suchtbehandlung darauf vorbereitet, dass Ausrutscher passieren können, sie jedoch die Möglichkeit haben, schnell wieder zu ihrer angestrebten Abstinenz zurückzukehren und eben keinen ausgeprägten Rückfall zu produzieren.

Die Suchtarbeit ist einerseits besonders betroffen von Rückfällen, hat sich aber auch in besonders intensiver Weise um die Vermeidung und Bewältigung von Rückfällen gekümmert, so dass die dortige Rückfallforschung und die daraus entwickelten Rückfallpräventionsprogramme in mancher Hinsicht als vorbildlich gelten können (vgl. Körkel & Schindler, 2003). Das generelle Problem einer schwer zu sichernden Nachhaltigkeit von Interventionseffekten ist allerdings kein exklusives der Suchtarbeit. In nahezu allen Feldern der psychosozialen Arbeit stellen Rückfälle eine ernstzunehmende Herausforderung dar: sei es in der psychotherapeutischen oder psychiatrischen Arbeit mit Menschen, die an anderen psychischen Störungen leiden, generell in der klinischen Sozialarbeit, in der Straffälligenhilfe und Resozialisierung, in der Ehe-, Familien- und Lebensberatung, in der Schuldnerberatung und in der Wohnungslosenhilfe, um nur einige Beispiele zu nennen. Überall müssen Professionelle sich um die Sicherung der Nachhaltigkeit der in ihrer Arbeit erzielten Effekte kümmern. Je intensiver und systematischer sie das tun, desto größer sind die Aussichten, dass ihre Klienten auch langfristig von ihren Erfolgen profitieren können.

4.5.3.2 Rückfallursachen und Risikofaktoren

Die Rückfallwahrscheinlichkeit und daran beteiligte Faktoren sind abhängig von der vorliegenden Problematik. Es gibt Probleme und Störungen, die bekanntermaßen episoden- oder schubhaft verlaufen, wie z. B. die Schizophrenie mit der Annahme starker biologischer Einflüsse auf den Verlauf (oder korrekter gesagt weitgehend ungeklärten biopsychosozialen Verlaufsbedingungen). Hier ist regelhaft mit erneuten Schüben (*Rezidiven*) zu rechnen. Was jedoch nicht heißt, dass deren Häufigkeit und Schwere nicht beeinflussbar wären (s. u.). Und es gibt andere Arbeitsfelder wie Schuldnerberatung, Resozialisierung oder Suchtarbeit, wo das Ideal einer zukünftigen Problemfreiheit der

Klienten deutlich realistischer erscheint, wenngleich auch dort Rückfälle nicht selten sind.

Für Rückfallbedingungen bei Alkoholabhängigen unterscheiden Körkel & Schindler (2003, S. 18 ff.) drei Gruppen von Risikofaktoren: in der Person (*intrapersonale*), im sozialen Kontext (*interpersonale*) oder im Hilfesystem liegende. Gemäß den Ergebnissen einer Reihe von internationalen Studien zu der Frage können als mit Abstand gravierendster Risikofaktor unangenehme Gefühle identifiziert werden. Ängste, Depressionen, emotionale Begleiterscheinungen von Verlusterlebnissen aller Art etc. sind an etwa der Hälfte aller Alkoholrückfälle beteiligt. Andere in der Person liegende Faktoren wie unangenehme körperliche Zustände, angenehme Gefühle, starkes Alkoholverlangen oder der Wunsch nach Austesten spielen demgegenüber eine deutlich untergeordnete Rolle. Bei den interpersonalen Faktoren sind vor allem zwischenmenschliche Konflikte und Trinkaufforderungen im Zusammensein mit Anderen, die Alkohol trinken, risikoreich. Schlechte soziale Integration, wenig soziale Unterstützung und ein brüchiges soziales Netzwerk haben sich hier als rückfallfördernd erwiesen (vgl. Körkel & Schindler, 2003, S. 22 ff.). Als eine Konsequenz aus dem bisher Gesagten sollte Rückfallprävention die gezielte Vorbereitung der Klienten auf eben diese Risikosituationen einschließen (s. u.).

Lohnenswert ist auch ein Blick auf das Hilfe- und Unterstützungssystem selber. Denn auch dort sind Bedingungen identifizierbar, die Rückfälle der Klienten wahrscheinlicher machen. Dazu zählt zunächst eine fehlende oder unangemessene Vorbereitung der Klienten auf Rückfälle. Deren Möglichkeit zu leugnen oder zu dramatisieren (s. o.), kann fatale Folgen haben. Sog. disziplinarische Entlassungen als Folge von Rückfällen während der Behandlung oder die Errichtung hoher Hürden für eine Wiederbehandlung nach einem Rückfall sind ebenfalls als kontraproduktiv zu werten.

Daneben können sich ganz allgemein Fehler und Unzulänglichkeiten in der Behandlung negativ auf die Rückfallprognose der Klienten auswirken. Als Beispiel für eine solche Unzulänglichkeit, die wohl in vielen Arbeitsfeldern bedeutsam ist, ist ein zu abruptes Behandlungsende bzw. eine fehlende *Nachsorge* zu nennen. Klienten, die sich für die Dauer einer mehrwöchigen stationären Rehabilitation in der geschützten Umgebung einer Rehaklinik mit intensiver Rund-um-die-Uhr-Betreuung, persönlich oft außergewöhnlich nahen Beziehungen zu Mitpatienten und einer weitgehenden Suspendierung von Alltagsanforderungen (mithin in einer »Kunstwelt«) aufgehalten haben, müssen mit ihrer Entlassung (die zuweilen einer Vertreibung aus dem Paradies gleichkommt) und dem Wiedereintritt in ihr alltägliches Leben eine erhebliche Anpassungsleistung vollbringen. Eine mangelnde Vorbereitung darauf, sei es durch Wochenendheimfahrten, Arbeitsversuche, Einleitung von ambulanter Anschlusstherapie, die Vereinbarung von Nachtreffen (sog. Booster-Sessions), Vermittlung einer Selbsthilfegruppe oder andere Wiedereingliederungshilfen, kann die Rückfallwahrscheinlichkeit deutlich erhöhen. In ähnlicher Weise kritisch ist der Übergang für Strafgefangene nach der Haftentlassung. Ohne breit angelegte Wiedereingliederungshilfen und Nachsorgemaßnahmen ist eine professionelle Resozialisierung nicht denkbar.

Die zuvor diskutierten Rückfallbedingungen orientieren sich ganz wesentlich an dem von Marlatt (1985a) vorgestellten kognitiv-behavioralen Rückfallmodell. Das ist empirisch und praktisch ausgesprochen gut bewährt, lässt sich jedoch sinnvoll ergänzen durch Aspekte einer psychodynamischen und einer systemischen Betrachtungsweise. Im einen Fall würde die Mitbeteiligung auch langfristig wirksamer Faktoren, die evtl. biografisch bedingt sind, ergänzt werden (z. B. Alkohol als Versuch des Selbstschutzes, der Selbstheilung, oder auch der Selbstdestruktion). Im anderen Fall wäre die Perspektivenerweiterung auf die Rolle anderer relevanter Personen (Partner, Familie, Kollegen, Freunde) interessant und könnte etwa zur Einbeziehung des Partners/der Partnerin in die Rückfallprävention führen. Die Rückfallraten lassen sich dadurch nachgewiesenermaßen senken.

4.5.3.3 Rückfallprävention

In der Rückfallprävention lassen sich nach Parks et al. (2001) zwei prinzipiell verschiedene Zugänge unterscheiden: die *primäre* Rückfallprävention (*relapse prevention*) als vorbeugende Maßnahme und die *sekundäre* Rückfallprävention (*relapse management*), die dann greift, wenn es darum geht, einen eingetretenen Ausrutscher möglichst nicht zu einem gravierenden Rückfall werden zu lassen.

Körkel & Schindler (2003, S. 35 ff.) unterscheiden zwischen einzelnen Maßnahmen zur Rückfallprävention und kompletten Rückfallpräventionsprogrammen, die Einzelmaßnahmen systematisch kombinieren. Das von ihnen vorgelegte »Strukturierte Trainingsprogramm zur Alkohol-Rückfallprävention (S.T.A.R.)« kann als erfolgreichstes deutschsprachiges Beispiel für Letztere angesehen werden.

Die meisten Einzelmaßnahmen lassen sich in Anlehnung an das o. g. Modell der Rückfallbedingungen nach Marlatt (1985a, 1996) einem von vier Bereichen zuordnen (vgl. Körkel & Schindler, 2003, S. 35 ff.):

1. Auf einen ausgeglichenen *Lebensstil* zielende (globale) Interventionen. Hierzu zählen der Ausbau der Fähigkeit zur Identifizierung individuell belastender Faktoren im Alltag, der Abbau alltäglicher Belastungen, die gezielte Einplanung angenehmer Dinge im Tagesablauf und der Erwerb von Techniken zur Stressbewältigung, wie etwa ein Entspannungstraining.
2. Vorbereitung auf *Hochrisikosituationen* (spezifische Interventionen). Zu nennen wären hier eine Sensibilisierung für die Möglichkeit eigener Rückfälligkeit (Überwinden von Verleugnung), die Identifizierung und Gewichtung persönlicher Rückfallrisiken und insbesondere belastender Gefühlszustände, eine Analyse früherer Rückfallepisoden sowie von Rückfallphantasien und -träumen, die Bearbeitung von Risiko-Checklisten, das Erstellen eines vorausschauenden »Risikokalenders«, das Führen eines »Risikotagebuchs« etc.
3. Verbesserung von *Bewältigungskompetenzen*. Hier geht es vor allem um Möglichkeiten des Umgangs mit zuvor erkannten Hochrisikosituationen, und zwar durch deren Meidung oder Verlassen, durch die Entwicklung ei-

nes persönlichen Plans zur Bewältigung wiederkehrender belastender Gefühlszustände, durch Ablehnungs- oder soziale Kompetenztrainings zum selbstbewussten Ansprechen der eigenen Abhängigkeit bzw. allgemein zum Umgang mit Kritik und Anerkennung, durch Vorbereitung auf den Umgang mit Alkoholverlangen (*craving*) oder dem Wunsch nach kontrolliertem Trinken, durch gedankliche Rückfallbewältigung, Ressourcenaktivierung, Expositionsübungen, Notfallhilfen oder diesbezügliche Vereinbarungen mit dem Partner. Hier wird also vor allem auf instrumentelle, problemzentrierte Bewältigungsprozesse vorbereitet. Es gibt aber auch eher palliativ, emotionsfokussierte Aspekte (z. B. Umgang mit starkem Verlangen).
4. Veränderung ungünstiger *rückfallbezogener Kognitionen*, wie etwa die Unterschätzung des eigenen Rückfallrisikos, einseitig positive oder einseitig negative Erwartungen an die Wirkungen von Alkohol, zu geringe Zuversicht (*Selbstwirksamkeitserwartung*), unrealistische Vorstellungen über Alkoholverlangen oder kontrolliertes Trinken und Sich-selbst-erfüllende Prophezeiungen (s. o.). Zu den eingesetzten Methoden zählen hier das Erstellen einer Pro-und-Contra-Liste mit den individuell positiven und negativen Seiten von Alkoholkonsum, eine Entkatastrophisierung von Alkoholverlangen, die Überprüfung der eigenen Vorstellungen vom kontrollierten Trinken, die Identifizierung von »Rückfalletappen« und ihrer Bedingungen sowie die kognitive Umdeutung von Ausrutschern.

Dass Rückfallpräventionsprogramme, die sich am Modell von Marlatt (1985a, 1996) orientieren und die oben genannten Einzelmaßnahmen kombinieren, wirksam und insofern evidenzbasiert sind, wird mittlerweile nicht nur durch Einzelstudien, sondern auch durch eine Reihe von Metaanalysen gestützt (z. B. Irvin et al., 1999).

Anknüpfend an die oben bereits betonte Wichtigkeit von Wiedereingliederungshilfen und Nachbetreuungsmaßnahmen für die Rückfallprävention sei der Punkt auch hier nochmals aufgegriffen. Im Bereich der Suchthilfe gibt es viele gute Belege dafür, dass die Teilnahme an einer *Selbsthilfegruppe* nach Behandlungsende einen deutlich stützenden und damit rückfallpräventiven Effekt hat. Ihre Wirkung ist sowohl primär- wie auch sekundär-präventiv nachgewiesen: Eine regelmäßige und aktive Teilnahme senkt nicht nur die Wahrscheinlichkeit, einen Rückfall zu erleiden, sondern erhöht auch sehr deutlich die Chance, nach einem bereits eingetretenen Rückfall wieder zur Abstinenz zurückzukehren (Küfner, Feuerlein & Huber, 1988).

Ein in mehrerlei Hinsicht interessantes Beispiel für ein theorie- und evidenzgestütztes Rückfallpräventionsprogramm stammt aus dem Bereich der Behandlung und Rehabilitation von Schizophrenie. Bei dieser schweren psychischen Störung gibt es derzeit weder eine an den Ursachen ansetzende Behandlung, noch kann eine Heilung erwartet werden (vgl. Hahlweg, 2009). Allerdings gibt es gute evidenzbasierte Methoden, den normalerweise schubhaft fortschreitenden Krankheitsverlauf günstig zu beeinflussen. Dazu zählen auf medizinischer, pharmakologischer Seite *Antipsychotika*, deren Gabe als psychiatrische Standardbehandlung gilt. Allerdings gibt es auch auf psychosozialer Seite ein Programm, das sich als ähnlich wirksam und additiv in seinen Effekten erwiesen hat. Es handelt sich dabei im Wesentlichen um ein familiäres *Kommunikationstraining*, das von Falloon, Boyd & McGill (1984) entwickelt und von Hahlweg, Dürr, Dose & Müller (2006) deutsch adaptiert wurde. Ausgangspunkte dafür sind eine Theorie und eine empirische Beobachtung. Die Theorie der *Expressed Emotions* (EE) konstatiert einen Kommunikationsstil, der geprägt ist durch eine Neigung zu negativer Kritik, Feindseligkeit und emotionalem Überengagement sowie geringe emotionale Wärme und wenig positive Äußerungen (vgl. Brown, Birley & Wing, 1972). Der relevante empirische Befund besteht darin, dass an Schizophrenie erkrankte Menschen, die in einer Familie leben, deren Kommunikationsstil als hoch EE gekennzeichnet ist, mehr Krankheitsschübe erleben als andere. Brown et al. (1972) fanden innerhalb von neun Monaten nach Klinikentlassung eine Rückfallrate von 16 %, wenn die Patienten in eine Familie mit niedrigen EE-Werten zurückgekehrt waren, und eine Rate von 58 %, wenn deren Familien hohe EE-Werte aufwiesen.

Da die Art zu kommunizieren grundsätzlich als gut beeinflussbar und trainierbar gilt, lag die Entwicklung eines Kommunikationstrainings nahe, mit dem das Ausmaß der EE-Kommunikation innerhalb der Familie gezielt verringert wird. Genau das leistet das Trainingsprogramm von Hahlweg et al. (2006). Über die Veränderung des EE-Status' in der Familie konnte damit gegenüber einer üblichen psychiatrischen Einzeltherapie, die nach einem Jahr zu 48 % und nach 2 Jahren zu 70 % Rückfällen führt, deren Verringerung auf 5 % in beiden Jahren erreicht werden. Psychoedukative Familienbetreuung der geschilderten Art (nicht zu verwechseln mit Familientherapie) gilt mittlerweile neben der medikamentösen Behandlung als zweite wichtige Säule einer Rezidivprophylaxe bei Schizophrenie (Hahlweg, 2009).

Für die allgemeine Rückfallforschung ist das gerade vorgestellte Beispiel auch insofern interessant, als es deutlich macht, dass man nicht nur auf allgemeinpräventive Strategien (z. B. Stress vermeiden, s. o.) zur Rückfallvermeidung zurückgreifen muss, sondern dass theorie- und befundgeleitet auch spezifische Ansätze entwickelt werden können, die sich dann oft als besonders wirksam erweisen.

4.6 Emotion und Bewältigung am Beispiel des Ärgers

In diesem Abschnitt soll am Beispiel der Emotion »Ärger« ausführlicher auf Möglichkeiten der Bewältigung eingegangen werden. Natürlich könnte auch anhand anderer Emotionen wie Angst oder Trauer in die Thematik eingeführt werden. Die Bewältigung von Angst und Trauer bzw. Depression hat vor allem in der Klinischen Psychologie eine ausführliche Forschungsarbeit auf sich gezogen. Da dabei aber modifikationsbezogene Aspekte im Vordergrund stehen (vgl. Jungnitsch, 2009), sei in unserem allgemein-psychologischen Zusammenhang der Darstellung von Bewältigungsmöglichkeiten der Alltagsemotion Ärger der Vorzug gegeben.

Obwohl Ärger im Unterschied zu den beiden Emotionen Angst und Trauer/Depression keine klinische Relevanz im Sinne einer Anerkennung als psychische Störung besitzt, kann eine auf Optimierung der Ärgerbewältigung ausgerichtete Beratung und Beeinflussung in mehrerlei Hinsicht sozialpädagogisch legitimiert werden. Zum einen ist der Umgang mit Ärger im Alltag sehr häufig mit aggressivem Verhalten verbunden. Eine Ärgerbewältigung, die ohne den Einsatz aggressiven Verhaltens auskommt, fördert damit gleichzeitig sozial kompetentes Verhalten. Zum anderen legen Befunde aus dem Bereich von Gesundheitspsychologie und Psychosomatik nahe, dass unangemessene Ärgerbewältigung insbesondere bei chronifizierter Ärgerneigung als Risikofaktor für die Gesundheit wirken kann (vgl. Schwenkmezger, 1990; Schwenkmezger, Steffgen & Dusi, 1999; Steffgen, de Boer & Vögele, 2014)).

Legt man die dargestellten Komponenten der syndromalen Emotionsdefinition zugrunde, so ergibt sich für die Emotion »Ärger« folgende Kennzeichnung: Die subjektive Komponente – das Ärgergefühl – bestimmt das Erleben der Person »als verletzt, beeinträchtigt, geschädigt und dabei extrem angespannt, übererregt, reizbar, verbunden mit einem Kraftempfinden, einer Energiegeladenheit« (Mayring, 1992, S. 151). Das auf die kognitive Emotionskomponente ausgerichtete Modell von Ortony et al. (1988) ordnet den Ärger in der Schnittmenge von ereignisbezogenen und attributionsbezogenen Emotionen ein (▶ Abb. 22). Als für den Ärger konstitutiv wird die Unzufriedenheit mit einem Ereignis, welches durch eine tadelnswerte Handlung eines Akteurs zustande kommt, betrachtet. Die Intensität des erlebten Ärgers hängt dabei von dem Ausmaß der Unerwünschtheit des Ereignisses und dem Ausmaß der Missbilligung des verursachenden Verhaltens ab. In physiologischer Hinsicht ist Ärger mit einer hohen sympathikotonen Erregungslage verbunden. Diese kann als eine körperliche Stressreaktion aufgefasst werden, welche durch erhöhte Adrenalin- und Noradrenalinausschüttung zustande kommt und eine Mobilisierung von Energie nach sich zieht. Hinsichtlich der Ausdruckskomponente fand Ekman (1988, 2010) für Ärger einen interkulturell invarianten Gesichtsausdruck, für den Stirnrunzeln, aufgeblähte Nasenflügel und ein starr drohender Blick typisch sind.

Weber und Laux (1993) schlagen vor, bei der Bewältigung von Emotionen die vom Subjekt verfolgten *Absichten oder Intentionen* zu berücksichtigen. Sie bemängeln an den gängigen Klassifikationsversuchen zum Copingverhalten, dass diese zwar nach den Funktionen der Bewältigungsmaßnahmen fragen, aber weitgehend unberücksichtigt lassen, welche Intentionen und Absichten das Individuum mit ihrem Einsatz verbindet.

Weber und Laux schlagen deshalb vor, Funktionen und Intentionen des Bewältigungsverhaltens getrennt zu betrachten und im konkreten Einzelfall nach ihrer Übereinstimmung zu fragen. In teilweiser Anlehnung an die Klassifikation der Bewältigungsfunktionen unterscheiden sie vier Zielfacetten der Bewältigungsabsichten, nämlich die beiden von Lazarus und Launier schon bekannten Facetten der Problem-(Situations-) und Emotionsregulation sowie die beiden

Tab. 7: Intentionen bei der Bewältigung von Ärger

Emotionsregulation

    Regulation der kognitiven Ärger-Komponente
    Regulation der physiologischen Ärger-Komponente
    Regulation des Ärger-Ausdrucks
    Regulation von ärgerbezogenen Handlungstendenzen

Situationsregulation

    Aktive Situationsveränderung
    Anpassung an die Situation
    Auseinandersetzung mit der Situation vermeiden

Regulation von Selbstkonzept und Selbstwert

    Selbstkonzept und Selbstwertgefühl schützen und bewahren
    Verletzungen von Selbstkonzept und Selbstwertgefühl rehabilitieren
    Selbstkonzept und Selbstwertgefühl steigern

Regulation der Interaktion

    Feedback geben
    Einfluss auf das tadelnswerte Verhalten des Akteurs (Verursachers) nehmen
    Beziehung fördern
    Beziehung in Frage stellen

neu eingeführten Dimensionen der Regulation des Selbst und der Regulation von Beziehung und Interaktion. Jedem dieser vier Bereiche ordnen die Autoren mehrere Subkategorien zu. Auf den Bereich der Ärgerbewältigung übertragen ergibt sich die in Tabelle 7 wiedergegebene Differenzierung (modifiziert nach Weber, 1994, S. 184–185). Wie die Tabelle zeigt, geht es bei der Emotionsbewältigung um eine Beeinflussung der im ersten Teil dieses Kapitels differenzierten Emotionskomponenten. Mit den Möglichkeiten von deren Regulation wollen wir uns ausführlich beschäftigen und die anderen drei Aspekte nur im Überblick streifen.

4.6.1 Regulation der Emotionskomponenten

Novaco (1975, 1977) hat als erster in experimentellen Studien die Möglichkeiten der systematischen Emotionsbewältigung und -kontrolle von Ärger auf der Grundlage eines kognitiv-behavioralen Ansatzes überprüft. Sein Programm steht in der Tradition des sog. *Stress-Impfungs-Trainings* von Meichenbaum (1977). Es handelt sich dabei um ein Selbstkontroll-Vorgehen, das versucht, insbesondere über eine Änderung des inneren Sprechverhaltens (sog. Selbstinstruktion) den Umgang mit belastenden Situationen zu verbessern. Die auf diese Weise entwickelten Kompetenzen im Umgang mit negativen Emotionen und ihren Auslösern sollen das Individuum gegen negative Stressauswirkungen »immunisieren«.

Als prototypische ärgerauslösende Situation sieht Novaco Provokationen an und zentriert sein Programm auf den Umgang mit derartigen Situationen. Von der Ärgeremotion werden systematisch die kognitive, physiologische und verhaltensbezogene Komponente berücksichtigt. Auf der kognitiven Ebene nimmt Novaco Einfluss auf Bewertungen, Selbstgespräche, Erwartungen und Vorstellungen. Bezüglich der körperlichen Emotionsmanifestation zentriert sich das Programm vornehmlich auf die Anspannung, muskuläre Verkrampfung und Aufregung. Unter verhaltensbezogener Sicht im erweiterten Sinn geht es Novaco um den Abbau destruktiven, insbesondere aggressiven Verhaltens und den Aufbau konstruktiven Problemlöseverhaltens. Er geht davon aus, dass durch eine Veränderung in diesen drei Komponenten das Ärgergefühl – also die subjektive Komponente – indirekt abgeschwächt oder durch ein positives Gefühl ersetzt wird. Die Auseinandersetzung mit einer Ärgerepisode wird prozessual betrachtet und wie in anderen Anwendungsbereichen des Stress-Impfungs-Trainings in vier Phasen oder Abschnitte unterteilt, nämlich die rechtzeitige Vorbereitung auf die ärgerauslösende Situation, den Zeitpunkt der unmittelbaren Konfrontation mit der Provokation, die Bewältigung von Erregung und Anspannung sowie die abschließende Bewertung des Bewältigungsversuches. Für jede dieser Phasen lernt der Klient ärgerreduzierende Formen des Selbstgespräches (innerer Dialog) und der Selbstinstruktion zu entwickeln. In Tabelle 8 sind für die vier Phasen jeweils mehrere solcher Selbstinstruktionen aufgelistet (leicht modifiziert nach Novaco, 1975, S. 95–96; 1977, S. 333):

Tab. 8: Ärgerreduzierende Selbstinstruktionen

Vorbereitungsphase

- Diese Situation wird mich ärgern, aber ich weiß, wie ich mit ihr umgehen kann.
- Was muss ich in dieser Situation tun?
- Ich kann mir einen Plan erarbeiten und danach vorgehen.
- Wenn ich feststelle, dass ich mich ärgere, weiß ich genau was zu tun ist.
- Ich will versuchen, die Angelegenheit nicht zu ernst zu nehmen.

Konfrontationsphase

- Bleib ruhig. Versuche einfach zu entspannen.
- Solange es mir gelingt ruhig zu bleiben, habe ich die Sache im Griff.
- Es gibt keinen Grund durchzudrehen.
- Ich bin mitten in der Situation und habe sie unter Kontrolle.
- Es gibt keinen Grund an mir zu zweifeln. Was er sagt ist egal.

Bewältigung des Erregungsniveaus

- Meine Muskeln spannen sich an. Ich muss mich entspannen und beruhigen.
- Es lohnt sich einfach nicht, sich zu ärgern.
- Es hilft nichts, sich aufzuregen.
- Es ist Zeit, tief durchzuatmen.
- Ich will die Angelegenheit Schritt für Schritt angehen.

Abschließende Bewertung

Nach ungelöstem Konflikt (ineffiziente Bewältigung):
- Vergiss die Verärgerung. Wenn du daran denkst, regst du dich nur auf.
- Das sind schwierige Situationen und es braucht Zeit, damit fertig zu werden.
- Versuch es abzuschütteln. Lass es nicht deiner Arbeit in die Quere kommen.

Tab. 8: Ärgerreduzierende Selbstinstruktionen – Fortsetzung

- Nimm's nicht persönlich.
- Ich werde besser damit umgehen können, wenn ich mehr Übung habe.

Nach gelöstem Konflikt (erfolgreiche Bewältigung):
- Ich habe die Situation gut gemeistert. Es hat funktioniert!
- Es war gar nicht so schwer, wie ich es mir vorgestellt hatte.
- Ich habe das durchgestanden, ohne ärgerlich zu werden.
- Ich werde in dieser Situation immer besser.

Das konkrete Vorgehen ist – entsprechend dem allgemeinen Rationale des Stress-Impfungs-Trainings – in drei Abschnitte gegliedert. Am Anfang der Arbeit steht die Vermittlung eines konzeptuellen Rahmens, innerhalb dessen Ärger interpretiert und modifiziert wird. Es geht hier darum, die physiologische und kognitive Komponente von Ärger zu spezifizieren und die Bedingungen der Ärgerauslösung sowie Ärgerentwicklung anhand der Erfahrungen des Klienten aufzuzeigen. Der Klient lernt in dieser *edukativen Phase* (»educational phase«), die von ihm als Provokation erlebten situativen Momente zu präzisieren (Was führt bei mir zu Ärger?) und am Beispiel von selbst erfahrenen Ärgerepisoden seine ärgerstabilisierenden Selbstgespräche (innerer Dialog) während der vier Stadien (Vorbereitung, Konfrontation etc.) wahrzunehmen (Wie spreche ich mit mir?). Er wird in dieser Phase darauf hingewiesen, dass er mit dem Training lernen kann, über eine Veränderung der Selbstgespräche und den gezielten Einsatz von Entspannungsübungen mit seinem Ärger angemessener umzugehen. Die Vermittlung eines angemessenen (d. h. empirisch zutreffenden) Verursachungs- und Veränderungsmodells hat nach Reinecker (1987, S. 65–66) mehrere Vorteile: Die mit ihm verbundene Orientierung für den Klienten stellt bereits eine Intervention auf kognitiver Ebene dar, die mit ihm verbundene Strukturierung und Transparenz kann motivationsfördernd wirken, die mit ihm verbundene Forderung nach Beteiligung des Klienten fördert schließlich dessen Eigenverantwortung für die Veränderung (▶ Kap. 5).

An die edukative Phase schließt sich die *Übungs-Phase* (»rehearsal phase«) an, bei der es um die konkrete Umsetzung geht. Dementsprechend stehen die Einübung alternativer Selbstinstruktionen und das Erlernen von Entspannungsreaktionen im Mittelpunkt. Vornehmlich über die Methoden des sokratischen Dialoges, der gezielten Vorstellungsanleitung, des Rollenspiels und der schrittweisen Erhöhung von Anforderungen lernt der Betroffene in Ärgersituationen neue Selbstinstruktionen zu formulieren und einzusetzen. Dabei ist die Entwicklung und Erarbeitung jeweils individueller, auf die Lerngeschichte des Einzelfalles abgestimmter Selbstinstruktionen besonders relevant. Während der Übungsphase erfolgt auch die Aneignung eines Entspannungsverfahrens, wobei zumeist die »Progressive Muskelentspannung« nach Jacobson zum Einsatz kommt. Mit diesem auch in der Modifikation von Ängsten durch systematische Desensibilisierung (▶ Kap. 3) häufig genutzten Verfahren kann relativ leicht und schnell eine ausreichende muskuläre Entspannung erzielt werden. Über die absichtlich herbeigeführte und maximierte Anspannung der verschiedenen Körpermuskeln und der darauf folgenden Zurücknahme der Anspannung und Beachtung der damit einhergehenden Entspannung lernt der Klient systematisch ein Entspannungsgefühl zu entwickeln. Die damit erworbene Fertigkeit dient der Regulation der physiologischen Ärgerkomponente.

Der letzte Abschnitt des Programms – das *Anwendungstraining* (»application phase«) – ist um die Übertragung des Gelernten auf die Alltagssituation des Klienten bemüht und soll die Generalisation und Stabilität der Effekte garantieren. Gezielte, individuell für den Einzelnen maßgeschneiderte Übungen sind dabei in-vivo unter natürlichen Alltags- und Belastungsbedingungen auszuführen.

Das Ärgerbewältigungstraining von Novaco führt nachweislich zu Veränderungen in der physiologischen, kognitiven und verhaltensbezogenen Manifestation der Ärgeremotion. Auf der Verhaltensebene ist eine Zunahme an sach- und aufgabenbezogener Auseinandersetzung und damit u.a. auch eine Reduktion aggressiver Verhaltensweisen die Folge. Durch die Reduktion von Anspannung und Erregung über Entspannungstechniken sowie die aufgabenbezogene Interpretation und Umdeutung der ärgerauslösenden Provokation über veränderte Selbstinstruktionen strebt Novaco eine Versachlichung der Situation an. Anstelle von ärgerintensivierenden Selbstgesprächen mit starker Ichbeteiligung tritt die Forderung, die Situation nicht persönlich zu nehmen. Die sach- und problemorientierte Betrachtung des ärgerauslösenden Ereignisses soll dazu dienen, die Provokation als ein zu lösendes Problem zu definieren. Die Lenkung der Aufmerksamkeit auf inhaltliche (statt auf persönliche) Aspekte soll dazu beitragen, eine Eskalation zu verhindern. Die sachlich-distanzierte Auseinandersetzung soll die Aufmerksamkeit von den kognitiven und physiologischen Emotionskomponenten abziehen und auf die Suche nach Problemlösungen ausrichten. Der aufgaben- und problembezogene Umgang mit der Provokation hat somit adaptive Wirkungen.

Durch die Aufgabenzentrierung soll aber nicht nur ein problemlösendes Handeln gefördert werden, sondern gleichzeitig auch die Wahrscheinlichkeit für das Auftreten aggressiven Verhaltens reduziert werden. Die mit Ärger verbundene Erregung und Aktivierung sowie das Erleben von Verletztheit und Kränkung ziehen als ersten Bewältigungsversuch nicht selten aggressives Verhalten nach sich. Selg (1992, S. 191) nennt den Ärger deshalb eine aggressionsaffine Emotion. Bei dem gelegentlich beobachtbaren Zusammenhang von Ärger und aggressivem Verhalten handelt es sich jedoch nicht um eine gesetzmäßige Beziehung im Sinne einer Wenn-Dann-Relation (▶ Kap. 1), sondern lediglich um eine mögliche Beziehung.»Ob Ärger auch zu einer Aggression führt, hängt von der Lerngeschichte der Person und ihrer Beurteilung der Kräfteverhältnisse in der Situation ab: Hat man genügend positive Erfahrungen mit Aggressionen gesammelt oder hat man größere Hemmungen gegen Ärger und Aggression aufgebaut?« (Selg, 1992, S. 202). Nach Novaco (1986) ist mit aggressivem Verhalten vor allem dann zu rechnen, wenn die Person ihren Ärger durch Grübeln (»ruminating«) immer wieder neu belebt, verstärkt und damit stabilisiert. Rost und Schermer (2007) haben für die Emotion der Leistungsangst ebenfalls das zwanghafte Grübeln und Sich-Sorgen (»worrying«) als verursachenden und stabilisierenden Mechanismus interpretiert. Anstelle aggressiven Verhaltens kann auf Ärger aber auch eine andere (z. B. sachbezogene) Reaktion erfolgen. So hat Averill (1982) in seiner Studie zum Ärgererleben in Alltagssituationen die hohe Häufigkeit von Verhaltensweisen nachgewiesen, die keinerlei aggressiven Charakter haben (z. B. sog. »calming activities«, wie Gespräche zur Beruhigung etc.).

Während so viel wie alle standardisierten Programme zur Ärgerbewältigung die kognitive und physiologische Komponente der Ärgeremotion explizit berücksichtigen, fällt auf, dass die Ausdruckskomponente im engeren Sinn von ihnen so viel wie keine Beachtung erfährt. Eine Ursache hierfür kann darin gesehen werden, dass es bei diesen Bemühungen zur Ärgerkontrolle primär darum geht, durch Neubewertungen und Umdeutungen den Ärger zu neutralisieren oder durch andere Emotionen zu ersetzen.

Demgegenüber hat man in der psychosomatischen Forschung der Ausdruckskomponente des Ärgers besondere Aufmerksamkeit zu teil werden lassen. Unter den Begriffen »offener Ärgerausdruck« (»anger-out«) und »Unterdrückung von Ärger« (»anger-in«) wurden hier die Auswirkungen von Ärgerausdruck und Gesundheit untersucht. Unter »anger-out« werden dabei impulsiv-aggressive zumeist auf den Urheber der Provokation nach außen gerichtete verbale oder physische Reaktionen verstanden. Das Konzept entspricht der im Alltag häufig anzutreffenden Vorstellung des »Herauslassens von Ärger«. Bei »anger-in« handelt es sich dagegen um nach innen gerichteten Ärger im Sinne des Sichzurückziehens und Unterdrückens einer äußerlich wahrnehmbaren Ärgerreaktion. »Nach innen gerichteter Ärger beinhaltet die Vorstellung, daß der in einer widrigen Situation erfahrene Ärger sich nicht gegen die Quelle der Frustration oder Provokation wendet, sondern gegen die eigene Person« (Schwenkmezger & Hodapp, 1993, S. 39).

Es fällt auf, dass die Ärgeremotion hier nicht syndromal als Zustand definiert ist, sondern als eine Art Energiepotential oder Kraft, welche in uns steckt und sich quasi Luft machen muss. Die Frage, ob es sinnvoll ist, seinen Ärger im unmittelbaren Ausdruck zu äußern, ist jedoch weder leicht noch eindeutig zu beantworten. Während man in der Psychosomatik lange Zeit davon ausging, ein offener Ärgerausdruck sei allgemein gesundheitsförderlich (z. B. Alexander, 1950), führten spätere Untersuchungen zu sehr widersprüchlichen Ergebnissen. Betrachtet man die als in Zusammenhang mit Ärger stehend diskutierten Krankheiten (Bluthochdruck, koronare Herzerkrankung, Asthma, Krebs), so kann für keine eine empirisch eindeutig belegte Aussage getroffen werden. Gelegentlich geht »anger-in« beispielsweise mit Bluthochdruck einher, gelegentlich findet sich aber dieser Zusammenhang auch mit »anger-out«. So urteilt Weber (1994): »Die Beschäftigung mit der psychosomatischen Forschung hinterlässt Verwirrung und Ratlosigkeit« (S. 96). Ein Grund dafür dürfte in der zu undifferenzierten Operationalisierung von Ärger liegen, ein weiterer kann in der multifacettalen Verursachung so komplexer Sachverhalte wie Gesundheit und Krankheit gesehen werden. In jedem Fall muss sich der Sozialpädagoge vor vorschnellen und allzu einfachen Erklärungen hüten. Keineswegs gibt es einen empirisch hinreichenden Beleg für die in der Praxis und populärwissenschaftlichen Literatur häufig anzutreffende Empfehlung: »Mach Deinem Ärger Luft« (Rubin, 1989). Im Gegenteil sind mit einer solchen generellen Empfehlung zumindest das Anwachsen aggressiven Verhaltens (z. B. über Modelllernen) und die Zunahme von Interaktions- und Beziehungsproblemen zu erwarten.

4.6.2 Regulation von Situation, Selbst und Interaktion

Die Facette »*Situationsregulation*« beinhaltet wenigstens die Möglichkeiten der Veränderung, Anpassung sowie Vermeidung der ärgerauslösenden Bedingungen. In Abhängigkeit der Spezifität des ärgerauslösenden Tatbestandes müssen die genannten Möglichkeiten durch unterschiedlichste Verhaltensweisen konkretisiert werden. Weber (1994) hat nach den charakteristischen Merkmalen ärgerauslösender Situationen gefragt und die relevanten Tatbestände eingeteilt in Frustrationen (wenn z. B. eine andere Person Widerstand leistet oder Verstärkungen entzieht), Angriffe (wenn z. B. eine andere Person meinen Besitz schädigt oder meinen Stolz verletzt), Regelverstöße (wenn z. B. Abmachungen, Werte, Sitten verletzt werden) und Ärgernisse (z. B. wenn äußere Merkmale missfallen). Allerdings erscheint mir diese Taxonomie bereits auf der begrifflichen Ebene nicht ganz überzeugend und nicht ausreichend trennscharf. So kann beispielsweise Frustration als Oberbegriff für die Begriffe Angriff und Regelverstoß interpretiert werden. In jedem Fall wird in einer ärgerauslösenden Situation von der den Ärger erlebenden Person eine Diskrepanz zwischen ihren Zielperspektiven (Soll-Lage) und der wahrgenommenen Wirklichkeit (Ist-Lage) erfahren. Im Modell von Lazarus handelt es sich also um den primären Bewertungsprozess. Die Vielfältigkeit auslösender Bedingungen lässt zudem vermuten, dass Ärger kein einheitliches Emotionsmuster darstellt, sondern – analog zur Angst – in Abhängigkeit der Auslösemomente differentielle Formen annehmen kann (vgl. Weber, 1994, S. 143).

Die Facette »*Regulation von Selbstkonzept und Selbstwert*« ist bei Ärger besonders relevant, da die typische Auslösesituation ja gerade dadurch gekennzeichnet ist, dass sich der Betroffene provoziert fühlt. Das Selbstkonzept der Person ist unmittelbar tangiert. Unter den Begriff »Selbstkonzept« fasst man in der Psychologie die interne Repräsentation der eigenen Person zusammen. Die Art und Weise, wie wir uns selbst sehen, ist hiermit angesprochen (▶ Kap. 1). Während man früher das Selbstkonzept als eine relativ einheitliche Größe betrachtete, geht man heute davon aus, dass das Selbstkonzept eine bereichsspezifische Struktur besitzt, also aus verschiedenen Selbstbildern besteht. Bei dem Selbstwertgefühl handelt es sich um die bewertende Einstellung und Haltung gegenüber den verschiedenen Selbstbildaspekten und dem daraus resultierenden Selbstkonzept. Somit gilt auch für das Selbstwertgefühl das Postulat der Bereichs- und Lebensfeldspezifität. Regulation von Selbstkonzept und Selbstwert bedeutet beim Ärger, sich zu schützen, wenn die auslösende Provokation z. B. nur eine Bedrohung beinhaltet. Besteht der Ärgerauslöser jedoch in einer Verletzung des Selbst, geht es um dessen Rehabilitation und somit um »intensivere« Maßnahmen. Neben diesen defensiv ausgerichteten Möglichkeiten kann Ärger aber auch assertiven, selbstwertsteigernden Zielen dienen. Dies ist beispielsweise dann der Fall, wenn eine Provokation als Herausforderung interpretiert wird und die Möglichkeit bietet, durch Angriff den Selbstwert zu steigern. In einer empirischen Studie (siehe Weber, 1991) fand sich für die angriffsorientierte, assertive, selbstbehauptende Absicht eine stärkere Verbreitung als für die defensiv ausgerichteten Intentionen.

Da Ärger meist an soziale Situationen gebunden ist, kann schließlich eine wichtige Bewältigungsabsicht noch darin liegen, die Ärgerauswirkungen auf die Interaktion oder die Beziehung zu regulieren. Bei dieser Facette »*Regulation der Interaktion*« lassen sich kurz- und langfristige Bewältigungsaspekte unterscheiden. Unter dem Blickwinkel der aktuellen Situation sind zwei Aspekte bedeutsam. Zum einen geht es hierbei um die Rückmeldung über das eigene Befinden (Soll der Ärger dem Interaktionspartner deutlich gemacht werden, ist eine offene, konstruktive Ärgeräußerung angebracht), zum anderen geht es auch um den Versuch, das den Ärger auslösende Verhalten des Interaktionspartners zu steuern. Die neutrale Absicht der Korrektur des Verhaltens kann dabei durch Verletzung und Bestrafung des anderen schnell eine Verschärfung erfahren. Langfristige Bewältigungsabsichten betreffen in ihrer »gutartigen Form« (Weber, 1994) die Frage der Aufrechterhaltung und Förderung der Beziehung z. B. durch Entlastung und Schutz des Interaktionspartners. In der »bösartigen Variante« geht es dagegen um das konträre Ziel einer Demontage, Destabilisierung oder Beendigung der Beziehung.

Die aufgeführten Facetten der Bewältigungsintentionen können – wie die Beispiele bereits deutlich machten – lediglich aus didaktischer Sicht isoliert betrachtet werden. Im konkreten Fall der Emotionsbewältigung sind sie weitgehend voneinander abhängig und miteinander vernetzt. Weber und Laux (1993) demonstrieren dies folgendermaßen: »Beispielsweise hängt das Ziel, eine Beleidigung vor Publikum möglichst selbstsicher zu parieren, von der Erfüllung der untergeordneten Ziele ab, die physiologische Erregung zu kontrollieren (niemand wirkt mit zitternder Stimme selbstsicher) und den Angreifenden dazu zu bringen, sich öffentlich zu entschuldigen« (S. 27).

4.6.3 Wirksamkeit von Ärgerbewältigung: Effektivitätskriterien

Bewältigungsprozesse stehen im Dienst der Auseinandersetzung mit belastend erlebten und eingeschätzten Person-Umwelt-Interaktionen. Sie stellen, wie die vorausgehenden Ausführungen gezeigt haben, den Versuch dar, diese Belastungen für die betroffene Person zu reduzieren und zu entschärfen. Ob und inwieweit das in einem konkreten Fall erreicht wurde, hängt vor allem davon ab, anhand welcher Kriterien der Bewältigungsversuch gemessen wird. In Anlehnung an den Vorschlag von Lazarus (▶ Kap. 4.5.1) soll in dem letzten Abschnitt dieses Kapitels Ärgerbewältigung unter den Kriterien der physischen Gesundheit, des subjektiven Wohlbefindens und der sozialen Funktionstüchtigkeit betrachtet werden.

Der Zusammenhang von Ärgerbewältigung und *physischer Gesundheit* kann im Hinblick auf kurzfristige körperliche Veränderungen als auch im Hinblick auf langfristige Auswirkungen interessieren. Unmittelbare, in der aktuellen Ärgersituation auftretende physiologische Auswirkungen sind dabei nach Weber (1994, S. 203) aussagefähiger. So kann man einer durch den Einsatz eines Entspannungsverfahrens herbeigeführten aktuellen Blutdrucksenkung durchaus eine positive Bedeutung für die Gesundheit zusprechen. Gleichwohl lassen sich daraus für die langfristigen Auswirkungen, wie sie z. B. in der Psychosomatik interessieren, keine tragfähigen Schlussfolgerungen ziehen. Es muss unter theoretischer als auch methodischer Sicht als sehr fraglich gelten, einen substantiellen Zusammenhang zwischen Ärgerbewältigung und Krankheit nachweisen zu können. Ob ein bestimmter Umgang mit Ärger überhaupt zu Krankheiten wie koronarer Herzkrankheit oder Krebs führt und wann dies gegebenenfalls der Fall sein soll, kann in einem so multifaktoriell determinierten Geschehen wie demjenigen der Krankheitsentstehung (vgl. Waller, 2007) wohl kaum geprüft werden. Weber zieht daraus den Schluss, Erkrankungen nicht als Kriterien gelten zu lassen. Unter dem Aspekt der physischen Gesundheit reduziert sich die Effizienzbeurteilung somit auf die unmittelbar wirksame Rückführung des hohen Erregungs- und Anspannungsniveaus auf das Durchschnitts- oder Normalniveau.

Das Effizienzkriterium des *psychischen* Wohlbefindens geht der Frage nach, welche Ärgerreaktion bei einer bestimmten Person zu einem verbesserten subjektiven Befinden führt. Dabei wird es auch von den in der Ärgersituation verfolgten Zielen abhängen, ob z. B. eine Reduktion oder gar eine Intensivierung dem Wohlbefinden dient. In mehreren empirischen Studien (siehe zusammenfassend und im Überblick Weber, 1991) erwiesen sich vor allem solche Bewältigungsformen dem subjektiven Wohlbefinden zuträglich, die ohne aggressives oder antagonistisches Verhalten auskommen und somit als friedfertig bezeichnet werden können. Es ist sehr interessant und eigentlich auch tröstlich, dass die im Alltag häufig dominierende Vorstellung, der Ärger müsse »rausgelassen« und abreagiert werden, in empirischen Studien keine Bestätigung findet. Angriff – sei es direkt oder indirekt, verbal oder physisch auf den Provokateur, Dritte oder sich selbst gerichtet – ist also eine auch dem subjektiven Wohlbefinden abträgliche Umgangsform mit Ärger. Demgegenüber korrelieren friedfertige Formen der direkten (z. B. beherrschter Ärgerausdruck), indirekten (z. B. sachliche Inangriffnahme des Problems) sowie internalisierten (z. B. Übernahme der Perspektive des Provokateurs) Auseinandersetzung und Bewältigung positiv mit dem Wohlbefinden. Aber nicht nur die Auseinandersetzung mit der Ärgersituation, sondern auch deren Vermeidung wirkt positiv auf das subjektive Befinden. Ablenkung und Umdeutung als dem Wohlbefinden dienende Vermeidungsstrategien wurden auch im Bereich der leistungsangstbezogenen Bewältigungsforschung (vgl. Rost & Schermer, 2007) als relevante Strategien nachgewiesen.

Wird *soziale Funktionstüchtigkeit* schließlich als Effizienzkriterium der Ärgerbewältigung gewählt, ist zuallererst nach dessen Folgen für andere, d. h. nach seiner Sozialverträglichkeit zu fragen. Während schnell darüber Einigkeit herstellbar sein dürfte, dass aggressive Verhaltensweisen diesem Ziel nicht dienen, besteht hinsichtlich anderer Verhaltensweisen weniger Konsens. So kann die Deutung des ärgerverursachten schärferen Tonfalls einer Rückmeldung sehr unterschiedlich ausfallen und von konstruktiver Unterstützung bis zu Überheblichkeit oder Arroganz reichen. Neben der Sozialverträglichkeit stellt auch die Zufriedenheit mit den sozialen Beziehungen eine relevante Variable dar. Wie beeinflusst die Ärgerbewältigung die Qualität der Beziehungen? Werden diese belastet oder gar gefährdet? Als dritten langfristig wirksamen, aber schwer zu überprüfenden Aspekt nennt Weber (1994) in Anlehnung an Lazarus und Folkman (1984) noch die soziale Anpassung, verstanden als die Erfüllung und Einhaltung der sozialen Aufgaben, Anforderungen und Rollen.

Die genannten Kriterien sind nicht unabhängig voneinander zu sehen, sondern stehen in gegenseitiger Wechselwirkung und Konkurrenz. Was dem einen Aspekt dienlich ist, kann durchaus dem anderen schaden. Einen gewissen Ausweg aus diesem Dilemma bietet eine *funktionalistische Sichtweise*, der zufolge die Erreichung der vom Individuum gesetzten Ziele als Kriterium gilt.

5 Motivation und Mitarbeit

Der psychologische Fachbegriff »Motivation« erfährt in unserem Alltag eine breite Verwendung. Wir sprechen von dem »motivierten« Leistungssportler, Angestellten, Schüler oder Klienten und meinen damit, dass die betreffende Person sich bemüht, die von ihr selbst oder anderen erwarteten bzw. verlangten Verhaltensweisen und Handlungen möglichst engagiert auszuführen. Der motivierte Leistungssportler dehnt seine Trainingszeit aus, der motivierte Angestellte macht unbezahlte Überstunden, der motivierte Klient hält die Beratungstermine ein und führt gewissenhaft die vereinbarten »Übungen« aus, der motivierte Schüler sitzt über den Hausaufgaben, anstatt sich im Schwimmbad zu sonnen. Wie diese Alltagsbeispiele zeigen, soll uns das Konstrukt »Motivation« helfen zu erklären, warum ein Individuum zu einem bestimmten Zeitpunkt gerade dieses und kein anderes Verhalten äußert und wie dauerhaft bzw. intensiv es sich mit diesem beschäftigt. Nach Rheinberg (2008) »befaßt sich Motivationspsychologie damit, Richtung, Ausdauer und Intensität von Verhalten zu erklären. Dabei ist der motivationspsychologische Zugriff dadurch charakterisiert, daß angestrebte Zielzustände und das, was sie attraktiv macht, die erklärenden Größen sind« (S. 13). Mit Richtung ist die Hin- oder die Abwendung bzw. Annäherung an ein erwünschtes Ziel und Vermeidung eines unerwünschten Zieles gemeint. Im Unterschied zu Wahrnehmung und Emotion handelt es sich bei Motivation um ein primär erklärendes (sog. explikatives) Konstrukt. Hierin liegt eine Gemeinsamkeit mit der lernpsychologischen Betrachtung. Während es bei der Behandlung des Lernens aber um den Aspekt der Veränderung des Verhaltens (Verhaltenserwerb) ging, ist die motivationspsychologische Sicht eher um eine Erklärung der intraindividuellen Stabilität (Konsistenz) des Verhaltens (Verhaltensauswahl) bemüht.

Genauso wie das Phänomen »Lernen« kann auch die »Motivation« einer Person nicht direkt beobachtet werden, sondern muss über verschiedene Indikatoren erschlossen werden. Der Motivationsbegriff hat deshalb den Status eines hypothetischen Konstrukts. Wie bei allen hypothetischen Konstrukten besteht auch bei demjenigen der Motivation die Gefahr einer zirkulären Begriffsverwendung. Wenn wir sagen: »Peter hat das Buch gelesen, weil er wissbegierig war« und diese Behauptung folgendermaßen begründen: »Peter muss wissbegierig gewesen sein, weil er das Buch gelesen hat«, unterläuft uns dieser Fehler. Er besteht darin, dass vom beobachtbaren Verhalten (Lesen eines Buches) auf ein Motivsystem (Wissbegierde) geschlossen wird und mit diesem erschlossenen Motiv wiederum das beobachtbare Verhalten »erklärt« wird. Bei einer wissenschaftlichen Erklärung müssen demgegenüber die von dem zu erklärenden Verhalten unabhängig erfassten Bedingungen (Gesetze) genannt werden, welche aktivierend auf das Motiv wirken (▶ Kap. 1).

Ganz allgemein betrachtet unterliegt motiviertes Verhalten einem charakteristischen zeitlichen Ablauf mit drei voneinander abhebbaren Phasen (vgl. z. B. Fröhlich, 1997, S. 281): Ausgangspunkt bilden *innerorganismische oder situative Signale*, welche die Aktualisierung eines körperlichen, sozialen oder kognitiven Bedürfnisses (Trieb bzw. Motiv) nach sich ziehen (Anregungsphase). Zur Befriedigung des geweckten Bedürfnisses werden in der anschließenden sog. instrumentellen Phase gezielt *bestimmte Verhaltensweisen ausgewählt und ausgeführt*. Mit Erreichen des angestrebten positiven Zieles und der damit verbundenen *Bedürfnisbefriedigung* ist das motivierte Verhalten schließlich abgeschlossen. Schultheiss und Brunstein (1997) veranschaulichen diese Sequenz mit folgendem Beispiel:

> »Eine Person, die über ein starkes Machtmotiv verfügt, nimmt eine beginnende Meinungsverschiedenheit mit einem anderen Menschen als potentielle Gelegenheit wahr (Signal), sich in einer Auseinandersetzung gegen ihren Widersacher zu behaupten und somit ein Gefühl der Wirksamkeit auszukosten (erwartete Befriedigung des Motivs). Durch diese Aussicht motiviert, lässt sie sich auf eine Diskussion mit ihrem Gegenüber ein und bemüht sich, so überzeugend und geschickt wie möglich zu argumentieren (instrumentelles Verhalten). Schließlich gelingt es ihr, die Position der anderen Person als widersprüchlich und unhaltbar zu diskreditieren und sich gegen sie durchzusetzen (Befriedigungshandlung). Als Folge davon stellt sich bei ihr ein Gefühl der Überlegenheit und der Genugtuung ein (Befriedigung)« (S. 302).

Dieses Beispiel zeigt, dass bei motiviertem Verhalten personelle und situative Bedingungen in Wechselwirkung stehen, wie z. B. im Modell des reziproken Determinismus von Bandura (▶ Kap. 3) angenommen wird. Zum einen muss nämlich die Person eine Bereitschaft zur Äußerung eines bestimmten Verhaltens (Verhaltensdisposition: im Beispiel Machtmotiv) einbringen, zum anderen muss die Situation die Möglichkeit zur Befriedigung dieses Motivs anbieten (Anreiz: im Beispiel Meinungsverschiedenheit). Schultheiss und Brunstein (1997) schreiben hierzu: »Ob ein Mensch motiviertes Verhalten an den Tag legt, hängt nicht nur davon ab, ob er etwas tun will, sondern ob ihm seine Umwelt auch Gelegenheiten und Anregungen gibt, seine Ziele und Bedürfnisse im Verhalten auszudrücken« (S. 297). Die verhaltensmäßige Umsetzung des Machtmotivs setzt also eine Situation voraus, in der Machtausübung möglich ist.

Als konstituierende Merkmale motivierten Verhaltens sind demnach *Aktivierung* und *Zielgerichtetheit* anzusehen. Motivationale Faktoren bestimmen, welches Verhalten von der Person ausgewählt wird und wie ausdauernd, dauerhaft und intensiv dieses geäußert wird. Damit ein Verhalten ausgewählt und gezeigt werden kann, muss es von der Person bereits beherrscht werden und sich in ihrem Verhaltensrepertoire befinden. Auf das obige Beispiel übertragen bedeutet das, dass die Person über Argumentationsfertigkeiten verfügen muss, um ihr Ziel zu erreichen. Entgegen einer häufig anzutreffenden Ansicht wird die Qualität und Güte eines Verhaltens nur indirekt von motivationalen Bedingungen bestimmt. So kann ein Individuum durch besondere Anstrengung und Ausdauer in der Auseinandersetzung mit einer bestimmten Anforderung oder Aufgabe unter Umständen eine Verbesserung in seiner Leistungsgüte erzielen. Dieser Effekt ist aber eine Folge seiner Lernerfahrungen. Die Möglichkeiten der Ziele, auf die sich unser Verhalten ausrichten kann, sind äußerst vielfältig und in gewissem Sinn auch beliebig. Eine wichtige Differenzierung bezüglich der Zielgerichtetheit betrifft den Zeitpunkt der Zielerreichung. In dieser Hinsicht müssen kurzfristige (unmittelbar wie in obigem Beispiel), mittelfristige (z. B. das Erreichen der nächsten Klassenstufe) und langfristige (z. B. der Abschluss einer Berufsausbildung) Ziele unterschieden werden. Ziele besitzen darüber hinaus eine unterschiedliche Wichtigkeit für die Person. Ähnlich wie Begriffsstrukturen (▶ Kap. 2) kann man sie sich deshalb als hierarchisch geordnet vorstellen.

Je nachdem, ob in einer motivationstheoretischen Analyse mehr der innerpsychische oder mehr der umweltbezogene Aspekt betont wird, unterscheidet man in der traditionellen Motivationspsychologie zwischen sog. Schub- (»push) und Zug- (»pull«) Theorien. *Schubmodelle* legen das Hauptgewicht der Betrachtung auf die innerpsychischen Kräfte, welche die Person drängen, in der Wirklichkeit nach Befriedigungsmöglichkeiten zu suchen. *Zugmodelle* der Motivation berücksichtigen demgegenüber primär den Aufforderungscharakter der in der Umwelt befindlichen Objekte, durch welche das Individuum sich angezogen fühlt.

Mittlerweile wurden diese beiden traditionellen Sichtweisen durch eine *handlungstheoretische* Ausrichtung der Motivationspsychologie erweitert, in welcher vor allem prozessuale Aspekte betont werden. In den nachfolgenden Abschnitten sollen diese Ansätze skizziert werden.

5.1 Traditionelle Sichtweisen: Druck und Zug

5.1.1 Motivation als Ausdruck innerer Kräfte

Die Vorstellung, dass motiviertes Verhalten als Folge innerorganismisch wirksam werdender Kräfte zu verstehen ist, besitzt eine lange Tradition und bestimmte vor allem zu Beginn der motivationspsychologischen Forschung die Diskussion. Als treibende motivierende Kräfte wurden dabei Triebe und Instinkte postuliert. Ein Beispiel für eine derartige Betrachtung haben wir bei der Beschreibung des energetischen Aspektes der Psychoanalyse bereits kennengelernt. Die grundlegenden Merkmale eines Schubmodells sind Ihnen also bereits vertraut. Freud (1915) charakterisiert die Grundvorstellung dieses Motivationsmodells mit den Worten: »Der Charakter des Drängenden ist eine allgemeine Eigenschaft der Triebe, ja das Wesen derselben« (S. 214). In seinem System sind die beiden *Triebe* Eros (Lebenstrieb) und Thanatos (Todestrieb) als antreibende Energiequellen konzipiert. Sie drängen das Individuum zum Aufsuchen derjenigen Objekte, durch welche die Triebe Befriedigung erfahren. Das psychoanalytische Persönlichkeitsmodell (Instanzenlehre) präzisiert dabei die Möglichkeiten der Triebbefriedigung unter Berücksichtigung der gesellschaftlich-normativen

Anforderungen (Über-Ich; ▶ Kap. 1). Im Hinblick auf die uns unter Anwendungsgesichtspunkten interessierende Frage der Bereitschaft eines Klienten zur Mitarbeit (▶ Kap. 5.3) kommt die Schub-Methapher auch sprachlich in dem aus der Psychoanalyse stammenden Begriff des »*Leidensdrucks*« deutlich zum Ausdruck. Seine Intensität gilt in der Psychoanalyse als notwendige Bedingung bzw. Voraussetzung für eine therapeutische Arbeit. Nach Freud (1905) ist die Psychoanalyse deshalb »auch bei Personen nicht anwendbar, die sich nicht selbst durch ihre Leiden zur Therapie gedrängt fühlen, sondern sich einer solchen nur infolge des Machtgebotes ihrer Angehörigen unterziehen« (S. 21). Ganz im Sinne einer motivationalen Schubtheorie stellt der Leidensdruck des Klienten den Motor für seine Bereitschaft zur Änderung dar und gibt dieser Richtung und Intensität: Ein Klient mit hohem Leidensdruck sucht – entsprechend dieser Vorstellung – um Hilfe und ist um Einhaltung der mit dem Berater vereinbarten Änderungsschritte bemüht. Die allgemeine Kritik an der psychoanalytischen Theoriebildung gilt auch für ihren motivationspsychologischen Teil und muss deshalb hier nicht wiederholt werden (▶ Kap. 1).

Zweifelsohne gingen aber vom Freud'schen Triebkonzept mit seiner Differenzierung einer organismischen Trieb-Erregungsquelle und dem davon ausgehenden Trieb-Bedürfnis sowie dem Ziel der auf ein Objekt gerichteten Trieb-Befriedigung wertvolle Anregungen aus. Darüber hinaus sind die im Alltag anzutreffenden Vorstellungen über motivationale Aspekte häufig stark durch das psychoanalytische Gedankengut geprägt.

Ein weiteres einflussreiches Schubmodell wurde unter dem Leitbegriff »Instinkt« im Arbeitsbereich der Vergleichenden Verhaltensforschung (Ethologie) entwickelt. Unter einem *Instinkt* versteht man dort ein genetisch und art-typisch festgelegtes, starr ablaufendes, zweckgerichtetes, motorisches Bewegungsmuster (sog. Erbkoordination oder Endverhalten), das durch einen Schlüsselreiz ausgelöst wird. Der Organismus ist mit einem angeborenen Auslösemechanismus (AAM) ausgestattet, der ihm ein lernunabhängiges Erkennen des Schlüsselreizes ermöglicht. Instinkte gehen auf einen angeborenen Antrieb zurück, der nach Lorenz (1937) kontinuierlich Energie produzieren soll. Im Unterschied zum »automatisch« durch den unkonditionierten Reiz ausgelösten unkonditionierten Reflex führt die Anwesenheit eines Schlüsselreizes nur unter besonderen Bedingungen zur Ausführung der Erbkoordination. Hierzu muss sich der Organismus in einem ausführungsbereiten Zustand – von dem Ethologen Tinbergen »Stimmung« genannt – befinden. Diese Stimmung wird von der zu einem bestimmten Zeitpunkt bestehenden Triebintensität bestimmt. Durch das Anwachsen der im Organismus produzierten Triebenergie steigt mit zunehmendem Zeitverlauf die Ausführungsbereitschaft und führt bei Erreichen eines kritischen Schwellenwertes bei Anwesenheit des Schlüsselreizes zur Erbkoordination. Steigt die Triebenergie an und bleiben Schlüsselreize aus, kann es in seltenen Fällen nach Lorenz (1978) sogar zur Ausführung der Endhandlung in Form der sog. Leerlaufhandlung kommen. Er nennt als Beispiel hierzu die »Insektenjagd« eines Vogels (Erbkoordinationen: Anspähen, Nachfliegen, Fangen, Töten, Schlucken) ohne Anwesenheit eines Insektes (Schlüsselreiz). Auf Instinkten basierende Verhaltensketten wurden im Forschungsbereich der Vergleichenden Verhaltensforschung in zahlreicher Form beschrieben und betreffen vor allem das Jagd-, Brut-, Aufzucht- sowie Sexualverhalten. Ein besonders bekannt gewordenes Beispiel, das Ihnen aus dem Biologie-Unterricht wahrscheinlich noch vertraut ist, ist das von Tinbergen (1966) »entdeckte« Paarungsverhalten des dreistachligen Stichlings.

Das Instinktkonzept dient in der Vergleichenden Verhaltensforschung dazu, motiviertes, d. h. zielgerichtetes und zweckmäßiges Verhalten bei Tieren zu erklären, »ohne dem Tier Einsicht in die Funktion einzelner Verhaltensweisen zusprechen zu müssen« (Schneider & Schmalt, 1994, S. 37). Es bietet damit die Möglichkeit, tierisches Verhalten vom primär rational verursacht angesehenen menschlichen Verhalten abzugrenzen. Da instinktives Verhalten ohne Einsicht erfolgt, kann das Individuum für ein derartiges Verhalten auch nicht zur Verantwortung gezogen werden, sondern ist ihm »ausgeliefert«. In diesem Sinn schreiben Schönpflug und Schönpflug (1997): »So wird das Instinktwesen zum Träger seines instinktiven Verhaltens, nicht aber zu seinem Urheber« (S. 304).

Von Konrad Lorenz (1963) stammt der Versuch, die hier dargestellte an der systematischen Beobachtung von tierischem Verhalten abgeleitete Perspektive der Motivationsbetrachtung auf den Humanbereich zu übertragen. In seinem von der Öffentlichkeit viel beachteten Werk, »Das sogenannte Böse«, interpretiert er das aggressive Verhalten des Menschen in unmittelbarer Analogie zu der dargestellten Sichtweise: Lorenz postuliert einen Aggressionsinstinkt des Menschen, dessen kontinuierlich produzierte Energie immer mehr anwachse und zunehmend zur Ausführung aggressiven Verhaltens dränge. Entsprechend diesem »Dampfkesselmodell« ist bei Erreichen eines bestimmten energetischen Drucks die Ausführung aggressiven Verhaltens unausweichlich. Der Mensch steht in dieser Betrachtung seinem aggressiven Verhalten relativ hilflos gegenüber und ist ihm quasi mehr oder weniger ausgeliefert. Die biologische Bedeutung des Aggressionsinstinktes besteht für Lorenz in einer verbesserten Anpassung und Lebenserhaltung, da der Aggressionsinstinkt eine Durchsetzung des Stärkeren garantiere. Die aus der psychoanalytischen Theorie bereits bekannte praktische Empfehlung, die aggressive Energie zu kanalisieren (z. B. durch sportliche Betätigung) erfährt durch empirische Studien jedoch keine Unterstützung (vgl. Selg et al. 1997). Die theoretischen Überlegungen von Lorenz blieben nicht unwidersprochen und wurden – nicht zuletzt, weil sie die vorliegende Forschungsliteratur weitgehend ignorierten und in Widerspruch zur empirischen Befundlage standen – in der Motivationspsychologie zu Recht nicht weiter verfolgt.

Fragt man nach der Gültigkeit von Schubmodellen, so ist dieser Denkweise heute nur noch eine untergeordnete Bedeutung zuzumessen. Triebtheoretische Überlegungen vernachlässigen die Bedeutung der Umweltfaktoren bei der Entstehung von motiviertem Verhalten. Die instinkttheoretische Variante dieser Modellvorstellung scheitert primär an der Plastizität und Variabilität menschlichen Verhaltens auch in den von ihr untersuchten Inhaltsbereichen wie dem Pflege-, Sexual- oder Kampfverhalten. »Menschen drücken z. B. feindselige Handlungsimpulse nicht in arttypischen, formstarren Bewegungsmustern (Erbkoordinationen) aus, sondern benutzen hierzu kulturabhängige und von Person zu Person variierende Verhaltensweisen – angefangen vom körperlichen Angriff bis zu sehr subtilen Formen verbaler Aggression« (Schneider & Schmalt, 1994, S. 41).

Eine gewisse Validität kann man der Vorstellung periodisch wiederkehrender verhaltensrelevanter innerorganismischer Kräfte im Bereich einfacher physiologisch bedingter lebenserhaltender Bedürfnisse jedoch nicht absprechen. Wir haben die Bedeutung derartiger Bedürfnisse bereits bei der Behandlung der primären Verstärker kennengelernt und gesehen, dass Hunger und Durst zu solchen Mangelbedürfnissen zählen. Sie bestimmen die Richtung und die Intensität unseres Verhaltens unter anderem dann, wenn wir uns in einem deprivierten Zustand befinden. Aber bereits bei diesen grundlegenden Bedürfnissen sind im Humanbereich die Verhältnisse wesentlich komplizierter als von Trieb- oder Instinktmodellen angenommen wird. Neben den körperlichen Aspekten wird unser Essverhalten auch durch Lernerfahrungen sowie kognitive und soziokulturelle Faktoren bestimmt. »Was wir Menschen essen, wann wir es essen und wie wir es essen ist in hohem Maße von der Kultur, in der wir leben, abhängig« (Schneider & Schmalt, 1994, S. 93). Ein weiteres Problem von Schubmodellen ergibt sich aus der diesen Ansätzen zugrundeliegenden Vorstellung einer homöostatischen Regelung motivierten Verhaltens. Sie gehen nämlich davon aus, dass motiviertes Verhalten durch die Abweichung von einem »Normalzustand« in Gang gesetzt wird und die Ausführung von Verhaltensweisen nach sich zieht, welche das gestörte Gleichgewicht wiederherstellen sollen. Die Normabweichung wird dabei entweder in einem Mangelzustand (z. B. Hunger) oder einem Energieüberschuss (z. B. Triebdruck) gesehen. Während man im Bereich körpernaher Bedürfnisse die Bestimmung eines Normalzustandes teilweise aus biologischen Notwendigkeiten ableiten kann – so müssen wir essen, um am Leben zu bleiben – ist die Festlegung von »Normalzuständen« im psychologischen Bereich jedoch sehr problematisch (▶ Kap. 1). So wäre zu fragen, ob wir überhaupt aggressives Verhalten zeigen müssen.

5.1.2 Motivation als Folge spezifischer Anreize

Für die Erklärung vieler zielgerichteter Verhaltensweisen wie das Initiieren und Aufrechterhalten von sozialem Kontakt mit noch nicht bekannten Personen, die Auseinandersetzung mit einer schwierigen Aufgabe oder die Ausübung von Macht über andere Individuen, ist die Betrachtung unter der Zugperspektive angemessener. Die unter motivationspsychologischer Sicht interessierende aktivierende Ausrichtung des Verhaltens wird dabei als auf die Zukunft gerichtet und von bestimmten spezifischen Zielen angezogen interpretiert. Dem innerorganismischen Antrieb des Druckmodells entspricht nun der *externe Anreiz*, zu dem sich das Individuum hingezogen fühlt.

Mit diesem Perspektivenwechsel geht auch in qualitativer Hinsicht eine Umorientierung einher. Während das Druckmodell häufig als Negativ-Motivierung bezeichnet werden kann, da das Individuum sich bemüht, entweder einen Mangel zu beheben oder einen negativen Zustand zu vermeiden – lernpsychologisch betrachtet also primär dem Prinzip der negativen Verstärkung und damit der Vermeidung gehorcht – dominiert bei der Zugmotivation vor allem das Prinzip der Annäherung. In diesem Sinn handelt es sich eher um eine Positiv-Motivierung (vgl. Kanfer et al., 2012). Die Person verfolgt dabei spezifische, von ihr als bedeutsam und wichtig eingeschätzte Werte und Ziele, weshalb Zugmotivation primär dem Prinzip der positiven Verstärkung unterliegt. Den situativen Anreiz oder die situative Attraktivität nennt man entsprechend der Leitvorstellung dieses Modells in Anlehnung an Kurt Lewin (1969) auch »*Aufforderungscharakter*« (synonym: Valenz). Im Inhaltsbereich physiologischer Bedürfnisse kann es sowohl zu positiv als auch zu negativ motiviertem Verhalten kommen. Auf das Essverhalten bezogen dient Negativ-Motivation dann lediglich dem Stillen des Hungers (Nachlassen des »Drucks«), während Positiv-Motivation z. B. mit Genusserleben einhergeht (Anziehung durch das als wichtig eingeschätzte Ziel des Genusserlebens).

Das im Eingangsteil dieses Kapitels gegebene Beispiel zur Machtmotivation entspricht dem Denkmodell der Zugperspektive. Bei dem in dieser Episode wirksamen Anreiz – der Meinungsverschiedenheit – handelt es sich um einen beobachtbaren Sachverhalt. Anreize haben also eine wahrnehmbare und damit beobachtbare Entsprechung in der Situation. Ob diese beobachtbaren Aspekte für eine bestimmte Person motivierend wirken, d. h. Richtung und Intensität ihres Verhaltens beeinflussen, hängt u. a. davon ab, wie sie von ihr bewertet werden. »Die wahrgenommenen Anreize menschlichen Handelns sind emotional positiv oder negativ bewertete Aspekte von Umweltgegebenheiten, von Handlungsergebnissen und weiterreichenden Folgen« (Schneider & Schmalt, 1994, S. 25). Somit spielen also auch im Zugmodell Personmerkmale eine wichtige Rolle. Im Unterschied zu den als dynamisch-drängend gedachten energetisierenden Trieben und Instinkten der Schubmodelle werden die motivationspsychologisch relevant erachteten Personmerkmale – die *Motive* – in Zugmodellen jedoch als latent (ruhend) vorhanden interpretiert. Mit ihnen sind deshalb keine energetisierend-dynamischen Vorstellungen im engeren Sinn verbunden. Sie werden darüber hinaus als das Ergebnis von Lern- und Sozialisationserfahrungen betrachtet und sind damit in inhaltlicher Hinsicht variabel. Hierin besteht eine Gemeinsamkeit zwischen Motiven und den in Kapitel 3 behandelten sekundären Verstärkern.

Der Motivbegriff wird in der psychologischen Literatur jedoch nicht einheitlich benutzt. In unserem Zusammenhang soll der Definitionsvorschlag von Heckhausen (1989) als Orientierung dienen. Von ihm werden Motive »als überdauernde Dispositionen aufgefasst. Jedes einzelne Motiv umfasst eine definierte Inhaltsklasse von Handlungszielen .... Motive werden heute auf solche Inhaltsklassen von Handlungszielen eingegrenzt, die in Form überdauernder und relativ konstanter Wertungsdispositionen vorliegen. Diese Wertungsdispositionen sind ›höherer‹ Art, d. h. für die Aufrechterhaltung der Funktionen des Organismus nicht entscheidend, sie sind nicht angeboren und entwickeln sich erst im Laufe der Ontogenese« (S. 9–10). Mit dem Ausschluss von angeborenen, biologischen Bedürfnissen liegt eine klare Abgrenzung des Motivbegriffs von demjenigen des Triebes bzw. Instinktes vor. Obwohl sich Motive grundsätzlich auf beliebige Inhaltsklassen und Handlungsziele beziehen können, wurden von der motivationspsychologischen Forschung nur einige wenige voneinander unterscheidbare Motive systematisch untersucht. Da die Verwendung des Motivbegriffs nur dann einen Sinn macht, wenn es gelingt, dieses Konstrukt zu einer Verhaltensvorhersage zu nutzen, sind jeweils aufwendige theoretische und empirische Studien nötig.

Als sehr intensiv untersuchte Motive bzw. Motivationssysteme können u.a. gelten (siehe z.B. Heckhausen, 1989; Rheinberg, 2008): Das *Leistungsmotiv*, als das Bestreben, in der Auseinandersetzung mit einer Aufgabe erfolgreich zu sein (einem selbst- oder fremdgesetzten Gütemaßstab zu entsprechen oder gar diesen zu übertreffen), das *Machtmotiv*, als das Bedürfnis andere Menschen in seinem Sinn zu beeinflussen, d.h. in ihrem Erleben oder Verhalten bestimmte Wirkungen zu erzeugen, sowie das *Anschlussmotiv* (Affiliationsmotiv), als das Bemühen mit Personen einen engen Kontakt und vertraute Beziehungen herzustellen und aufrechtzuerhalten. Mit der Benennung von Motiven ist es natürlich nicht getan. Motive und deren individuelle Ausprägung müssen auch diagnostiziert werden können. Ein wichtiges Anliegen der Motivationspsychologie besteht deshalb in der Konstruktion und Entwicklung geeigneter diagnostischer Instrumente, mit Hilfe derer die Motivstärke verschiedener Personen erfasst werden kann. Für die zur Verhaltensvorhersage relevante Modellbildung lassen sich dann Personen mit hoher und niedriger Motivausprägung gegenüberstellen, und es kann danach gefragt werden, in welchen Verhaltensweisen zwischen diesen beiden Gruppen Unterschiede bestehen.

Die differenziertesten Modellvorstellungen wurden zweifelsohne für das *Leistungsmotiv* entwickelt (vgl. z.B. Rudolph, 2013, Kapitel 6). Als leistungsmotiviert gilt dabei nicht jedes Verhalten in der Auseinandersetzung mit einem Leistungsziel, sondern nur ein Verhalten, das »auf die *Selbstbewertung eigener Tüchtigkeit* zielt, und zwar in *Auseinandersetzung mit einem Gütemaßstab*, den es zu erreichen oder zu übertreffen gilt« (Rheinberg, 2008, S. 60). Für diese Inhaltsklasse von Handlungszielen konnten die beiden Komponenten Hoffnung-auf-Erfolg und Furcht-vor-Misserfolg als die wesentlichen Motivaspekte identifiziert werden. Man unterscheidet deshalb in der Leistungsmotivationsforschung zwischen erfolgszuversichtlichen und misserfolgsmeidenden Personen. Ist die Ausprägung des Leistungsmotivs einer Person bekannt, kann unter anderem der von ihr gewählte Schwierigkeitsgrad einer Aufgabe, das sog. Anspruchsniveau, vorausgesagt werden. So sind erfolgszuversichtliche Personen bestrebt, in der Auseinandersetzung mit einer Aufgabe gut abzuschneiden, und verbinden die erfolgreiche Bewältigung einer Aufgabe mit dem Gefühl des Stolzes. Um die Wahrscheinlichkeit eines Erfolges zu maximieren, wählen sie bevorzugt Aufgaben von mittlerer Schwierigkeit aus und meiden die mit Langeweile verbundenen zu leichten Aufgaben als auch die von einem Misserfolg bedrohten sehr schwierigen Aufgabenbereiche. Misserfolgsmotivierte Personen wählen hingegen bevorzugt die ganz leichten oder aber die besonders schweren Aufgaben aus. Es wird vermutet, dass sie mit diesem Vorgehen ihr Selbstwertgefühl schützen: Bei den leichten Aufgaben ist nämlich Erfolg garantiert und der Misserfolg bei sehr schwierigen Aufgaben »keine Schande«. Die Vermeidung des kritischen, den

Selbstwert am meisten bedrohenden Bereiches der mittleren Aufgabenschwierigkeit fügt sich in diese Interpretation sinnvoll ein. Erfolgs- und Misserfolgsmotivierte unterscheiden sich auch bezüglich der von ihnen bevorzugten Erklärung eines erfahrenen Erfolges bzw. Misserfolges (sog. Kausalattribution). Erfolgszuversichtliche Personen führen ein gutes Abschneiden bei einer Aufgabe auf ihre eigene Tüchtigkeit oder aufgewandte Anstrengung zurück, während misserfolgsmotivierte geneigt sind, einen Erfolg dem Zufall oder aber der Leichtigkeit der Aufgabenstellung zuzuschreiben. Schneiden Personen mit hoher Erfolgszuversicht bei einer Aufgabe schlecht ab, dann machen sie primär unzureichende Anstrengung oder den Zufall (Pech) dafür verantwortlich, wohingegen misserfolgsmotivierte Personen den Grund in ihrer eigenen Unfähigkeit (mangelnden Begabung) sehen (zusammenfassender Überblick z. B. Heckhausen, 1989, Kapitel 8; Rheinberg, 2008, Kapitel 4; Schneider & Schmalt, 1994, Kapitel 10).

Die genaue Kenntnis der in diesem Abschnitt skizzierten Befunde über spezifische Motivationssysteme ist für den Sozialpädagogen insbesondere dann von Bedeutung, wenn in seinem Praxisfeld einem der genannten Motivsysteme besondere Bedeutung zukommt. So sind bei der Bearbeitung vieler Anliegen aus dem Bereich der Schulsozialarbeit fundierte Wissensbestände über das Leistungsmotiv sicher sehr dienlich, während ein im Arbeitsfeld der Erziehungshilfe tätiger Sozialpädagoge meist ohne derartiges Detailwissen auskommen dürfte. Eine wichtige Einschränkung der Praxisrelevanz von Befunden aus diesem Bereich der Motivationsforschung ergibt sich aus der Tatsache, dass unsere Verhaltensweisen im Alltag zumeist von vielen Anreizen gesteuert werden. In Leistungssituationen muss es nicht nur um die für die Leistungsmotivationsforschung ausschließlich relevante Auseinandersetzung mit einem Gütemaßstab gehen, sondern diese Situationen können auch wegen der Möglichkeit zur Ausübung von Macht (Aussicht auf eine leitende Position) oder der Erreichung besserer materieller Folgen (Gehaltserhöhung) motivierend wirken. Für die beiden letztgenannten Fälle sind die Befunde der Leistungsmotivationsforschung aber irrelevant. Eine weitere Einschränkung der ökologischen Validität ist darin begründet, dass man sich in diesem Bereich der Motivationspsychologie nur sehr begrenzt darum bemüht hat, Möglichkeiten der Motivbeeinflussung zu erforschen. Eine Ausnahme bilden lediglich die Untersuchungen zum Leistungsmotiv.

Eine Ursache für das weitgehende Desinteresse an Fragen der Modifikation motivationaler Bedingungen in diesem Zusammenhang mag darin liegen, dass der durch den Motivbegriff angesprochene Sachverhalt – die Verhaltensdisposition – als über die Zeit stabil interpretiert wird, also per definitionem gegen Veränderung immunisiert ist. Wohl auch wegen dieser Annahme einer zumindest relativen zeitlichen Stabilität der untersuchten Konstrukte (Motive) hat das uns interessierende nur während einer Beratung oder Betreuung wirksame Konstrukt der Klienten-Mitarbeit von Seiten der spezifischen Motivationspsychologie keinerlei Beachtung erfahren. Andererseits scheint im Bereich der auf Veränderung ausgerichteten Klinischen Psychologie gelegentlich keinerlei Scheu gegenüber der Benutzung des Motiv-Begriffs zu bestehen. So reicht das von Schulte (1996) in seinem Werk »Therapieplanung« unter diesen Begriff subsumierte Inhaltsspektrum von den Erwartungen, Zielen sowie Plänen des Klienten bzw. Patienten über die Anlässe für eine Therapie bis zu situativen Anreizen. Bei einer derartig inflationären Begriffsbenutzung wird das Motiv-Konzept zur nichtssagenden Leerformel und fällt weit hinter seine alltagssprachliche Präzisierung als möglicher Beweggrund menschlichen Verhaltens zurück.

Erst die Ausdehnung der motivationspsychologischen Grundlagen auf einen handlungstheoretischen Bezugsrahmen machte es möglich, die Mitarbeit des Klienten während eines Beratungsprozesses systematisch zu erforschen. Im nächsten Abschnitt sollen deshalb die für unsere Zielsetzung wichtigen handlungstheoretisch fundierten Motivationsmodelle von Heckhausen und Kuhl referiert werden.

5.2 Moderne Sichtweisen: Handlungsorientierung

5.2.1 Erweitertes kognitives Motivationsmodell von Heckhausen

Als ein wesentliches Merkmal unseres Alltagshandelns kann also dessen motivationale »Überdeterminiertheit« betrachtet werden, insofern wir im Allgemeinen mit unserem Verhalten gleichzeitig mehrere voneinander unterscheidbare Ziele verfolgen und damit gleichzeitig mehrere Anreize wirksam sind. Dieser »Anreizvielfalt des Alltagshandelns« (Rheinberg, 2008, S. 128) wird die auf einen einzigen Anreiz festgelegte klassische Motivationspsychologie – wie wir gesehen haben – nicht gerecht. In seinem erweiterten kognitiven Motivationsmodell verzichtet Heckhausen deshalb auf den Motivbegriff und versucht, motiviertes Verhalten als die Folge verschiedener »Erwartungen« zu erklären. Das in der Allgemeinen Psychologie zentrale kognitive Erwartungskonzept ist uns schon in Kapitel 2 begegnet, wo wir seine Bedeutung im Rahmen der Wahrnehmung behandelt haben. Ging es dort um den konzeptgesteuerten Aspekt der Wahrnehmung, so geht es jetzt um die allgemeine Erklärung zielgerichteten Handelns. In beiden Fällen ist mit Erwartung die kognitive Vorwegnahme (Antizipation) von in der Zukunft möglichen Sachverhalten gemeint.

Den motivationalen Prozess gliedert Heckhausen (1989, S. 466–472) in seinem Ansatz nach vier Ereignisstadien, nämlich der Situation, der Handlung, dem Ergebnis und den Folgen. Die für das Modell wichtige Trennung von Handlungsergebnis und Handlungsfolgen begründet Heckhausen unter anderem mit folgenden Argumenten: Eine handelnde Person kann erstens unmittelbar nur Ergebnisse, aber keine Folgen bewirken. Während sie für das Ergebnis also selbst verantwortlich ist, sind die Folgen wenigstens zum Teil fremdbestimmt. Nicht zuletzt wegen dieser Fremdbestimmtheit hat ein Handlungsergebnis zweitens im Allgemeinen mehrere Folgen. Die Folgen des gleichen Ergebnisses können drittens für verschiedene Personen unterschiedlich sein. Die Differenzierung von Handlungsergebnis und Handlungsfolge ermöglicht somit eine sehr individuelle, die Besonderheiten des Einzelfalls berücksichtigende Motivationsanalyse (siehe auch: Heckhausen & Heckhausen, 2010).

Die Modellkomponenten Situation, Handlung, Ergebnis und Folgen sind durch spezifische Erwartungsformen miteinander verbunden (▶ Abb. 24). »Die Struktur des Modells tritt am deutlichsten in der Unterscheidung von vier Arten von Erwartungen hervor« (Heckhausen, 1989, S. 468). Mit der *Situations-Ergebnis-Erwartung* (S-E) beurteilt das Individuum die Wahrscheinlichkeit, mit der ohne ihr gezieltes Handeln ein gewünschtes Ergebnis erreicht werden kann. Bei hoch ausgeprägten Situations-Ergebnis-Erwartungen muss sich das Individuum aus seiner Sicht für die Zielerreichung nicht engagieren, da das Ergebnis durch externale Faktoren bereits determiniert ist. Die *Handlungs-Ergebnis-Erwartung* (H-E) berücksichtigt das zur Erreichung eines Ergebnisses notwendige Ausmaß an eigener Anstrengung und Fähigkeit. Sie drückt also die Wahrscheinlichkeit aus, mit der durch Eigenaktivität (internale Faktoren) ein Ergebnis erreichbar erscheint. Inwieweit äußere und variable Bedingungen auf die Handlungs-Ergebnis-Erwartung Einfluss nehmen, diese also unter den Bedingungen einer spezifischen Situation erhöhen bzw. verringern, wird in der *Handlungs-bei-Situation-Ergebnis-Erwartung* (H-S-E) ausgedrückt. Von besonderer Relevanz ist für das Modell die *Ergebnis-Folge-Erwartung* (E-F). Sie bezeichnet »den Grad, mit dem ein Ergebnis instrumental für das Eintreten einer Folge mit besonderem Anreizwert ist« (S. 468). Es sind in diesem Ansatz also die Folgen eines Handlungsergebnisses, welche den motivierenden Anreizwert ausmachen. Der in der Ergebnis-Folge-Erwartung angesprochene Sachverhalt wird auch Instrumentalität genannt, da er ausdrückt, inwieweit ein bestimmtes Ereignis (das Handlungsergebnis) als günstiges Instrument erscheint, andere als wichtig beurteilte Dinge herbeizuführen bzw. zu vermeiden. So kann sich eine überdurchschnittliche Studienleistung eines Studenten auf die Karriere und die Studiendauer förderlich auswirken, sie kann aber auch negative Folgen wie den Neid anderer Studierender oder den Verzicht auf ausgedehnte Ferienzeiten nach sich ziehen. Je nach der subjektiven Einschätzung dieser und weiterer Folgen geht auf die Handlung des Studier- und Arbeitsverhaltens ein positiver oder negativer Anreiz aus.

Die möglichen Folgen eines Handlungsergebnisses klassifiziert Heckhausen unter anderem hinsichtlich folgender Arten:

Selbstbewertung, d.h. die Beurteilung eines erzielten Ergebnisses mittels eines selbstbestimmten Gütemaßstabes (Wie wichtig sind einem Studenten überdurchschnittliche Studienleistungen?);

Annäherung an ein Oberziel, d.h. das Ausmaß, mit dem die Folgen eines bestimmten Verhaltens das Individuum einem in der Regel in weiterer Zukunft liegenden Ziel näherbringen (z.B. Studienabschluss; Chance auf Anstellung in einem angestrebten Berufsfeld);

Fremdbewertung, d.h. die Rückmeldungen aus der sozialen und institutionalen Umwelt, welche bei Vorliegen gleicher Standards mit den Selbstbewer-

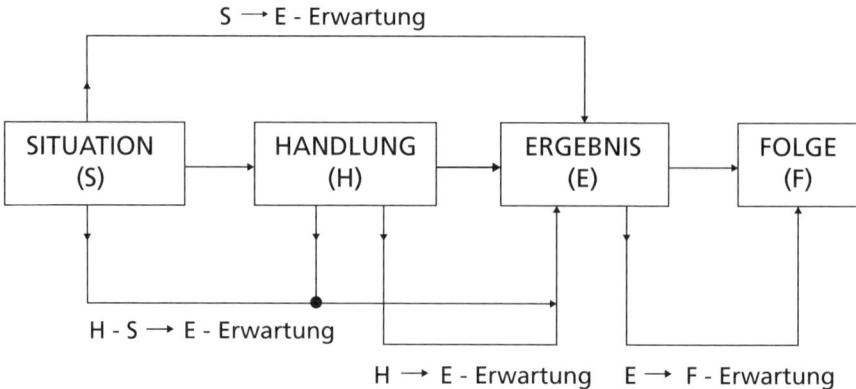

Abb. 24: Erweitertes kognitives Motivationsmodell (nach Heckhausen, 1989, S. 468)

tungen übereinstimmen können, bei Vorliegen unterschiedlicher Standards von diesen aber abweichen (Anerkennung oder Neid für die subjektiv relevant erachteten überdurchschnittlichen Leistungen; Stipendium im Ausland);

Die den Anreiz für eine bestimmte Handlung ausmachende Instrumentalität erlaubt demnach die gleichzeitige Berücksichtigung vieler Auswirkungen aus den unterschiedlichsten Bereichen. Die Grundannahme, dass ein Verhalten oder eine Handlung wegen seiner erstrebenswerten Folgen gezeigt wird, stellt übrigens eine Gemeinsamkeit mit dem Paradigma des operanten Lernens dar.

Für die Umsetzung dieses Ansatzes auf die motivationale Analyse von Einzelfällen in der Alltagspraxis der Sozialen Arbeit ist die von Heckhausen und Rheinberg (1980, S. 19) vorgelegte Übersetzung des Modells in vier zentrale Fragen sehr dienlich. Die Autoren bestimmen dabei über die Bejahung bzw. die Verneinung folgender Fragen die Wahrscheinlichkeit für das Ausführen oder die Unterlassung eines bestimmten Verhaltens:

1. Erscheint das Ergebnis bereits durch die Situation festgelegt? (S-E-Erwartung)
2. Kann man das angestrebte Ergebnis selbst herbeiführen? (H-E-Erwartung)
3. Sind einem die möglichen Folgen des Ergebnisses wichtig genug?
4. Zieht das Ergebnis auch die gewünschten Folgen nach sich? (E-F-Erwartung)

Die Modellparameter seien nochmals anhand der Situation einer Prüfung genauer erläutert. Das zu erklärende Verhalten (Handlung) sei das Lern- und Arbeitsverhalten eines Studenten. Als Ergebnis fungiere das angepeilte Abschneiden bei der Prüfung. Die erste Frage zielt darauf ab festzustellen, ob der Student situative Umstände für das angestrebte Ergebnis verantwortlich macht. Ist das der Fall, beantwortet er die Frage also mit »ja«, besteht kein Grund handelnd (lernend) aktiv zu werden. Wenn er bei einer Klausur eine erfolgreiche Teilnahme anstrebt und bei dieser Klausur immer alle Teilnehmer erfolgreich abschneiden, wird er keine gezielte Vorbereitung (Lernverhalten) zeigen. Nur wenn die erfolgreiche Teilnahme durch eigenes Verhalten beeinflusst werden kann (Frage 2), ist Lernverhalten sinnvoll. Antwortet der Student auf die zweite Frage mit »nein«, lässt sich das angestrebte Ergebnis also nicht durch eigene Aktivität herbeiführen, ist ebenfalls damit zu rechnen, dass er passiv bleibt, also kein Lernverhalten äußert. Gäbe es z. B. eine Klausur, die noch nie von einem Studenten bestanden wurde, regte sie – dem Modell zufolge – also auch nicht zu Lernverhalten an. Im Unterschied zur Passivität bei einer hoch ausgeprägten Situations-Ergebnis-Erwartung ist die mit einer niedrig ausgeprägten Handlungs-Ergebnis-Erwartung verbundene Passivität des Studierenden nun aber mit einem (unvermeidlichen) Misserfolg verbunden: Egal was er tut, er kann das Ziel nicht erreichen. In der dritten Frage geht es um die subjektive Einschätzung der Folgen einer Handlung, also um den Anreizwert. Kann ein solcher nicht ausgemacht werden, folgt ebenfalls Passivität. Ein Student, dem das Abschneiden in einer bestimmten Klausur unwichtig ist, wird sich wahrscheinlich auch nicht darauf vorbereiten. Diese Form der Verhaltensunterlassung ist für ihn aber nicht belastend. Die vierte Frage hat die Handlungs-Ergebnis-Erwartung (Instrumentalität) zum Inhalt: Nur wenn auf das Ergebnis hin die gewünschten Folgen eintreten, kommt es zur Verhaltensausführung. Wenn die Folgen in einer guten Bachelornote gesehen werden und eine Klausurbewertung nicht mehr bei dem Notenschnitt berücksichtigt wird, ist also nicht mit einer aufwendigen Vorbereitung des Studenten zu rechnen.

Wie wir bereits ausgeführt haben, gehen in diesem Ansatz die Anreize von den Ergebnisfolgen der Handlung aus. Handlungen werden – analog der Betrachtung im operanten Lernmodell – also ausgeführt, um bestimmte Folgen zu erreichen. Wie Rheinberg (2008) feststellt, lässt diese zweckrationale Ausrichtung aber außer Acht, dass Tätigkeiten auch ausgeführt werden können, weil das Individuum ihre Ausführung genießt. In diesem Fall liegt der Anreiz in der Tätigkeit selbst (vgl. das Konzept des Aktivitätsverstärkers) und nicht in den von ihr bewirkten Folgen.

»Auf einer allgemeinen Ebene wird man sagen können, daß auch bei solchen Aktivitäten ein Zweck vorliegt, nämlich das Wohlbefinden in der Tätigkeit« (Rheinberg, 2008, S. 141). Während aber im ursprünglichen Ansatz der den Anreiz ausmachende Zustand sich erst dann einstellt, wenn das Handlungsergebnis vorliegt – die Person ist hier also eher bemüht, die Handlung schnell hinter sich zu bringen – ist im Fall des Vorliegens eines tätigkeitsbezogenen Anreizes die Person primär daran interessiert, die Handlung so lange als möglich auszudehnen. Insbesondere bei Freizeitaktivitäten scheinen tätigkeitsbezogene im Gegensatz zu zweckrationalen Anreizen zu dominieren. Die Freude an der Ausführung einer Tätigkeit, wie beispielsweise Tanzen, Schachspielen, Klettern, Musizieren, Laufen etc., stellt hier den motivierenden Faktor dar. Zwei theoretische Ansätze haben sich explizit mit diesem Aspekt des Anreizes auseinandergesetzt und sollen nachfolgend kurz skizziert werden.

Csikszentmihaly (2010) hat das Phänomen des »*Flow-Erlebens*« beschrieben, worunter er »das holistische Gefühl bei völligem Aufgehen in einer Tätigkeit« (S. 58–59) versteht. Dieser Zustand lässt sich mit folgenden sechs Merkmalen charakterisieren (vgl. Csiksztmihalyi, 2010; Engeser & Vollmeyer, 2005; Rheinberg, 2008, S. 154; Rheinberg, 2010)):

- *Passung von Anforderung und Fähigkeit*: Aufgabenschwierigkeit und eigene Fähigkeiten sind optimal aufeinander bezogen. Zu jedem Zeitpunkt der Auseinandersetzung mit einer Aufgabe, weiß man – ohne darüber nachdenken zu müssen – genau, was zu tun ist.
- *Situationskontrolle bei optimaler Beanspruchung*: Trotz hoher Anforderungen hat man das Gefühl, die Situation »fest im Griff« zu haben, und erlebt sich jederzeit als »Herr der Lage«.
- *Glatter und flüssiger Handlungsablauf*: Der Übergang von einem zum nächsten Handlungsschritt verläuft wie automatisch.
- *Automatisierte Konzentration*: Die Tätigkeitsausführung verlangt keine absichtlich und willentlich eingesetzte Konzentration.
- *Veränderung des Zeiterlebens*: Die Zeit vergeht »wie im Flug« oder steht still.
- *Verlust von Selbstreflexion und Bewertungskognitionen*: Es kommt zu einem völligen »Aufgehen« in der Tätigkeit.

Subjektiv wird der Flow-Zustand meist positiv und freudvoll erlebt. Das vollkommene Aufgehen in einer Tätigkeit kann aber dann nachteilig sein, wenn im Flow-Zustand (z. B. beim Motorradfahren) objektive Gefahren übersehen werden. Wird bei einer Tätigkeitsausführung der Flow-Zustand verlassen, sollen bei Unterforderung Langeweile bzw. bei Überforderung Angst und Hilflosigkeit entstehen (Csikszentmihalyi, 2010).

In Zusammenhang mit tätigkeitsorientierten Anreizen findet sich in der Motivationspsychologie gelegentlich der Begriff der *intrinsischen Motivation* (siehe hierzu ausführlich Rheinberg, 2008; Schiefele & Streblow, 2005). Dabei gilt ein Verhalten als intrinsisch motiviert, wenn es vom Individuum aus eigenem Antrieb ausgeführt wird. Demgegenüber sollen extrinsisch motivierte Verhaltensweisen von außen gesteuert sein. Unklar bleibt bei dieser Bestimmung, wo genau die Grenze zwischen intrinsisch und extrinsisch anzusiedeln ist. Bei einer extremen Auslegung sind nur solche Tätigkeiten als intrinsisch motiviert anzusehen, die wegen ihrer Ausführung geäußert werden, also auf keinerlei Ziele ausgerichtet sind. Die Trennung von intrinsisch und extrinsisch verläuft hier – legt man die Terminologie des erweiterten kognitiven Motivationsmodells zugrunde – zwischen Handlung und Ergebnis. In diesem Sinn wäre ein Schüler dann intrinsisch motiviert, wenn sein Lernen nur des Lernens wegen ausgeführt würde und nicht etwa aus Wissbegierde oder um eine gute Note zu erzielen. Eine derartige Zweckfreiheit ist bei schulischem Lernen nur schwer vorstellbar.

Heckhausen (1989) begrenzt den Begriff der intrinsischen Motivation auf jene Fälle, bei denen Handlung, Ergebnis und Folgen thematisch übereinstimmen, also z. B. dem Thema der Leistung zugeordnet werden können. Ein Student ist nach dieser Definition dann intrinsisch leistungsmotiviert, wenn er sich für eine Prüfung intensiv vorbereitet hat (Handlung), eine gute Note erhält (Ergebnis) und damit seine eigene Tüchtigkeit bestätigt sieht (Folge). Will er mit der guten Note seiner Freundin imponieren, wäre er dagegen extrinsisch motiviert. Deci und Ryan (1993) sprechen schließlich von intrinsischer Motivation, wenn die Ausführung der Tätigkeit vom Individuum selbstbestimmt und autonom erfolgt. Die Auslegungen von intrinsisch sind somit vielfältig und zum Teil unpräzise. Für Rheinberg (2008; S. 152) »bezieht sich der Begriff intrinsisch mittlerweile auf derart unterschiedliche Dinge, daß er als Sammelkategorie für allzu Disparates mehr Verwirrung stiftet als Ordnung schafft.« (siehe auch Rheinberg, 2010).

Während Untersuchungen zum erweiterten kognitiven Motivationsmodell lange Zeit ausnahmslos dem Bereich des Lernverhaltens von Schülern und Studierenden entstammten, haben Landscheidt und Rheinberg (1996) den interessanten Versuch unternommen, den Ansatz auf den für die Praxis der Sozialen Arbeit wichtigen Fall der strafbaren Handlung zu übertragen. Sie bemühten sich in einer Studie, Straftaten von Jugendlichen mit unterschiedlicher Kriminalitätsbelastung im Rahmen des Modells zu erklären. Die relevanten Parameter definieren Landscheidt und Rheinberg folgendermaßen: »Ausgangspunkt ist die ›Situation‹ mit all ihren wahrgenommenen Handlungsmöglichkeiten, Ergebnissen und attraktiven, aber auch abschreckenden Folgen. ›Handlung‹ ist im jetzigen Fall die Straftat selbst, z. B. ein Diebstahl, Betrug, Einbruch etc. ... ›Ergebnis‹ sei der tatbestandsmäßige Erfolg, z. B. die Inbesitznahme von Geld, Schmuck oder anderen Wertobjekten.

›Folgen‹ seien all das, was sich aus Tätersicht über das Ergebnis erreichen läßt (›angenehme Lebensführung‹, ›Markenkleidung‹, ›Drogen/Alkohol‹, ›Benutzung des gestohlenen Gegenstandes‹ etc.)« (Landscheidt & Rheinberg, 1996, S. 98–99). Diese Ausdifferenzierung entspricht weitgehend dem bei der Analyse von Lernverhalten eingenommenen Vorgehen. Für einen potentiellen Täter (z. B. Dieb) müssen demnach die Tatfolgen hinreichend attraktiv sein und somit einen hohen Anreizwert besitzen. Er muss sich dabei zugleich ziemlich sicher sein, den tatbestandsmäßigen Erfolg (Besitz des Diebesgutes als Ergebnis der Handlung) in die angestrebten Folgen (z. B. Drogenkauf) umsetzen zu können, also eine hohe Ergebnis-Folge-Erwartung besitzen. Natürlich muss auch eine niedrige Situations-Ergebnis-Erwartung vorliegen, d. h., der Täter geht davon aus, dass ihm das Diebesgut nicht von selbst zufliegt, sondern durch eigenes Handeln (die Straftat) angeeignet werden kann bzw. muss (hohe Handlungs-Ergebnis-Erwartung).

Neben dieser aufsuchenden Motivationstendenz ist bei der Analyse von Straftaten – im Unterschied zur bereits dargelegten Analyse von Lernverhalten – zusätzlich noch eine meidende Motivationstendenz zu berücksichtigen. Sie beschäftigt sich mit der Vermeidung möglicher negativer (aversiver) Tatfolgen. Neben formellen Legalfolgen, wie sie in Form von Vernehmung, Gewahrsam, Inhaftierung etc. gegeben sind, unterscheiden die Autoren noch primär in Form der Reaktionen relevanter Bezugspersonen erfolgende informelle Folgen (z. B. Vorhaltungen, Beziehungsverschlechterung, Strafe etc.). Da diese aversiven Folgen nur dann zu erwarten sind, wenn die Tat aufgedeckt und der Täter bekannt wird, ist es für ihn wichtig, die Wahrscheinlichkeit für eine Tataufdeckung abzuschätzen. Neben diesem subjektiven Aufdeckungsrisiko sind die Aufdeckungs-Folge-Erwartungen relevant. Sie geben an, für wie wahrscheinlich ein potentieller Täter das Eintreten bestimmter aversiver Folgen nach einer Tataufdeckung hält. Mit der Ausführung einer Straftat ist unter einer zweckrationalen

Perspektive sensu Heckhausen dann zu rechnen, wenn der Taterfolg hochwahrscheinlich bzw. sicher erreichbar erscheint und die Summe aller positiven Anreize diejenige aller negativen Folgen übersteigt. Ist die Tatausführung selbst mit einem hohen Anreizwert versehen (tätigkeitsbezogener Anreiz), weil sie z. B. mit einer positiven Anspannung, der Wahrnehmung und Zuschreibung von Geschicklichkeit oder einfach einer Langeweile reduzierenden Abwechslung verbunden ist, dann können diese Tätigkeitsanreize ausreichen, eine Straftat trotz erwarteter aversiver Folgen auszuführen.

In der Studie gelang es Landscheidt und Rheinberg 94 % der von den Versuchspersonen berichteten Straftaten modellkompatibel zu rekonstruieren. Die beiden gegenübergestellten Tätergruppen (unauffällige Berufsschüler und inhaftierte jugendliche Intensivtäter) unterschieden sich insbesondere hinsichtlich der wirksamen Anreize: Während die Berufsschüler primär zweckrational motiviert waren, die Straftat also wegen der damit verbundenen angenehmen Folgen ausführten, war für die Intensivtäter daneben auch der tätigkeitsorientierte Anreiz sehr bedeutsam.

5.2.2 Motivation und Wille (Volition)

Neben dem durch die Handlungsausführung (Tätigkeitsorientierung) bzw. deren Ergebnisfolgen (Zweckrationalität) bestimmten Anreizwert, wird in der Motivationspsychologie wieder die Bedeutung von Willensprozessen diskutiert (Achtziger & Gollwitzer, 2010; Rudolph, 2013, Kapitel 9). Die Anreize stehen mit unseren Wünschen in Verbindung und geben über die Bildung von Absichten (Intentionen) dem Verhalten seine Zielgerichtetheit. *Willensprozesse* sind demgegenüber für die Handlungsausführung wesentlich. Sie sind insbesondere dann vonnöten, wenn der Ausführung eines motivierten, also zielgerichteten Verhaltens Widerstände entgegenstehen. Kuhl (1983) hat für diese beiden Aspekte die Begriffe »Selektionsmotivation« und »Realisationsmotivation« geprägt. Volitionale (willensbezogene) Fragen gehören in den Bereich der Realisationsmotivation. Mit Heckhausen (1989) geht es dabei um die Aspekte der Persistenz, der Handlungsinitiierung sowie der Überwindung von Handlungshindernissen. Mit *Persistenz* ist das Anhalten der Handlungstendenz bis zur Erreichung des Handlungszieles gemeint. Das beinhaltet, dass unerledigt gebliebene Handlungstendenzen aufgegriffen werden müssen, sowie die Anreizwirkung anderer Stimuli und konkurrierende Handlungstendenzen ausgeblendet oder unterdrückt werden müssen. Bei der *Handlungsinitiierung* geht es um die Frage der optimalen Gelegenheit und des optimalen Zeitpunktes für die Verwirklichung einer Handlungsabsicht. William James (1890) illustrierte diesen Sachverhalt am Beispiel des morgendlichen Aufstehens nach einer kalten Winternacht: Die Handlungsabsicht (aufzustehen) steht natürlich schon lange fest, aber deren Initiierung kann durch den Gedanken, was an dem betreffenden Tag noch alles zu erledigen ist, so schnell umgesetzt werden, »daß man sich plötzlich vor dem Bett stehend findet« (Heckhausen, 1989, S. 193). Die *Überwindung von Handlungshindernissen* darf wohl als das typischste Merkmal volitionaler Prozesse betrachtet werden. Schon im Alltagsverständnis halten wir den Willenseinsatz dort für nötig, wo innere oder äußere Widerstände sich unseren Absichten entgegenstellen und es darum geht, »sich zusammenzureißen«.

5.2.2.1 Handlungskontrolle

Kuhl (1983) hat ein Modell der Handlungskontrolle entwickelt, das auf der von ihm vorgenommenen Unterscheidung zwischen Selektions- und Realisierungsmotivation basiert. Ihn interessieren in diesem Ansatz primär die steuernden bzw. vermittelnden Prozesse der Realisierungsmotivation, also jene Aspekte, welche die Verhaltensausführung garantieren. Unter Handlungskontrolle versteht er zweierlei, nämlich sowohl die Kontrolle der Handlungsabsicht als auch die Steuerung des Handlungsablaufes. Bei der Handlungsabsicht handelt es sich um den Wissensaspekt des Wollens, d. h. um dessen kognitive Repräsentation (▶ Kap. 2). Als konstituierende Elemente dieser kognitiven Repräsentation einer Handlungsabsicht definiert Kuhl (1983, S. 253):

»1. den angestrebten zukünftigen Zustand,
2. den zu verändernden gegenwärtigen Zustand,
3. die zu überwindende Diskrepanz zwischen Ist- und Soll-Zustand und
4. die beabsichtigte Handlung, mit der die Diskrepanz reduziert werden soll.«

Für die Ausführung einer Handlung ist es notwendig, dass alle vier Aspekte zugleich und in gleicher Stärke Berücksichtigung finden. Ist dies der Fall, spricht Kuhl von einer *vollständigen bzw. adäquaten Handlungsabsicht*. Diese soll mit dem Zustand der Handlungsorientierung einhergehen. Da die Aufmerksamkeit hierbei auf alle vier Aspekte gerichtet ist, gelingt es der Person in diesem Zustand besonders gut, ihre Absichten in erfolgreiches Verhalten umzusetzen. Sind demgegenüber der Person nicht alle vier Aspekte einer Handlungsabsicht mit etwa gleicher Klarheit vor Augen, ist sie nicht in der Lage, die beabsichtigte Handlung auszuführen. Verbleibt sie aber dennoch bei ihrer Absicht, liegt nach Kuhl eine sog. *degenerierte Handlungsabsicht* vor. Sie ist dadurch gekennzeichnet, dass die vier Momente einer Absichtsrepräsentation in einem unausgewogenen Verhältnis zueinander stehen, weil z. B. ein Aspekt übermäßig stark im Mittelpunkt steht oder ein anderer gänzlich fehlt. Steht nach einem erfahrenen Misserfolg der Ist-Zustand im Mittelpunkt, beschäftigt sich die Person also primär mit den belastenden Aspekten (z. B. in Form von Grübeln, Sich-Sorgen und Selbstzweifeln) und trauert sie einem Erfolg (Soll-Zustand) lediglich nach, dann wird sie davon abgehalten, darüber nachzudenken, was ihr eigentlich zur Erreichung eines Erfolges fehlt (Diskrepanz zwischen Ist- und Soll-Zustand) und welche konkreten Verhaltensweisen sie diesem Ziel näherbringen könnten (Handlungsaspekt). Ist die Person mit einer degenerierten Handlungsabsicht beschäftigt, spricht Kuhl von einer Lageorientierung. »Statt um Dinge, die man tun könnte, kreisen ihre Gedanken um die jetzigen, mitunter auch um vergangene oder zukünftige Zustände (›Lagen‹)« (Rheinberg, 2008, S. 182).

Handlungs- und Lageorientierung werden durch unterschiedliche situative Bedingungen angeregt. Aufgrund experimenteller Befunde können u. a. folgende Situationen einen lageorientierten Zustand begünstigen: Hilflosigkeit und erlebter Kontrollverlust, fehlende externale Kontrolle sowie fortgesetzte Erfahrung von Misserfolg bei gleichzeitig vorliegender Attribuierung auf mangelnde Begabung. Handlungsorientierung wird demgegenüber durch erfahrenen Erfolg, Kompetenzbewusstsein und Situationskontrolle begünstigt. Neben situativen Momenten scheinen auch personspezifische Dispositionen für die Bevorzugung einer der beiden Orientierungen eine Rolle zu spielen, so dass bei der Handlungs- und Lageorientierung wohl von einem interaktionistischen Konzept ausgegangen werden muss. Experimentelle Befunde legen nahe, Handlungs- und Lageorientierung nicht als generelle situationsunabhängige Personmerkmale zu interpretieren, sondern als bereichsspezifische Merkmale zu betrachten (Kuhl, 2010). Je nach Handlungskontext (z. B. Verhalten im Freizeitbereich, Berufsfeld oder im Umgang mit ganz spezifischen Inhalten) kann die gleiche Person ein Verhalten zeigen, das einmal der Lageorientierung und ein andermal der Handlungsorientierung entspricht. Das Ausmaß an Handlungs- bzw. Lageorientierung variiert also nicht systematisch in verschiedenen Bereichen.

Mittels verschiedener Strategien, welche alle zum Ziel haben, innere und äußere Hindernisse der Handlungsdurchführung aus dem Weg zu räumen, bzw. eine schwache aber beabsichtigte Motivationstendenz gegenüber einer stärkeren durchzusetzen, kann das Individuum seine Handlungskontrolle optimieren. Insgesamt nennt Kuhl (1987, S. 108) sechs derartige Strategien für die Durchsetzung einer Absicht, und zwar:

- *Aufmerksamkeitskontrolle*: Die Person bemüht sich dabei, nur jenen Informationsaspekten ihre Aufmerksamkeit zu widmen, die einer Umsetzung der Handlungsabsicht dienlich sind. Solche Informationen, die andere Absichten (Motivationstendenzen) fördern, muss sie dagegen ausblenden und übergehen.
- *Motivationskontrolle*: Das Individuum kann die Stärke einer Motivationstendenz dadurch erhöhen, dass es die Anreize noch positiver bewertet. Durch die Hervorhebung besonders günstiger und wünschenswerter Erwartungen wird die Handlungsabsicht gestärkt und kann konkurrierende Absichten aus dem Feld drängen.
- *Emotionskontrolle*: Unter dieser Strategie versteht Kuhl die Fähigkeit des Individuums, solche Emotionen gezielt herbeizuführen, die eine Handlungsausführung unterstützen. Im Allgemeinen geht es hier um die Induktion eines angenehmen Gefühlszustandes (z. B. über gezielte Entspannungs- und Vorstellungsübungen) und um die Vermeidung von handlungshinderlichen Emotionen wie Angst und Depression.
- *Handlungsorientierte Bewältigung von Misserfolg*: Da die Perseveration von Mißerfolgserfahrungen wegen ihrer angststabilisierenden Folgen einer Handlungsausführung im Wege steht, muss die Person in der Lage sein, sich von Mißerfolgserfahrungen zu distanzieren, indem sie entweder ihre Möglichkeiten der Aufgabenbewältigung durch zusätzlichen Anstrengungsaufwand intensiviert, oder aber indem sie sich von solchen Zielen (Soll-Zuständen) distanziert, die von ihr nicht erreicht werden können.

- *Umweltkontrolle*: Bei der Umweltkontrolle verändert die Person ihre Umgebung derart, dass es ihr leichter fällt, die Handlungsabsicht durchzusetzen. Sie schützt sich dabei vor Versuchungssituationen und entfernt solche Stimuli, die ihrer Absicht entgegenstehen. In der lerntheoretisch ausgerichteten Verhaltensmodifikation zählt diese Strategie zu den Standardmethoden und wird Stimuluskontrolle genannt.
- *Sparsamkeit der Informationsverarbeitung:* Das Individuum muss vermeiden, sich zu lange mit dem Abwägen verschiedener Handlungsalternativen zu beschäftigen. Verweilt die Person nämlich zu lange beim Abwägen, besteht nach Kuhl die Gefahr, dass eine external gesteuerte Handlungstendenz zur Ausführung kommt und die Person sich quasi von ihren eigenen Absichten abbringen lässt. »Wer sich nicht entscheiden kann, welche seiner eigenen Handlungstendenzen er ausführen soll, führt schließlich eine von einer anderen Person angeregte Handlung aus« (1987, S. 108).

Das Modell von Kuhl wurde in vielen Bereichen empirisch geprüft, wobei seine grundlegenden Annahmen zumeist eine Bestätigung fanden. Die gründlichsten Studien entstammen dabei dem klinischen Bereich. So gelang beispielsweise Hartung (1990) eine erfolgreiche Übertragung des Ansatzes auf den Bereich phobischen Verhaltens. Aus einer handlungskontrolltheoretischen Perspektive wird dabei das für eine Phobie typische Flucht- und Vermeidungsverhalten als Handlungskontrolldefizit interpretiert. Der Phobiker ist dabei nicht in der Lage, die gefasste Absicht (Intention) der Annäherung an das phobische Objekt oder die phobische Situation gegen innere oder äußere Widerstände abzuschirmen. In der für ihn typischen Lageorientierung ist er auf den Ist-Zustand (Bedrohlichkeit der Situation) fixiert und blockiert damit Möglichkeiten der zielgerichteten (angstreduzierenden) Handlungsausführung.

5.2.2.2 Rubikon-Modell

Die theoretischen Ausführungen zur Motivation sollen mit der Darstellung des sog. Rubikon-Modells von Heckhausen (1989) und Gollwitzer (1996) abgeschlossen werden. Es handelt sich dabei um einen Ansatz, der alle bislang angesprochenen Aspekte zu integrieren vermag und den derzeitigen Stand der Motivations- und Volitionsforschung wiedergibt. Der Begriff »Rubikon-Modell« nimmt Bezug auf ein historisches Ereignis: Mit der Überschreitung des Rubikon am 11. Januar des Jahres 49 v. Chr. durch die Legionen Cäsars ist der Bürgerkrieg eröffnet. Cäsar hatte sich nach langem Abwägen für diesen Schritt entschieden, nach dem es keinen Weg mehr zurück gab (»alea jacta est«). Die Überschreitung des Rubikon stellt für ihn somit den Übergang vom Abwägen zur Entscheidung dar. Für Rheinberg (2008) ist diese »scharfe Zäsur zwischen der Phase des Abwägens und der Phase nach der Entscheidung für eine bestimmte Handlung ... das wohl wichtigste Merkmal des Modells« (S. 184). Die Rubikon-Metapher steht demnach für die Verbindung von motivationalem und volitionalem Aspekt des Handelns.

Je nach der Dominanz motivationaler und volitionaler Aspekte differenziert Heckhausen (1989, S. 203–204) zwei Bewusstseinslagen, die sich hinsichtlich dreier Aspekte unterscheiden sollen, nämlich dem Inhalt, der Informations-Aufnahme (Informations-Selektivität) sowie der Informations-Bearbeitung.

Während einer sog. *motivationalen Bewusstseinslage* sind die kognitiven Inhalte des Individuums auf Anreize und die mit ihnen verbundenen Handlungsfolgen zentriert, wie sie im erweiterten kognitiven Motivationsmodell (▶ Kap. 5.2.1) postuliert werden. Hinsichtlich der Informations-Aufnahme finden dabei möglichst alle relevanten Informationen und deren wahrscheinliche Folgen eine angemessene Berücksichtigung. Die Bearbeitung der Information versucht die objektiven Bedingungen weitgehend zu erfassen und kann deshalb als realitätsorientiert beschrieben werden. In den durchgeführten experimentellen Analysen berücksichtigten die Versuchspersonen in dieser Bewusstseinslage zunehmend auch die negativen Seiten ihrer Wünsche, gerade so, als wollten sie sich die eben noch verlockenden Perspektiven wieder ausreden.

Die sog. *volitionale Bewusstseinslage* beginnt dann, wenn das Individuum den Entschluss gefasst hat, einen bestimmten Wunsch zu verwirklichen. Nun zentrieren sich die Gedanken um eine Realisierung dieser Absicht. Die Informationsaufnahme ist jetzt sehr selektiv. Alles was den Vorsatz in Zweifel ziehen könnte und sich seiner Verwirklichung in den Weg stellen könnte, wird gezielt ausgeblendet und übergangen. Es geht jetzt nur noch darum, durch systematische Handlungsplanung das, was man sich vorgenommen hat, auch umzusetzen. Die für den volitionalen Aspekt relevante Informationsbearbeitung ist deshalb realisierungsorientiert.

Das Rubikon-Modell »beinhaltet ... eine zeitliche Ablaufperspektive, die sich vom Erwachen der Wünsche vor der Zielsetzung bis hin zu den bewertenden Gedanken nach der Zielerreichung erstreckt« (Gollwitzer, 1996, S. 533). Es unterscheidet vier verschiedene Handlungsphasen, von denen zwei der motivationalen und zwei der volitionalen Bewusstseinslage zugeordnet werden.

Die erste Phase ist motivationaler Art und wird *prädezisionale Motivationsphase* genannt. Das Individuum sieht sich hier seinen verschiedenen Wünschen und Handlungsmöglichkeiten gegenübergestellt, unter denen es eine Auswahl treffen muss, da nicht alle Wünsche verwirklicht werden können. Letzteres kann z. B. seine Ursache darin haben, dass die Wünsche sich widersprechen und nicht gleichzeitig ausgeführt werden können. Die Person muss also entweder den einen oder den anderen Wunsch zurückstellen. Auch Wünsche, deren Ausführung – aus welchem Grund auch immer – als zu schwierig eingeschätzt wird, gilt es zurückzustellen. Das Wünschen und das Abwägen stehen in dieser Phase demnach im Mittelpunkt.

Das gründliche Abwägen von Vorzügen und Nachteilen verschiedener Wünsche endet mit der Auswahl eines bestimmten Wunsches und dem Vorsatz zu dessen Verwirklichung. Diese Absichtsbildung (Intentionsbildung) leitet die zweite Phase, die sog. *präaktionale Volitionsphase* ein. Nachdem das Individuum diese Entscheidung gefällt bzw. diesen Entschluss gefasst hat, kreisen seine Gedanken um günstige Gelegenheiten für die Ausführung und um die Planung der konkreten Details der Handlungsausführung. Zentrales Moment dieser Handlungsphase ist deshalb das Planen der Handlungsinitiierung und der Handlungsausführung. Mit dem Adjektiv »präaktional« ist dabei gemeint, dass Absichten zumeist nicht sofort verwirklicht werden können, sondern zumindest noch die gerade ablaufenden Aktivitäten zu Ende geführt werden müssen bzw. günstige Gelegenheiten zur Handlungsausführung erst abgewartet werden müssen. Darüber hinaus sind viele Absichten sehr komplex und nur über Zwischenetappen erreichbar, so dass natürliche Unterbrechungen des zielgerichteten Handelns einzukalkulieren sind. In diesen Unterbrechungen geht es aber nicht mehr um das Abwägen positiver und negativer Konsequenzen der Zielerreichung (motivationaler Aspekt), sondern nur noch darum, wie das gesetzte und als verbindlich angesehene Ziel erreicht werden kann. Die nun zu klärenden Fragen betreffen deshalb die Möglichkeiten des Handlungsbeginns und der Handlungsausführung.

Mit dem Entschluss, eine der Absichten unmittelbar in die Tat umzusetzen, der Intentionsinitiierung, wird die zweite Phase abgeschlossen und die dritte sog. *aktionale Volitionsphase* eingeleitet. In ihr steht die Handlungsausführung und die damit verbundene Anstrengung sowie Abschirmung vor Ablenkung im Mittelpunkt. Es geht nun also um den Aspekt der Steuerung des Handlungsablaufs, welchen Kuhl unter den Begriff der Handlungskontrolle subsumiert.

Die der Handlungsausführung folgende vierte sog. *postaktionale Motivationsphase* beendet die im Rubikon-Modell unterschiedene Sequenz von Handlungsfolgen. Das Individuum bewertet jetzt die erzielten Handlungsergebnisse und deren Folgen für zukünftiges Handeln: Wurde das angestrebte Ziel erreicht? Entspricht sein tatsächlicher Wert auch dem erwarteten oder hat die Person die Wünschbarkeit des Zieles überschätzt? Hat das Individuum das beabsichtigte Ziel nicht vollständig erreicht, muss es entscheiden, ob es die Zielintention weiterverfolgen, revidieren oder aber ganz aufgeben will. Bei einer zu intensiven Beschäftigung mit Misserfolgserfahrungen besteht in diesem Stadium die Gefahr für eine Lageorientierung im Sinne Kuhls und der damit verbundenen Handlungsblockade.

5.3 Mitarbeitsmotivation

Als ein typisches Merkmal sozialpädagogischer Klientel wird häufig die mangelnde Bereitschaft zu einer kooperativen Haltung dem professionellen Hilfe-, Beratungs- oder Interventionsprozess gegenüber genannt, und nicht wenige Praktiker sehen darin den Hauptunterschied zur Klientel anderer Berufsgruppen, wie zum Beispiel derjenigen von Psychologen. Die Förderung der Bereitschaft eines Klienten, sich auf gesuchte oder angebotene Hilfe in der Sozialen Praxis auch tatsächlich einzulassen, stellt demnach eine wichtige professionelle Kompetenz des Sozialpädagogen dar. Nachfolgend werden die dargestellten theoretischen Erkenntnisse der Motivationspsychologie auf diesen wichtigen Anwendungsbereich übertragen.

Zuerst muss aber der Begriff »Mitarbeitsmotivation« präzisiert werden. Den uns hier interessierenden Sachverhalt kennzeichnet die auf Intervention und Therapie ausgerichtete Klinische Psychologie mit dem Begriff »Therapiemotivation« (synonym: Behandlungsmotivation). Es ist wohl kein Zufall, dass ein Großteil der hierzu angestellten Überlegungen und Untersuchungen aus dem Bereich der Suchttherapie stammt (vgl. z. B. Brenk-Schulte & Pfeiffer, 1987; Petry, 1993), denn bei der Behandlung von Alkohol- und Drogenabhängigkeit werden vergleichsweise hohe Abbruchquoten und Rückfallraten berichtet. In diesem Anwendungsfeld erwiesen sich der Aufbau und die Beibehaltung von Therapiemotivation immer wieder als besonders schwierig. Zum Teil dürfte dies auch an dem hohen Ausmaß an positiver bzw. negativer Verstärkung liegen, welches mit der Ausführung abhängigen Verhaltens für den Betroffenen verbunden ist.

Die in der frühen Theoriebildung gelegentlich geäußerte Vorstellung, bei Therapiemotivation handele es sich um ein statisches Konstrukt, das im Sinne eines über die Zeit relativ stabilen Persönlichkeitsmerkmals interpretiert werden könne, fand durch die empirische Forschung keine Unterstützung und ist nach Miller (1985) darüber hinaus mit drei gravierenden Nachteilen verbunden: Sie wirkt erstens auf den Klienten entmutigend, da das als stabil gedachte Merkmal automatisch zu Misserfolg führen muss. Zweitens kann sie auf Seiten des Beraters dazu führen, dass dieser in der Arbeit mit vermeintlich niedrig motivierten Klienten u. U. ein geringeres Engagement zeigt. Drittens hält es eine derartige Betrachtung nicht für notwendig, den Aufbau von Therapiemotivation zur expliziten Aufgabe des Beraters zu machen.

Demgegenüber legen Forschungsbefunde nahe, Therapiemotivation als ein *dynamisches* Konstrukt aufzufassen, das durch die Merkmale der Situations- und Anforderungsspezifität sowie Variabilität gekennzeichnet werden kann. Mit Situations- und Anforderungsspezifität ist gemeint, dass »bei jeder Einzelentscheidung und Einzelhandlung während des Therapieprozesses die Beteiligung einer Variablen ›Therapiemotivation‹ postuliert werden kann« (Kanfer et al., 2012, S. 58). Das Merkmal der Variabilität betont den dynamischen Aspekt und macht darauf aufmerksam, dass sich die Therapiemotivation eines Klienten im Verlaufe des Beratungs- oder Hilfeprozesses hinsichtlich Intensität und Inhalt ändern kann. Aus der Variabilität leitet sich darüber hinaus die Möglichkeit der systematischen Beeinflussung und Änderbarkeit von Therapiemotivation ab.

Trotz unterschiedlicher inhaltlicher Bestimmungsversuche besteht Einmütigkeit darüber, dass es sich bei Therapiemotivation um ein *mehrdimensionales* Konstrukt handelt. So subsumieren Brenk-Schulte und Pfeiffer (1987) für den Anwendungsbereich der Alkoholismustherapie unter diesen Begriff die drei Facetten Teilnahme-Motivation, Abstinenz-Motivation und Veränderungs-Motivation. Sie sehen dabei die Motivation zur Teilnahme an einer Therapie als eine Voraussetzung für die beiden anderen Aspekte. Die nur für den Suchtbereich relevante Motivation zur Abstinenz muss durch die therapeutische Arbeit angeregt werden und mündet in die Motivation, eine Veränderung zu erreichen. Veith (1997) differenziert ohne Bezugnahme auf eine spezifische Störung Therapiemotivation hinsichtlich dreier allgemeiner Zielklassen, nämlich Entscheidung für und Aufsuchen einer Behandlung, Befreiung von Symptomen bzw. von Problemverhalten (Veränderungsmotivation) und Eingehen einer therapeutischen Beziehung (Beziehungsmotivation). Meichenbaum und Turk (1994) definieren das hier interessierende Konstrukt als »ein aktives, vom Patienten bewußt eingegangenes auf Kooperation zielendes Engagement, um ein therapeutisches Resultat zu erzielen oder präventiv etwas für seine Gesundheit zu tun« (S. 15).

Für den Aspekt des Befolgens therapeutischer Anweisungen hat sich insbesondere in der Medizin der Begriff »*Compliance*« eingebürgert. Mit ihm wird das Ausmaß ausgedrückt, in dem der Patient den Anweisungen seines Arztes – z. B. bezüglich der Medikamenteneinnahme – folgt. Da der Patient hier eher in einer passiven Rolle gesehen wird, stieß der Compliance-Begriff gelegentlich auf Kritik (siehe z. B. Veith, 1997, S. 15–16). Löst man sich von dieser ideologischen Sicht, kann Compliance jedoch gleichwohl als eine Facette der Therapiemotivation verstanden werden.

Da zwar interventionsbezogene, aber nicht therapeutische Aufgaben im engeren Sinn für die Praxis der Sozialen Arbeit von Bedeutung sind, soll anstelle von Therapie- oder Behandlungsmotivation in unserem Zusammenhang von *Mitarbeitsmotivation* gesprochen werden. Dieser Begriff impliziert alle Aspekte der Therapiemotivation, geht aber in seinem Geltungsbereich darüber hinaus und schließt auch andere Formen der Arbeit mit Klienten, wie Hilfestellung, Beratung, Prävention und Intervention ein.

5.3.1 Facetten und Indikatoren der Mitarbeitsmotivation

Woran erkennt der Sozialpädagoge die Mitarbeitsmotivation seiner Klienten? Auf dem Hintergrund ihres Selbstmanagement-Ansatzes differenzieren Kanfer et al. (2012, S. 165-166) die Mitarbeitsbereitschaft während eines Beratungs- oder Therapieverlaufes in folgende Facetten.

- *Motivation zu kommen bzw. wiederzukommen*: Nur wenn der Klient zu den vereinbarten Terminen erscheint, kann ein Veränderungsprozess überhaupt in Gang gesetzt werden.
- *Motivation, Informationen zu geben*: Der Klient muss die für eine Veränderung notwendigen Informationen, die z. B. durch Anamnese und Verhaltensanalyse erfragt werden, auch mitzuteilen bereit sein.
- *Motivation, an einer Änderung zu arbeiten*: Veränderung verlangt vom Klienten ein gewisses Maß an Anstrengung und die Bereitschaft, sich auf Neues und Ungewohntes einzulassen.
- *Motivation, bestimmte Interventionen durchzuführen*: Der Klient muss die mit dem Berater gemeinsam erarbeiteten Interventionsschritte und Modifikationstechniken auch tatsächlich ausführen.

- *Motivation, mit dem speziellen Berater (hier: Sozialpädagogen) zusammenzuarbeiten*: Nach Kanfer et al. sind in diesem Zusammenhang die drei Aspekte Offenheit bzw. Vertrauen, Spannungsreduktion sowie Kooperation mit der speziellen Person des Beraters von Bedeutung.

Tabelle 9 enthält einige Beispiele für Verhaltensindikatoren von hoher (+) bzw. niedriger (–) Ausprägung der Mitarbeitsmotivation bezüglich der aufgeführten Aspekte (leicht modifiziert nach Kanfer et al., 2012, S. 165-166 und S. 133-134). Wie die Übersicht zeigt, handelt es sich bei Mitarbeitsmotivation um ein sehr komplexes Konstrukt, unter das eine Vielzahl unterschiedlicher Verhaltens- und Handlungsklassen subsumiert werden kann.

Tab. 9: Verhaltensindikatoren für Mitarbeitsmotivation

Motivation zu kommen/wiederzukommen

(+) Pünktliches Einhalten von Terminen
(+) Inkaufnehmen langer oder umständlicher Anfahrtswege
(–) Wiederholtes Absagen oder Verschieben von Terminen
(–) Nichterscheinen zu Sitzungen

Motivation, Informationen zu geben

(+) Beantwortung von Fragen
(+) Mitbringen von Aufzeichnungen/Notizen
(–) Schweigen
(–) Vereinbarte Unterlagen werden vergessen

Motivation, an einer Änderung zu arbeiten

(+) Einbringen eigener Vorschläge in Richtung Änderung
(+) Einlassen auf Neues und Ungewohntes
(–) Äußerungen wie:»Das ist mir zu beschwerlich.«
(–) Themenwechsel sobald Änderung ansteht

Motivation, bestimmte Interventionen durchzuführen

(+) Durchführung von Rollenspielen
(+) Erledigung vereinbarter »Hausaufgaben«
(–) Weigerung, bestimmte Empfehlungen mitzumachen
(–) Vergessen von Arbeitsaufträgen

Motivation, mit dem speziellen Sozialpädagogen zusammenzuarbeiten

(+) Klient zeigt vertrauliche Informationsquellen (z. B. Tagebuch, Briefe)
(+) Äußerungen wie: »Ja genau! Endlich jemand der mich versteht.«
(–) Äußerungen wie: »Ich will nicht, dass Sie etwas mitnotieren!«
(–) Äußerungen wie: »Haben Sie mit solchen Problemen überhaupt Erfahrung?«

Bei der konkreten Fallarbeit in der Praxis muss der Sozialpädagoge die Mitarbeitsmotivation seines Klienten also immer unter dem im Beratungs- oder Hilfeprozess gerade anstehenden Aspekt beurteilen. In diesem Sinne handelt es sich bei Mitarbeitsmotivation um ein prozessual zu interpretierendes Konstrukt.

5.3.2 Aufsuchen professioneller Hilfe

Im Bereich der ambulanten Betreuung besteht der erste Schritt in der Bereitschaft, eine als zuständig eingeschätzte Einrichtung aufzusuchen. Hierzu muss der Klient eine Handlungsabsicht gebildet haben, die – idealtypisch betrachtet – im Modell von Kuhl (▶ Kap. 5.2.2.1) durch folgende Komponenten bestimmt ist:

- Ausgangspunkt bildet das als belastend oder einschränkend erlebte Anliegen oder Problem des Klienten, das den zu verändernden Zustand (Ist-Zustand) darstellt.
- Der Klient strebt einen Zielzustand an, bei dem die mit dem Anliegen verbundene Belastung aufgehoben ist.
- Der Klient ist davon überzeugt, dass es Wege und Mittel gibt, mit Hilfe derer der angestrebte Zustand erreicht werden kann.
- Schließlich ist der Klient – wegen der Aussicht auf die Erreichung des Zielzustandes – auch bereit, sich der Anstrengung und der Mühe zu unterziehen, die das Einschlagen dieses Weges mit sich bringt.

Konstituierende Voraussetzungen für die Entwicklung von Mitarbeitsmotivation sind demnach subjektive Belastung (z. B. Leidensdruck), positive Zielperspektive, Erfolgszuversicht und Anstrengungsbereitschaft. Im Sinne einer vollständigen oder adäquaten, d. h., verhaltenswirksamen Handlungsabsicht müssen vom Klienten alle aufgeführten Aspekte beachtet werden. So ist unmittelbar einsichtig, dass ein Klient, der zwar unter einer Problemlage sehr leidet, keine Anstrengung unternimmt, fachlichen Rat zu suchen, solange er nicht davon überzeugt ist, dass ihm überhaupt geholfen werden kann. Seine vielleicht durch Klagen und Grübeln bestimmte Lageorientierung wird sich deshalb nicht in eine Handlungsorientierung (das Aufsuchen einer Einrichtung der psychosozialen Versorgung) verändern.

Obwohl die Bildung einer Handlungsabsicht eine notwendige Voraussetzung für das Aufsuchen professioneller Hilfe darstellt, bedarf der Klient sehr häufig zu deren Ausbildung bereits der fachlichen Unterstützung. In diesem Sinne schreibt Kanfer (1996), »daß viele Klienten nicht so sehr bei der Ausführung des neuen Verhaltens unterstützt werden müssen, sondern vielmehr die Bereitschaft zu einer Verhaltensänderung (und den Übergang von zwar unerwünschten aber vertrauten und gewohnten Verhaltensmustern zu neuen, unbekannten ›schwierigen‹) gefördert werden muß« (S. 912). Im Bereich der Sozialen Arbeit ist dies insbesondere dort der Fall, wo eine Veränderung aufgrund gesellschaftlich-sozialer Bedingungen gefordert ist, wie z. B. im Arbeitsfeld der Resozialisierung.

Im Bezugsrahmen des erweiterten kognitiven Motivationsmodells von Heckhausen (▶ Kap. 5.2.1) lässt sich das Aufsuchen professioneller Hilfe als Aspekt der Mitarbeitsmotivation folgendermaßen interpretieren (vgl. Veith, 1997, S. 84–85). Die Problemlage des Klienten steht dabei für die Situation, das Aufsuchen professioneller Hilfe und Unterstützung stellt die interessierende Handlung dar. Als Ergebnis gilt bei Handlungsausführung die Besserung der Problemlage, als Ergebnis bei Handlungsunterlassung dagegen die Problembeibehaltung. Mögliche Folgen sind einerseits veränderte Selbstbewertungen sowie Erweiterungen des Verhaltensspielraumes im Sinne der Annäherung an ein Oberziel (im Fall der Handlungsausführung), und andererseits die mit der Persistenz der Störung verbundenen Einschränkungen und Belastungen. Um die Handlung »Aufsuchen professioneller Hilfe« in Gang zu setzen, muss der Klient davon ausgehen, dass seine Schwierigkeiten oder Probleme ohne Ausführung dieser Handlung weiterhin bestehen bleiben. In aller Regel hat er vor dem Entschluss, professionelle Hilfe aufzusuchen, bereits mit eigenen Mitteln oder verschiedenen Formen sozialer Unterstützung versucht, seine Problemlage zu entschärfen. Wenn derartige Bemühungen fruchtlos geblieben sind, ist die Situations-Ergebnis-Erwartung, also jene Erwartungsart, die sich mit den Folgen der Situation (hier: ohne eingreifendes professionelles Handeln) beschäftigt, entsprechend negativ. Der Klient muss also für die Zukunft eine Persistenz seines Anliegens/Problems annehmen. Die damit verbundene Ergebnis-Folge-Erwartung wird durch die Einschätzungen bezüglich der mit dem Anliegen verbundenen Behinderung, Normabweichung oder Hilflosigkeit bestimmt. Diese Ergebnis-Folge-Erwartung entspricht im weitesten Sinn dem Leidensdruck des Klienten und besitzt somit eine negative Valenz.

Durch die Handlung »Aufsuchen professioneller Hilfe« können demgegenüber positive Folgen erreicht werden, nämlich die mit einer Besserung oder Verminderung der Problemlage verbundene positive Selbstbewertung sowie Erweiterung des Verhaltensspielraumes. Diese Handlung besitzt für den Klienten demnach eine positive Valenz. Zu ihrer Ausführung wird es aber nur dann kommen, wenn sie mit einer positiven Handlungs-Ergebnis-Erwartung verknüpft ist, der Klient also davon ausgeht, dass mit dem Aufsuchen professioneller Hilfe und Unterstützung auch tatsächlich eine Besserung des Anliegens oder Problems verbunden ist. Zuversicht in ein positives Beratungsergebnis ist demnach auch aus dieser Sicht eine notwendige Bedingung der Mitarbeitsmotivation.

Insbesondere bei bereits lange anhaltenden chronifizierten Problemlagen erleben Klienten häufig starke Gefühle der persönlichen Unzulänglichkeit und Inkompetenz. Ihr Erleben ist durch Gefühle der Hoffnungslosigkeit, d. h. der Überzeugung, dass ihnen niemand helfen könne, und der Hilflosigkeit bestimmt. Derartige Formen von Demoralisierung und Resignation stehen natürlich einer zuversichtlichen Perspektive entgegen und müssen vom Sozialpädagogen frühzeitig aufgegriffen und abgebaut werden. Der Vermittlung von Optimismus und Hoffnung kommt somit insbesondere zu Beginn der Arbeit mit dem Klienten eine besondere Bedeutung zu. In diesem Sinn schreiben Kanfer et. al. (2012): »Selbst nur kurzfristig angelegte Maßnahmen, die ›Optimismus‹ verbreiten, die Stimmung verbessern und die Aufmerksamkeit des Klienten mehr auf reale Lösungsmöglichkeiten als auf seine eigenen psychologischen und körperlichen Funktionen richten, können dem Klienten dasjenige Quentchen ›Hoffnung‹ vermitteln, welches für sein dauerhaftes Engagement in einem Veränderungsprozess benötigt wird« (S. 170).

5.3.3 Entwicklung von Anreizen und Zielen

Wir haben eine positive Anreiz- und Zielperspektive als konstituierendes Merkmal der Mitarbeitsmotivation herausgearbeitet und wollen nun einige Möglichkeiten aufzeigen, wie Anreize und Ziele systematisch gefördert werden können. Dabei werden zuerst allgemeine, generell gültige Aspekte und anschließend spezifische, nur für den einzelnen Klienten geltende, Gesichtspunkte angesprochen.

Der Berater hat mehrere Möglichkeiten, einen Klienten durch Rahmenbedingungen und Grundsätze des Beratungsgeschehens zu motivieren. So sollte er darauf achten, das Ausmaß der *persönlichen Kontrolle des Klienten* zu optimieren, d. h. von Anfang an darauf hinarbeiten, dass der Klient den Beratungs- und Interventionsprozess zu seinem persönlichen Anliegen macht und für die zu treffenden Entscheidungen Verantwortung übernimmt. Je mehr Einflussnahme auf das Geschehen dem Klienten zugestanden wird, desto unwahrscheinlicher werden seine Versuche, den Beratungsverlauf zu unterminieren. In diesem Sinn verlangt Beratung und Intervention eine hohe Klienten-Beteiligung bei den zu treffenden Entscheidungen. Kompetente Beratung hat natürlich zum Ziel, dass der Klient wieder die Erfahrung macht, »Herr über seine Problemlage« zu werden. Deshalb ist es nicht erst im mittleren und späteren Modifikationsabschnitt wichtig, dass der Klient die Erfahrung macht, seinen Problemen wirksam begegnen zu können. Hier erfolgt die Motivierung über die sachgerechte Auswahl von Übungen und Aufgaben anhand derer der Klient seine *Bewältigungskompetenz* wiedergewinnt. Durch die Entdeckung der Wirksamkeit des eigenen Verhaltens und Handelns können sich Zuversicht und Vertrauen in die eigenen Handlungsmöglichkeiten aufbauen und die Grundlage für eine weitere Mitarbeitsbereitschaft bilden. Aus den in den theoretischen Abschnitten dieses Kapitels dargestellten Ansätzen folgt als eine der wichtigsten allgemeinen Motivationsquellen die durch den Klienten selbst erfolgende *Setzung von Zielen*. Dabei ist die Zielsetzung, das Problem oder Anliegen zu beseitigen, nicht als ausreichend zu betrachten. Statt dieser lediglich an Aspekten des Leidensdruckes ausgerichteten Negativ-Motivation muss der Sozialpädagoge darauf achten, bei dem Klienten durch die Herausarbeitung von positiven Zielen und Anreizen eine Positiv-Motivation zu entwickeln. Während die meisten Klienten zu Beginn einer Beratung lediglich darauf bedacht sind, ihr Anliegen oder Problem »loszuwerden«, müssen sie zu Beginn des Beratungsprozesses also angeregt werden, darüber nachzudenken, was sie an die Stelle des Anliegens oder der Problemlage als positive Alternative zu setzen wünschen.

Der Klärung von persönlichen Zielen und selbstgesetzten Anreizen als möglichen Soll-Zuständen der Arbeit kommt deshalb bei der Motivierung des Klienten zur Mitarbeit eine zentrale Aufgabe zu. In der Sprache des Rubikon-Modells formuliert geht es dabei zuallererst um den prädezisionalen Aspekt. Der Klient muss sich die ihm zur Verfügung stehenden Möglichkeiten und Zielperspektiven bewusst machen und seine Erwartungen spezifizieren und präzisieren. Es geht also um die Fragen: Was will bzw. kann ich über diese Beratung erreichen? Was soll anders werden und wie soll es stattdessen aussehen? Bereits diese einfachen Frageformulierungen zeigen, dass eine Problemlage, d. h. der Ist-

Zustand, auf ganz unterschiedliche inhaltliche Weise in einen Soll-Zustand überführt werden kann. Mit Kanfer et. al. (2012) kann die Klärung von Zielen und Anreizen in drei Stufen erfolgen.

In der sog. *Produktionsphase* soll der Klient von ihm relevant und erstrebenswert erachtete Zielperspektiven suchen und sammeln. Hilfreich können dabei sowohl Auseinandersetzungen in der Phantasie als auch in der Realität sein. So kann danach gefragt werden, was denn anders wäre, wenn das Anliegen nicht mehr bestünde, von welchen wichtigen Dingen der Klient durch das Anliegen abgehalten werde, oder wie andere Personen mit den gleichen bzw. ähnlichen Problemen positiv umgehen. Erfolgversprechend sind in diesem Zusammenhang auch Fragen nach Zukunftsvorstellungen und allgemeinen sowie spezifischen Wünschen und Träumen (z. B. Wie sollte Ihr Leben in einem [zwei, fünf ...] Jahr[en] aussehen? Was täten Sie, wenn Ihnen alle Möglichkeiten offenstünden? Was sind Ihre wichtigsten drei [vier ...] Wünsche?). Aus der Bandbreite der in diesem Stadium zur Suche von Wünschen einsetzbaren Methoden und Hilfsmittel nennt Schmelzer (1997) u. a.: »Imagination, Phantasieübungen ..., zukunftsorientierte Rollenspiele, Brainstorming und andere Kreativitätstechniken ..., Beobachtung anderer etc.; als Unterstützung bieten sich an: Musik zur Entspannung, kreative Materialmedien, Veranschaulichungs- und Symbolisierungstechniken etc.« (S. 293).

Die auf diese Weise gesammelten Inhalte werden in der anschließenden *Auswertungsphase* geprüft und bewertet. Es geht dabei um den Übergang vom Wünschen zum Wollen. Nach Kanfer et. al. sind die in der Produktionsphase generierten Zielinhalte nun hinsichtlich der drei Kategorien Werte, Ziele und Utopien zu ordnen. *Werte* sind diesen Autoren zufolge individuelle kognitive Vorlieben (Präferenzen), die (noch) keinen zwingenden bzw. verbindlichen Verhaltens- oder Handlungsbezug besitzen. Sie kommen vergleichsweise schnell über die Lippen und sind oft nicht mehr als Absichtserklärungen. Als Beispiel seien die alljährlich an Silvester verkündeten Vorsätze genannt, denen nur sehr selten tatsächliche Verhaltensänderungen folgen. Demgegenüber sind für Kanfer et al. (2012) *Ziele* »einfache bis hochkomplexe (gedankliche) Antizipationen von zukünftigen Endzuständen. Diese sind zwar derzeit nicht realisiert, jedoch für ein Individuum (oder eine Gruppe) erstrebenswert. ... sie haben eine explizite Intention, den Vorsatz oder die Selbstaufforderung ..., das Ziel zu erreichen, als zusätzliches Definitionskriterium« (S. 394). Damit sind Ziele über Intentionen und Absichten, d. h. über die volitionale Komponente, handlungsleitend, wie bereits bei der Behandlung des Rubikon-Modells deutlich wurde. Bei *Utopien* handelt es sich schließlich um wünschenswerte, aber nicht erreichbare Zielperspektiven, also um Soll-Zustände, die nicht in Ist-Zustände überführt werden können, z. B. weil die Tatsachen einer Verwirklichung entgegenstehen. So lässt sich ein durch Tod entstandener Verlust nicht mehr rückgängig machen. In der Auswertungsphase muss der Sozialpädagoge seinem Klienten dabei helfen, zwischen Werten, Zielen und Utopien zu unterscheiden und die in der Produktionsphase gesammelten Aspekte in konstruktive, d. h. verhaltensrelevante Zielformulierungen zu transformieren.

Zu einer verhaltens- und handlungsbezogenen Zielformulierung gehört zuallererst ihre *verhaltensnahe Beschreibung* (Operationalisierung, ▶ Kap. 1). Eine Zielformulierung wie »Ich will in der Schule besser werden« genügt dieser Anforderung noch nicht. Sie muss in konkretes Verhalten übersetzt werden, wie z. B. »Ich lerne täglich eine Stunde Vokabeln und lass mich danach abfragen.« Ziele sollten *positiv formuliert* werden. Anstelle von »Ich will X nicht« sollte der Klient sagen »Ich will Y.« Natürlich muss grundsätzlich die Zielerreichung in der eigenen *Macht des Klienten* stehen, d. h., sie muss vom Klienten selbst herbeigeführt werden können. Ziele können meist auf der Zeitachse unterschiedlich zugeordnet und deshalb in kurz-, mittel- und langfristige Ziele differenziert werden. Um eine konstante Anreizwirkung zu erreichen, ist es unter motivationaler Sicht wichtig, Fernziele (z. B. »Ich will einen guten Studienabschluss erreichen«) in handhabbare und damit kurzfristig erreichbare *Teil- und Zwischenziele* zu unterteilen (z. B. Einhaltung bestimmter Arbeitszeiten, Besuch von Veranstaltungen, Belegung von Praktika, Bildung von Lerngruppen ...). Das weit entfernte (distale) Ziel eines erfolgreichen Studienabschlusses wird somit in nahe liegende (proximale) Ziele »zerlegt«, welche in der Gegenwart erreicht werden können und Schritt für Schritt dem langfristigen Ziel näherbringen. Damit die in der präaktionalen Phase des Rubikon-Modells angesiedelte Intentionsbildung nicht in eine unverbindliche Absichtserklärung entgleitet, soll in der Auswertungsphase eine *Zielverpflichtung* initiiert werden. So kann durch den Einsatz eines Vertrages die Wahrscheinlichkeit der Umsetzung von Zielvorstellungen in konkretes Verhalten und Handeln deutlich erhöht werden.

Die Klärung von Zielen und Werten wird im Selbstmanagement-Ansatz von Kanfer et al. mit der sog. *Integrationsphase* abgeschlossen. In ihr geht es darum, die in den beiden vorangegangenen Arbeitsschritten gewonnenen Einsichten handlungsbezogen in den Alltag des Klienten zu übertragen. In der Terminologie des Rubikon-Modells formuliert, steht jetzt die aktionale Volitionsphase im Mittelpunkt. Wurden die Zielperspektiven entsprechend der aufgestellten Kriterien entwickelt, ist es möglich, sich ihnen über systematisch durchgeführte und vom Sozialpädagogen angeleitete Übungen (Hausaufgaben) Zug um Zug anzunähern. Da die Zielperspektiven in operationalisierter Form entwickelt wurden, kann eine Überprüfung des momentanen Ist-Zustandes durch den Einsatz systematischer Beobachtungsverfahren erfolgen. Der Klient ist dann über die Erreichung bzw. Distanz zu den verschiedenen Zielaspekten präzise informiert.

5.3.4 Motivationsprobleme auf dem Weg zum Ziel

Die härteste Bewährungsprobe für professionelle Angebote im Bereich von Beratung, Hilfe und Intervention stellt die tatsächliche verhaltensbezogene Umsetzung der im Beratungsprozess entwickelten Strategien dar. Der zum Teil doch recht steinige Weg zum angestrebten Zielzustand ist mit einer Vielzahl möglicher Hindernisse gepflastert. Kanfer et al. (2012) differenzieren dabei unter einer anwendungsbezogenen Sicht und ohne Anspruch auf Vollständigkeit u. a. zwischen folgenden Schwierigkeiten bzw. Problemen:

- »Angst vor Veränderung,
- Verhaltensträgheit (›alte Gewohnheiten‹),
- ›Gelernte Inkompetenz‹,
- Sekundäre Gewinne aus dem Problemverhalten,
- Fähigkeitsdefizite,
- Fehlende/unzureichende Informationen« (S. 175).

Wie jede Form der Angst ist auch die *Angst vor Veränderung* nur durch konkrete Erfahrungen beeinflussbar. Das bedeutet, dem Klienten gegebenenfalls durch kleinste in der Beratungsstunde unmittelbar erreichbare Kleinziele, Erfolgserlebnisse zu vermitteln. Derartige Erfahrungen können häufig durch einfache Rollenspiele erreicht werden und das für den Veränderungsprozess notwendige Selbstvertrauen des Klienten aufbauen. Die Angst vor Veränderung nicht weniger Klienten ist Folge bereits erfahrener Misserfolge bei vorausgegangenen Änderungsversuchen. In derartig gelagerten Fällen muss der Sozialpädagoge eine genaue Analyse der Ursachen dieser Misserfolge vornehmen, um nicht erneut in die gleichen Fehler zu verfallen.

Wie die meisten hochgradig eingeschliffenen Verhaltensweisen und Gewohnheiten zeigen viele problematische Verhaltensweisen von Klienten ein ausgesprochenes Beharrungsvermögen. Diese »Macht der Gewohnheit« ist vor allem darin begründet, dass der Verhaltensablauf ohne bewusste Kontrolle quasi automatisiert abläuft. Ein derartiger »Kurzschluss« kann auch sehr ernst gemeinte Veränderungsabsichten zunichte machen. Ein Aufbrechen solcher *alten Gewohnheiten (Verhaltensträgheiten)* ist nur dann zu erwarten, wenn es gelingt, das automatisierte problematische Verhalten wieder einer bewussten Kontrolle zuzuführen. Dies setzt das früh- und rechtzeitige Erkennen der Verhaltensinitiierung voraus, welches z. B. durch gezielte Maßnahmen der Selbstbeobachtung erreicht werden kann.

Mit *gelernter Inkompetenz* ist der Sachverhalt gemeint, dass Klienten die Erfahrung machen können, wegen der mit ihren Schwierigkeiten verbundenen Hilflosigkeit und Dependenz keine Verantwortung übernehmen zu müssen. Haben ihnen relevante Bezugspersonen wie Eltern, Partner oder Freunde diese mit Unsicherheit und Ungewissheit verbundene Aufgabe lange Zeit abgenommen, kann es vorkommen, dass sie derartige Erfahrungen auch auf den Beratungsprozess übertragen. Sie sind dann kaum bereit, Verantwortung für den eigenen Veränderungsprozess zu übernehmen und versuchen, diese Aufgabe an den Berater weiterzugeben. Auch in diesen Fällen ist nur mit einer Änderung zu rechnen, wenn es dem Sozialpädagogen gelingt, bei dem Klienten Erfahrungen einzuleiten, die diesem zeigen, dass er zu selbstinitiierten Verhaltensänderungen in der Lage ist und diese für ihn auch positive Konsequenzen nach sich ziehen.

Auf *sekundäre Gewinne aus dem Problemverhalten* hat bereits Sigmund Freud mit dem Begriff »äußerer Krankheitsgewinn« hingewiesen. Er steht bei ihm für die mit der Problemlage des Klienten verbundenen positiven Auswirkungen und Folgen, die einer Veränderungsbereitschaft im Wege stehen. Der Klient will quasi auf diese Vergünstigungen und Vorteile nicht verzichten. Da der Begriff »äußerer Krankheitsgewinn« theoretisch in dem psychoanalytischen

Modell verankert ist, wo er dem primären Krankheitsgewinn gegenübergestellt wird und darüber hinaus den im psychologischen Bereich problematischen Krankheitsbegriff verwendet, schlägt Schulte (1996, S. 29) vor, von äußerem oder psychologischem Störungsgewinn zu sprechen. Probleme und Schwierigkeiten haben also nicht nur eine negative und belastende Seite, sondern sind für den Klienten auch mit kleinen Vorteilen verbunden. Nicht selten wird ihm wegen seiner Probleme z. B. besondere Aufmerksamkeit zuteil oder er erfährt ein gewisses Maß an Schonung. So erlebt ein leistungsängstlicher Schüler neben der belastenden Angst auch Rücksichtnahme und Verständnis und wird von ihm als lästig empfundenen Aufgaben (z. B. Halten eines Referats; Hausaufgabenerstellung) nicht selten mehr oder weniger stillschweigend befreit. Im Umgang mit derartigen Störungsgewinnen hat der Sozialpädagoge nur die Möglichkeit, durch die Entwicklung noch stärkerer Anreize den Klienten zur Veränderung und damit zur Aufgabe der Vorteile zu bewegen.

Gelegentlich gehen Motivationshindernisse während des Beratungsverlaufes auf einfache *Fähigkeitsdefizite* zurück. Eine Handlungsausführung kann natürlich nur dann erfolgen, wenn die zu ihrer Ausführung notwendigen Fertigkeiten beherrscht werden, d. h. abrufbereit gespeichert sind. Wollen impliziert also immer auch Können. Liegen unzureichende Fertigkeiten vor, müssen die notwendigen Teilfertigkeiten systematisch aufgebaut und gefestigt werden (▶ Kap. 3).

Neben Defiziten im Bereich des Könnens sind auch Defizite im Bereich des Wissens mit Beeinträchtigungen der Mitarbeitsmotivation verbunden. *Fehlende, unzureichende und falsche Information* kann in vielerlei Form ein Motivationshindernis darstellen. Weiß der Klient z. B. nicht, dass es für eine stabile Änderung notwendig ist, bestimmte – u. U. auch recht anstrengende – Übungen durchzuführen, wird er zu deren Ausführung nicht bereit sein. Der Sozialpädagoge muss ihm also mitteilen, was im Beratungsverlauf von ihm verlangt wird, d. h., er muss ihn über seine Rechte und Pflichten aufklären, damit er die Rolle des Klienten annehmen kann. Die Mitarbeitsmotivation beeinträchtigende falsche Information entstammt häufig den subjektiven Vorstellungen und Einstellungen des Klienten hinsichtlich verschiedener Aspekte seines Problems oder Anliegens. Diese Kognitionen betreffen z. B. die Einschätzung der Anfälligkeit für eine Störung oder Problemlage sowie deren Gefährlichkeit, die vermuteten Möglichkeiten einer selbst- oder fremdgesteuerten Einflussnahme (Intervention) sowie des damit verbundenen Anstrengungsaufwandes. In der Klinischen Psychologie sowie der Gesundheitspsychologie werden diese subjektiven Vorstellungen als Health-belief-Modell bezeichnet (Rosenstock, 1974). Sieht ein Klient sein Problem z. B. als erblich bedingt und damit quasi als unveränderliches Schicksal an, hat er kaum eine Veranlassung zur Durchführung aufwendiger und aus seiner Sicht ohnehin unnützer Aktivitäten.

Es ist deshalb besonders wichtig, dass der Sozialpädagoge dem Klienten ein angemessenes, d. h. psychologisch korrektes bzw. plausibles Erklärungsmodell seiner Problemlage vermittelt. Entstehung und Aufrechterhaltung des Problems sowie die zur Veränderung notwendigen Interventionsschritte müssen dabei für den Klienten nachvollziehbar sein. Er muss verstehen können, wie es zu seinen

Problemen kam, was diese im Moment aufrechterhält und warum die vereinbarten spezifischen Interventionsschritte wahrscheinlich Abhilfe schaffen können.

In diesem Sinn ist der Sozialpädagoge in seiner praktischen Arbeit auch ein Vermittler der in diesem Lehrbuch behandelten psychologischen Erkenntnisse. Er kann damit in nicht unwesentlichem Ausmaß dazu beitragen, dass die Befunde der empirischen Psychologie im Dienste von Emanzipation und Autonomie des Klienten stehen.

Literaturverzeichnis

Achziger, A. & Gollwitzer, P. M. (2010). Motivation und Volition im Handlungsverlauf. In J. Heckhausen & H. Heckhausen (Hrsg.), Motivation und Handeln (S. 309–335). Berlin: Springer.
Adameit, H., Heidrich, W., Möller, C. & Sommer, H. (1983). Grundkurs Verhaltensmodifikation. Ein handlungsorientiertes Arbeitsbuch für Lehrer und Erzieher. Weinheim: Beltz.
Alba, J. W. & Hasher, L. (1983). Is memory semantic? Psychological Bulletin, 93, 203–231.
Alexander, F. (1950). Psychosomatic medicine: Its principles and applications. New York: Norton.
Anderson, J. R. (1976). Language, memory, and thought. Hillsdale, NJ: Erlbaum.
Anderson, J. R. (2013). Kognitive Psychologie. Berlin: Springer.
Atkinson, R. C. & Shiffrin, R. M. (1968). Human memory: A proposed system and its control processes. In K. W. Spence & J. T. Spence (Eds.), The psychology of learning and motivation (Advances in research and theory Vol. 2, pp. 89–195). New York: Academic Press.
Averill, J. R. (1982). Anger and aggression. An essay on emotion. New York: Springer.
Baddeley, A. D. (1997). Human memory: Theory and practice. Hove: Psychology Press.
Baddeley, A. D. (2000). The episodic buffer: A new component of working memory? Trends in Cognitive Sciences, 4, 417–423.
Baddeley, A. D. & Hitch, G. J. (1974). Working memory. In G. A. Bower (Ed.), Recent advances in learning and motivation (Vol. 8, pp. 47–89). New York: Academic Press.
Baddeley, A. D. & Hitch, G. J. (1977). Recency re-examined. In S. Dornic (Ed.), Attention and performance (pp 647–667). Hillsdale, NJ: Lawrence Erlbaum.
Bandura, A. (1973). Aggression: A social learning analysis. Englewood Cliffs, N. J.: Prentice-Hall.
Bandura, A. (1976). Einfluß der Verstärkungskontingenzen des Modells auf den Erwerb der Nachahmungsreaktionen. In A. Bandura (Hrsg.), Lernen am Modell. Ansätze zu einer sozial-kognitiven Lerntheorie (S. 115–129). Stuttgart: Klett.
Bandura, A. (1979). Sozial-kognitive Lerntheorie. Stuttgart: Klett-Cotta.
Bandura, A. (1986). Social foundations of thought and action: A social cognitive theory. Englewood Cliffs, N. J.: Prentice-Hall.
Bandura, A. (1997). Self-efficacy. The exercise of control. New York: Freeman and Company.
Bartenwerfer, H. & Raatz, U. (1979). Methoden der Psychologie. Wiesbaden: Akademische Verlagsgesellschaft.
Bartling, G., Fiegenbaum, W. & Krause, R. (1980). Reizüberflutung. Theorie und Praxis. Stuttgart: Kohlhammer.
Bastine, R. H. E. (1998). Klinische Psychologie. Band 1: Grundlegung der Allgemeinen Klinischen Psychologie. Stuttgart: Kohlhammer.
Bauer, M. (1979). Verhaltensmodifikation durch Modellernen. Stuttgart: Kohlhammer.
Becker-Carus, C. (2004). Allgemeine Psychologie. Eine Einführung. Heidelberg: Spektrum Akademischer Verlag.
Bednorz, P. (1984). Klassisches Konditionieren. In W. F. Angermeier, Lernpsychologie (S. 43–52). München: Reinhardt.

Bellingrath, J. (2004). Verhaltensverträge. In G. Lauth, M. Grünke & J. Brunstein (Hrsg.), Interventionen bei Lernstörungen (S. 371–381). Göttingen: Hogrefe.
Benesch, H. (1981). dtv-Wörterbuch zur Klinischen Psychologie. Band 1: Abnormalität – Komplexe Psychologie. München: Deutscher Taschenbuch Verlag.
Berkson, W. & Wettersten, J. (1982). Lernen aus dem Irrtum. Hamburg: Hoffmann & Campe.
Best, J. B. (1986). Cognitive Psychology. St. Paul, MN: West Publishing Company.
Biermann-Ratjen, E., Eckert, J. & Schwartz, H. J. (1997). Gesprächspsychotherapie. Stuttgart: Kohlhammer.
Blanz, M. (2015). Forschungsmethoden und Statistik für die Soziale Arbeit. Grundlagen und Anwendungen. Stuttgart: Kohlhammer.
Blume, E. S. (1991). Secret survivors. New York: Ballantine.
Bortz, J. & Döring, N. (1995). Forschungsmethoden und Evaluation. Berlin: Springer.
Bowen, S., Chawla, N. & Marlatt, G. A. (2012). Achtsamkeitsbasierte Rückfallprävention bei Substanzabhängigkeit: Das MBRP-Programm. Beltz: Weinheim.
Bower, G. H. & Hilgard, E. R. (1983). Theorien des Lernens I. Stuttgart: Klett-Cotta.
Brainerd, C. J. & Reyna, V. F. (2005). The science of false memory. New York: Oxford University Press.
Brenk-Schulte, E. & Pfeiffer, W. (1987). Therapiemotivation in der Behandlung des Alkoholismus. München: Röttger.
Broadbent, D. E. (1958). Perception and communication. Oxford: Pergamon Press.
Bruner, J. S. (1951). Personality dynamics and the process of perceiving. In R. R. Blake & G. V. Ramsey (Eds.), Perception – an approach to personality (pp. 121–147). New York: Ronald Press.
Brown, G. W., Birley, J. L. T. & Wing, J. K. (1972). Influence of family life on the course of schizophrenic disorders: A replication. British Journal of Psychiatry, 121, 241–258.
Bruner, J. S. & Goodman, C. C. (1947). Value and need as organizing factors in perception. Journal of Abnormal and Social Psychology, 42, 33–44.
Bruner, J. S. & Postman, L. (1948). An approach to social perception. In W. Dennis (Ed.), Current trends in social psychology. Eight lectures under the auspices of the Department of Psychology in The College of the University of Pittsburgh delivered during March 4 and 5, 1948 in the Stephen Collins Foster Memorial (pp. 71–118). Pittsburgh: University of Pittsburgh Press.
Buchkremer, H. (1995). Handbuch Sozialpädagogik. Darmstadt: Wissenschaftliche Buchgesellschaft.
Bürgy, R. (1995). Basiskarte: Wissenschaftstheorie. In K.-E. Rogge (Hrsg.), Methodenatlas (S. 29–38). Berlin: Springer.
Carbon, C. C. (2015). Wahrnehmungspsychologie. In A. Schütz, M. Brand, H. Selg & S. Lautenbacher (Hrsg.), Psychologie. Eine Einführung in ihre Grundlagen und Anwendungsfelder (S. 73–85). Stuttgart: Kohlhammer.
Caspar, F. & Grawe, K. (1996). Was spricht für, was gegen individuelle Fallkonzeptionen? – Überlegungen zu einem alten Problem aus einer neuen Perspektive. In F. Caspar (Hrsg.), Psychotherapeutische Problemanalyse (S. 65–85). Tübingen: dgvt-Verlag.
Charlton, M., Feierfeil, R., Furch-Krafft, E. & Wetzel, H. (1980). Konfliktberatung mit Kindern und Jugendlichen. Eine Einführung in sozial-kognitive Beratungsstrategien. Weinheim: Beltz.
Chassé, K. A. & Wensierski, H.-J. von (Hrsg.). (2008). Praxisfelder der Sozialen Arbeit. Weinheim und München: Juventa.
Collins, A. M. & Quillian, M. R. (1969). Retrieval time from semantic memory. Journal of Verbal Learning and Verbal Behavior, 8, 240–247.
Cooper, J. O., Heron, T. E. & Heward, W. L. (2007). Applied behavior analysis. Upper Saddle River, N. J. Pearson Education.
Cornelius, R. R. (1996). The science of emotion: Research and tradition in the psychology of emotions. Upper Saddle River, N. J.: Prentice Hall.
Csikszentmihalyi, M. (2010). Das Flow-Erlebnis. Stuttgart: Klett-Cotta.

Cunningham, C. E., Davis, J. R., Brenner, R., Dunn, K. W. & Rzasa, T. (1993). Coping modeling problem solving versus mastery modeling: Effects on adherence, in-session process, and skill acquisition in residential parent-training programm. Journal of Consulting and Clinical Psychology, 61, 871–877.
D'Amato, M. R. (1970). Experimental psychology: Methodology, psychophysics, and learning. New York: McGraw-Hill.
Darwin, C. (1872). Der Ausdruck der Gemüthsbewegungen bei dem Menschen und den Thieren. Stuttgart: Schweizerbart'sche Verlagshandlung (Koch).
Deci, E. L. & Ryan, R. M. (1993). Die Selbstbestimmungstheorie der Motivation und ihre Bedeutung für die Pädagogik. Zeitschrift für Pädagogik, 39, 223–238.
Dion, J. & Cyr, M. (2008). The use of the NICHD protocol to enhance the quantity of details obtained from children with low verbal abilities in investigative interviews: A pilot study. Journal of Child Sexual Abuse: Research, Treatment, & Program Innovations for Victims, Survivors & Offenders, 17, 144–162.
Dörner, D. (1996). Verhalten und Handlung. In D. Dörner & H. Selg (Hrsg.), Psychologie. Eine Einführung in ihre Grundlagen und Anwendungsfelder (S. 100–114). Stuttgart: Kohlhammer.
Drinkmann, A. (2014). Soziale Kompetenz – nicht nur für KlientInnen! Das Soziale Kompetenztraining für die Soziale Arbeit – SKSA. Unsere Jugend, 66, 313–325.
Drinkmann, A. (2016). Rollenspiel. In F. J. Schermer, A. Weber, A. Drinkmann & G. Jungnitsch. Methoden der verhaltensorientierten Sozialarbeit (S. 141–191). Aschaffenburg: Alibri.
Drinkmann, A. & Schiebel, A. (2004). Soziale Kompetenzen in Theorie und Praxis der Sozialen Arbeit. Sozialmagazin, 29 (2), 14–18.
Drinkmann, A. & Schiebel, A. (2013). Soziale Kompetenzen für soziale Berufe. Übungsszenarios und Materialien zum SKSA. Heidelberg: Quest.
Edelmann, W. (1994). Suggestopädie/Superlearning. Heidelberg: Asanger.
Edelmann, W. (1996). Lernpsychologie. Weinheim: Psychologie Verlags Union.
Eibl-Eibesfeldt, I. (1978). Grundriß der vergleichenden Verhaltensforschung. München: Piper.
Ekman, P. (1988). Gesichtsausdruck und Gefühl. 20 Jahre Forschung von Paul Ekman. – Hrsg. u. übers. von Maria von Salisch. Paderborn: Junfermann.
Ekman, P. (2010). Gefühle lesen. Heidelberg: Spektrum Akademischer Verlag.
Elhardt, S. (2011). Tiefenpsychologie. Eine Einführung. Stuttgart: Kohlhammer.
Engeser, S. & Vollmeyer, R. (2005). Tätigkeitsanreize und Flow-Erleben. In R. Vollmeyer & J. Brunstein (Hrsg.), Motivationspsychologie und ihre Anwendung (S. 59–71). Stuttgart: Kohlhammer.
Erdelyi, M. H. (1974). A new look at the New Look: Perceptual defense and vigilance. Psychological Review, 81, 1–25.
Erdmann, G. (1983). Vegetatives Nervensystem und Emotionen. In H. A. Euler & H. Mandl (Hrsg.), Emotionspsychologie. Ein Handbuch in Schlüsselbegriffen (S. 119–124). München: Urban & Schwarzenberg.
Ewert, O. (1983). Ergebnisse und Probleme der Emotionsforschung. In H. Thomae (Hrsg.), Enzyklopädie der Psychologie: Themenbereich C Theorie und Forschung, Serie IV Motivation und Emotion, Band 1 Theorien und Formen der Motivation (S. 397–452). Göttingen: Hogrefe.
Falloon, I. R. H., Boyd, J. L. & McGill, C. W. (1984). Family care of schizophrenia. New York: Guilford.
Fehr, B. & Russell, J. A. (1984). Concept of emotion viewed from a prototype perspective. Journal of Experimental Psychology: General, 113, 464–486.
Feldhege, F. J. & Krauthan, G. (1979). Verhaltenstrainingsprogramm zum Aufbau sozialer Kompetenz. Berlin: Springer.
Ferster, C. B., Culbertson, S. & Boren, M. C. P. (1975). Behavior principles. Englewood Cliffs, NJ: Prentice-Hall.
Fliegel, S., Groeger, W. M., Künzel, R., Schulte, D. & Sorgatz, H (1994). Verhaltenstherapeutische Standardmethoden. Weinheim: Beltz/PVU.

Florin, I. (1978). Entspannung – Desensibilisierung. Stuttgart: Kohlhammer.
Freud, S. (1905). Über Psychotherapie. Gesammelte Werke Band V (S. 11–26). Frankfurt a. M.: Fischer, 1961.
Freud, S. (1909). Analyse der Phobie eines fünfjährigen Knaben. Gesammelte Werke Band VII (S. 241–377). Frankfurt a. M.: Fischer, 1966.
Freud, S. (1915). Triebe und Triebschicksale. Gesammelte Werke Band X (S. 209–232). Frankfurt a. M.: Fischer, 1967.
Freud, S. (1923). Das Ich und das Es. Gesammelte Werke Band XIII (S. 235–289). Frankfurt a. M.: Fischer, 1967.
Friedrichs, J. (1990). Methoden empirischer Sozialforschung. Opladen: Westdeutscher Verlag.
Fröhlich, W. (1997). Wörterbuch Psychologie. München: dtv.
Fürntratt, E. (1974). Angst und instrumentelle Aggression. Weinheim: Beltz.
Fürntratt, E. & Möller, C. (1982). Lernprinzip Erfolg. Entwurf einer Pädagogischen Psychologie auf verhaltenstheoretischer Grundlage Teil I. Frankfurt: Lang.
Geiselman, R. E. (1999). Commentary on recent research with the cognitive interview. Psychology, Crime, and Law, 5, 197–202.
Geiselman, R. E., Fisher, R. P., MacKinnon, D. P. & Holland, H. L. (1985). Eyewitness memory enhancement in police interview: Cognitive retrieval mnemonics versus hypnosis. Journal of Applied Psychology, 70, 401–412.
Geissler, K. A. & Hege, M. (2007). Konzepte sozialpädagogischen Handelns. Weinheim: Beltz.
Gelfand, D. M. & Hartmann, D. P. (1984). Child behavior analysis and therapy. New York: Pergamon. Boston: Allyn & Bacon.
Goethe, J. W. (1975). Dichtung und Wahrheit II. Frankfurt a. M.: Insel
Goller, H. (1992). Emotionspsychologie und Leib-Seele-Problem. Stuttgart: Kohlhammer.
Gollwitzer, P. M. (1996). Das Rubikonmodell der Handlungsphasen. In J. Kuhl & H. Heckhausen (Hrsg.), Enzyklopädie der Psychologie: Themenbereich C Theorie und Forschung, Serie IV Motivation und Emotion, Band 4 Motivation, Volition und Handlung (S. 531–582). Göttingen: Hogrefe.
Gontard, A. v. & Lehmkuhl, G. (2009). Einnässen. Göttingen: Hogrefe.
Graumann, C. F. (1966). Grundzüge der Verhaltensbeobachtung. In E. Meyer (Hrsg.), Fernsehen in der Lehrerbildung. Neue Forschungsansätze in Pädagogik, Didaktik und Psychologie (S. 86–107). München: Manz.
Grawe, K., Caspar, F. & Ambühl, H. (1990). Die Berner Therapievergleichsstudie: Wirkungsvergleich und differentielle Indikation. Zeitschrift für Klinische Psychologie, 19, 338–361.
Greenwald, A. G. (1992). New Look 3: Unconscious cognition reclaimed. American Psychologist, 47, 6, 766–779.
Greve, W. & Wentura, D. (1997). Wissenschaftliche Beobachtung. Weinheim: Psychologie Verlags Union.
Groeben, N. & Westmeyer, H. (1981). Kriterien psychologischer Forschung. München: Juventa.
Grosse, S. (1991). Bettnässen: Diagnostik und Therapie. München: Psychologie Verlags Union.
Günter, M. & Bruns, G. (2010). Psychoanalytische Sozialarbeit. Praxis, Grundlagen, Methoden. Stuttgart: Klett-Cotta.
Hahlweg, (2009). Schizophrenie. In J. Margraf & S. Schneider (Hrsg.), Lehrbuch der Verhaltenstherapie, Band 2 (407–434). 3. Aufl. Berlin: Springer.
Hahlweg, K., Dürr, H., Dose, M. & Müller, U. (2006). Familienbetreuung schizophrener Patienten. Ein verhaltenstherapeutischer Ansatz zur Rückfallprophylaxe. 2. Aufl. Weinheim: Beltz.
Hartung, J. (1990). Psychotherapie phobischer Störungen. Wiesbaden: Deutscher Universitäts-Verlag.
Haynes, S. N. & O'Brien, W. H. (2000). Principles and practice of behavioral assessment. New York: Kluwer Academic/Plenum Publishers.

Heckhausen, H. (1989). Motivation und Handeln. Berlin: Springer:
Heckhausen, H. & Rheinberg, J. (1980). Lernmotivation im Unterricht, erneut betrachtet. Unterrichtswissenschaft, 8, 7–47.
Heckhausen, J. & Heckhausen, H. (2010). Motivation und Handeln. Berlin: Springer.
Heiner, M. (2007). Soziale Arbeit als Beruf. Fälle – Felder – Fähigkeiten. München: Reinhardt.
Hinsch, R. & Pfingsten, U. (2015). Gruppentraining sozialer Kompetenzen (GSK): Grundlagen, Durchführung, Anwendungsbeispiele. Weinheim: Beltz.
Hoffmann, J. (1993). Vorhersage und Erkenntnis. Göttingen: Hogrefe.
Homme, L., Csanyi, A. P., Gonzales, M. A. & Rechs, J. R. (1979). Verhaltensmodifikation in der Schulklasse. Ein praxisbezogenes Trainingsprogramm für Lehrer und Studenten. Weinheim: Beltz.
Hussy, W. (1986). Denkpsychologie: Ein Lehrbuch. Band 2: Schlußfolgern, Urteilen, Kreativität, Sprache, Entwicklung, Aufmerksamkeit. Stuttgart: Kohlhammer.
Irvin, J. E., Bowers, C. A., Dunn, M. E. & Wang, M. C. (1999). Efficacy of relapse prevention: A meta-analytic review. Journal of Consulting and Clinical Psychology, 67, 563–570.
James, W. (1890). The principles of psychology (2 Vols.). New York: Holt & Co.
Jungnitsch, G. (2009). Klinische Psychologie. Psychologie in der Sozialen Arbeit Band 2. Stuttgart: Kohlhammer.
Kahneman, D. (1973). Attention and effort. Englewood Cliffs, NJ: Prentice-Hall.
Kamin, L. J. (1968). »Attention-like« processes in classical conditioning. In M. R. Jones (Ed.), Miami symposium on the prediction of behavior: Aversive stimulation (pp. 9–31). Miami: Miami University Press.
Kamin, L. J. (1969). Predictability, surprise, attention, and conditioning. In B. A. Campell & R. M. Church (Eds.), Punishment and aversive behavior (pp. 279–296). New York: Appleton-Century-Crofts.
Kane, J. F. & Kane, G. (1984). Geistig schwer Behinderte lernen lebenspraktische Fertigkeiten. Bern: Huber.
Kanfer, F. H. (1996). Die Motivierung von Klienten aus der Sicht des Selbstregulationsmodells. In J. Kuhl & H. Heckhausen (Hrsg.), Enzyklopädie der Psychologie: Themenbereich C Theorie und Forschung, Serie IV Motivation und Emotion, Band 4 Motivation, Volition und Handlung (S. 909–921). Göttingen: Hogrefe.
Kanfer, F. H., Reinecker, H. & Schmelzer, D. (2012). Selbstmanagement-Therapie. Berlin: Springer.
Kazdin, A. E. (2013). Behavior modification in applied settings. Illinois: Waveland Press.
Kebeck, G. (1994). Wahrnehmung: Theorien, Methoden und Forschungsergebnisse der Wahrnehmungspsychologie. Weinheim: Juventa.
Klein, S. B. (1987). Learning: Principles and applications. New York: McGrawHill.
Kleinginna, P. R. & Kleinginna, A. M. (1981). A categorized list of emotion definitions, with suggestions for a consensual definition. Motivation and Emotion, 5, 345–379.
Köhne, H. (1979). Verhaltensbeobachtung und Verhaltensbeurteilung. In H. Köhne & E. Klippstein (Hrsg.), Pädagogische Verhaltensdiagnostik in der Praxis (S. 19–44). Freiburg: Herder.
Körkel, J. & Schindler, C. (2017). Rückfallprävention mit Alkoholabhängigen: Das strukturierte Trainingsprogramm S.T.A.R. Berlin: Springer.
Kriz, J., Lück, H. E. & Heidbrink, H. (1987). Wissenschafts- und Erkenntnistheorie. Opladen: Leske und Budrich.
Küfner, H., Feuerlein, W. & Huber, M. (1988). Die stationäre Behandlung von Alkoholabhängigen: Ergebnisse der 4-Jahreskatamnese, mögliche Konsequenzen für die Indikationsstellung und Behandlung. Suchtgefahren, 34, 157–272.
Kühnel, S. & Markowitsch, H. J. (2009). Falsche Erinnerungen. Heidelberg: Spektrum Akademischer Verlag.
Kuhl, J. (1983). Motivation, Konflikt und Handlungskontrolle. Berlin: Springer.

Kuhl, J. (1987). Motivation und Handlungskontrolle: Ohne guten Willen geht es nicht. In H. Heckhausen, P. M. Gollwitzer & F. E. Weinert (Hrsg.), Jenseits des Rubikon: Der Wille in den Humanwissenschaften (S. 101–120). Berlin: Springer.

Kuhl, J. (2010). Individuelle Unterschiede in der Selbststeuerung. In J. Heckhausen & H. Heckhausen (Hrsg.), Motivation und Handeln (S. 337–363). Berlin: Springer.

Lampinen, J. M., Copeland, S. M. & Neuschatz, J. S. (2001). Recollections of things schematic: Room schemas revisited. Journal of Experimental Psychology: Learning, Memory, and Cognition, 27, 1211–1222.

Landscheidt, K. & Rheinberg, F. (1996). Motivationale Rekonstruktion strafbarer Handlungen bei Jugendlichen mit unterschiedlicher Kriminalitätsbelastung. Zeitschrift für Differentielle und Diagnostische Psychologie, 17, 96–108.

Larbig, W. (1983). Limbisches System und Emotionen. In H. A. Euler & H. Mandl (Hrsg.), Emotionspsychologie. Ein Handbuch in Schlüsselbegriffen (S. 109–118). München: Urban & Schwarzenberg.

Laucken, U., Schick, A. & Höge, H. (1996). Einführung in das Studium der Psychologie. Stuttgart: Klett-Cotta.

Laux, L. & Weber, H. (1990). Bewältigung von Emotionen. In K. R. Scherer (Hrsg.), Enzyklopädie der Psychologie: Themenbereich C Theorie und Forschung, Serie IV Motivation und Emotion, Band 3 Psychologie der Emotion (S. 560–629). Göttingen: Hogrefe.

Lazarus, R. S. (1966). Psychological stress and the coping process. New York: McGraw-Hill.

Lazarus, R. S. (1984). On the primacy of cognition. American Psychologist, 39, 124–129.

Lazarus, R. S. (1991). Emotion and adaptation. New York: Oxford University Press.

Lazarus, R. S. & Folkman, S. (1984). Stress, appraisal, and coping. New York: Springer.

Lazarus, R. S. & Launier, R. (1981). Streßbezogene Transaktionen zwischen Person und Umwelt. In J. R. Nitsch (Hrsg.), Streß: Theorien, Untersuchungen, Maßnahmen (S. 213–259). Bern: Huber.

Lewin, K. (1969). Grundzüge der topologischen Psychologie. Bern: Huber.

Lilly, W. & Frey, D. (1993). Die Hypothesentheorie der Wahrnehmung. In D. Frey & M. Irle (Hrsg.), Theorien der Sozialpsychologie. Band I: Kognitive Theorien (S. 49–78). Bern: Huber.

Loftus, E. F. & Ketcham, K. (1995). Die therapierte Erinnerung. Hamburg: Ingrid Klein.

Loftus, E. F. & Pickrell, J. E. (1995). The formation of false memories. Psychiatric Annals, 25, 720–725.

Lorenz, K. (1937). Über die Bildung des Instinktbegriffs. Die Naturwissenschaften, 25, 289–300, 307–318, 325–331.

Lorenz, K. (1963). Das sogenannte Böse. Wien: Borotha-Schoeler.

Lorenz, K. (1978). Vergleichende Verhaltensforschung. Grundlagen der Ethologie. Wien: Springer.

Lück, H. E. (2015). Geschichte der Psychologie. In A. Schütz, M. Brand, H. Selg & S. Lautenbacher (Hrsg.), Psychologie. Eine Einführung in ihre Grundlagen und Anwendungsfelder (S. 35-53). Stuttgart: Kohlhammer.

Lück, H. E. & Guski-Leinwand, S. (2014). Geschichte der Psychologie. Strömungen, Schulen, Entwicklungen. Stuttgart: Kohlhammer.

Mackintosh, N. J. (1975). A theory of attention: Variations in the associability of stimuli with reinforcement. Psychological Review, 82, 276–298.

Mackintosh, N. J. (1983). Conditioning and associative learning. Oxford: Clarendon.

Mair, H. (1997). Einführung in die Sozialpädagogik/Soziale Arbeit. Grundrisse ihrer Arbeitsfelder, Aufgaben und theoretischen Konzeptionen. Münster: LIT.

Maffli, E., Wacker, H. R. & Mathey, M. C. (1995). 7-Jahres-Katamnese von stationär behandelten Alkoholabhängigen in der deutschen Schweiz. Schweizerische Fachstelle für Alkohol- und andere Drogenprobleme. Forschungsbericht Nr. 26/1995. Lausanne.

Markowitsch, H. J. & Welzer, H. (2005). Das autobiographische Gedächtnis. Stuttgart: Klett-Cotta.

Marlatt, G. A. (1985a). Relapse prevention: Theoretical rationale and overview of the model. In G. A. Marlatt & J. R. Gordon (Eds.), Relapse prevention: Maintenance strategies in the treatment of addictive behaviors (3–70). New York: Guilford.

Marlatt, G. A. (1985b). Cognitive factors in the relapse process. In G. A. Marlatt & J. R. Gordon (Eds.), Relapse prevention: Maintenance strategies in the treatment of addictive behaviors (pp. 128–200). New York: Guilford.

Marlatt, G. A. (1996). Taxonomy of high-risk situations for alcohol relapse: Evolution and development of a cognitive-behavioral model. Addiction, 91 (Suppl.), S147–S153.

Marlatt, G. A. & Perry, M. A. (1977). Methoden des Modellernens. In F. H. Kanfer & A. P. Goldstein (Eds.), Möglichkeiten der Verhaltensänderung (S. 133–177). München: Urban & Schwarzenberg.

Martin, G. & Pear, J. (2003). Behavior modification. What it is and how to do it. Upper Saddle River, NJ: Prentice Hall.

Mayring, P. (1992). Klassifikation und Beschreibung einzelner Emotionen. In D. Ulich & P. Mayring, Psychologie der Emotionen (S. 131–181). Stuttgart: Kohlhammer.

Mazur, J. (2004). Lernen und Gedächtnis. München: Pearson Studium.

McGinnies, E. (1949). Emotionality and perceptual defense. Psychological Review, 56, 244–251.

Mees, U. (1977). Einführung in die systematische Verhaltensbeobachtung. In U. Mees & H. Selg (Hrsg.), Verhaltensbeobachtung und Verhaltensmodifikation (S. 14–32). Stuttgart: Klett.

Mees, U. (1991). Die Struktur der Emotionen. Göttingen: Hogrefe.

Mees, U. (1992). Die Struktur der Emotionen. In U. Mees (Hrsg.), Psychologie des Ärgers (S. 1–29). Göttingen: Hogrefe.

Meichenbaum, D. (1977). Cognitive-behavior modification. An integrated approach. New York: Plenum.

Meichenbaum, D. & Turk, D. C. (1994). Therapiemotivation des Patienten. Bern: Huber.

Mertens, W. (1990). Psychoanalyse. Stuttgart: Kohlhammer.

Meyer, W.-U., Schützwohl, A. & Reisenzein, R. (1993). Einführung in die Emotionspsychologie Band 1. Bern: Huber.

Michael, T. & Ehlers, A. (2008) Klassische Konditionierung als Erklärungsprinzip für klinische Ängste. Ein Update eines modernen Klassikers. Zeitschrift für Klinische Psychologie und Psychotherapie, 37, 221–230.

Miller, W. R. (1985). Motivation for treatment: A review with special emphasis on alcoholism. Psychological Bulletin, 98, 84–107.

Miltenberger, R. G. (2016). Behavior modification: Principles and procedures. Boston: Cengage Learning.

Mitmansgruber, H. (2003). Kognition und Emotion. Die Regulation von Gefühlen im Alltag und bei psychischen Störungen. Bern: Huber.

Mowrer, O. H. (1947). On the dual nature of learning – A reinterpretation of »conditioning« and »problem-solving«. Harvard Educational Review, 17, 102–148.

Mowrer, O. H. (1956). Two-factor learning theory reconsidered, with special reference to secondary reinforcement and the concept of habit. Psychological Review, 63, 114–128.

Mowrer, O. H. & Mowrer, W. M. (1938). Enuresis: A method for its study and treatment. American Journal of Orthopsychiatry, 8, 436–459.

Müller, B. (1991). Die Last der großen Hoffnungen. Methodisches Handeln und Selbstkontrolle in sozialen Berufen. Weinheim: Juventa.

Müller, C. W. (Hrsg.). (1987). Einführung in die Soziale Arbeit. Weinheim: Beltz.

Müsseler, J. & Prinz, W. (Hrsg.). (2008). Allgemeine Psychologie. Heidelberg: Spektrum Akademischer Verlag.

Neudeck, P. & Wittchen, H.-U. (Hrsg.). (2005). Konfrontationstherapie bei psychischen Störungen. Göttingen: Hogrefe.

Neumann, O. (1992). Theorien der Aufmerksamkeit: von Metaphern zu Mechanismen. Psychologische Rundschau, 43, 69–82.

Nolting, H.-P. & Paulus, P. (2015). Psychologie lernen. Weinheim: Beltz.

Novaco, R. W. (1975). Anger control. The development and evaluation of an experimental treatment. Lexington, MA.: Heath.
Novaco, R. W. (1977). A stress inoculation approach to anger management in the training of law enforcement officers. American Journal of Community Psychology, 3, 327–346.
Novaco, R. W. (1986). Anger as a clinical and social problem. In R. J. Blanchard & D. C. Blanchard (Eds.), Advances in the study of aggression (Vol. 2, pp. 1–67). Orlando: Academic Press.
Olds, J. & Milner, P. (1954). Positive reinforcement produced by electrical stimulation of septal area and other regions of rat brain. Journal of Comparative and Physiological Psychology, 47, 419–427.
Ortony, A., Clore, G. L. & Collins, A. (1988). The cognitive structure of emotions. Cambridge: Cambridge University Press.
Paivio, A. (1971). Imagery and verbal processes. New York: Holt, Rinehart & Winston.
Paivio, A. (1978). Dual coding: Theoretical issues and empirical evidence. In J. M. Scandura & C. J. Brainerd (Eds.), Structural/process models of complex human behavior (pp. 527–549). Alphen aan den Rijn: Sijthoff & Noordhoff.
Parks, G. A., Anderson, B. K. & Marlatt, G. A. (2001). Relapse prevention therapy. In N. Heather, T. J. Peters & T. Stockwell (Eds.), Handbook of alcohol problems and dependence (pp. 575–592). New York: Wiley.
Patterson, G. R. & Cobb, J. A. (1971). A dyadic analysis of »aggressive« behaviors. In J. P. Hill (Ed.), Minnesota symposia on child psychology (Vol. 5, pp. 72–129). Minneapolis: University of Minnesota Press.
Pawlow, I. P. (1953). Ausgewählte Werke. Berlin: Akademie-Verlag.
Perrez, M. (1972). Ist die Psychoanalyse eine Wissenschaft? Bern: Huber.
Perrez, M., Büchel, F., Ischi, N., Patry, J.-L. & Thommen, B. (1985). Erziehungspsychologische Beratung und Intervention als Hilfe zur Selbsthilfe in Familie und Schule. Bern: Huber.
Perrez, M. & Reicherts, M. (1992). A situation-behavior approach to stress and coping. In M. Perrez & M. Reicherts, Stress, coping, and health (pp. 17–38). Seattle: Hogrefe.
Petermann, F. (1996). Einzelfalldiagnostik in der klinischen Praxis. Weinheim: Psychologie Verlags Union.
Petry, J. (1993). Behandlungsmotivation. Grundlagen und Anwendungen in der Suchttherapie. Weinheim: Psychologie Verlags Union.
Pielmaier, H., Wetzstein, H., Blumenberg, F.-J. & Kury, H. (1980). Die Trainingseinheiten. In H. Pielmaier (Hrsg.), Training sozialer Verhaltensweisen (S. 72–180). München: Kösel.
Pollmann, S. (2008). Allgemeine Psychologie. UTB: Stuttgart.
Pongratz, L. J. (1973). Lehrbuch der Klinischen Psychologie. Psychologische Grundlagen der Psychotherapie. Göttingen: Hogrefe.
Pongratz, L. J. (1983). Hauptströmungen der Tiefenpsychologie. Kröner.
Pongratz, L. J. (1984). Problemgeschichte der Psychologie. München: UTB.
Pöppel, E. (1997). Grenzen des Bewußtseins. Frankfurt a. M.: Insel.
Popper, K. R. (1966). Logik der Forschung. Tübingen: Mohr.
Postman, L. (1951). Toward a general theory of cognition. In J. H. Rohrer & M. Sherif (Eds.), Social psychology at the crossroads (pp. 242–272). New York: Harper.
Premack, D. (1959). Toward empirical behavior laws: I. Positive reinforcement. Psychological Review, 66, 219–233.
Prinz, W. (1983). Wahrnehmung und Tätigkeitssteuerung. Berlin: Springer.
Rachman, S. & Bergold, J. (1976). Verhaltenstherapie bei Phobien. München: Urban & Schwarzenberg.
Reicherts, M. (1988). Diagnostik der Belastungsverarbeitung. Neue Zugänge zu Streß-Bewältigungs-Prozessen. Bern: Huber.
Reicherts, M. & Perrez, M. (1992). Adequate coping behavior: The behavior rules approach. In M. Perrez & M. Reicherts, Stress, coping, and health (pp. 161–182). Seattle: Hogrefe.

Reinecker, H.(Hrsg.). (1980). Bestrafung. Salzburg: Otto Müller.
Reinecker, H. (1987). Grundlagen der Verhaltenstherapie. München: Psychologie Verlags Union.
Reinecker, H. (Hrsg.). (1999). Lehrbuch der Verhaltenstherapie. Tübingen: dgvt-Verlag.
Rescorla, R. A. & Wagner, A. R. (1972). The theory of Pavlovian conditioning: variations in the effectiveness of reinforcement and nonreinforcement. In A. H. Black & W. F. Prokasy (Eds.), Classical conditioning II: current research and theory (pp. 64–99). New York: Appleton-Century-Crofts.
Revenstorf, D. (1993). Psychotherapeutische Verfahren, Band III: Humanistische Therapien. Stuttgart: Kohlhammer.
Rheinberg, F. (2008). Motivation. Stuttgart: Kohlhammer.
Rheinberg, F. (2010). Intrinsische Motivation und Flowerleben. In J. Heckhausen & H. Heckhausen (Hrsg.), Motivation und Handeln (S. 365–387). Berlin: Springer.
Rogers, C. (1959). A theory of therapy, personality, and interpersonal relationships, as developed in the client-centered framework. In S. Koch (Ed.), Psychology: A study of science: Study I Conceptual and systematic, Volume 3 Formulations of the person and the social context (pp. 184–256). New York: McGraw-Hill.
Rogers, C. (1976). Entwicklung und Persönlichkeit. Stuttgart: Klett-Cotta.
Rohracher, H. (1988). Einführung in die Psychologie. München: Psychologie Verlags Union.
Rosch, E. (1978). Principles of categorization. In E. Rosch & B. B. Lloyd (Eds.), Cognition and categorization (pp. 27–48). Hillsdale, N. J.: Erlbaum.
Rosenstock, I. M. (1974). The health belief model and preventive health behavior. Health Education Monographs, 2, 354–386.
Rosenthal, R. & Jacobson, L. (1971). Pygmalion im Unterricht. Weinheim: Beltz.
Rost, D. H. & Schermer, F. J. (2007). Differentielles Leistungsangst Inventar (DAI). Frankfurt am Main: Harcourt Test Services.
Rothermund, K. (2015). Emotion. In A. Schütz, M. Brand, H. Selg & S. Lautenbacher (Hrsg.), Psychologie. Eine Einführung in ihre Grundlagen und Anwendungsfelder (S. 152–169). Stuttgart: Kohlhammer.
Rubin, T. I. (1989). Mach Deinem Ärger Luft! München: Moderne Verlagsgesellschaft.
Rudolph, U. (2013). Motivationspsychologie kompakt. Weinheim: Beltz.
Sachse; R. (2005). Von der Gesprächspsychotherapie zur Klärungsorientierten Psychotherapie. Kritik und Weiterentwicklung eines Therapiekonzeptes. Lengerich: Pabst.
Sarris, V. (1990). Methodologische Grundlagen der Experimentalpsychologie. 1: Erkenntnisgewinnung und Methodik. München: Reinhardt.
Schacter, D. L. (1987). Implicit memory: History and current status. Journal of Experimental Psychology: Learning, Memory, and Cognition, 13, 501–518.
Schacter, D. L. (1997). The seven sins of memory. American Psychologist, 54, 182–201.
Schacter, D. L. (2005). Aussetzer. Bergisch Gladbach: Lübbe.
Schank, R. C. & Abelson, R. P. (1977). Scripts, plans, goals, and understanding: An inquiry into human knowledge structures. Hillsdale, N. J.: Erlbaum.
Scherer, K. R. (1990). Theorien und aktuelle Probleme der Emotionspsychologie. In K. R. Scherer (Hrsg.), Enzyklopädie der Psychologie: Themenbereich C Theorie und Forschung, Serie IV Motivation und Emotion, Band 3 Psychologie der Emotion (S. 2–38). Göttingen: Hogrefe.
Scherer, K. R. & Wallbott, H. G. (1990). Ausdruck von Emotionen. In K. R. Scherer (Hrsg.), Enzyklopädie der Psychologie: Themenbereich C Theorie und Forschung, Serie IV Motivation und Emotion, Band 3 Psychologie der Emotion (S. 345–422). Göttingen: Hogrefe.
Schermer, F. J. (2014). Lernen und Gedächtnis. Stuttgart: Kohlhammer.
Schermer, F. J. (2016a). Verhaltensdiagnostik. In F. J. Schermer, A. Weber, A. Drinkmann & G. Jungnitsch, Methoden der verhaltensorientierten Sozialarbeit (S. 11–51). Aschaffenburg: Alibri.

Schermer, F. J. (2016b). Operante Methoden. In F. J. Schermer, A. Weber, A. Drinkmann & G. Jungnitsch, Methoden der verhaltensorientierten Sozialarbeit (S. 53–105). Aschaffenburg: Alibri.

Schiefele, U. & Streblow, L. (2004). Intrinsische Motivation – Theorien und Befunde. In R. Vollmeyer & J. Brunstein (Hrsg.), Motivationspsychologie und ihre Anwendung (S. 39–58). Stuttgart: Kohlhammer.

Schmelzer, D. (1997). Verhaltenstherapeutische Supervision. Theorie und Praxis. Göttingen: Hogrefe.

Schmidt, R. F. (1997). Neuro- und Sinnesphysiologie. Berlin: Springer.

Schmidt-Atzert, L. (1996). Lehrbuch der Emotionspsychologie. Kohlhammer: Stuttgart.

Schmidt-Atzert, L., Peper, M. & Stemmler, G. (2014). Emotionspsychologie. Ein Lehrbuch. Stuttgart: Kohlhammer.

Schneider, K. & Schmalt, H.-D. (1994). Motivation. Stuttgart: Kohlhammer.

Schönpflug, W. (1980). System Mensch. Studientext zur Einführung in die Psychologie. Stuttgart: Klett-Cotta.

Schönpflug, W. (2013). Geschichte und Systematik in der Psychologie. Weinheim: Beltz PVU

Schönpflug, W. & Schönpflug, U. (1997). Psychologie. Allgemeine Psychologie und ihre Verzweigungen in die Entwicklungs-, Persönlichkeits- und Sozialpsychologie. München: Urban und Schwarzenberg.

Schröder, H. (1976). Leistungsmessung und Schülerbeurteilung. Stuttgart: Klett.

Schulte, D. (1996). Therapieplanung. Göttingen: Hogrefe.

Schultheiss, O. C. & Brunstein, J. C. (1997). Motivation. In J. Straub, W. Kempf & H. Werbik (Hrsg.), Psychologie. Eine Einführung. Grundlagen, Methoden, Perspektiven (S. 297–323). München: Deutscher Taschenbuch Verlag.

Schwenkmezger, P. (1990). Ärger, Ärgerausdruck und Gesundheit. In R. Schwarzer (Hrsg.), Gesundheitspsychologie (S. 295–310). Göttingen: Hogrefe.

Schwenkmezger, P. & Hodapp, V. (1993). Theorie und Messung von Ärgerausdruck. In V. Hodapp & P. Schwenkmezger (Hrsg.), Ärger und Ärgerausdruck (S. 35–69). Bern: Huber.

Schwenkmezger, P., Steffgen, G. & Dusi, D. (1999). Umgang mit Ärger. Göttingen: Hogrefe.

Sedlmeier, P. & Renkewitz, F. (2008). Forschungsmethoden und Statistik in der Psychologie. München: Pearson Studium.

Selg, H. (1992). Ärger und Aggression. In U. Mees (Hrsg.), Psychologie des Ärgers (S. 190–205). Göttingen: Hogrefe.

Selg, H. (2002). Freud – Genie oder Scharlatan? Eine kritische Einführung in Leben und Werk. Stuttgart: Kohlhammer.

Selg, H., Mees, U. & Berg, D. (1997). Psychologie der Aggressivität. Göttingen: Hogrefe.

Selg, H. & Schermer, F. J. (2015). Lernen. In A. Schütz, M. Brand, H. Selg & S. Lautenbacher (Hrsg.), Psychologie. Eine Einführung in ihre Grundlagen und Anwendungsfelder (S. 101–116). Stuttgart: Kohlhammer.

Seligman, M. E. P. (1972). Phobias and preparedness. In M. E. P. Seligman & J. L. Hager (Eds.), Biological boundaries of learning (pp. 451–462). Englewood Cliffs, N. J.: Prentice Hall.

Seligman, M. E. P. (1975). Helplessness. On depression, development, and death. San Francisco: Freeman.

Sieland, B. (1996). Klinische Psychologie. Band II. Stuttgart: Kohlhammer.

Skinner, B. F. (1973). Wissenschaft und menschliches Verhalten. München: Kindler.

Skinner, B. F. (1974). Die Funktion der Verstärkung in der Verhaltenswissenschaft. München: Kindler.

Smith, E. E., Shoben, E. J. & Rips, L. J. (1974). Structure and process in semantic memory: A featural model for semantic decisions. Psychological Review, 81, 214–241.

Spada, H. (Hrsg.). (2006). Lehrbuch Allgemeine Psychologie. Bern: Huber.

Steffgen, G., de Boer, C. & Vögele, C. (2014). Ärgerbezogene Störungen. Göttingen: Hogrefe.

Stimmer, F. (2012). Grundlagen des Methodischen Handelns in der Sozialen Arbeit. Stuttgart: Kohlhammer.
Sulzer-Azaroff, B. & Mayer, G. R. (1977). Applying behavior-analysis procedures with children and youth. New York: Holt, Rinehart and Winston.
Terry, W. S. (2009). Learning and memory. Boston: Pearson Education.
Thomas, A. (1991). Grundriß der Sozialpsychologie. Band 1: Grundlegende Begriffe und Prozesse. Göttingen: Hogrefe.
Tinbergen, N. (1966). Instinktlehre. Vergleichende Erforschung angeborenen Verhaltens. Berlin: Parey.
Toates, F. (2009). Burrhus F. Skinner. Basingstoke: Palgrave Macmillan.
Trautner, H. M. (2003). Allgemeine Entwicklungspsychologie. Stuttgart: Kohlhammer.
Traxel, W. (1972). Gefühl und Gefühlsausdruck. In R. Meili & H. Rohracher (Hrsg.), Lehrbuch der experimentellen Psychologie (S. 235–280). Bern: Huber.
Treisman, A. (1960). Contextual cues in selective listening. Quarterly Journal of Experimental Psychology, 12, 242–248.
Tulving, E. (1972). Episodic and semantic memory. In E. Tulving & W. Donaldson (Eds.), Organization of memory (pp. 381–403). New York: Academic Press.
Tulving, E. & Thomson, D. M. (1973). Encoding specificity and retrieval processes in episodic memory. Psychological Review, 80, 352–373.
Ulich, D. (1989). Das Gefühl. Eine Einführung in die Emotionspsychologie. München: Psychologie Verlags Union.
Ulich, D. (1992). Begriffsbestimmungen und Theoriediskussion. In D. Ulich & P. Mayring, Psychologie der Emotionen (S. 28–57). Stuttgart: Kohlhammer.
Ulich, D. & Bösel, R.M. (2005). Einführung in die Psychologie. Stuttgart: Kohlhammer.
Veith, A. (1997). Therapiemotivation. Zur Spezifizierung einer unspezifischen Therapievariablen. Opladen: Westdeutscher Verlag.
Vogel, S. (1996). Emotionspsychologie. Opladen: Westdeutscher Verlag.
Völker, U. (1980). Grundlagen der Humanistischen Psychologie. In U. Völker (Hrsg.), Humanistische Psychologie (S. 13–37). Weinheim: Beltz.
Waller, H. (2006). Gesundheitswissenschaft. Eine Einführung in Grundlagen und Praxis. Stuttgart: Kohlhammer.
Waller, H. (2007). Sozialmedizin. Grundlagen und Praxis für psychosoziale und pädagogische Berufe. Stuttgart: Kohlhammer.
Wasserman, E. A. & Miller, R. R. (1997). What's elementary about associative learning? In J. T. Spence, J. M. Darley & D. J. Foss (Eds.), Annual Review of Psychology (48, pp. 573–607). Palo Alto, Cal.: Annual Reviews.
Watson, J. B. (1914). Behavior: An introduction to comparative psychology. New York: Holt & Co.
Watson, J. B. & Rayner, R. (1920). Conditioned emotional reactions. Journal of Experimental Psychology, 3, 1–14.
Weber, H. (1990). Emotionsbewältigung. In R. Schwarzer (Hrsg.), Gesundheitspsychologie (S. 279–294). Göttingen: Hogrefe.
Weber, H. (1991). Über den Ärger. Unveröffentlichte Habilitationsschrift. Universität Bamberg.
Weber, H. (1994). Ärger. Psychologie einer alltäglichen Emotion. Weinheim: Juventa.
Weber, H. & Laux, L. (1991). Bewältigung und Wohlbefinden. In A. Abele & P. Becker (Hrsg.), Wohlbefinden. Theorie – Empirie – Diagnostik (S. 139–154). Weinheim: Juventa.
Weber, H. & Laux, L. (1993). Emotionsbewältigung: Formen und Intentionen. In L. Laux & H. Weber, Emotionsbewältigung und Selbstdarstellung (S. 11–36). Stuttgart: Kohlhammer.
Wendlandt, W. (1977). Verhaltensmodifikation durch Rollenspiele. In W. Wendlandt (Hrsg.), Rollenspiel in Erziehung und Unterricht (S. 15–49). München: Reinhardt.
Wendlandt, W. (2003). Veränderungstraining im Alltag. Eine Anleitung zur In-vivo-Arbeit in Therapie, Beratung und Selbsthilfe. Stuttgart: Thieme.

Wendt, A. (1995). Diagnostik von Bewältigungsverhalten. Landau: Empirische Pädagogik.
Wertheimer, M. (1971). Kurze Geschichte der Psychologie. München: Piper.
Wolpe, J. (1958). Psychotherapy by reciprocal inhibition. Stanford: Stanford University Press.
Wottawa, H. (1988). Psychologische Methodenlehre. München: Juventa.
Wühr, P. (2015). Planen und Handeln. In A. Schütz, M. Brand, H. Selg & S. Lautenbacher (Hrsg.), Psychologie. Eine Einführung in ihre Grundlagen und Anwendungsfelder (S. 136–151). Stuttgart: Kohlhammer
Wundt, W. (1910). Grundzüge der physiologischen Psychologie, 2. Band. Leipzig: Engelmann.
Zajonc, R. B. (1980). Feeling and thinking: Preferences need no inferences. American Psychologist, 35, 151–175.
Zajonc, R. B. (1984). On the primacy of affect. American Psychologist, 39, 117–123.
Zimbardo, P. G. (1995). Psychologie. Berlin: Springer.

Sachregister

A

Abstinenzverletzungseffekt 192
Allgemeine Psychologie 44
All-Satz 36, 39
Alltagsurteil 13, 32
Aneignungsphase 157, 159
angeborene Reaktionstendenzen 100
anger-in 202
anger-out 202
Angst 18, 24, 29, 43, 49, 67, 78, 99, 106, 114–116, 121, 131, 133, 135, 161, 164–167, 169 f., 177, 179, 181 f., 184, 188, 193, 196 f., 203, 220, 224, 236 f.
Anreiz 208, 212 f., 216–219, 222, 233
Anschlussmotiv 214
Arbeitsgedächtnis 61
Ärger 49, 133, 161, 166 f., 169, 174, 177, 179, 181 f., 187 f., 196–198, 200–205
Attraktivitätsemotionen 172, 174, 176 f.
Attributionsemotionen 172, 174
Aufforderungscharakter 209, 213
Aufmerksamkeit 50 f., 58, 61, 71, 82 f., 85, 87, 100, 111, 117, 142, 157, 159, 161, 201, 223 f., 232
– Filtermodell 82 f.
– Fünf-Komponenten-Modell 84
– Kapazitätsmodell 83
Aufmerksamkeitsprozesse 157
Ausdruck 162, 165, 178, 180–183, 202
Ausrutscher 192, 194 f.

B

Bedrohung 192
Begriff(e) 34, 37, 64–66, 68 f., 203
Begriffsbildung 64 f.
Belastungen 191
Beobachtung 10, 37, 49 f., 59, 87–95, 98, 102, 121, 125 f., 128, 138, 141 f., 145 f., 148, 211, 234
Beobachtungsfehler 91 f.
– emotionale Beteiligung 91, 93
– Erwartungseffekte 91, 93
– Kapazitätsgrenzen 91, 94
– Konsistenzeffekte 91, 93
– observer drift 91, 93
– physiologische Einschränkungen 91 f.
– Reaktivitätseffekte 92, 95
– Urteilstendenzen 91, 94
Beobachtungslernen 159
Beobachtungssysteme
– Kategoriensystem 91, 94, 98
– Ratingverfahren 91, 94
– vollständige Beschreibung 90
– Zeichensystem 90, 138
Beschreiben 33
Bestrafung 114, 118–122, 132–136, 147, 186, 204
– durch aversiven Reiz 118 f.
– durch Verstärkerentzug 118 f., 135
– Legitimationsempfehlungen 134
– Nachteile 133
Bewältigung 10, 49, 152, 184–206, 224
Bewältigungsformen 188 f., 205
– Aktionshemmung 188 f.
– direkte Aktion 188 f.
– Informationssuche 188 f.
– intrapsychisch 188 f.
Bewältigungsfunktionen 188 f., 197
– instrumentell 188, 195
– palliativ 195
Bewältigungsintentionen 204
– Regulation der Emotionskomponenten 198
– Regulation der Interaktion 198, 204
– Regulation von Selbstkonzept und Selbstwert 198, 203
– Situationsregulation 198, 203
Bewältigungskompetenz 191
Bewältigungskompetenzen 194
Bewertung 163, 171 f., 174, 176 f., 186 f.
– primäre 186 f.
– sekundäre 186
Bewertungsprozess 147 f.
Bewusstseinslage
– motivationale 226
– volitionale 226

Blockierungsphänomen 108
bottom-up-Steuerung 57

C

coping models 157
CS preexposure effect 111

D

Dampfkesselmodell 211
Darbietungsregeln 183
Definition 34 f.
- Definiendum 34
- Definiens 34
- operationale 34
Diagnostik 152
Diskrimination 107, 109

E

Echtheit 29 f.
Effektivitätskriterien der Ärgerbewältigung 204
einfühlendes Verstehen 29
Einwände gegen eine empirisch ausgerichtete Psychologie 42
- anthropologische 43
- methodische 43
Emotion 45 f., 161–206
Emotionsbewältigung 161, 198, 204
Emotionsintensität 170, 174, 180
Emotionsqualität 169, 171
Empfindung 50–53, 59
Entspannung 155
Entspannungstechniken 154
Entspannungstraining 194
Enuresis nocturna 112 f.
ereignisbezogene Emotionen 172, 175, 197
Erfolgs- oder Effektorgan 103, 168
Ergebniserwartung 150
Ergebnis-Folge-Erwartung 217, 232
Erkennen 50, 58 f., 71, 87, 182, 236
Erklärung 32, 35–38
- erster Ordnung 35, 37 f., 121
- zweiter Ordnung 37 f., 121
Erwartung 79–81, 216
Erwartungen 195
erwartungsbezogene Emotionen 172
erweitertes kognitives Motivationsmodell 216, 218, 220, 231
Evaluation 159
Existenz-Satz 36
Expressed Emotions 196

F

Falsche Erinnerung 73–78
- falsche Rekognition 73
- Intrusionen 73
- Konfabulationen 73
Falsifikationsprinzip 40
Feedback 154, 158 f.
- Regeln 158
Feedbackregeln 159
Fehler der zentralen Tendenz 94
Flow-Erleben 219
Flucht 129–131, 133, 170
follow-up 128
Förderung 41
Formatio reticularis 170
Funktionsbereich(e) 9 f., 45 f., 48 f.
Fuzzy-Trace-Theorie 76

G

Gedächtnis 17, 45–47, 49 f., 58–78, 87, 94, 144 f., 159
- episodisches 63
- explizit (deklarativ) 62
- prozedurales (implizit) 63
- semantisches 64
Gefühl(e) 161–168, 171, 178 f., 182 f., 185, 193
- Ausdruck 179
- Dimensionen 165
- Kategorien 165
Gegenstandsbestimmung der Psychologie 14
- Bewusstsein 14
- Erleben 14
- Erleben und Verhalten 19
- Seele 14
- Unbewusstes 14
- Verhalten 14
Geltungsbegründung 35
Geschick-anderer-Emotionen 172
Gesichtsausdruck 179, 181, 197
Grundratenerhebung 128
Gruppenarbeit 153
Gruppenregeln 154
Gruppierungs- und Gestaltgesetze 55
- Figur-Grund-Prinzip 55
- Geschlossenheit 55
- Gruppierung 56
- Prägnanz (gute Gestalt) 56

H

Halo-Effekt 92

Haltezeit 60, 94
Handlung 81, 84 f., 216–221, 223, 225
Handlungsabsicht 222–225, 231
- degenerierte 223
- vollständige, adäquate 223, 231
Handlungs-bei-Situation-Ergebnis-Erwartung 217
Handlungs-Ergebnis-Erwartung 219, 221, 232
Handlungskontrolle 223 f., 227
Handlungsorientierung 216, 223 f., 231
Hausaufgaben 158
Hawthorne-Effekt 95
Herausforderung 192
Heuristiken 159
hormonelles System 169
Humanistische Psychologie (Rogers) 20, 27
- anthropologische Grundannahmen 27
- Persönlichkeitslehre 27
- Störungslehre 29
Hypothese(n) 35–40, 79–81, 121
Hypothesenbildung 35
Hypothesentheorie 79, 81

I

Idealselbst 28
Identitätsprinzip 110
Indikation 152, 154
Informationsselektion 82, 84
Informationsverarbeitung 47, 51, 61, 63, 83, 102, 140, 177, 188, 225
Inkongruenz 29
Instinkt 210
Instrumentalität 217–219
Interstimulusintervall (ISI) 109
Intersubjektivität 33 f., 89, 167
Intervallplan 127

K

Kapazität 60, 94
Kodierung 60, 145, 177
- analoge
- diskrete 61
- propositionale 67, 146
Kognition 171–177
Kognitions-Emotions-Debatte 176
Kognitive Psychologie 48, 66
Kommunikationsstil 196
Kommunikationstraining 196
Kompetenz
- soziale 152
- Training 153 f.
Kompetenzdefizite 152 f.

Kompetenzmangel 152
Konditionierung höherer Ordnung 106 f.
Konfrontationsmethoden 115
Kongruenz 29
Konstanzphänomene 56
- Formkonstanz 57
- Größenkonstanz 57
- Helligkeitskonstanz 57
Konstrukt
- explikatives 207
- hypothetisches 34, 59, 101, 122, 149, 207
Kontiguitätsprinzip 109
Kontingenzvertrag 139
Korrektur 41, 146
kritischer Rationalismus 40
Kurzzeitspeicher 60

L

Lageorientierung 223, 225, 227, 231
Langzeitgedächtnis 62 f.
lapse 192
learning by doing 154
Lebensstil 194
Leerstelle (slot) 70 f.
Leidensdruck 210, 231 f.
Leistungsmotiv 214 f.
Lernen 45 f., 49, 99–160, 207
- operantes 116–140, 159, 218
- respondentes 102–116
- soziales 140–160
Lernziele 158
Libidoentwicklung 23
limbisches System 169
Löschung 108 f., 118 f., 126, 135 f.

M

Machtmotiv 208, 214
Manipulation 42
mastery models 157
Mehrspeichermodell 60 f., 82
Mengenrepräsentation 65
Merkmalsrepräsentation 66
Mitarbeitsmotivation 227–233, 237
Modellierung
- abstrakte 142
- kreative 142
Modelllernen 134, 141–147, 157, 203
- Aufmerksamkeitsprozesse 144
- Behaltensprozesse 145
- Effekte 140
- motivationale Prozesse 146
- motorische Reproduktionsprozesse 146

Modifikation 41, 49, 99, 112 f., 117, 128, 137, 139, 150, 200, 215
Motivation 45, 49, 51, 85–87, 124, 132, 150, 159, 207–238
- intrinsische 124, 220
Motivationsphase
- postaktionale 227
- prädezisionale 226

N

Nachhaltigkeit 191 f.
Nachprüfbarkeit 33
Nervensystem
- vegetatives (VNS) 103, 168
- zentrales (ZNS) 105, 168
Netzwerk
- soziales 193
New Look der Wahrnehmungsforschung 85
Norm- und Wertneutralität 46

O

Objektivität 89, 93
organismischer Bewertungsprozess 28

P

Paarberatung 153
Parasympathikus 168
Performanz 152
positive Wertschätzung 29
Prävention 41
Problemanalyse 152
Problemlösung 159
Problemreduzierung 158
Prognosewert 38 f.
Proposition 68
Prototypenannahme 65
Prozessmodell 157, 159
Psychoanalyse 18, 21–26, 30, 86, 112, 209
- dynamischer Aspekt 22
- energetisch-ökonomischer Aspekt 22
- genetischer Aspekt 23
- struktureller Aspekt 22
- topographischer Aspekt 23
Pygmalion-Effekt 93

Q

Quotenplan 127

R

Ratingverfahren 91
Reaktion
- bedingte (konditionierte) (CR) 104, 108, 110, 112, 114, 117, 133
- unbedingte (unkonditionierte) (UCR) 103–106, 108, 110, 112–115, 131
Realisationsmotivation 222
Realselbst 28
Reflex 102, 104, 112, 210
Reflexion 160
Reifung 100 f., 103, 112
Reiz
- adäquater 52
- bedingter (konditionierter) (CS) 104, 106, 110–113, 115 f., 130 f.
- diskriminativer (S^D) 117–120, 131, 137
- neutraler (NS) 104
- unbedingter (unkonditionierter) (UCS) 103–115, 131
Reizgeneralisation 106 f.
Reizschwelle
- absolute 53
- Unterschiedsschwelle 53, 92
Reiz-Substitutions-Theorie 109–111
relapse 192
Relation 67 f.
Reliabilität 89
Rescorla-Wagner Modell 110
Response Cost 136 f.
Ressourcenaufbau 158
Rezeptor 52, 103
reziproker Determinismus 185, 208
Risikofaktoren
- interpersonale 193
- intrapersonale 193
Rollenspiel 151, 154 f., 157–160
Rollenspieltechniken 152 f.
Rubikon-Modell 225–227, 233–235
Rückfall 191 f., 196
Rückfallprävention 153, 191, 194

S

Schema(ta) 47, 66, 69–71, 74 f., 81, 92
Schubmodelle 209, 213
Selbstaktualisierungstendenz 29
Selbstbeobachtung 92, 95, 147 f., 160
Selbstbewertung 160
Selbstbewertungen 159 f.
Selbsthilfegruppe 195
Selbstinstruktionen 160
Selbstkonzept 28 f., 198, 203

Selbstreaktion 147, 149, 160
Selbstregulation 141, 147–149, 160
Selbstverbalisationen 157
Selbstverstärkung 147, 149, 158 f.
Selbstwirksamkeit 149 f., 160
Selbstwirksamkeitserwartung 154, 157, 195
Selektionsmotivation 222
self-fulfilling prophecy 192
semantische Netze (Netzwerkmodelle) 66 f.
sensorisches Register 82
sensorisches Vorkonditionieren 107
Sinnesorgan 52 f., 103
Sinnessystem(e) 51, 55
Situations-Ergebnis-Erwartung 217, 219, 221, 232
Skript 70 f.
Spontanerholung 108
Spurenkonditionierung 110
Stimmung 151, 210
Strenge-/Mildefehler 94
Stress 191, 196
Stressbewältigung 194
Stress-Impfungs-Training 198–200
Sympathikus 168
systematische Desensibilisierung 115, 200
Szenario 155

T

Tendenz zu sozialer Erwünschtheit 94
theoretischer Fehler 93
Time-out 136 f.
top-down-Steuerung 58
Transaktion 185–188
transaktionales Bewältigungsmodell 185
Trieb(e) 15, 22 f., 208–210, 212

U

Überprüfbarkeit 30, 38
Übungsaufgaben 155, 158
Übungsziele 156 f., 160
UCS preexposure effect 111
Universalitätsprinzip 110
Unterstützung
– soziale 159, 193
Urteilstendenzen 91, 94

V

Valenz 144, 232

Validität 77, 89, 94, 177, 182 f., 212, 215
Variable
– abhängige 37
– intervenierende 37, 122
– unabhängige 37
Verändern 40
Vergessen 71–73
– Interferenz 72
– Probleme des Informationsabrufs 72
– Spurenzerfall 72, 77
Verhaltensanalyse 158
Verhaltensänderungen 191
Verhaltensaneignung 143
Verhaltensausführung 142, 146 f.
Verhaltensinstruktionen 155
Verhaltensmodifikation 152, 159
Verhaltensrepertoire 101, 104, 126
Vermeidung 129–131, 133, 192, 203, 205, 213
Versagen 24
Verstärker 117 f., 122–126, 136, 138 f., 149, 212
– Aktivitäts- 125, 219
– generalisierter 122 f., 125
– informativer 123, 125
– materieller 123, 129, 136
– negativer 118, 149
– positiver 122, 135, 139
– primärer 123, 125, 129
– sekundärer 123, 129, 213
– sozialer 124 f.
– verdeckter 125
Verstärkung 118, 121, 123, 126 f., 135–138, 141, 144, 159, 183
– differentielle 134, 138
– externale 146, 149
– intermittierende 127
– kontinuierliche 126
– negative 118, 120, 129 f., 132, 213
– positive 118 f., 122, 126, 128, 134 f.
– stellvertretende 146, 159
Verstärkungsplan 126–128, 135
Verstärkungsprozesse 160
Vokalisation 180–182
Volitionsphase
– aktionale 227, 235
– präaktionale 226, 235
Vorhersagen 39 f.

W

Wahrnehmung 17, 21, 27, 30, 45 f., 50–98
– Datensteuerung 51 f.
– Konzeptsteuerung 58 f.

– Verhaltens- und Handlungssteuerung 81 f.
Widerspruchsfreiheit 38
Wille 222–227
Wirksamkeitsüberzeugung 150
Wirkungskontrolle 128
Wirkverhalten 116
Wohlbefindens-Emotionen 172

Z

zentralnervöse Repräsentation 54
Zielreflexion 158
Zugmodelle 209
Zwei-Faktoren-Theorie 130 f.